地理学科知识与教学能力

主　编　尚志海　陈碧珊　邱雅楠

哈尔滨工业大学出版社

内容简介

本书系统阐述了地理学科专业知识与教学能力。全书共分为八章,第一章是地理科学基本理论,第二章是自然地理学知识,第三章是人文地理学知识,第四章是信息地理学知识,第五章是区域地理知识,第六章是区域可持续发展知识,第七章是地理教学理论,第八章是地理教学设计。

本书可以作为地理学科师范类专业和非师范类专业本科生考取教师资格证的参考书,还可以作为中学地理教师自学或培训使用的教材。

图书在版编目(CIP)数据

地理学科知识与教学能力/尚志海,陈碧珊,邱雅楠主编. —哈尔滨:哈尔滨工业大学出版社,2021.7

ISBN 978-7-5603-9593-7

Ⅰ.①地… Ⅱ.①尚… ②陈… ③邱… Ⅲ.①中学地理课-教学法-中学教师-资格考试-教材 Ⅳ.①G633.552

中国版本图书馆CIP数据核字(2021)第139397号

策划编辑 闻 竹
责任编辑 赵凤娟
装帧设计 郝 棣
出版发行 哈尔滨工业大学出版社
社 址 哈尔滨市南岗区复华四道街10号 邮编150006
传 真 0451-86414749
网 址 http://hitpress.hit.edu.cn
印 刷 哈尔滨市颉升高印刷有限公司
开 本 787mm×1092mm 1/16 印张19 字数485千字
版 次 2021年7月第1版 2021年7月第1次印刷
书 号 ISBN 978-7-5603-9593-7
定 价 58.00元

前　言

教师资格证考试，是由教育部考试中心官方设定的教师资格考试。2012年后，教师资格考试纳入统考试点和省考相结合的模式。由教育部考试中心出题，地方教育考试院主考，主要针对师范专业和非师范专业需要考取教师资格证的考生。

2018年1月，教育部正式印发了《普通高中地理课程标准(2017年版)》。新版课程标准从人地协调观、综合思维、区域认知和地理实践力等角度进行阐述，其核心是将知识与技能，过程与方法，情感、态度与价值观进行高度整合和提炼，并以"地理核心素养"的方式体现出来，渗透在教学过程中，实现地理学科塑造品格和提升能力的价值。本书是在地理学科核心素养的理念下，结合地理科学专业本科生考取教师资格证的实践经验，并根据编者的一些教学体会编写而成的。

本书既结合了中学地理核心素养教学的要求，又参考了地理学发展趋势及大学本科专业课学习过程。全书共分为两个部分：地理学科专业知识、地理学科教学知识，分别涉及地理教师的本体性知识和条件性知识。在这个框架的基础上，全书分为八章：地理科学基本理论、自然地理学知识、人文地理学知识、信息地理学知识、区域地理知识、区域可持续发展知识、地理教学理论、地理教学设计。

本书第一、二、三章由尚志海编写，第四、七、八章由邱雅楠编写，第五、六章及附录由陈碧珊编写。最后由尚志海统稿，书中图表由邱雅楠等编绘。

本书为广东省本科高校教学质量与教学改革工程建设项目"地理科学"特色专业成果之一。在此感谢岭南师范学院教务处和地理科学学院对于本书编写、出版工作的大力支持。感谢岭南师范学院附属中学龙永忠和刘佳老师、湛江第一中学孙冀新和张丽娟老师、湛江一中培才学校朱有来老师、湛江市地理教研员梁景培老师、遂溪县地理教研员陈秋跃老师在本书编写过程中给予的指导。感谢地理科学专业本科生吴华美、陈明月、梁灵杰、马咏珊、冯怡、陈洁薇、李倩茹、董锡豪、李锦辉、盘炜、陆锦芸、陈锦华、曾祺盛、康志明、陈虹彤、陈莹莹、梁嘉晓、谭嘉颖等在教学交流和资料收集中的帮助。本书在编写过程中参考了大量文献，在此向各位专家、学者表示由衷感谢。

由于编者水平有限，书中难免存在不足之处，敬请广大读者批评指正。

编者

2021年3月

目　录

第一部分　地理学科专业知识

第二部分　地理学科教学知识

第一部分　地理学科专业知识

第一章　地理科学基本理论

第一节　地理科学学科体系

一、地理科学的学科特点

（一）区域性

地理科学的研究对象主要是地球表层系统。而地球表层系统最显著的特征，就是自然现象和人文现象空间分布的不均一性。区域研究是地理学空间视角的体现。一个区域之所以区别于其他区域，是因为每个区域都因各自的地理环境以及经济结构的地域差异，表现出独一无二的区域特征。没有区域间的差异，地理学就会失去意义。学习地理学时，区域思想应当成为一种主要的研究思想。地理学的区域研究，根据研究对象的范围分为3个尺度：大尺度区域，着重探讨全球范围内的地域分异规律和内部结构特征，从而揭示全球的总体特征；中尺度区域，重点分析国家或大地区范围内的区域总体特征和地域分异规律，以及该地区对大尺度区域分异的作用；小尺度区域，揭示局部地区的区域特征和分异规律，以及该地区对中尺度区域分异的作用。

（二）综合性

地理学研究空间系统在于揭示各要素间的关系，在于认识其整体性，这就涉及地理学的第二个特征，即综合性。地理学着重研究各要素之间的相互作用、相互关系以及地表综合体的特征和时空变化规律。地理学的综合性研究分为不同的层次，层次不同，综合的复杂程度也不同。高层次的综合研究，即人地相关性的研究，是地理学所特有的。综合性的特点决定了地理学是一个横断学科，它与研究地球表面某一个圈层或某一个圈层中部分要素的学科都有密切关系，如研究大气的大气物理，研究岩石圈的地质学，研究人类圈的经济学、政治学、心理学等。地理学从这些学科中汲取有关各种要素的专门知识，反过来又为这些学科提供关于各种要素及这些要素与其他现象间联系的知识。

（三）动态性

地理学所研究的对象都会受到时间的影响，现存的地理事物是过去发展的结果与未来发展的起点，换句话说，地理学中的所有事物都不是一成不变的。学习地理要求我们不能用静止的眼光看问题，而应该从变化发展的视角去看待问题。用动态的观点研究地理学，就要求我们把现代地理现象作为历史发展的结果和未来发展的起点，研究不同发展时期和不同历史阶段地理现象的规律。现代地理学已经有可能对于某些区域的未来发展做出预测，并根据预测结果进行控制和管理，以满足人们对区域发展的要求。因此，时间和空间统一的概念，在地理学研究中越来越受到重视。

二、地理科学的学科体系

现代地理科学的学科体系在学术界尚未得到统一的、确切的认识,但其发展趋势有3个明显的特点:一是重视理论地理学的研究;二是重视应用地理学的研究;三是以信息技术为中心的地理技术迅速发展。

按照对地理科学学科性质的理解,现代地理学体系可用表1.1.1简略地表示。

表1.1.1　现代地理学主要分支学科

<table>
<tr><td rowspan="6">现代地理学</td><td rowspan="3">系统地理学</td><td>自然地理学</td><td>地貌学、气候学、水文学、土壤地理学、生物地理学、化学地理学、医学地理学、环境地理学、灾害地理学、海洋地理学、综合自然地理学等</td></tr>
<tr><td>人文地理学</td><td>人口地理学、经济地理学、聚落地理学、文化地理学、旅游地理学、政治地理学、行为地理学等</td></tr>
<tr><td>信息地理学</td><td>地图学、地理信息系统、遥感、全球定位系统、地理大数据与空间智能、地理观测与模拟技术</td></tr>
<tr><td rowspan="3">区域地理学</td><td>世界地理学</td><td>世界地理</td></tr>
<tr><td>国家地理学</td><td>中国地理、美国地理、印度地理等</td></tr>
<tr><td>地方地理学</td><td>广东地理、广州地理等</td></tr>
</table>

三、地理科学的核心概念

(1)系统。

系统是由相互作用、相互依赖的若干组成部分结合而成的,是具有特定功能的有机整体,这个有机整体又是它从属的更大系统的组成部分。所有的地理事物都是由若干要素有机结合而成的系统。因此,在学习研究地理事物时,不能忽略其中各要素之间的相关性与协调性。

(2)区域。

区域是指用某项指标或某几个特定的指标,在地球表面划分出具有一定范围的连续而不分离的单位。地理学意义上的区域是指一个地理空间的概念,是地球表面上具有一定空间的、以不同物质为对象的地域结构形式,是实实在在的物质内容,而且有明确的边界,包括自然、人文、经济区域。

(3)区位。

区位主要指某事物占有的场所,但也含有位置、布局、分布、位置关系等方面的意义。由于区位理论限定于研究人类为生存和发展而进行的各种活动,从这个意义上讲,区位是人类活动(人类行为)所占有的场所。区位一方面指该事物的位置;另一方面指该事物与其他事物的空间联系,这种联系可以分为与自然环境的联系和与社会经济环境的联系。

(4)尺度。

尺度是许多学科常用的一个概念。应用尺度这一术语时涉及3个方面内容:一是被观察客体;二是客体运动的时间和空间;三是观察者主体。地理学中的尺度,用以反映地理事件和过程的外部表征或组织形式的等级。

(5)景观。

景观是指某一区域的综合特征,包括自然、经济、文化等方面,是在漫长的时空过程中各种地理因素的复杂产物。景观可以反映出地球自身所发生过的事实,是对自然史和人类史的翔实记录。

(6)等级。

等级是按某一标准做出的上下区别。几乎所有的事物都有等级,如聚落就会因其规模与功能布局差异而有等级之分。在地理研究中,要注意等级分布与等级间的差异性。

(7)循环。

循环指事物周而复始地运动或变化。能量、物质等是守恒的,因此事物的变化与运动都是一个螺旋上升的过程。循环概念可用来分析许多地理过程,如土壤形成、大气流动等。

(8)时空耦合。

时空耦合是地理学上的专业术语。一切地理事实、地理现象、地理过程、地理表现,既包括空间上的性质,又包括时间上的性质。只有同时把时间及空间这两个范畴纳入某种统一的基础中,才能真正认识地理学的基础规律。在考虑空间关系时,不要忽略时间因素对它的作用,把地理空间格局看作是某种“瞬间的片断”,只有将不同时段的瞬间片断联结,才能构成对地理学的动态认识。与此相应,在研究地理过程时,应把这种过程置于不同的地理空间中去考察,以构成某种“空间的变换”,它们可以完整地体现地理学的“复杂性”。地理时空耦合是四维向量的充分表达,除了高度、经度、纬度,还有时间维的考虑。

第二节 人地关系理论

一、人地关系思想的发展历程

人地关系是人类与地理环境之间相互关系的简称。“人”——人类本身具有生产者和消费者的双重性。作为生产者,人类通过个体和社会的劳动向自然环境索取,将自然界物质转化成其生存必需的产品;作为消费者,人类消耗自己生产的产品,而将许多废弃物返还给自然环境。“地理环境”——包括自然地理环境和人文地理环境两方面。

人地关系是自人类起源以来就客观存在的关系。人类的生存和活动,都要受到一定的地理环境的影响。人地关系就是指在人类社会向前发展的过程中,人类为了生存的需要,不断地扩大和加深改造、利用地理环境,增强适应地理环境的能力,改变地理环境的面貌。同时,地理环境影响人类活动,产生地域特征和地域差异。人地关系的地域性或地域组合,是人文地理学研究的特殊对象。人地关系思想的产生和发展经历了漫长的历史过程,出现过各种人地关系理论,见表1.2.1。

表 1.2.1　人地关系思想的发展历程

历史时期	人口增长	生产力水平	人地关系思想	人地关系	环境问题
采集渔猎时代	极其缓慢	低下且发展缓慢	崇拜、依赖自然	①群体采集、狩猎；②人类改造环境的作用微弱；③人对自然依赖、恐惧，被动适应自然；④保持一种原始的平衡关系	生物资源遭到破坏，如物种灭绝，但对人类的威胁并不严重
农业文明时期	迅速增长	不断发展，有很大提高	改造自然	①耕作和灌溉技术得到发展；②人类开始大规模改造自然；③人类对自然依附性大大减弱，对抗性增强；④还不能正确认识人地关系，但对于人地关系的认识有了科学的萌芽	环境趋于恶化，如开垦使森林、草原遭到破坏，生物多样性减少，水土流失、土地沙化，人类靠迁徙逃避自然的惩罚
工业文明时期	增长加快	科学和技术突飞猛进，生产力极大提高	征服自然	①科学和技术突飞猛进，社会生产力水平迅速提高；②人类试图成为自然的主宰，以牺牲自然为代价，积累了巨大物质财富；③人地关系全面呈现不协调，人地矛盾迅速激化	局部地区环境污染严重，全球范围大气温室效应及臭氧层破坏等危及人类生存
新技术革命时期	迅猛增长后迅速下降	继续以惊人的速度向前发展	谋求人地协调	①环境与发展问题得到普遍关注，可持续发展的思想逐步形成并得到公认；②在寻找一条人口、资源、环境和发展相互协调的道路	人口、资源、环境问题日益严重，环境污染和生态破坏日益突出

随着欧洲 18～19 世纪包括地理学在内的科学技术的发展，人地关系论逐渐系统化，成为地理学重要的理论概念。这一时期最著名的地理学家是洪堡和李特尔，他们被尊为近代地理学的开山大师。

洪堡的伟大功绩在于使地理学成为一门独立的学科。他毕生贡献于考察自然界，足迹遍布欧洲和南、北美洲。他的报告《新大陆热带地区旅行记》（30 卷），是有关新大陆自然、经济和政治的第一部百科全书和第一部区域地理著作。他提出的世界均温等值线图和大陆性概念，以及植物纬向地带学说，是地理学的重要理论，因此他被公认为自然地理学和植物地理学的创始人。洪堡的代表作《宇宙》，为近代地理学做出了突出贡献：①认为地球是统一的整体，人类是自然的一部分；②主要探讨地表各区域相互关联现象的差异性；③研究特定自然要素，应注意其与周围环境的关系。

李特尔是柏林大学第一个地理学讲座教授和柏林地理学会的创建人。他的名言是“土地影响着人类，而人类亦影响着土地”，被认为是近代地理学中人地关系的最早阐述者和人文地理学的创始人。他对区域的开创性见解，集中于 19 卷的《地学通论》中，该书确定了区域的概念和层次。他还认为地理学的基本概念是差异性中的一致性,从而导出这门学科的两个基本部分:系统地理学和区域地理学。

在人地关系思想的发展过程中,近代形成了不同流派,其代表人物及著作见表1.2.2。

表1.2.2　近代不同流派的代表人物及其著作

流派名称	代表人物及其著作
德国流派	拉采尔:人文地理学的创始人 赫特纳:区域学派的代表人物 施吕特尔:景观学派的创始人
法国流派	白兰士:法国近代人文地理学的奠基人、“或然论”“可能论”的代表 白吕纳:《人地学原理》
英国流派	麦金德:“大陆腹地说”,开创了政治地理学的先例 罗士培:“适应论”
美国流派	森普尔:《地理环境之影响》 亨丁顿:《文明与气候》 苏尔:文化生态学思想 哈特向:区域学派的代表人物,《地理学的性质》
俄国流派	以经济地理学代替人文地理学

二、不同时期的人地关系理论

人地关系是一种普遍存在的客观关系,而人地关系的产生,经历了一个漫长的历史过程,在这个过程中,曾出现许多不同的人地观。20世纪60年代,面对人口剧增、资源匮乏、环境恶化、生态失调等日益严重的全球性问题,人类才开始意识到人与自然环境之间应当保持和谐、协调的关系。不同时期的人地关系理论见表1.2.3。

表1.2.3　不同时期的人地关系理论

名称	代表人物	理论观点	简要评价
环境决定论	亚里士多德 孟德斯鸠 拉采尔 森普尔	强调环境对社会发展起决定性作用,自然环境决定了人类的生理和心理特征,是社会发展的决定因素	夸大了环境的决定力量,无视生产力和生产关系的矛盾是社会发展的根本动力
可能论(或然论)	白兰士 白吕纳	注重人对环境的适应与利用方面的选择能力,人和地理环境之间是一种相互作用的关系,两者互为因果	从心理角度出发来说明人地关系,忽视生产方式在社会发展中的作用,否定人地关系中人的主导作用

续表 1.2.3

名称	代表人物	理论观点	简要评价
适应论	罗克斯比 罗士培	人类需要主动地、不断地适应环境对人类的限制，与生物遗传的适应不同，是通过文化发展对自然环境和环境变化的适应	指出自然对人类活动的限制，也说明人类对社会环境作用的可能性
生态论	巴罗斯	人是中心命题，应该注意人类对自然环境的反应	强调了人地关系中人对环境的认识和适应
文化景观论	索尔 哈特向	一个特定的人群，有其特有的文化，在其长期活动的地域内，一定会创造出一种适应环境的地表特征	强调通过实际观察地面景观来研究区域地理特征
环境感知论	孟德斯鸠	人对自然环境关系中的各种可能性进行选择时受环境感知的影响，有一定的客观规律	研究各种文化集团尤其是决策人的环境感知，就是一种重要的人地关系
文化决定论	哈奇	人对自然的影响和利用程度取决于文化发展的程度，人类的文化可以改变自然	与环境决定论相反，认为人决定和塑造了自然
生产关系决定论和唯意志论	苏联学者	否定了人类社会和地理环境之间存在相互关系	单方面强调了人地关系的社会属性，并将其绝对化，否定地理环境对人类社会有重大作用的自然属性
“天人和一”观	庄子、荀子	人与自然处于一个整体中，人与环境之间不是对立而是统一的	人类应遵循自然、合理利用自然，反映真正的人地关系
协调论	现代科学家	及早协调人地关系是全人类最紧迫的任务，人地关系和谐日益受到重视	协调论比过去的人地关系理论都要完善和科学，它表明在人与自然的和谐关系问题上，人类的认识已从被动变为主动

第二章　自然地理学知识

第一节　宇宙中的地球

一、地球的宇宙环境

（一）宇宙

1. 概念

空间为宇，时间为宙。宇宙是时间和空间的总和，是由各种形态的物质组成的，是不断运动、变化的，具有物质性、运动性、多样性的特征。总星系是目前人类所能观测到的宇宙。

2. 宇宙的特征

（1）物质性。

宇宙间存在着各种运动的物质——天体，最基本的天体是恒星和星云。

自然天体：恒星、星云、行星、卫星、流星、彗星及星际空间的气体和尘埃等。

人造天体：航天飞机、人造卫星、飞船、空间站、太空垃圾等。

宇宙中天体类型及其特征见表 2.1.1。

表 2.1.1　宇宙中天体类型及其特征

天体类型	特征
星云	由气体和尘埃物质组成的呈云雾状外表的天体，其主要成分是氢
恒星	由炽热气体组成、自己能发出可见光的球状天体，其主要成分是氢和氦恒星是宇宙中数量最多、最重要的天体，如太阳
行星	绕恒星（如太阳）运转的球状天体。其本身不发光，因反射恒星的光而发亮
卫星	绕行星运转的质量很小的球状天体，本身不发光。月球是地球唯一的卫星
流星体	星际空间中数量众多的尘粒和固体小块。数量众多，大小不一
彗星	在扁长轨道绕太阳运行的一种质量较小的天体（冰物质），呈云雾状。当靠近太阳时，在太阳风的吹拂下，形成长长的彗尾
星际物质	气体和尘埃，密度小，极其稀薄

（2）运动性。

宇宙间的物质（天体）相互吸引、相互绕转形成天体系统。天体系统如图 2.1.1 所示。

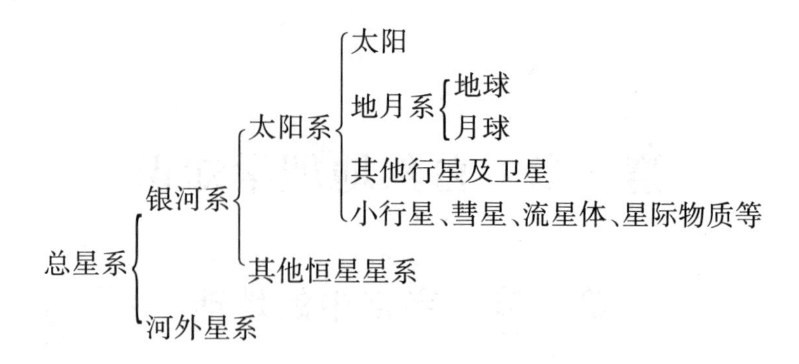

图 2.1.1　天体系统

(二)太阳系

1. 太阳系的组成

太阳系由太阳、八大行星及其卫星、矮行星(冥王星等)、小行星、彗星、流星体和星际物质组成。太阳是太阳系的中心天体,其他天体都在太阳的引力作用下绕太阳公转,其质量占整个太阳系的99%以上。

2. 八大行星的结构

太阳系有八颗行星,它们按照距离太阳的远近,由近及远依次排列为水星、金星、地球、火星、木星、土星、天王星、海王星(图 2.1.2)。八大行星具有运动方向的同向性、轨道面的共面性和轨道形状的近圆性三大运动特征。八大行星结构特征比较见表 2.1.2。

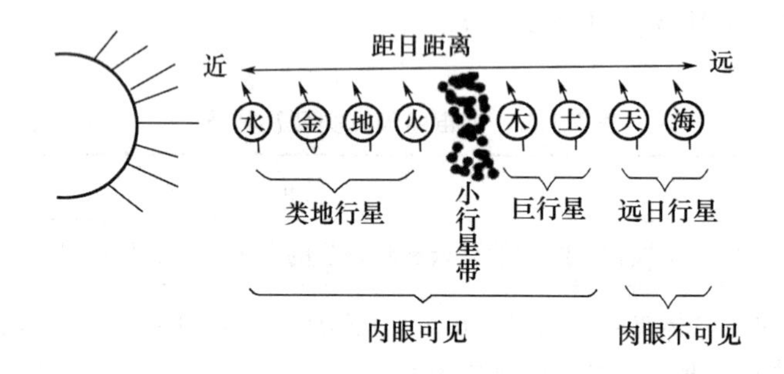

图 2.1.2　八大行星

表 2.1.2　八大行星结构特征比较

类型	距日远近	表面温度	质量	体积	密度	卫星数目	有无光环
类地行星(水、金、地、火)	近	高	小	小	大	少或无	无
巨行星(木、土)	中	中	大	大	小	多(土星最多)	有
远日行星(天王、海王)	远	低	中	中	中	少	有

（三）地球的普通性和特殊性

1. 普通性

对于地球的外观（密度、质量、体积等）和所处的位置（轨道、方向、周期等）而言，地球与其他七大行星相比没有什么特殊之处。

2. 特殊性

地球的特殊性，即地球生命存在的条件。

（1）外部条件。

①安全的宇宙环境，太阳系中大小行星各行其道，互不干扰。

②太阳光照较稳定，生命演化没有中断。

（2）自身条件。

①日地距离适中，自转周期长短适中，使地表温度适宜，平均温度为 15 ℃。

②体积和质量适中，其引力可以吸引、保存大气，并经过漫长的演化形成以氮和氧为主的大气。

③地球内部放射性元素衰变致热，产生热量，不断产生水汽，并随地球内部物质运动带到地表，形成原始海洋。地球上存在液态水。

（四）地月系

1. 地月系的组成

地月系是最低一级的天体系统，由行星地球与其卫星月球共同组成。月球是地球唯一的天然卫星，是距离地球最近的天体。

2. 月球概况

月球，在汉语中被俗称为月亮，古时又称太阴、玄兔、婵娟、玉盘，是已知的质量最大的地球卫星，并且是太阳系中体积第五大的卫星。月球体积约是地球的 1/49，直径约是地球的 1/4，质量约是地球的 1/81，引力约是地球的 1/6。月地平均距离约 38.44 万千米，大约是地球直径的 30 倍。

（1）自然环境。

月球上没有大气，只有极少微量气体，主要成分是氦和氩，且月面物质的热容量和导热率低，因而月球表面昼夜的温差很大。由于缺乏大气层的折射现象而只能看到黑暗的天空。没有风、雨、雷、电等天气现象，也无法传播声音。只有无法风化的裸露岩石和疏松尘土，没有生命，几乎没有磁场。探测证实，月球上确实存在水，并且以气态水和固态水的形式存在，没有地球上的液态水形式。

（2）地质地貌。

月球的岩石主要是岩浆冷却形成的各类岩浆岩，缺乏与流水作用相关的沉积岩（砂岩、页岩、石灰岩等），主要分为月表高地岩石、月海玄武岩、克里普岩、角砾岩四大类。

月球地貌的主要起伏有月海、月陆、环形山、辐射纹、月球山脉、月谷、月溪等。

月海：是人们肉眼遥望月球时所见的黯淡黑斑，是月球上的广阔平原，其返照率低，比较阴暗。

月陆：是月球上的高地，高出月海 2 ~3 千米，主要由浅色的斜长岩组成，其返照率高，比较明亮。

环形山:也称为“月坑”,即四周突起、中部低凹的环形隆起,是月面最明显的特征,几乎布满了整个月球表面,月球背面的环形山更多。

辐射纹:这是一种以环形山为辐射点,向四面八方延伸的亮带。

月球山脉:又叫“月球山系”,是月球表面连续分布的山峰带。向着月海一侧陡峭,向着月陆一侧平缓。

月谷、月溪:月球表面不少地区有一些暗色的大裂缝,很像地球上的峡谷,这种地貌类型中较宽的被称为月谷,较窄的被称为月溪。

3. 地月系的绕转

(1)月球公转。

严格来说,月球公转并不是以地心为中心的月球绕地球旋转,而是地球和月球相对于它们的共同质心的旋转。共同质心位于地球内部,可近似认为地球不动,月亮绕地球旋转。由于这种公转,共同质心在地球内部有以地球恒星月为周期的位移。

(2)“月”的概念。

月球公转方向为沿椭圆形轨道自西向东运动,周期为一个月,有恒星月、朔望月、近点月、交点月之分。白道为月球轨道在天球上的投影,黄白交角为白道面相对于黄道面的交角。

恒星月:是指月球在白道上连续两次通过同一恒星的周期,约为27.32日。

朔望月:又称“太阴月”,即从这一次新月(或满月)到下一次新月(或满月)的周期,也是月相盈亏的平均周期,约为29.5日。

近点月:是指以月球近地点为参考点的月球的公转周期,约为27.55日。

交点月:是指月球绕地球运转连续两次通过白道和黄道的同一交点的周期,约为27.21日。这一周期对于日、月食的推测具有重要意义。

(3)月球自转。

月球自转与其公转同步,即方向相同,周期相同,因此月球始终以一面朝向地球,称为同步自转。

4. 月相

月球绕地球运动,使太阳、地球、月球三者的相对位置在一个月中有规律地变动。由于月球本身不发光,且不透明,月球可见的发亮部分是反射太阳光的部分。当月球与太阳处于不同的相对位置时,从地球上看,月球的视形状就会发生周期性的圆缺变化,人们称之为月相。人们只能看到月球上被太阳光照射的部分,其阴影部分是月球自己的阴暗面。月相变化如图2.1.3所示。

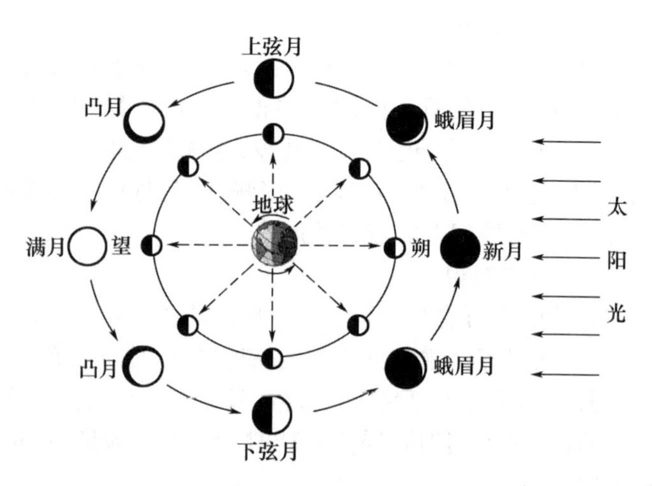

图2.1.3 月相变化

月相变化规律可总结为上上上

西西，下下下东东，意思是上弦月出现在农历月的上半月的上半夜，凸面朝西，位于西半天空；下弦月出现在农历月的下半月的下半夜，凸面朝东，位于东半天空。月亮越圆，见月时间越长，月牙越窄，见月时间越短。满月通宵可见，弦月半夜可见，新月则不见。月相、方位和时刻见表2.1.3。

表 2.1.3　月相、方位和时刻

月相	距角	与太阳出没比较	月出	月中	月落	见月时间
新月	0°	同升同落	清晨	正午	黄昏	彻夜无月
满月	180°	此升彼落	黄昏	半夜	清晨	通宵见月
上弦月	90°	迟升后落	正午	黄昏	半夜	上半夜
下弦月	270°	早升先落	半夜	清晨	正午	下半夜

5. 潮汐

潮汐现象是指海水在天体（主要是月球和太阳）引潮力作用下所产生的周期性运动。人们将海水垂直方向的涨落称为潮汐，而将海水在水平方向的流动称为潮流。发生在早晨的高潮叫潮，发生在晚上的高潮叫汐。朔望月中的朔日（农历初一）和望日（农历十五），太阳、月球和地球的中心处于同一水平线上，地球所受引潮力相当于太阳和月亮的引潮力之和，潮水位较高，称为“大潮”。上弦日（农历初八）和下弦日（农历二十三），太阳引潮力和月球引潮力互相抵消了一部分，潮水位较低，称为“小潮”。

根据潮汐周期又可分为以下 3 类。

（1）半日潮型。一个太阴日内出现两次高潮和两次低潮，前一次高潮和低潮的潮差与后一次高潮和低潮的潮差大致相同，涨落潮时间也几乎相等。

（2）全日潮型。一个太阴日内只有一次高潮和一次低潮。

（3）混合潮型。一个太阴日内有些日子有两次高潮和两次低潮，但潮差和涨落潮时间不同；另一些日子则出现一次高潮和一次低潮。

二、地球的运动

地球主要有两种运动方式：自转和公转。地球本身围绕其自转轴旋转，叫自转。地轴是一种假想的轴线，其北端始终指向北极星附近。地球围绕太阳的运动，叫公转。

（一）地球的自转

1. 方向

自西向东。从北极上空看呈逆时针方向旋转，从南极上空看呈顺时针方向旋转，如图 2.1.4 所示。东经度增大的方向、西经度减小的方向即为地球自转方向。

2. 周期

恒星日是指子午线两次对向同一恒星的时间间隔，为 23 小时 56 分 4 秒，是地球自转的真正周期。太阳日是某地经线连续两次与日地中心连线相交的时间间隔，为 24 小时，是昼夜更替周期。

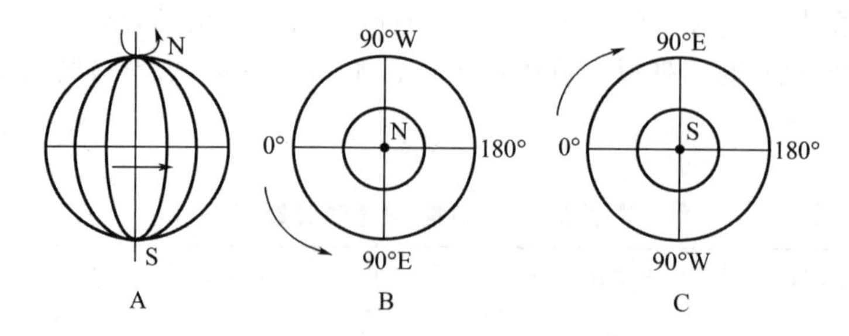

图 2.1.4 地球自转示意图

3. 速度

角速度:除南、北两极点,任何地点的自转角速度都相等,约为 15°/小时。

线速度:由赤道向两极递减,南、北两极点为 0。

线速度(千米/小时) = 1670 × cos 当地纬度

同一纬度,海拔相同,则线速度相同。同一纬度,海拔越高,则线速度越大。赤道上空的同步卫星运行的角速度与地面对应点的角速度相等(15°/小时)。地球自转的角速度和线速度图解如图 2.1.5 所示。

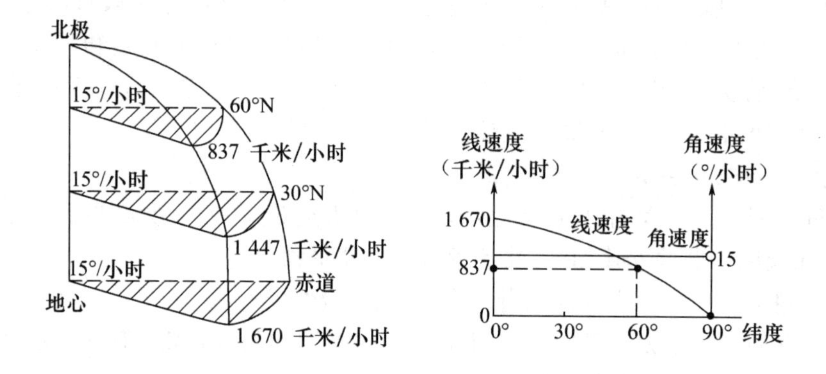

图 2.1.5 地球自转的角速度和线速度图解

(二)地球的公转

1. 方向

自西向东。从北极上空看呈逆时针方向旋转,从南极上空看呈顺时针方向旋转。

2. 周期

恒星年是太阳中心连续两次通过地球与某一恒星连线的时间间隔,为 365 天 6 时 9 分 10 秒,是地球公转的真正周期。

回归年是太阳连续两次通过春分点的时间间隔,为 365 天 5 时 48 分 46 秒。现行公历的一年,平年为 365 天,闰年为 366 天。

3. 轨道与速度

开普勒第一定律指每一行星沿各自的椭圆轨道环绕太阳,而太阳则处在椭圆的一个焦点上。

开普勒第二定律，也称等面积定律，指的是太阳系中太阳和运动中的行星的连线在相等的时间内扫过相等的面积。

由开普勒第二定律可以推断出，近日点（1月初）公转速度最快，远日点（7月初）公转速度最慢。

4. 自转与公转的关系

（1）黄赤交角。

地球在自转时，地轴的指向是不变的，于是存在一个基本不变的赤道平面，即地球自转轨道平面。黄道平面即地球公转轨道平面。黄道平面与赤道平面之间存在一个交角，称为黄赤交角，如图2.1.6所示。目前黄赤交角是23°26′，地轴与公转轨道面斜交的角度为66°34′。

（2）黄赤交角变化的影响。

太阳直射点范围：黄赤交角变大，直射点南北移动范围变大，移动速度变快，反之亦然。

五带范围：黄赤交角变大，热带、寒带变大，温带缩小，反之亦然。

黄赤交角＝回归线度数＝90°－极圈度数

出现极昼极夜的范围：黄赤交角变大，出现极昼极夜的范围扩大，反之亦然。

正午太阳高度角的年变化：黄赤交角变大，各地正午太阳高度角的年变化幅度增大，反之亦然。

气压带、风带：黄赤交角变大，直射点南北移动范围变大，气压带、风带移动范围变大，反之亦然。

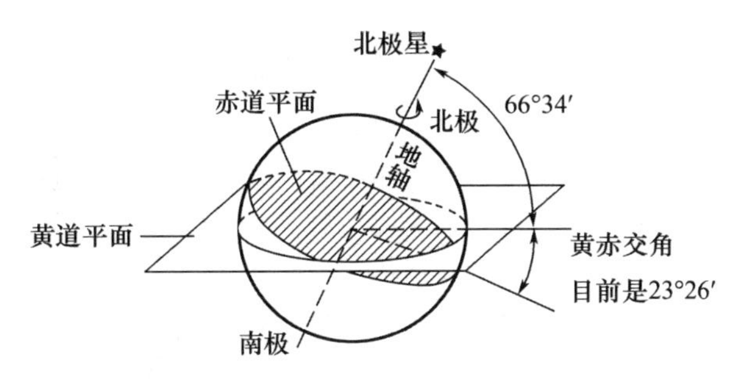

图2.1.6　黄赤交角

（3）太阳直射点的回归运动。

由于黄赤交角的存在，地球的北极总是指向北极星附近，使得地球在公转时，太阳直射点在南北回归线之间往返运动，称为太阳直射点的回归运动，如图2.1.7所示。

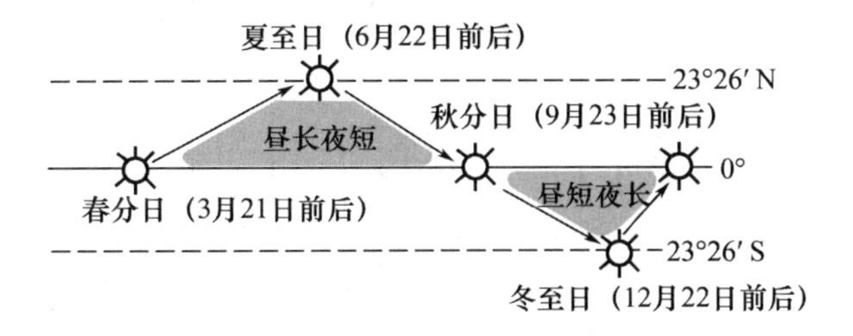

图2.1.7　太阳直射点的回归运动示意图

(三)地球自转的地理意义

(1)导致昼夜更替现象。

①昼夜更替的成因和周期。

地球是个既不发光、也不透明的球体。在同一时间里,太阳只能照亮地球表面的一半。由于地球不停地自转,昼夜也就不断地交替。昼夜更替的周期是 1 个太阳日,即 24 小时。因此,各地温度发生昼夜变化,生物形成昼夜节律("生物钟")。

②晨昏线的判读及其特点。

晨昏线是昼半球和夜半球的分界线。顺着地球自转方向由夜半球向昼半球更替的弧线为晨线,晨线上各点为日出(日出地方时)。顺着地球自转方向由昼半球向夜半球更替的弧线为昏线,昏线上各点为日落(日落地方时),如图 2.1.8 所示。

晨昏线的特点为,晨昏线所在的平面永远与太阳光线垂直,直射光线延长线经过地心。晨昏线是地球上的一个大圆,其圆心为球心,且平分地球。由于地球自转方向是自西向东,晨昏线不停地由东向西运动,且每小时 15°。

③与经纬线的关系。

晨昏线与经线重合时为春秋分日,其余时间与经线相交,且最大夹角为 23°26′,相交交角 = 直射点纬度。

晨昏线与纬线相切点为极昼(夜)最低纬度,且极昼最低纬度 = 90° - 直射点纬度。夏至日、冬至日时晨昏线与极圈相切,晨昏线平分赤道。

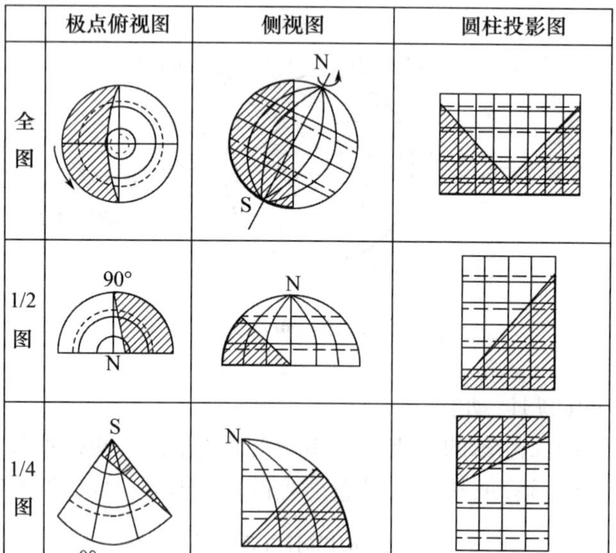

	极点俯视图	侧视图	圆柱投影图
全图		N S	
1/2图	90° N	N	
1/4图	S 0°	N	
局部图		170° 160°	

图 2.1.8 晨昏线示意图

(2)产生时差。

①产生时差的原因。由于地球自西向东转,在同一纬度地区,东边的地点比西边的地点的地方时间要早。

②地方时,即因经度不同而出现不同的时刻。同一经线上各地地方时相同,不同经线上各地地方时不同。每隔15°相差1小时,每隔1°相差4分钟,每隔1′相差4秒。

计算公式:所求的地方时 = 已知地方时 ± 两地经度差 ×4 分钟/1°

(所求地区位于已知地区以东,用“+”号;所求地区位于已知地区以西,用“-”号)

③时区和区时。生活中如果使用地方时,将带来诸多不便,因为经度只要有差异,地方时就会不同。国际上采用全世界统一的标准划分时区。

时区:全球分为24个时区,每个时区跨经度15°。

区时:每个时区中央经线的地方时即为该时区的区时。

④日界线。为了避免日期的混乱,国际上规定国际日界线(人为日界线)与180°经线基本吻合,但有弯曲。自然日界线为地方时为0时所在的经线。注意当跨越日期变更线时,日期改变,时间不变。由西向东跨越180°经线时,日期减一天,由东向西跨越180°经线时,日期加一天。新一天的范围是0时所在经线以东,180°经线以西的部分,剩余部分是旧的一天。

(3)物体水平运动方向发生偏转。

原因:地球自转产生的地转偏向力。

规律:水平运动的物体,在北半球会偏向运动方向的右方,在南半球会偏向运动方向的左方,赤道上不受地转偏向力的影响。

影响:地转偏向力对河流、气候及洋流等都产生影响。例如,河流沿岸人类活动选址时,北半球河流冲蚀右岸,在左岸淤积,故港口、防洪堤坝一般建于右岸,聚落、挖沙场宜选在左岸。

(四)地球公转的地理意义

(1)正午太阳高度角的变化。

太阳光线与地面的夹角称为太阳高度角。晨昏线上的太阳高度是0°。太阳直射点的太阳高度是90°(也是正午太阳高度)。离太阳直射点纬度越近,太阳高度角越大。

正午太阳高度是一天中最大的太阳高度,也是当地地方时12时的太阳高度。同纬度地区,正午太阳高度角相等。

春秋分,太阳直射赤道,赤道正午太阳高度角为90°,正午太阳高度角由赤道向两极递减。

夏至日,太阳直射北回归线,北回归线及其以北地区的正午太阳高度角达到一年中的最大值,南半球正午太阳高度角达到一年中的最小值。正午太阳高度角由北回归线向南、北递减。

冬至日,太阳直射南回归线,南回归线及其以南地区的正午太阳高度角达到一年中的最大值,北半球正午太阳高度角达到一年中的最小值。正午太阳高度角由南回归线向南、北递减。

(2)昼夜长短的变化。

赤道处全年昼夜平分。

直射点所在的半球昼长夜短，出现极昼现象，且纬度越高，昼越长。当直射该半球回归线时，该半球昼最长、夜最短，极圈内全部为极昼。

直射点向哪个半球移动，则该半球昼变长、夜变短、极昼范围扩大或极夜范围缩小，且纬度越高，昼夜长短变化幅度越大。

(3)季节更替。

依据昼长夜短和正午太阳高度变化而划分的四季称为天文四季。夏季是一年中白昼最长、太阳高度最高的季节。冬季是一年中白昼最短、太阳高度最低的季节。春、秋两季是冬、夏的过渡季节。

依据太阳辐射强弱和气温高低而划分的四季称为气候四季。北半球春季为3、4、5月，夏季为6、7、8月，秋季为9、10、11月，冬季为12、1、2月。南半球则相反。

(4)五带的划分。

以回归线和极圈为界限，自北向南依次是北寒带、北温带、热带、南温带、南寒带。五带反映了太阳辐射总量由低纬地区向高纬地区减少的规律。

(五)相关的地理计算

(1)昼夜长短的计算。

①根据昼弧或夜弧所跨经度范围判断。

某地昼(夜)长 = 该地昼(夜)弧所跨的经度/15°

②根据日出和日落的时间判断。

昼长 = 2 × (日落时间 − 12) = 2 × (12 − 日出时间)

(2)时区与区时的计算。

①已知时区，求中央经线。

中央经线 = 时区数 × 15°(东时区对应东经，西时区对应西经)

②已知经度，求所在时区。

时区 = 已知经度 ÷ 15°(所得的商四舍五入后的值为该地所在的时区数，东经范围为东时区，西经范围为西时区)

③已知一地地方时，求另一地区时。

求所求时区的中央经线→求所求时区中央经线地方时→所求地区时 = 该区中央经线地方时

④已知一地区时，求另一地地方时。

求已知时区的中央经线→推算另一地地方时

⑤区时 = 已知区时 ± 时区差(所求区时位于已知区时以东，则用“+”号，所求区时位于已知区时以西，则用“−”号)。注意使用该方法时不要越过180°经线，因为180°为人为日界线。

(3)正午太阳高度角的计算。

①计算公式。

H = 90° − 纬度距(所求地点与太阳直射点的纬度距)

式中　H——太阳高度角。

如所求地点和太阳直射点在同一半球，则用数值大的减去数值小的；如所求地点和太阳直射点不在同一半球，则二者数值相加。

H极点 = 直射点纬度

H极昼的最低纬度 = 2 × 直射点纬度

②利用垂直物体的日影距离判断。

Cot$H$ = 影长/物体长度

③南北半球中纬度地区楼房间隔 L = 楼高 × CotH'。CotH'为当地全年最小正午太阳高度，在北半球为冬至日的正午太阳高度。

(4) 日照图的判读。

①确定南北半球。

经纬网的侧视图，通常是上北下南（特例除外）。

极点俯视图，从自转方向看，逆时针为北半球，顺时针为南半球。东经度增大、西经度减小的方向即为地球自转方向。

可用海陆轮廓判断南北半球。

②判断太阳直射点的位置。

太阳直射点所在地是直立物体影长为零的地区。

太阳直射点所在经线是地方时 12 时所在经线，即平分昼半球的经线。

北半球昼长夜短则太阳直射北半球，昼短夜长则太阳直射南半球。全球昼夜平分时，太阳直射赤道。

根据与晨昏线相切的纬度判读：直射点的纬度 = 90° − 相切纬度。

③时间的确定。

晨线与赤道交点处的地方时是 6 时。

昏线与赤道交点处的地方时是 18 时。

昼半球的中央经线（太阳直射经线）为 12 时。

晨昏线与纬线切点位置地方时为 0 时（与极昼圈切点）或 12 时（与极夜圈切点）。

④季节或日期的确定。

可利用太阳直射点的位置及相关地理现象（如昼长夜短）进行判断。

三、地球的圈层结构

（一）地球的内部圈层

地球内部情况主要是通过地震波的记录间接地获得的。地震时，地球内部物质受到强烈冲击而产生波动，称为地震波。地震波分为纵波（P）和横波（S）。纵波可以通过固体、液体、气体传播，传播速度较横波快；横波只能通过固体传播，传播速度慢。

地震波在地球深处传播时，如果传播速度突然发生变化，则这个突然发生变化所在的面，称为不连续面。根据不连续面的存在，人们间接地知道地球内部具有圈层结构。在地下平均深度 33 千米处，地震波的横波和纵波的传播速度突然增大，这个不连续面称为莫霍面；在地下深度约 2 900 千米处，地震波的横波消失，纵波速度减慢，这个不连续面称为古登堡面。地球内部圈层结构见表 2.1.4。

表 2.1.4　地球内部圈层结构

圈层名称		不连续面	平均深度/千米	组成的物质	特点
地壳				地壳上层由硅铝质岩石组成,下层由硅镁质岩石组成	地球固体圈层的最外层,岩石圈的重要组成部分,大陆地壳较厚,大洋地壳较薄
		莫霍面	33		
地幔	上地幔		900	主要由铁、镁的硅酸盐类等物质组成	地幔是地球的主体部分,主要是由固体物质组成,上地幔顶部存在一个软流层,物质处于熔融状态
	下地幔		2 900		
		古登堡面			
地核	外核		5 150	主要由铁、镍元素组成	高密度,地核物质的平均密度大约为 10.7 克/厘米^3。温度非常高,有 4 000 ~ 6 800 ℃
	内核				

(二)地球的外部圈层

地球的外部圈层可分为大气圈、水圈、生物圈和岩石圈,各个圈层既各自形成一个封闭的体系,又相互关联、相互影响、相互作用,共同促进地球外部环境的演化。

(1)大气圈。

大气圈即地球外部的气体包裹层,它是地球与宇宙物质相互交换的前沿。根据大气圈在不同高度上的温度变化,通常将其划分为5层,自下而上为:对流层、平流层、中间层、热层(电离层)及逸散层。大气是人类和生物赖以生存必不可少的物质条件,是使地表保持恒温和水分的保护层,也是促进地表形态变化的重要动力和媒介。

(2)水圈。

地球海洋和陆地上液态水和固态水构成的一个大体连续的、覆盖在地球表面的圈层,称为水圈,包括江河湖水、海水、土壤水、浅层和深层地下水,以及南、北极冰帽和大陆高山冰川中的冰,还包括大气圈中的水蒸气和水滴。水圈主体为大洋,其面积约占地球表面积的71%。地表水、地下水和大气中的水,在太阳辐射的影响下,不断进行着水循环。水循环不仅调节气候、净化空气,而且几乎伴随着一切自然地理过程,促进地理环境的发展与演化。

(3)生物圈。

生物圈是指地球生物及其活动范围所构成的一个极其特殊和重要的圈层,是地球上所有生物及其生存环境的总称。在地理环境中,生物圈并不单独占有任何空间,而是渗透于水圈、大气圈的下层和岩石圈的表层。

(4)岩石圈。

岩石圈是地球上部相对于软流圈而言的坚硬岩石圈层,厚度为 60 ~ 120 千米。岩石圈由地壳和上地幔顶部组成,其下是软流圈。岩石圈可分为六大板块:亚欧板块、太平洋板块、美洲板块、非洲板块、印度洋板块、南极洲板块。岩石圈的厚度因地而异。一般而言,大陆地壳的岩石圈厚度大于海洋地壳的岩石圈厚度。

四、太阳对地球的影响

(一)太阳辐射

(1)太阳辐射的概念。

太阳辐射是指太阳以电磁波的形式向外传递能量,是指太阳向宇宙空间发射的电磁波和粒子流,其是地球大气运动的主要能量来源,也是地球光热能的主要来源。太阳辐射强度是指到达地面的太阳辐射的强弱。

到达地表的全球年辐射总量分布基本上成带状,只有在低纬度地区受到破坏。在赤道地区,由于多云,年辐射总量并不最高。在南、北半球副热带高压带,特别是在大陆荒漠地区,年辐射总量较大,最大值在非洲东北部。由于太阳辐射波长较地面和大气辐射波长(约3~120微米)小得多,所以通常又称太阳辐射为短波辐射,称地面和大气辐射为长波辐射。

(2)太阳辐射的影响因素。

①大气对太阳辐射的吸收、反射、散射作用,会大大削弱到达地面的太阳辐射。

②太阳辐射受纬度的影响,由赤道向两极递减。

③受海拔因素的影响,海拔高的地区空气较为稀薄,太阳辐射较强。

④与天气状况有关,晴天日数较多的地区,地面接收的太阳辐射较多,若阴天日数较多,则该地接收的太阳辐射量较少。

(3)太阳辐射对地球的影响。

太阳辐射是地球光热能的主要来源,为生物生长提供了光和热;维持地表温度,使地表温度保持在一定范围内;为人类生产生活提供大量化石能源。

(二)太阳活动

太阳活动是太阳大气层里一切活动现象的总称。主要有太阳黑子、光斑、谱斑、耀斑、日珥和日冕瞬变事件等,时烈时弱,平均以11年为周期。

(1)太阳活动的表现。

太阳黑子:是太阳光球层表面的暗黑光点,其表面温度相对较低、颜色较暗。太阳黑子是太阳活动强弱的标志。

耀斑:是发生在太阳色球层的一种最剧烈的爆发现象,会出现增亮的斑块并释放出巨大的能量。

太阳风:是指从太阳上层大气射出的超声速等离子体带电粒子流,其发生在太阳的日冕层上。太阳风发生时,会干扰地球的磁场,产生磁暴现象,影响地面通信。

(2)太阳活动对地球的影响。

扰乱地球大气层,使地面的无线电短波通信受到影响,甚至会出现短暂的中断;高能带电粒子扰动地球磁场,产生“磁暴”现象,使磁针剧烈颤动,不能正确指示方向;当高能带电粒子流高速冲进两极地区的高空大气层时,会产生极光现象;引发自然灾害,如太阳黑子大量出现可能会引发地震、水旱等自然灾害。

第二节 地 貌

一、地表形态的塑造

地质作用是引起地壳表面形态的力量，按其能量来源可分为内力作用和外力作用。地表形态的塑造如图 2.2.1 所示。

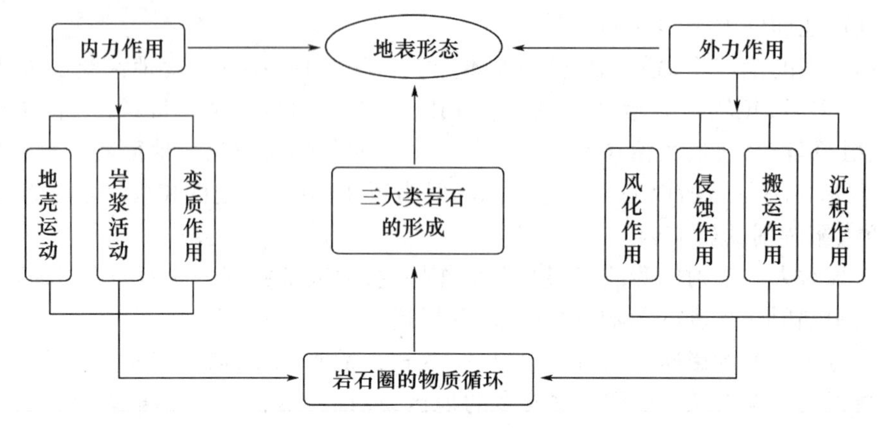

图 2.2.1 地表形态的塑造

(一)岩石圈的物质循环

1. 地壳的主要化学元素

地壳中的主要化学元素有氧、硅、铝、铁、钙、钠、钾、镁等，这 8 种元素大概占地壳物质的 98%。

2. 岩石圈的物质循环

岩石圈的物质循环就是三大类岩石(岩浆岩、沉积岩、变质岩)与岩浆之间的相互转化过程，其外力作用的能量来源于太阳辐射，内力作用的能量来源于地球内部放射性物质衰变产生的能量。

岩浆岩和变质岩通过外力作用形成沉积岩。沉积岩和岩浆岩也能通过变质作用形成变质岩，而变质岩和沉积岩却不能直接形成岩浆岩。沉积岩和变质岩需在一定环境下重熔形成岩浆，再由岩浆形成岩浆岩。岩石圈的物质循环如图 2.2.2 所示。

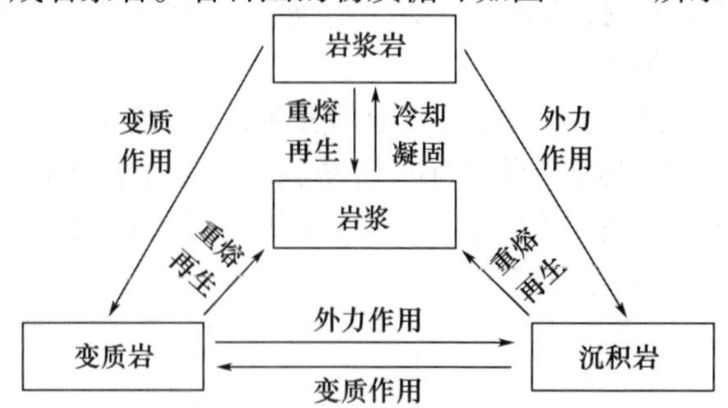

图 2.2.2 岩石圈的物质循环

3. 三大类岩石的形成和特点

三大类岩石的形成和特点见表 2.2.1。

表 2.2.1　三大类岩石的形成和特点

类型		形成	特点	常见岩石	用途
岩浆岩	侵入岩	岩浆在内力作用下侵入地壳上部,冷却凝固而成	晶粒粗大,具有显晶质结构	花岗岩	是坚固美观的建筑材料
	喷出岩	岩浆在内力作用下沿地壳薄弱地带喷出地表,冷却凝固而成	常有气孔或流纹构造	玄武岩、安山岩、流纹岩	可用作建筑材料或工业原料
沉积岩		裸露在地表的岩石在外力作用下经风化、侵蚀、搬运、沉积作用后固结成岩	具有水平层理构造,可能有化石分布	石灰岩、页岩、砂岩、砾岩、泥岩	石灰岩是重要的建筑材料和化工原料
变质岩		地壳内部高温、高压的条件下使原来成分、结构发生变化而形成新岩石	部分具有片理构造	片麻岩、大理岩、石英岩、板岩	大理岩是优良的建筑材料,石英岩可用作工业原料

(二)造成地表形态变化的内力作用

内力作用的能量来自地球内部,是指促使地球内部和地壳的物质成分、构造、表面形态发生变化的各种作用。内力作用的表现形式有岩浆活动、变质作用、地壳运动和地震等。

1. 岩浆活动

自岩浆的产生、上升到岩浆冷凝成岩的全过程称为岩浆活动。

2. 变质作用

变质作用是指原有岩石因温度、压力等变化而导致其矿物成分、结构和构造发生变化的地质作用。经变质作用后形成的岩石称为变质岩。

3. 地壳运动

地壳运动是由内应力引起地壳结构改变、地壳内部物质变位的构造运动。它可以引起岩石圈的演变,促使大陆、洋底的增生和消亡,并形成海沟和山脉,还会导致地震、火山爆发等。地壳运动按运动方向可分为水平运动和垂直运动,如图 2.2.3 所示。

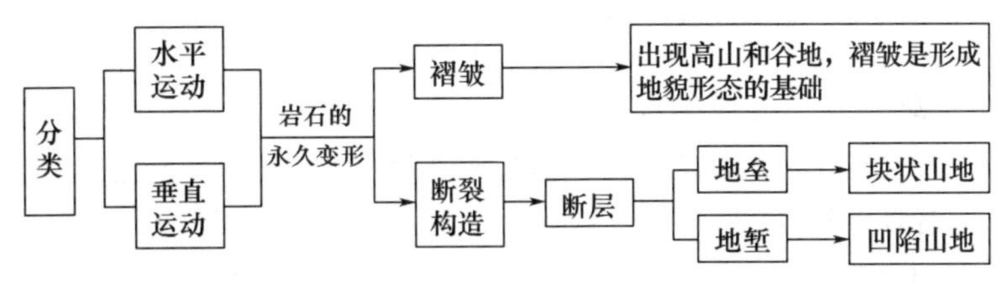

图 2.2.3　地壳运动分类

(1)地质构造与地表形态。

①褶皱。

在地壳运动产生的强大挤压作用下,岩层会发生塑性变形,产生一系列的波状弯曲,成为褶皱。世界上许多高大山脉都是褶皱山脉。褶皱的基本形态见表 2.2.2,地质构造如图 2.2.4 和图 2.2.5 所示。

表 2.2.2　褶皱的基本形态

地质构造	岩层顺序	岩层形态	地表形态
背斜	中部老,两翼新	向上拱起	一般形成山岭,顶部受侵蚀后形成谷地
向斜	中部新,两翼老	向下弯曲	一般形成谷地,受侵蚀后槽部受挤压形成山岭

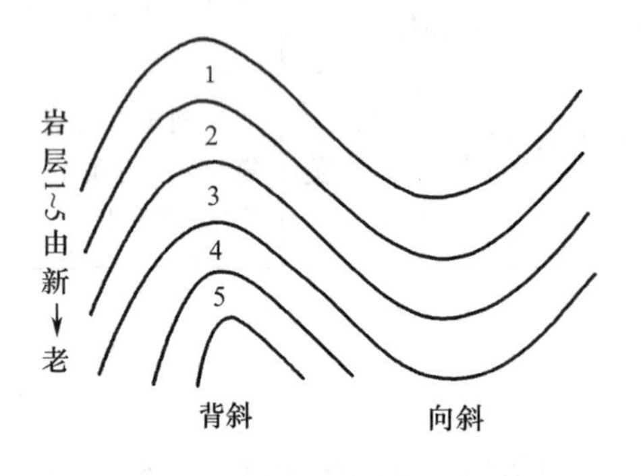

图 2.2.4　未受侵蚀的地质构造

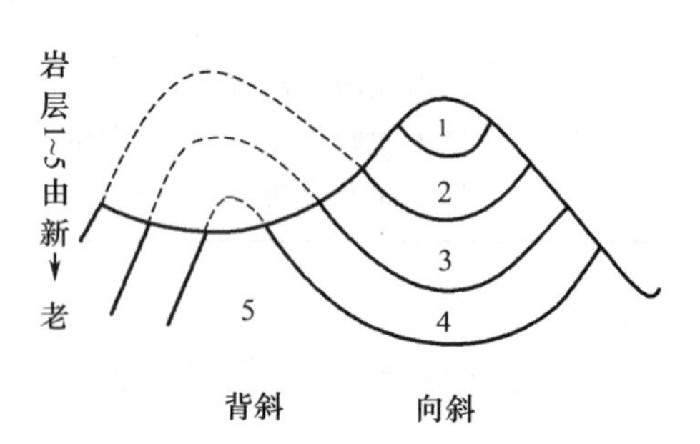

图 2.2.5　受侵蚀后的地质构造

②断层。

岩层受力产生破裂称为节理,破裂所在的面称为节理面。地壳运动沿节理面两侧岩块发生相对位移,称为断层。断层的基本形态见表 2.2.3。

表 2.2.3　断层的基本形态

地质构造		岩层形态	地表形态
断层	断层	岩层沿断裂面错动、位移	常形成陡崖
	地垒	中间岩块相对上升,两侧岩块相对下降	常形成断块山
	地堑	中间岩块相对下降,两侧岩块相对上升	常形成谷地、盆地

断层的岩体通常分为上盘和下盘,两盘的接触面为断层面。在断层面之上的为上盘,在断层面之下的为下盘。按照断层两盘的相对运动特点,可将断层分为以下 3 个基本类型。

正断层:上盘相对下降、下盘相对上升的断层为正断层。正断层的断层面常常较陡,倾角一般在 45°以上,断层线也比较平直,通常是在拉张力和重力作用下形成的。

逆断层:上盘相对上升,下盘相对下降的断层称为逆断层。逆断层的倾角有陡有缓,按断面的倾角又分为:高角度逆断层,又称冲断层(断面倾角 >45°);低角度断层(断面倾角 <45°);其中逆掩断层倾角更小(断面倾角在 30°及以下)。逆断层一般是在较强的挤压力作用下形成的。

平移断层:两盘沿着断层面走向相对水平错动的断层称为平移断层。

(2)地质构造的应用。

①利用背斜找石油、天然气,利用向斜找水。天然气最轻,分布于背斜顶部;水最重,分布于背斜底部,向斜构造盆中;背斜中间为石油。

②利用背斜、向斜确定钻矿、打井和修建地下隧道的位置。背斜顶部易受侵蚀,向斜岩石受挤压作用变得更坚硬,故钻矿和打井应选择向斜;背斜呈天然拱形,抗压能力强,不易积水,故修建地下隧道应选择背斜。

③利用断层找水。断层往往是地下水出露的地方,在断层线附近,由于岩石破碎,易受风化侵蚀,常常发育沟谷、河流、泉以及湖泊,对寻找地下水有一定意义。但断层构造地带沿断裂面附近岩块因强烈挤压而产生破碎,往往形成一条破碎带,因此建筑、交通路线、水库、隧道等工程修建选址应避开断层。

(三)板块运动

1. 板块的分布

全球的岩石圈板块可分为六大板块,分别为太平洋板块、亚欧板块、非洲板块、美洲板块、印度洋板块和南极洲板块。其中除太平洋板块几乎全为海洋,其余 5 个板块既包括大陆又包括海洋。阿拉伯半岛和澳大利亚位于印度洋板块。

2. 板块运动与地貌的关系

(1)板块张裂。

板块张裂指板块的背向运动,说明两侧板块在扩张,形成的边界是生长边界。生长边界在海洋中形成海岭,如大洋中脊;在陆地上形成断层,如东非大裂谷。

(2)板块相撞。

板块相撞指板块的相向运动,说明两侧板块在碰撞、挤压,形成的边界是消亡边界。大陆板块与大陆板块相互碰撞、挤压,会形成高大的褶皱山脉、巨大的高原,如喜马拉雅山脉、阿尔卑斯山脉;大陆板块与大洋板块相互碰撞、挤压,会形成很深的海沟、岛弧或弧形列岛、陆上海岸山脉,如马里亚纳海沟、落基山脉。

3. 板块运动与火山和地震的关系

板块内部地壳较稳定,但在板块交界处,地壳运动较为活跃,多火山、地震,且火山、地震多分布在板块的消亡边界。世界上两大火山地震带分别是环太平洋火山地震带和地中海—喜马拉雅火山地震带。

(四)造成地表形态变化的外力作用

外力作用是在地球表面的风、流水、冰川、生物等作用下,引起地表形态变化的地质作用,能量来自地球外部,主要是太阳辐射。外力作用的主要类型有风化作用、侵蚀作用、搬运作用、沉积作用、固结成岩作用。在不同的外力作用下可形成相应的外力地貌,如流水地貌、风成地貌和冰川地貌等。外力作用的结果是使地表起伏状况趋向平缓。

(1)风化作用。

风化作用是指地表或接近地表的坚硬岩石、矿物,与大气、水及生物接触过程中产生物理、化学变化而在原地形成疏松堆积物的全过程。

(2)侵蚀作用。

侵蚀作用是指风力、流水、冰川、波浪等外力在运动状态下改变地面岩石及其风化物的过程。

(3)搬运作用。

搬运作用是指地表和近地表的岩屑和溶解质等风化物被外营力搬往他处的过程,是自然界塑造地球表面的重要作用之一。

(4)沉积作用。

沉积作用是被运动介质搬运的物质到达适宜的场所后,由于条件发生改变而发生沉积、堆积的过程。

(5)固结成岩作用。

固结成岩作用是指岩石的风化侵蚀物质经过搬运、沉积形成沉积物,经过一定的物理的、化学的、生物化学的作用而形成岩石的过程。

二、典型的外力地貌

(一)流水地貌

流水在运动过程中,使沿程的物质发生侵蚀、搬运和堆积,形成了各种侵蚀地貌和堆积地貌,这种由流水作用所塑造的地貌即为流水地貌。流水地貌是世界上分布最广泛的地貌类型,其中以河流地貌为代表,分为河流侵蚀地貌和河流堆积地貌。

1. 河流侵蚀地貌

(1)河流侵蚀类型。

①溯源侵蚀。

溯源侵蚀指流水向源头的后退侵蚀。河流下蚀作用在源头或河床坡度突然转折处,如瀑布、裂点等向上发展的结果,溯源侵蚀的结果使河床伸长。

②下蚀。

流水加深河床与河谷的作用称为下蚀。河流上游水流较快,往往以下蚀为主。

③侧蚀。

流水拓宽河床和河谷的作用称为侧蚀(侧向侵蚀)。侧蚀主要发生在河床弯曲处,由于弯道环流的作用,弯道越弯,侧蚀作用也就越强;河流下游地区由于坡度减缓、流速变慢,也以侧蚀为主。

(2)河谷的演变。

①河流发育初期。因河流落差大、流速快,河流侵蚀作用以向下侵蚀和向源头侵蚀(溯源侵蚀)为主,使河谷深而窄,横剖面呈“V”形。

②河谷发育中期。因落差小,河流向下侵蚀作用减弱,向河谷两侧的侧蚀作用加强,且河流在凹岸侵蚀,在凸岸堆积,使河流更为弯曲,河谷拓宽,呈“S”形。

③河谷成熟期。以向两岸侵蚀作用为主,河谷展宽,呈宽而浅的“U”形(槽型)。

河谷的发育和演变如图 2.2.6 所示。

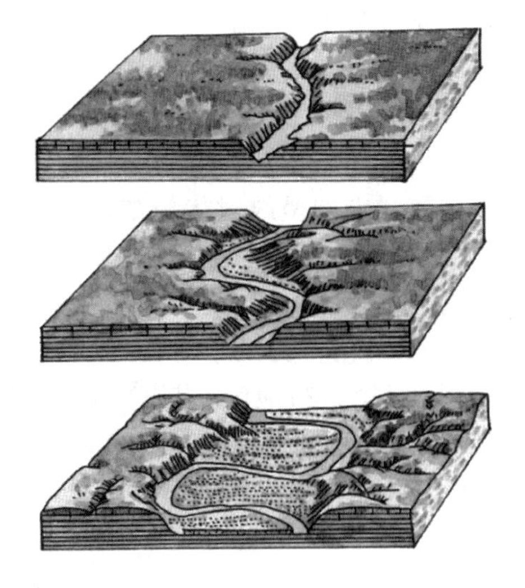

图 2.2.6 河谷的发育和演变

(3)河流阶地。

一个地区由于构造上升或气候剧变,促使河流在它以前的谷底下切,原谷底突出在河床之上,成为近于阶梯状地形,这种地形称为河流阶地。阶地由下往上级序递增,年龄越来越老、完整性越来越差。

河流阶地类型主要有侵蚀阶地、堆积阶地、埋藏阶地、基座阶地 4 种。

发育成熟的河谷断面如图 2.2.7 所示。

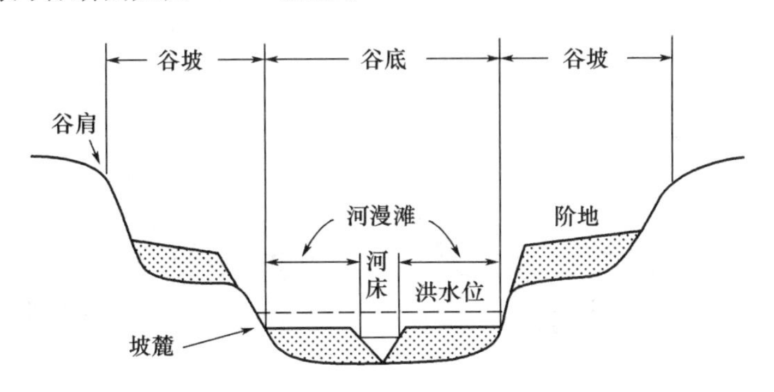

图 2.2.7 发育成熟的河谷断面

2. 河流堆积地貌

(1)山麓冲积扇(洪积扇)。

分布于河流出山口处的山麓地带。由于山区内地势陡峭、水流急并携带大量泥沙,当水流流出山口时,地势趋于平缓、水流速度减慢,导致其搬运的物质在山麓地带逐渐堆积,所形成的扇状堆积地貌。其特点是以谷口为顶点呈扇形,顶端到边缘地势逐渐减低,堆积颗粒物由粗变细。

(2)河漫滩平原。

分布于河流中下游地区。河流在凸岸堆积形成水下堆积体,在枯水季节露出水面,形成河漫滩,当河流改道或继续向下侵蚀,原河漫滩就会被遗弃,多个被遗弃的河漫滩连在一起便形成了河漫滩平原。其特点是地势平坦、宽广。

(3)河口三角洲。

分布于河流入海口的海滨地区。当河流到达入海口时,流速缓慢,加上海潮的顶托作用,河流携带的泥沙便会堆积在河口前方形成三角洲。其特点是形状多呈三角形,地势平坦,河网密布,河道由分汊顶点向海洋方向呈放射状分布。

(二)岩溶地貌

岩溶地貌又称喀斯特地貌,是具有溶蚀力的水对可溶性岩石进行溶蚀等作用所形成的地表和地下形态的总称,发生在可溶盐分布地区,岩石主要是石灰岩。我国的岩溶地貌主要集中在云贵高原和四川西南部,在广西、贵州、云南东部地区分布较为广泛。

1. 岩溶地貌的形成条件和发育过程

(1)岩溶地貌的形成条件。

①岩石的可溶性。岩石的可溶性主要取决于岩石成分和岩石结构、构造。岩溶地貌分布地区以碳酸盐类岩石为主,溶解度大。

②岩石的透水性。岩石的透水性取决于岩石的裂隙度和孔隙度,对可溶岩的透水性来说,裂隙度比孔隙度更为重要。

③水的溶蚀性。水对碳酸盐岩的溶蚀能力主要是由水中所含 CO_2 决定的,CO_2 含量越高,其溶蚀性越强。

④水的流动性。

(2)岩溶地貌的发育过程。

岩溶地貌发育可按幼年期、青年期、壮年期、老年期 4 个阶段顺序发展。岩溶地貌发育过程如图 2.2.8 所示。

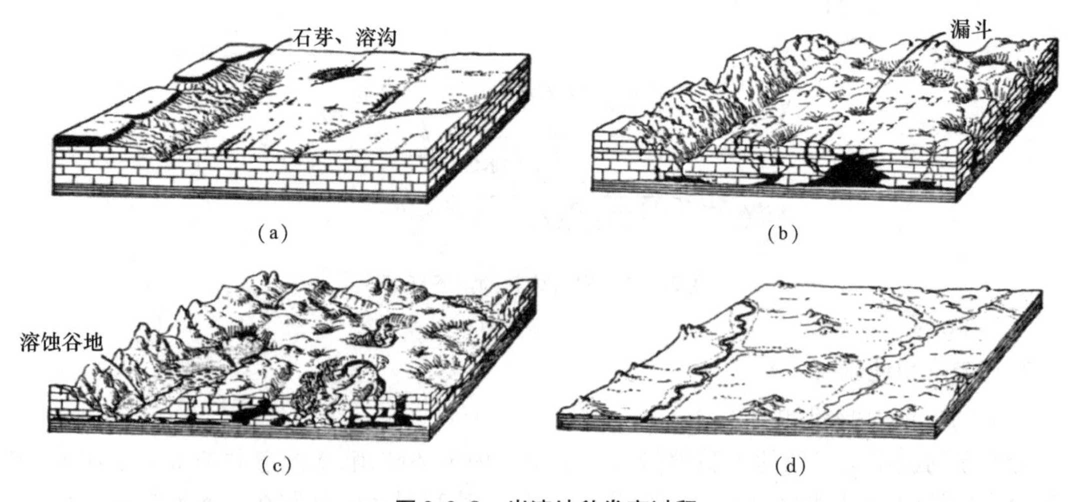

图 2.2.8 岩溶地貌发育过程

①幼年期。从一个原始的规则构造面或一个上升的微起伏剥蚀面开始发育,在裸露的石灰岩高地表面开始出现溶蚀作用,出现石芽、溶沟及少数漏斗。

②青年期。漏斗、落水洞、峰丛洼地发育,地表水大部分转化为地下水;地下溶洞发育,有许多地下河。

③壮年期。由于溶洞扩大、洞穴塌陷,地下河顶板塌落,地下河向地表河转化,大量溶蚀洼地、峰林和盆地发育。

④老年期。不透水层广泛出露,地面高度接近侵蚀基准面,地表演化成宽广的冲积平原,平原上分布了孤峰、残丘。

2. 地表岩溶地貌

(1)溶沟和石芽。

地表水沿岩石表面和裂隙流动时溶蚀、侵蚀而成的沟槽形态的石质小沟,称为溶沟,沟间突起的石脊称为石芽,高大的石芽称为石林,如图2.2.9所示。

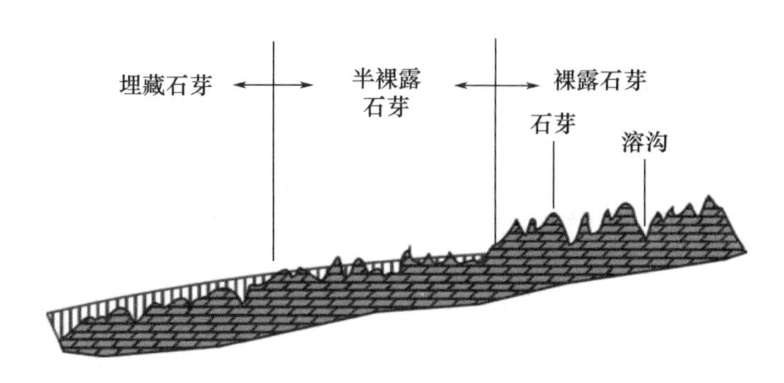

图2.2.9 溶沟和石芽

(2)峰林、峰丛、孤峰、坡立谷(溶蚀盆地)和溶蚀平原。

峰丛是底部基坐相连的石峰,峰林是由峰丛进一步向深处溶蚀、演化而形成的。孤峰是岩溶区孤立的石灰岩山峰,多分布在岩溶盆地中。坡立谷底部平坦,地表有河流通过,周围有时发育峰林地形,内部可以有孤峰、残丘。如图2.2.10所示。

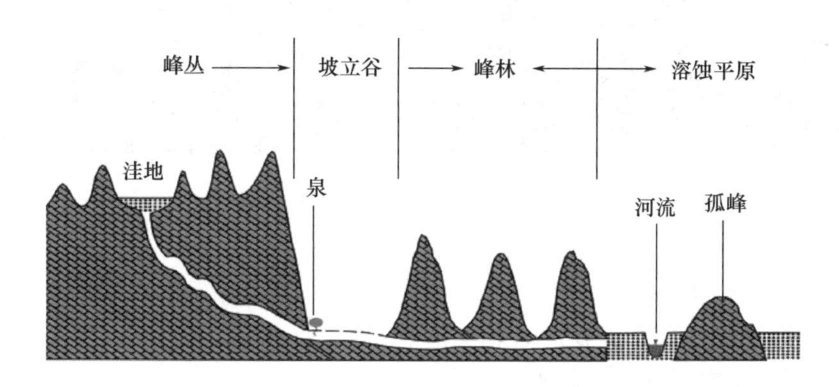

如图2.2.10 峰林、峰丛、孤峰、坡立谷和溶蚀平原

(3)漏斗和溶蚀洼地。

漏斗是漏斗形或碟形的封闭洼地,主要分布在喀斯特高原面上。溶蚀洼地通常由漏斗扩大合并而成,是比漏斗规模大、四周被低山丘陵和峰丛所包围的封闭性小型盆地。如图2.2.11所示。

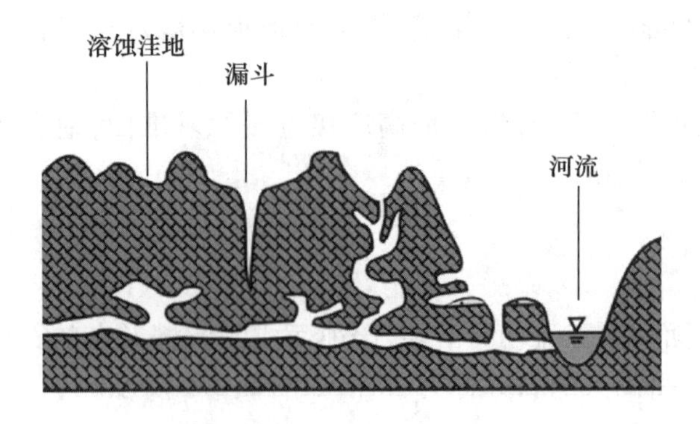

图 2.2.11　漏斗和溶蚀洼地

(4)落水洞、竖井、干谷、盲谷和伏流。

落水洞是地表水流入地下的进口,表面形态与漏斗相似。竖井是洞壁直立的井状管道。干谷是岩溶区无水的河谷。盲谷是喀斯特区的地表河下游消失于落水洞或溶洞中形成的无出口的河谷。伏流也叫暗河,指地面以下的河流。如图 2.2.12 所示。

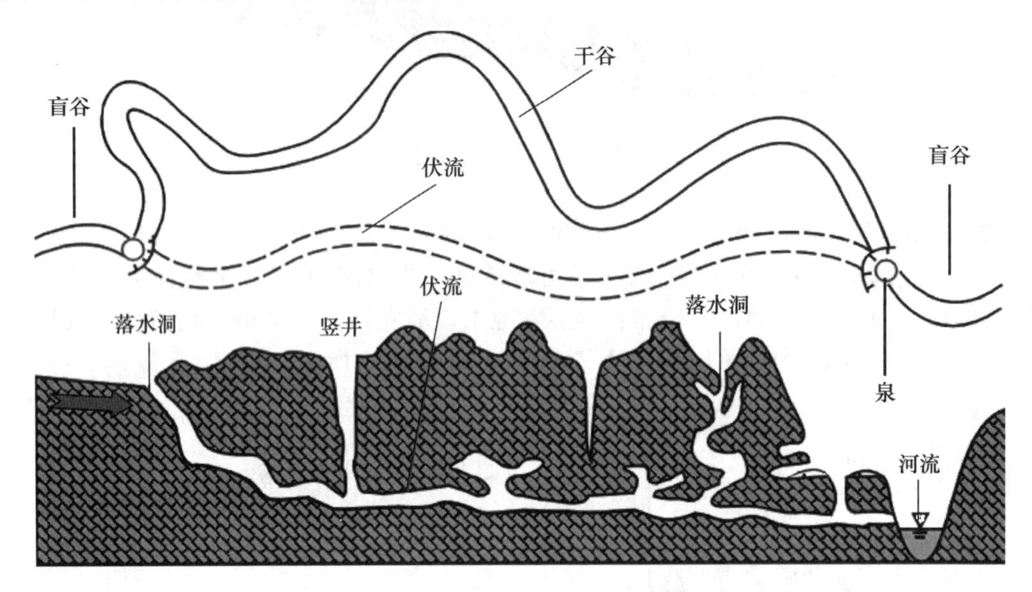

图 2.2.12　落水洞、竖井、干谷、盲谷和伏流

3. 地下喀斯特地貌

(1)溶洞、地下河(暗河、伏流)、地下湖。

(2)洞穴堆积地貌,如石笋、石钟乳、石柱、石幔等。

石笋是从洞顶滴落下来的饱含 $CaCO_3$ 的水溅到洞底,其中 $CaCO_3$ 逐渐沉积形成的,它形似竹笋。石钟乳和石笋各自向相对方向伸展,最后联结起来,成为石柱。石幔是从洞壁沿裂隙渗出的水中 $CaCO_3$ 呈片状沉积所形成的。

(三)冰川地貌

在高纬度和高山等气候寒冷地区,如果降雪的积累大于消融,积雪将逐年加厚,在一系列物理过程影响下，积雪就变为冰川。冰川本身就是一种地貌，也是寒冷地区重要的地貌营力，可塑造一系列冰川地貌。

1. 冰川类型

按照冰川的形态和规模，地球上的冰川基本上分为两类，即大陆冰川和山岳冰川。大陆冰川是不受地形约束而发育的冰川，又叫大陆冰盖。地球上有两大冰盖，即南极冰盖和格陵兰冰盖。山岳冰川是完全受地形约束而发育的冰川，主要分布在地球中低纬度高山地带雪线以上的常年积雪区。

2. 冰川作用

（1）冰蚀作用。

冰蚀作用是冰川运动时对地面进行的侵蚀作用，主要方式有挖蚀和磨蚀。挖蚀一方面在冰川运动过程中，以自身的推力将冰床上的碎屑物挖起；另一方面又把与冰川冻积在一起的冰床上的岩石拔起，带向下游。磨蚀一方面将岩石压碎；另一方面携带这些岩块进一步锉磨岩床，使冰床加深。岩石表面会出现磨光面、刻槽、擦痕。

（2）搬运作用。

冰川的搬运作用十分强大，能将成千上万吨岩块搬运到千里之外形成漂砾。被冰川搬运的碎屑物统称为冰碛物，根据冰碛物在冰川体内的不同位置，可分为表碛、内碛、底碛、侧碛、中碛、前碛和终碛。出露在冰川表面的叫表碛；夹带在冰川内的叫内碛；分布在冰川底部的叫底碛；分布在冰川边缘的叫侧碛；两支冰川会合后，侧碛合并构成中碛；位于冰川边缘前端的冰碛物叫前碛；随着冰川向前推进，在冰川末端围绕冰舌前端的冰碛物叫终碛。

（3）堆积作用。

冰碛物随着冰川衰退而产生堆积。堆积的冰碛物一般呈现出混杂堆积、分选性差、砾石呈棱角状且表面有刻痕、缺乏层理构造等特点。

3. 冰川地貌的类型

（1）冰蚀地貌。

冰蚀地貌主要由冰川侵蚀作用形成，主要地貌类型有雪线附近及以上的冰斗、刃脊和角峰；雪线以下形成的冰川 U 形谷、悬谷、峡湾；冰川底部发育的羊背石。

冰斗呈围椅状，由冰斗壁、盆底、冰斗出口处的冰坎组成；在谷地源头多冰斗汇合，冰坎往往不明显或消失，此时称为围谷或冰窖。刃脊是冰斗斗壁后退，两个冰斗或冰川谷地间的岭脊不断下降，最终形成刀刃状锯齿形山脊。角峰是不同方向多个冰斗后壁后退，发展成棱角状陡峻山峰。由于坡陡，上部冰雪难停积，外力以冻融风化、雪崩、冰崩作用为主，中下部主要是冰川雪蚀霜冻作用，导致内凹。

（2）冰碛地貌。

冰碛地貌主要由冰川堆积作用形成，主要地貌类型有冰碛丘陵、终碛垄、鼓丘。

冰碛丘陵是指冰川消融后，原来的表碛、内碛和中碛都沉落到冰川谷底，和底碛一起统称基碛，这些冰碛物受冰川谷底地形起伏的影响或受冰面和冰内冰碛物分布的影响，堆积后所形成的波状起伏的丘陵。终碛垄是分布于冰川前缘地带、由终碛组成的弧形垄状地形。鼓丘是由冰碛物组成的一种流线型丘陵，长轴方向平行于冰流方向，迎冰面一坡陡，是基岩，背冰面一坡缓，是冰碛物。

(3)冰水堆积地貌。

冰水堆积地貌主要由堆积作用形成,主要地貌类型有冰水扇、冰水平原、蛇形丘、季候泥、冰砾阜、锅穴。

冰水扇是冰川融水从冰川的两侧和冰川底部流出冰川前端或切过终碛堤后,地势展宽、变缓,形成冰前的辫状水流,冰水携带的大量碎屑物质沉积下来,所形成的顶端厚、向外变薄的扇形冰水堆积体。几个冰水扇相互连接就成为冰水平原。蛇形丘是一种狭长而曲折的垄岗地形,由于它蜿蜒伸展如蛇,故称蛇形丘。季候泥,又称纹泥,是形成于冰水湖泊中的纹层状沉积物,纹泥可以帮助确定冰盖撤退期间事件发生的时代。冰砾阜是冰面上小湖或小河的沉积物,在冰川消融后沉落到底床堆积而成。锅穴是指冰水平原上的一种圆形洼地成坑穴,深数米,直径十余米至数十米,是由埋在冰水沉积层内沙砾中的死冰块融化后引起塌陷而成。

(四)冻土地貌

由于温度周期性地发生正负变化,冻土层中的地下冰和地下水不断发生相变和位移,使冻土层产生冻胀、融沉、流变等一系列应力变形,这一复杂过程被称为冻融作用。冻融作用是寒冷气候条件下特有的地貌营力,它使岩石遭受破坏,松散堆积物受到分选和干扰,冻土层发生变形,从而塑造出各种类型的冻土地貌。冻土地貌也可称为冰缘地貌。

1. 冻土

凡处于零温或负温,并含有冰的各种岩土,统称为冻土。冻土按其处于冻结状态的时间长短,可以分为季节冻土和多年冻土两类。多年冻土可分为上下两层,上层为夏融冬冻的活动层,下层为多年冻结层。多年冻结层距地表的深度称为多年冻土的上限。纬度越高,海拔越高,年平均地温越低,则冻土层越厚,冻土上限越小。

2. 冻土地貌类型

(1)石海与石河。

基岩经过剧烈的冻融风化,岩石崩解,产生大片巨砾岩屑,堆积在平缓的地面上,形成石海。当山坡上冻融崩解产生的大量碎屑物填充凹槽或沟谷,而岩块在重力作用下顺着湿润的碎屑垫面或多年冻土层表面发生整体运动时,就形成石河。大型的石河称为石冰川。

(2)构造土。

构造土是多年冻土区广泛分布的一种微地貌形态,是指由松散堆积物组成的地表,因冻裂作用和冻融分选作用而形成网格式地面,单个网眼近于对称的几何形态,如呈环形、多边形。根据组成物质和作用性质的差别,构造土可分为泥质构造土和石质构造土。

(3)石环。

石环是石质构造土中最典型的地貌。在颗粒大小混杂而又饱含水分的松散土层中,冻融作用产生的垂直分选和水平分选,使砾石由地下被抬升到地面,再集中到边缘,并呈环状分布,形成石环。

(4)冻胀丘与冰锥。

地下水受冻结地面和下部多年冻土的阻遏,在薄弱的地带冻结膨胀,使地表变形隆起,称为冻胀丘。冻胀丘在平面上呈圆形或椭圆形,周边坡度很陡,顶部扁平,表面裂隙交错。内部有冰透镜体的称为冰核丘。冻胀丘多分布在地下水水位较高、地形较平缓、土层较厚、土质较细的地区。冰锥是在寒冷季节流出封冻地表和冰面的地下水或河水冻结后形成的丘状或锥状冰体。

(5)热融地貌。

热融地貌是指由热融作用产生的地貌。热融地貌分为热融滑塌和热融沉陷两种。由于斜坡上的地下冰融化,土体在重力作用下沿冻融界面移动,就形成热融滑塌。平坦地表因地下冰的融化而产生各种负地貌,称为热融沉陷。

(6)冻融泥流地貌。

冻融泥流是指坡地上的土屑物质在解冻时似泥浆状沿着冻融界面向下蠕动的现象。在坡度较大的斜坡上,常形成泥流坡坎;在坡度较缓的地方,则形成泥流阶地。山坡在长期冻融泥流作用下,形成平缓均匀、覆盖着碎屑物的冻融泥流坡。

(五)风成地貌及黄土地貌

风成地貌与黄土地貌是干旱和半干旱地区发育的独特地貌,风力是其塑造地貌的重要营力。

1. 风成地貌的发育条件

日照强,昼夜温差大,物理风化强;降水少,变率大且集中,蒸发作用强,地表径流少,流水作用弱;植被稀少,疏松沙质,地表裸露,风大且频繁,是塑造风成地貌的主要营力。

2. 风成地貌的类型

(1)风蚀地貌。

由风蚀作用形成的地貌形式称为风蚀地貌。风蚀地貌的类型有石窝、风蚀蘑菇、风蚀柱、风蚀谷、风蚀残丘、风蚀雅丹和风蚀洼地等。

①石窝。

石窝是指在陡峭的迎风岩壁上,经风蚀形成的许多圆形或不规则椭圆形的小洞穴和凹坑,直径 20 厘米左右,深 10 ~ 15 厘米,有的散布,有的聚集。

②风蚀蘑菇。

发育在水平节理和裂隙上孤立突起的岩石,经长期的风蚀作用以后,可形成上部大、基部小、外形为蘑菇状的岩石,称为风蚀蘑菇。

③风蚀柱。

垂直裂隙发育的岩石,在风长期吹蚀后形成的孤立的柱状岩石。

④风蚀谷。

干旱荒漠地区,因暴雨洪流的冲刷形成冲沟,在长期风蚀作用的改造下逐渐加深扩大成谷,沿主风向延伸。

⑤风蚀残丘。

基岩组成的地面经风化作用和暂时水流的冲刷,以及长期的风蚀作用后,残留下的孤立小丘。

⑥风蚀雅丹。

风蚀雅丹是指发育在古代河湖相的冲积物中、地表呈现出的一些不规则长条形土墩和沟槽相间的地貌组合。主要经风蚀作用形成的与盛行风向平行、相间排列的风蚀残丘和风蚀谷地的组合地貌,在地表形态上呈现出支离破碎的景观,称为风蚀垄槽。

⑦风蚀洼地。

松散物质组成的地面，经风长期吹蚀形成大小不同、以椭圆形为主、沿主风向伸展的洼地称为风蚀洼地。

(2)风积地貌。

风积地貌是指被风搬运的物质，在一定的条件下堆积所形成的各种地貌，包括黄土、沙丘等。

沙漠中最基本的风积地貌是沙丘，按其与塑造沙丘形态的风之间的相互关系可分为3个类型：垂直于风向的横向沙丘形态——新月形沙丘；平行于风向的纵向沙丘形态——纵向沙垄等；多方向风作用下的沙丘形态——金字塔沙丘等。

3. 黄土地貌

黄土是第四纪时期形成的特殊土状堆积物，主要是风力搬运堆积而成。从全球来看，黄土主要分布在中纬度干旱或半干旱的大陆性气候地区，即现代的温带森林草原、草原及部分半荒漠地区。

我国是世界上黄土分布最广、厚度最大、地貌最为发育的地区。我国的黄土主要集中分布在黄土高原，北起阴山山麓，东北至松辽平原和大、小兴安岭山前，西北至天山、昆仑山山麓，南达长江中、下游流域范围内均有分布，厚度一般为50～100米，最大厚度达180～200米，面积约63万平方千米。

(1)黄土的物理性质。

①结构疏松，颗粒间孔隙较多。

②无沉积层理，但是垂直节理发育。

③易湿陷，遇水浸湿后会发生可溶性盐类的溶解和部分黏土及其他细颗粒物质的流失。

(2)我国黄土地层划分。

我国黄土可划分为3层，分为早更新世的午城黄土、中更新世的离石黄土和晚更新世的马兰黄土。黄土层间有古土壤发育，同时存在沉积间断。

(3)黄土地貌的类型。

黄土地貌的形态特征和黄土特性关系密切，是古代和现代地貌综合作用下的产物，同时也体现了人与自然相互作用、相互影响的机理。沟谷地貌和沟间地貌是黄土高原的主要地貌形态，此外还有潜蚀地貌、谷坡地貌等。

①沟谷地貌。

根据沟谷不同的发育阶段，黄土沟谷按形态分为细沟、浅沟、切沟、冲沟与河流。因黄土具有结构疏松、垂直节理发达、颗粒细小、遇水湿陷又极易被水冲走等特性，沟谷十分发育，沟谷类型齐全、密度大，所以黄土高原地区也是我国水土流失最严重的地区之一。

②沟间地貌。

黄土沟间地貌泛指介于沟谷之间的一种正地形。随着沟谷的发育、沟壁的后退，沟间地被侵蚀得越来越小。根据沟间地形态差异可分为黄土塬、黄土梁、黄土峁和黄土坪。其中，黄土梁和黄土峁在黄土高原分布最广。

黄土塬是被沟谷、河谷环绕的面积较大的平坦高地；黄土梁是长条状的黄土高地，主要是黄土覆盖在梁状古地貌上形成的；黄土峁是一种孤立的黄土丘；梁和峁通常是互相联结在一起的，所以常用黄土丘陵来概括；黄土坪是指黄土区沟谷底部黄土覆盖的黄土阶地面或平台，它是黄土地区主要农耕地区之一。

③潜蚀地貌。

地表水沿着黄土中的裂隙和孔隙下渗，进行潜蚀，使土粒流失，产生洞穴，最后引起地面崩塌，形成黄土独有的潜蚀地貌。潜蚀地貌类型有黄土碟、黄土陷穴（黄土溶斗）、黄土桥、黄土柱等。

④谷坡地貌。

黄土垂直节理发育，由于质地松散，且覆盖在其他岩层上，这是产生滑坡、崩塌的良好地质条件，因此黄土高原的滑坡、崩塌等谷坡地貌非常普遍。

（六）丹霞地貌

丹霞地貌是指在红色陆相沙砾岩地层中，由流水侵蚀、溶蚀、重力崩塌作用形成的赤壁丹崖及方山、石墙、石峰、石柱、嶂谷、石巷、岩穴等造型地貌，是红层地貌的一种类型。丹霞地貌景观以广东省仁化县的丹霞山发育得最为典型。

1. 丹霞地貌的发育

红层岩性坚脆，多水平产状，富含钙质，垂直节理发育，透水性良好。地表坡面少蚀沟发育，多沿垂直节理剥蚀崩落而后退，形成了平顶峭壁的山形。经流水侵蚀切割和重力崩塌作用，形成方山、峰、柱、岩等地貌。

2. 丹霞地貌与雅丹地貌的区别

丹霞地貌是由砂岩为主的沉积岩，经侵蚀作用所形成的赤壁丹崖群地貌。在红层盆地构造抬升的基础上，在风化、流水、地下水、重力、风、冰川和波浪等外力侵蚀作用下形成丹霞地貌。构成丹霞地貌的岩石是以红色砂岩、砾岩为主的沉积岩，红色是沉积岩形成丹崖的前提之一。丹霞地貌分布广泛，在我国亚热带地区，温带湿润区，半湿润区、半干旱和干旱区，青藏高原高寒区都有分布。

雅丹地貌形成发育可在不同硬度和不同时代的岩石上，作为干旱区特有地貌类型之一，其通常被认为是风蚀地貌的典型代表。目前发现的绝大多数雅丹地貌分布在极端干旱地区，年降水量小于50毫米、植被稀少、风蚀作用强烈的平原地区；或较为湿润的洼地，盐类风化作用、地下水作用相对强烈的地区。

第三节　地球上的大气

一、大气的运动

（一）大气受热过程

太阳辐射是地球大气最重要的能量来源，是地面增温的直接热源。地面辐射是近地面大气增温主要、直接的热源。大气的受热过程如图2.3.1所示。

1. 大气对太阳辐射的削弱作用

大气对太阳辐射的削弱作用见表2.3.1。

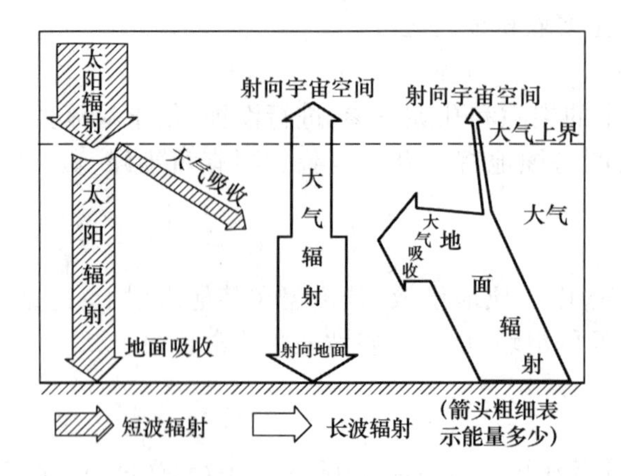

图 2.3.1　大气的受热过程

表 2.3.1　大气对太阳辐射的削弱作用

作用形式	作用特点	参与的大气成分	被削弱的太阳辐射	形成的自然现象
吸收作用	有选择	臭氧、水汽、二氧化碳	紫外线、红外线	人类活动排放大量二氧化碳等温室气体,使气温升高
反射作用	无选择	云层、较大尘埃	各种波长的太阳辐射	夏季多云的白天,气温不太高
散射作用	有选择	空气分子、微小尘埃	波长较短的蓝光、紫光	晴朗的天空呈蔚蓝色
	无选择	颗粒较大的尘埃等	各种波长的太阳辐射	阴天的天空呈灰白色

2. 大气对地面的保温作用

太阳辐射经过大气的小幅削弱后,大部分到达地表。地面吸收太阳辐射而增温,同时以传导和辐射的形式向大气传递能量。地面放出的长波辐射绝大部分(75% ~95%)被对流层大气中的水汽和二氧化碳等吸收,少部分透过大气射向宇宙空间。大气吸收地面长波辐射增温,同时也向外放出长波辐射,其中大部分朝向地面。朝向地面的大气长波辐射方向与地面辐射相反,被称为大气逆辐射。大气逆辐射把部分热量还给地面,一定程度上补偿了地面辐射损失的热量,对地面起到了保温作用,这种作用也叫温室效应。

(二)热力环流

1. 热力环流的形成

由于地面冷热不均而形成的空气环流称为热力环流。如图 2.3.2 所示,假设 A 地受热较多,B、C 地受热较少,则 A 地空气受热膨胀上升,使上空空气密度增大,形成高气压;B、C 两地受热较少,空气相对冷却收缩下沉,上空空气密度减小,形成低气压。这样上空出现水平气压差,空气由气压高的 A 地向气压低的 B、C 两地流动。在近地面,A 地空气上升导致空气减少,形成低气压;B、C 两地因气流下沉,有空气流入,空气增多,形成高气压。这样近地面出现水平气压差,空气由 B、C 两地流回 A 地,补充 A 地流出的空气,从而形成热力环流。

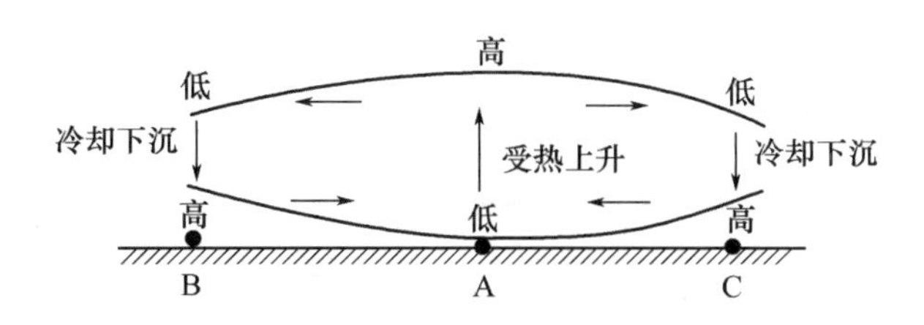

图 2.3.2　热力环流示意图

2. 常见的局部热力环流

常见的局部热力环流见表 2.3.2。

表 2.3.2　常见的局部热力环流

类型	成因	风向	影响
海陆风	白天陆地比海洋升温快,夜晚陆地比海洋降温快	白天吹海风,晚上吹陆风	海陆风使滨海地区气温日较差减小,降水增多
城市风	市区气温比郊区高	风从郊区吹向市区	一般将绿化带布局在气流下沉处以及下沉距离以内,而将卫星城或污染较重的工厂布局在下沉距离以外
山谷风	白天山坡比山谷升温快,夜晚山坡比山谷降温快	白天吹谷风,晚上吹山风	在山谷和盆地,夜间冷的山风吹向谷底,谷底和盆地内易形成逆温层,阻碍空气垂直运动,易造成大气污染

(三)风的形成

风形成的原因是地表冷热不均,直接动力是水平气压梯度力。

1. 水平气压梯度力

地面受热不均,导致空气上升和下沉垂直运动,使同一水平面上的气压产生差异。单位距离间的气压差称为气压梯度。只要水平面上存在气压梯度,就会产生促使大气由高气压区流向低气压区的力,这个力称为水平气压梯度力。在这个力的作用下,大气由高气压区向低气压区做水平运动,形成风。水平气压梯度力垂直于等压线,指向低压,既影响风向,又影响风速。

2. 地转偏向力和摩擦力

大气水平运动还受地转偏向力和摩擦力的作用。地转偏向力始终与风向垂直,只影响风向,不影响风速。摩擦力是地面与空气之间及运动状况不同的空气层之间相互作用的力,与风向相反,影响风向与风速。近地面大气的风向与等压线成一夹角,摩擦力越大,夹角越大。图 2.3.3 为近地面受水平气压梯度力、地转偏向力和摩擦力作用的北半球风向示意图。

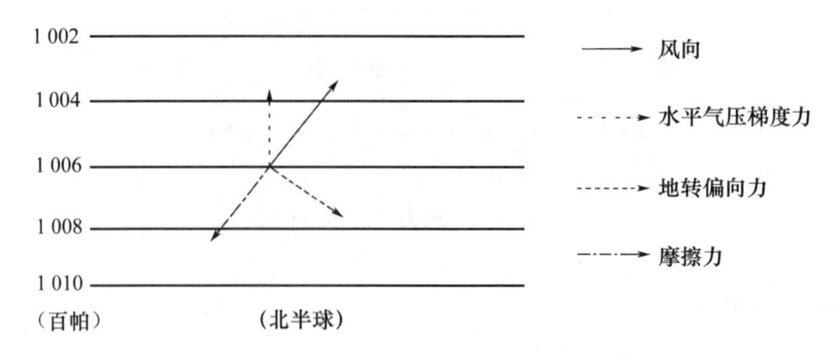

图 2.3.3　近地面风形成的作用力与风向

二、气压带、风带与气候

(一)三圈环流

全球性有规律的大气运动,通称为大气环流。高低纬度间因太阳辐射而产生热量差异,促使大气不断地运动、输送和交换热量。

假设地球表面是均匀的,引起大气运动的因素是高低纬度间的受热不均和地转偏向力。下面以北半球为例,分析大气的运动状况。

赤道及其两侧接受太阳辐射能量最多,近地面空气受热膨胀上升,空气减少,气压降低,在近地面形成了赤道低气压带。赤道上空空气增多形成高压,两极地区空气受冷下沉在上空形成低压。赤道地区上升的暖空气,在水平气压梯度力的作用下流向两极,过程中受地转偏向力影响,在北纬30°附近上空偏转成西风,并在这里堆积下沉,使近地面气压升高,形成副热带高气压带。从副热带高气压带流出的气流,一支流向赤道低气压带,该气流在地转偏向力的影响下,逐渐右偏形成东北风,称为东北信风,其与南半球在相同原因下形成的东南信风在赤道地区辐合上升,在赤道与南北纬30°之间形成低纬环流圈。

在近地面,从副热带高气压带向北流出的一支气流,在地转偏向力作用下逐渐右偏成西南风,称为盛行西风。北极及其附近地区接受太阳辐射最少,终年寒冷,空气下沉,近地面形成极地高气压带。从极地向南流出的气流(北风),在地转偏向力影响下逐渐右偏形成东北风,称为极地东风。它与较暖的盛行西风在北纬60°附近相遇,暖而轻的气流爬在冷而重的气流上面,形成副极地上升气流。上升气流到高空,分别流向副热带和极地上空,形成中纬环流圈和高纬环流圈。由于副极地上升气流到高空向南北方向流走,使北纬60°附近的近地面气压降低,形成副极地低气压带。

在南半球,同样会形成低纬、中纬和高纬3个环流圈,其形成原理与北半球相同。这样全球共形成7个气压带和6个风带。三圈环流与全球气压带、风带的分布如图2.3.4所示。

(二)气压带与风带的分布及成因

全球气压带与风带的分布及成因见表2.3.3。

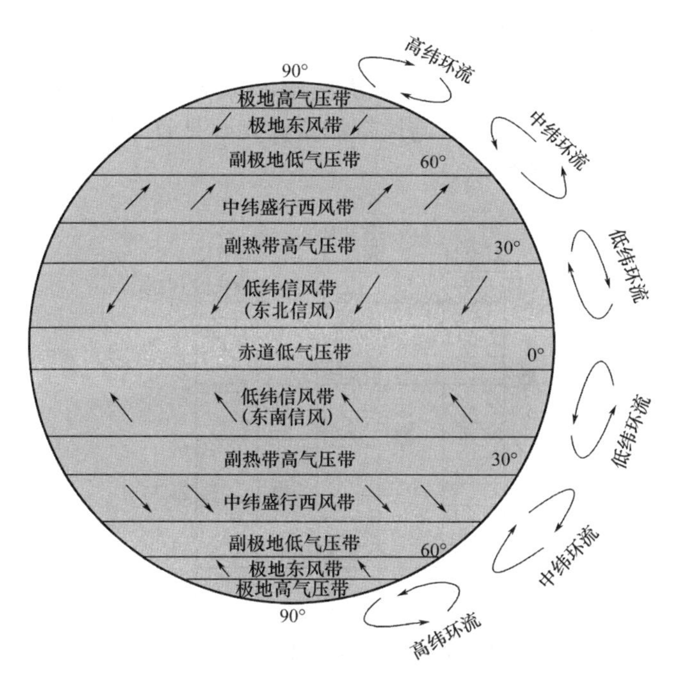

图 2.3.4　三圈环流与全球气压带、风带的分布

表 2.3.3　全球气压带与风带的分布及成因

环流圈	气压带或风带	分布范围	成因
低纬环流圈	赤道低气压带	南北纬 5°之间	接受太阳辐射最多,气温高,近地面空气受热膨胀,气流上升,气压下降
	信风带	副热带高气压带与赤道低气压带之间	从副热带高气压带吹向赤道低气压带的定向风,受地转偏向力的作用,北半球形成东北信风,南半球形成东南信风
中纬环流圈	副热带高气压带	南北纬 30°附近	气流在高空堆积下沉,使低空空气密度增大,气压升高
	西风带	南北纬 40°~60°	从副热带高气压带吹向副极地低气压带的风,在地转偏向力的作用下偏转为西风
	副极地低气压带	南北纬 60°附近	西风与极地东风相遇,暖空气爬升,近地面形成相对的低气压带
高纬环流圈	极地东风带	极地高气压带与副极地低气压带之间	从极地高气压带吹向副极地低气压带的风,在地转偏向力的作用下,偏转为东风
	极地高气压带	南、北两极附近	接受太阳辐射最少,气温低,空气受冷下沉,气压升高

1. 气压带与风带的季节性移动

由于太阳直射点随季节变化而南北移动,气压带与风带在一年内也做周期性的季节移动。在北半球,与二分日相比,气压带与风带的位置大致是夏季偏北,冬季偏南。气压带与风带的季节性移动如图 2.3.5 所示。

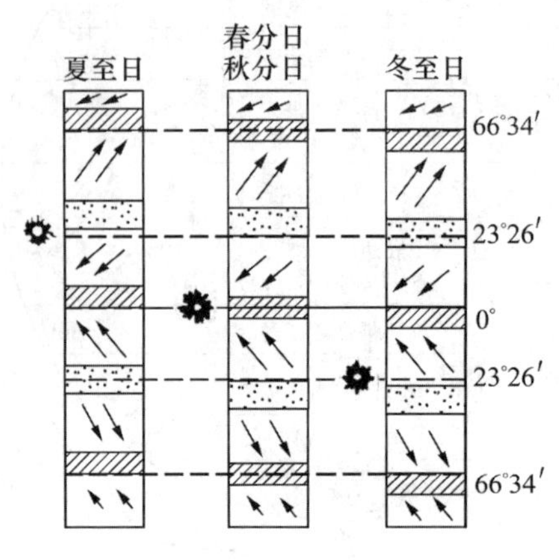

图 2.3.5　气压带与风带的季节性移动

2. 气压带与风带控制下的气候类型

气压带与风带控制下的气候类型见表 2.3.4。

表 2.3.4　气压带与风带控制下的气候类型

分类	气候类型及其相对应的气压带或风带
受单一气压带控制形成的气候类型	热带雨林气候——赤道低气压带 热带沙漠气候——副热带高气压带 冰原气候——极地高气压带
受单一风带影响形成的气候类型	热带沙漠气候——信风带 温带海洋性气候——西风带
受气压带和风带交替控制形成的气候类型	热带草原气候——赤道低气压带和信风带 地中海气候——副热带高气压带和西风带

(三)海陆分布对地面气压带的影响与季风环流

(1)海陆分布对地面气压带的影响。

由于海陆分布、地形起伏等因素的影响,地球表面实际上并不均匀。由于海陆热力性质差异,大陆增温和冷却的速度快于海洋,海陆冬、夏季增温和冷却速度明显不同,使呈带状分布的气压带被分成一个个高、低气压中心。北半球的冬季和夏季分别形成了不同的高压中心和低压中心,见表 2.3.5。

表 2.3.5　北半球的高压中心和低压中心

时间	被切断的气压带	成因	高压中心	低压中心
1 月份	副极地低气压带	海陆热力性质差异，亚欧大陆冷却快	蒙古－西伯利亚高压	阿留申低压、冰岛低压
7 月份	副热带高气压带	海陆热力性质差异，亚欧大陆升温快	夏威夷高压、亚速尔高压	印度低压

(2)季风环流。

大范围地区的盛行风随季节变化有显著改变的现象称为季风。东亚季风和南亚季风最典型。

1 月份，大气由蒙古－西伯利亚高压区向阿留申低压和赤道低压区运动，在东亚季风区(我国东部、日本和朝鲜半岛等地)形成寒冷、干燥的西北风，在南亚季风区(印度半岛、我国西南部、中南半岛等地)形成低温、干燥的东北风。

7 月份，大气由北太平洋副热带高气压区向亚洲低气压区运动，在东亚季风区形成温暖、湿润的东南风。在南亚季风区，由于太阳直射点北移，赤道以南的东南信风跨越赤道在地转偏向力作用下右偏形成暖湿的西南风(风来自赤道附近的印度洋)。

东亚季风中冬季风和夏季风的成因均为海陆热力性质差异，其中冬季风强于夏季风。南亚季风中冬季风成因是海陆热力性质差异，但夏季风成因是气压带与风带的季节移动，其中夏季风强于冬季风。

三、常见天气系统

(一)锋面系统与天气

水平方向上温度、湿度等物理性质分布比较均一的大范围空气，叫气团。比下垫面温度高的气团，称为暖气团；比下垫面温度低的气团，称为冷气团。当冷、暖气团相遇时，它们之间会出现一个倾斜的交界面，叫锋面，锋面向高空冷气团倾斜。锋面与地面相交的线，叫锋线。锋面和锋线统称为锋。锋面两侧空气的温度、湿度、气压有明显差别。在锋面移动过程中，根据冷、暖气团所占主次地位的不同，可将锋分为冷锋、暖锋、准静止锋等类型。锋面系统及其对应的天气特征见表 2.3.6。

表 2.3.6　锋面系统与天气

项目	冷锋	暖锋	准静止锋
概念	冷气团主动向暖气团方向移动的锋	暖气团主动向冷气团方向移动的锋	冷暖气团势力相当、锋面来回摆动的锋
暖气团上升	被迫上升	徐徐爬升	缓缓上滑
降水位置	主要在锋后	主要在锋前	延伸到锋后很大范围

续表 2.3.6

项目		冷锋	暖锋	准静止锋
天气特征	过境前	单一暖气团控制,天气温暖晴朗	单一冷气团控制,天气晴朗	单一气团控制,天气晴朗
	过境时	移动速度快,出现降温、大风或雨雪等天气	产生连续性降水	降水强度小,阴雨连绵
	过境后	气温骤降,气压升高,天气转晴	气温升高,气压降低,天气转晴	单一气团控制,天气转晴
天气实例		我国大多数降水天气;北方夏季的暴雨;冬、春季节的大风、沙尘暴、寒潮;一场秋雨一场寒	华南地区的春暖多晴、春寒雨起;一场春雨一场暖	夏初长江中下游地区的梅雨天气;冬半年贵阳多阴雨冷湿天气
对我国天气的影响		空间分布普遍;四季皆有,冬半年更常见	东北、长江中下游地区较为常见,多见于春季	春末的华南准静止锋;夏初的江淮准静止锋;冬半年的昆明准静止锋;冬季的天山准静止锋

(二)高(低)压系统与天气

高压与低压也称为反气旋与气旋。高压与低压是指气压分布状况而言的,气旋与反气旋是指气流状况而言的。

(1)低压(气旋)。

低压的中心气压低于四周气压。气旋是中心气压低、四周气压高的大气水平涡旋。北半球气旋在水平方向上,气流从四周向中心呈逆时针方向辐合,南半球则相反。气旋中心气流上升,其控制下的区域一般为阴雨天气。低压的代表性天气现象为台风。

(2)高压(反气旋)。

高压的中心气压高于四周气压。反气旋是中心气压高、四周气压低的大气水平涡旋。北半球反气旋在水平方向上,气流从四周向中心呈顺时针辐散,南半球则相反。反气旋中心气流下沉,其控制下的区域一般为晴朗天气。高压的代表性天气是长江中下游七八月份的伏旱、冬半年的寒潮、冬春季节的沙尘暴及北方的“秋高气爽”天气。

(3)高压脊和低压槽。

从高气压延伸出来的狭长区域,叫高压脊,好比地形上的山脊;从低气压延伸出来的狭长区域,叫低压槽,好比地形上的峡谷。

四、全球气候变化

1. 不同时间尺度的气候变化

全球气候变化按时间尺度可分为以下 3 个阶段。

(1)地质历史时期,气候变化的时间跨度大,周期长,可以追溯到距今上万年至几十亿年前。温暖期和寒冷期交替出现,总体温暖期较长。

(2)人类历史时期,可以追溯到距今一万年,该时期温暖期与寒冷期交替。

(3)近现代,指最近一二百年,全球气候虽然有波动,但总体趋势是变暖。

2. 全球气候变暖的原因

人类活动向大气排入大量二氧化碳,大气中二氧化碳浓度不断增加,它能吸收地面长波辐射,产生温室效应,使气温升高。

3. 全球气候变化的影响

(1)对海平面的影响。

全球变暖使冰川融化,海水发生热膨胀,导致海平面上升。海平面的上升会改变海岸线,给沿海地区带来巨大影响,海拔较低的沿海地区将面临被淹没的危险。太平洋岛国图瓦卢因此已经举国迁移至新西兰。

(2)对农业的影响。

全球变暖会使积温增加,提高农作物产量,但也会加重干旱,导致供水不足,使作物减产。全球变暖可能会导致高纬度地区农作物产量增加,低纬度地区农作物减产。

(3)对水循环和水资源的影响。

全球变暖会影响整个水循环过程,使蒸发加大,改变区域降水量和降水分布格局,增加降水极端事件发生概率,导致洪涝、干旱灾害频次和强度增加,地表径流发生变化。随着径流减少、蒸发增强,全球变暖会加剧水资源的不稳定性与供需矛盾。

4. 应对全球气候变化的措施

应对全球气候变化的措施有:多使用清洁能源;植树种草,防止森林火灾;避免浪费,减少废弃物排放,尽可能使用公共交通工具等。

第四节　地球上的水

一、地球上的水资源

(一)水资源的概念及衡量指标

1. 水资源的概念

水资源是指地球上目前和近期人类可直接或间接利用的水,是自然资源的一个重要组成部分。天然水资源包括河川径流、地下水、积雪和冰川、湖泊水、沼泽水、海水。水资源按水质可划分为淡水和咸水。随着科学技术的发展,被人类所利用的水增多,例如海水淡化、人工催化降水、南极大陆冰的利用等。由于气候条件变化,各种水资源的时空分布不均,天然水资源量不等于可利用水量,往往采用修筑水库和地下水库来调蓄水源,或采用回收和处理的办法利用工业和生活污水,扩大水资源的利用。与其他自然资源不同,水资源是可再生的资源,可以重复多次使用;会出现年内和年际量的变化,具有一定的周期和规律;储存形式和运动过程受自然地理因素和人类活动所影响。

2. 水资源的衡量指标

多年平均径流总量。

（二）水资源的分布特点及成因

1. 世界水资源的分布特点及成因

世界水资源的分布是指地球上水资源的分布情况。陆地上的淡水资源储量只占地球上水体总量的2.53%，其中固体冰川约占淡水总储量的68.69%，主要分布在两极地区，人类在目前的技术水平下还难以利用；液体形式的淡水水体，绝大部分是深层地下水，开采利用得较少。水资源分布的成因为降水量地区分布不均。

2. 我国水资源的分布特点及成因

我国水资源的分布特点为：南丰北缺，夏、秋多，冬、春少，年际变化大。我国水资源分布的成因为：海陆位置导致降水分布不均，受夏季风影响降水多，河流进入丰水期；受冬季风影响降水少，河流进入枯水期；如果夏季风活动异常，可导致连续多年丰水期或枯水期。

（三）水资源的特性

（1）循环性和有限性。

地表水和地下水不断得到大气降水的补给，开发利用后可以恢复和更新，但各种水体的补给量是不同的和有限的，为了可持续供水，水的利用量不应超过补给量。水循环过程的无限性和补给量的有限性，决定了水资源在一定数量的限度内是取之不尽、用之不竭的。

（2）分布不均匀性。

水资源在地区分布上很不均匀，年际、年内变化大。为满足各地区和各部门的用水要求，必须修建蓄水、引水、提水、水井和跨流域调水工程，对天然水资源进行时空再分配。

（3）用途广泛性。

水资源用途广泛，不仅用于农业灌溉、工业生产和城乡生活，还用于水力发电、航运、水产养殖、旅游娱乐等。

（4）经济两重性。

水的可供利用及可能引起的灾害（如由于水资源开发利用不当，造成水体污染、地面沉降等人为灾害），决定了水资源在经济上的两重性，即有正效益也有负效益。因此，水资源的综合开发和合理利用，应达到兴利、除害的双重目的。

（四）我国水资源危机及地区差异

（1）南方地区：水污染严重，水质型缺水，污染日益严重。

（2）北方地区：水资源短缺（黄、淮、海、滦河流域最严重），资源型缺水，河流断流、地面下沉、湖泊干涸、土壤盐碱化。

（3）西北内陆地区：水资源开发利用中生态环境问题严重，内陆河下游生态环境问题为绿洲萎缩、终端湖泊萎缩消失。

二、水循环

水循环是指地球上各种形态的水，在太阳辐射、地心引力等作用下，通过蒸发、水汽输送、凝结降水、下渗以及径流等环节，不断地发生相态转换和周而复始运动的过程。

(一)水循环的类型

(1)海陆间循环。

海陆间循环又称水的大循环。海陆间循环可以描述为:在太阳辐射能的作用下,从海陆表面蒸发的水分上升到大气中;随着大气的运动和在一定的热力条件下,水汽凝结为液态水降落至地球表面;一部分降水可被植被拦截或被植物散发,降落到地面的水可以形成地表径流;渗入地下的水一部分以表层壤中流和地下径流形式进入河道,成为河川径流的一部分;贮于地下的水,一部分上升至地表供蒸发,一部分向深层渗透,在一定的条件下溢出,成为不同形式的泉水;地表水和返回地面的地下水,最终都流入海洋或蒸发到大气中。

(2)海上内循环。

海上内循环是指海洋表面的水蒸发成水汽,进入大气后在海洋上空凝结,形成降水又回到海洋的局部水分交换过程。

(3)陆地内循环。

陆地内循环发生空间在陆地与陆地的上空,循环过程及环节为降水、蒸发、蒸腾等。

水循环示意图如图 2.4.1 所示。

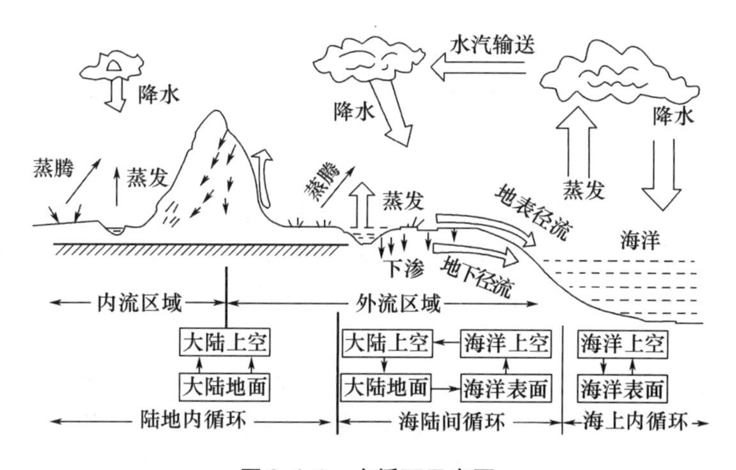

图 2.4.1 水循环示意图

(二)水循环的主要环节

水循环的整个过程可分为水汽蒸发、水汽输送、凝结降水、水分下渗,以及地表、地下径流 5 个基本环节。这 5 个环节相互影响、相互联系、相对独立,在全球各地形成一系列不同规模的水循环。

1. 凝结降水

降水的主要形式是降雨和降雪,其他形式有露、霜等。降雨形成的主要条件是:大气中必须含有充足的水汽和凝结核;具有使大气冷却的条件。

(1)降雨的类型及影响因素。

按动力冷却条件来分,降雨可分为对流雨、地形雨、气旋雨和台风雨 4 类。

(2)影响降雨的因素。

①海陆位置。

一般来说,离海洋越近的地区,受海洋的影响越大;距海越远,海洋水汽难以到达,降水就较少。所以降水分布的普遍规律是沿海多,内陆少。

②大气环流。

盛行上升气流的地区,如赤道低气压带控制区,降水多;盛行下沉气流的地区,如副热带高气压带控制区(尤其是大陆西部),降水少;受夏季风影响的地区或季节降水多,受冬季风影响的地区或季节降水少。

③天气系统。

天气系统也是形成降水的重要因素。在气旋控制下,盛行的是旋转上升气流,往往能达到过饱和状态,形成降水,如中纬度地区就多气旋雨,台风、飓风也带来大量的降水。在冷暖性质不同的气流交汇地区,往往会形成锋面雨,在锋面附近暖空气上升也会达到过饱和状态,从而形成降水。在副极地也会因为东风和西风相汇而形成极锋,形成锋面雨。

④地形。

地形有促使气流抬升的作用,使降水量增加,而降水量的增加率与空气中的水汽含量有关。地形坡度变化越大,对气流的抬升作用越强烈。暖湿气流流经的山地迎风坡降水多;山地背风坡降水少。

⑤洋流。

洋流分为寒流和暖流,暖流有增温增湿的作用,寒流有降温减湿的作用。寒流流经的沿海地区降水少,暖流流经的沿海地区降水多。

⑥下垫面。

下垫面在局部地区也会对降水产生影响,主要是通过改变大气中的水汽含量。如果地表植被覆盖率高,或者水面宽广,就会增大蒸发量,使空气中的湿度增大,从而增加降水量;反之,如果地面的植被破坏,水面减少,空气就会变得干燥,导致降水减少。

⑦人类活动。

人类活动主要是通过改变下垫面的状况来影响降水,如植树造林、恢复植被、修建水库和水利工程、退田还湖、扩大水面和湿地,都会使空气的湿度增加,降水增多;反之,乱砍滥伐、过度放牧、破坏植被、围湖造田、开垦排干沼泽,会使空气湿度减小,降水减少,气候的大陆性增强。

2. 水汽蒸发

水分子从物体表面向大气逸散的现象称为蒸发。蒸发主要包括水面蒸发、土壤蒸发、植物蒸腾。天然条件下供给蒸发的能量主要来自太阳能。动力条件一般来自 3 个方面:其一是水汽分子扩散作用;其二是上、下层空气之间的对流作用;其三是空气紊动扩散作用。紊动扩散作用即空气平流作用,会使蒸发面上空的空气混合作用大大加快,将空气中的水汽含量冲淡,从而大大促进蒸发作用。影响蒸发的主要因素为气象条件,如日照时间、气温、饱和差、风速等。

3. 水汽输送

水汽输送指的是大气中的水分因扩散而由一地向另一地运移,或由低空输送到高空的过程。水汽在运移输送过程中,其含量、运动方向与路线,以及输送强度等随时会发生改变,从而对沿途的降水产生重大影响。

4. 水分下渗

雨水降落在土壤表面上,在分子力、毛管力和重力作用下,进入土壤孔隙,被土壤吸收,补充土层缺乏的水分。下渗的水,首先满足土壤最大持水量,多余的水在重力作用下沿着土壤孔隙向下运动,最后到达潜水面,补给地下水,这种现象叫下渗或渗透。

5. 地表、地下径流

径流是指降雨及冰雪融水在重力作用下沿地表或地下流动的水流。径流按流动方式可分为地表径流和地下径流。

(三)水循环的意义

(1)水在水循环这个庞大的系统中不断运动、转化,使水资源不断更新(所谓更新,在一定程度上决定了水是可再生资源)。

(2)水循环维持全球水的动态平衡。

(3)水循环进行能量交换和物质转移。陆地径流向海洋源源不断地输送泥沙、有机物和盐类;对地表太阳辐射吸收、转化、传输,缓解不同纬度间热量收支不平衡的矛盾,对于调节气候具有重要意义。

(4)造成侵蚀、搬运、堆积等外力作用,不断塑造地表形态。

(5)水循环可以对土壤的优质产生影响。

三、洋流

洋流即海流,是指海洋中具有相对稳定的流速和流向的海水,从一个海区水平或垂直地向另一个海区大规模、非周期性地运动。洋流具有非常大的规模,例如,墨西哥湾暖流的流量相当于世界陆地总径流量的20多倍。

(一)洋流的成因及其类型

洋流的成因及其类型见表2.4.1。

表2.4.1 洋流的成因及其类型

分类依据	类型	特点成因	举例
成因	风海流	大气运动形成动力,规模很大	西风漂流、信风带内的洋流
	密度流	由密度差异引起,多出现在封闭海域与外洋之间	地中海与大西洋之间、红海与印度洋之间
	补偿流	补偿流出海水区域的海水损失,分为水平流和垂直流,多在大洋两岸	赤道逆流、秘鲁寒流
性质	暖流	温度、盐度高于流经海区,多由低纬流向高纬或为下降流	日本暖流、墨西哥湾暖流
	寒流	温度、盐度低于流经海区,多由高纬流向低纬或为上升流	千岛寒流、拉布拉多寒流

续表 2.4.1

分类依据	类型	特点成因	举例
地理位置	赤道流	分布于赤道附近海区	南、北赤道暖流,赤道逆流
	大洋流	分布于大洋中心	加利福尼亚寒流
	极地流	极地海域	南极绕极流
	沿岸流	沿海海域,受陆地影响大	我国的沿岸流
与陆地关系	北太平洋暖流	流向陆地,多分布于沿海海区	太平洋暖流
	离岸流	远离陆地,多分布于沿海海区	秘鲁寒流、本格拉寒流

(二)洋流的分布规律

洋流的分布规律见表 2.4.2。

表 2.4.2 洋流的分布规律

海区	分布规律
中低纬度海区(除北印度洋海区)	①以副热带为中心的大洋环流;②北半球呈顺时针方向流动,南半球呈逆时针方向流动;③大洋环流东部为寒流,西部为暖流;④大陆东岸为暖流,西岸为寒流
北半球中高纬度海区	①呈逆时针方向流动;②大洋环流东部为暖流,西部为寒流;③大陆东岸为寒流,西岸为暖流
南纬 40°附近海域	环球性的西风漂流
北印度洋海区	①受季风影响形成季风洋流;②夏季受西南季风影响,呈顺时针方向流动;③冬季受东北季风影响,呈逆时针方向流动
南极周围海区	南极绕极环流

(三)洋流对地理环境的影响

1. 积极影响

(1)对污染的稀释。

洋流的流动使得部分海域受到严重污染后,其污染物得到迅速地扩散,这样也就加快了污染物的稀释和净化的速度,对海洋生态环境的恢复具有重大意义。

(2)对航海的益处。

我国著名历史人物郑和,在 1405—1433 年间 7 次远航,在这 7 次远航中,几乎每次出航时间都选在冬半年,返航时间定在夏半年,其中缘由为:

①冬季,我国东部盛行偏北风,北印度洋盛行西北风(顺风);冬季可以利用我国东部的南下沿岸流和北印度洋向西的季风洋流(顺洋流)。

②夏季,我国东部盛行偏南风,北印度洋盛行西南风(顺风);夏季可以利用我国沿海北上暖流和北印度洋向东的季风洋流(顺洋流)。

冬季和夏季都是顺风顺水，可以节约燃料，加快速度，节约时间。

（3）对气候的影响。

洋流按其性质可以分为暖流和寒流。暖流对陆地有增加温度和湿度的影响，寒流对陆地有降低温度和湿度的影响，即洋流对同纬度大陆两岸气温的影响为：暖流经过的大陆沿海气温高，多易形成海洋性气候；而寒流经过的大陆沿海气温低，多易形成大陆性或荒漠性气候。

（4）大型渔场的形成。

在整个地球上，只要有寒暖流交汇的海区，就会形成大型渔场。因为两者相汇一是会使海水受到扰动，进而将下层营养盐类带到表层，为鱼类提供诱饵，有利于鱼类大量繁殖；二是会使高温海域的鱼类与低温海域的鱼群在此集中，进而形成较大的渔场。

世界四大渔场的成因便是如此。

①北海道渔场。位于日本北海道岛附近，日本暖流和千岛寒流交汇处。

②北海渔场。位于欧洲北海海域，北大西洋暖流与北冰洋南下的寒流交汇处。

③秘鲁渔场。秘鲁海岸盛行东南信风，为离岸风，导致上升补偿流，扰动下层营养物质上涌。

④纽芬兰渔场。位于加拿大纽芬兰岛附近，墨西哥湾暖流和拉布拉多寒流交汇处。

2. 消极影响

（1）海洋污染的扩散。

洋流会使部分海域受到污染后，其污染物随洋流的流动而迅速扩散，相应地使污染范围扩大。

（2）对航海的威胁。

暖流上空有热量和水汽向上输送，使得空气湿度增大而易产生降水；而寒流产生逆温，水汽不易向上输送，下层相对湿度较大，易形成雾。例如，一是陆风在白天流到寒流表面而形成平流雾；二是在寒暖流交汇处，风自暖流表面吹至寒流表面而形成平流雾。海雾形成之后，会使在海上行驶船只的能见度大大降低，给船只出行带来诸多威胁。

（四）厄尔尼诺现象与拉尼娜现象

厄尔尼诺现象与拉尼娜现象的成因及影响见表2.4.3。

表2.4.3　厄尔尼诺现象与拉尼娜现象的成因及影响

名称	现象	成因	影响
厄尔尼诺	赤道附近太平洋中东部的海面温度异常升高，该现象称厄尔尼诺现象。厄尔尼诺现象每隔2～7年发生一次，每次持续1～1.5年	东南信风减弱，甚至转为西风。这时，赤道附近太平洋东岸的冷海水上涌现象消失，赤道逆流增强，温暖的海水被输送到东太平洋，南美洲西岸的寒流被暖流取代，海面温度异常升高	赤道附近的太平洋东部暴雨成灾，洪水泛滥，赤道附近的太平洋西部则干旱少雨，引发旱灾；赤道附近太平洋东部因表层海水温度升高，营养物质减少，致使海洋浮游生物和鱼类大量死亡，鸟类饿死，同时因其尸体腐烂而污染环境；造成社会经济重大损失

续表 2.4.3

名称	现象	成因	影响
拉尼娜	赤道附近太平洋中东部海面温度异常降低,该现象称拉尼娜现象。拉尼娜现象有时持续 2 ~ 3 年	东南信风比常年增强,推动赤道暖流大量向西移动,赤道附近太平洋东岸冷海水上涌现象较常年强盛,引发该海区表面水温异常降低	赤道附近太平洋中东部海区因水温偏低,引发低温干旱灾害;赤道附近太平洋西部海区因水温较常年偏高,常造成暴雨洪灾

四、河流流域和水系

(一)河流的水文、水系特征

1. 河流的水文特征

河流的水文、特征及影响因素见表 2.4.4。

表 2.4.4　河流的水文特征及影响因素

水文特征	影响因素
流向	地势
河网密度	地形、降水多少
流量	降水、地形和流域面积
结冰期	长短与有无由气温决定
含沙量	与植被覆盖状况、河流补给条件、流域内的人类活动有关
水能蕴藏量	取决于流量和地势落差

2. 河流的水系特征

水系就是江河干流、支流和流域内的湖泊、沼泽、地下暗河彼此连接组成的系统。水系具有各种形状,表现出复杂的几何特征。河流的水系特征一般从以下 6 个方面进行描述。

(1)河流长度、流向。

(2)流域面积。

(3)支流数量及其形态(如密西西比河是放射状水系)。

(4)河网形态、密度。

(5)落差或峡谷分布。

(6)河道的宽窄、弯曲、深浅。

3. 河流的补给类型

河流的补给主要有以下几种类型:雨水,冰雪融水,湖泊和沼泽水,地下水,积雪融水。

(1)雨水。

雨水补给型河流的主要特点是:河流径流量的变化过程随着降雨而变,在降雨季节河水量增大、水位上涨、含泥沙量增多。河流水位的变动次数与降雨次数保持一致,表现为径流月分配基本上与降水月分配一致。

(2)冰雪融水。

由冰雪融水补给的河流水文情势主要取决于流域内冰川、积雪的储量及分布,也取决于流域内气温的变化,主要发生在夏季。我国西北地区一些河流,冰雪融水补给所占的比重很大,径流季节分配与热量同步,主要集中在高温期,年内径流呈现单峰型。

(3)湖泊和沼泽水。

湖泊和沼泽对河流径流有明显的调节作用,因此由湖泊和沼泽补给的河流具有水量变化缓慢、变化幅度较小的特点。有些湖泊一方面接纳若干河流来水;另一方面又注入更大的河流。我国鄱阳湖接纳赣江、信水、修水和抚水等水系来水,后注入长江。

(4)地下水。

在北方雨水较少的地区,河流的补给主要靠地下水,表现为径流年内分配较均匀。

(5)积雪融水。

积雪融水补给主要发生在春季,其特点是具有连续性和时间性,比雨水补给河流的水量变化来得平缓。在我国主要分布于东北地区。

(二)河流生态环境

1. 人类对河流生态环境的影响

河流能为人类的生存与发展提供供水、灌溉、航运、发电、水产和美化环境之便,人类活动反过来也会影响河流的水文和水力条件,改变天然河水的物理和化学性质,严重时会破坏河流生态系统的平衡。

(1)水库工程的影响。

通过水库调节,不仅可以使河流水量在时间上的变化更适于人类的用水要求,而且可以削减洪峰流量,起到重要的防洪作用。拦河大坝的拦截使库区河道变宽,水深增加、流速减小,固体物质沉积,稀释扩散作用减弱。固体物质的沉积有利于水质净化,稀释扩散作用减弱削弱了河流对废污水的净化能力,水深增加、流速减小会使河流中无机物增加和水藻化,甚至出现异重流和热成层。

对于水库下游河道,拦河大坝最重要的影响是使水中沉积物减少,造成洪泛区肥力下降及海域中鱼的营养物减少。此外,泛滥减少,通过放淤压盐碱的可能性锐减,土壤盐碱化日趋严重。泥沙量的减少还会加速下游河床侵蚀和三角洲蚀退。

(2)灌溉的影响。

当灌溉面积超过一定限度,河川径流便开始明显减少。原因是在灌溉初期,水下植物被栽培植物所代替,以及排水系统的改善,使蒸散耗水反而有所减少,且大体上与这时灌溉用水量的增加相抵偿。

兴建灌溉工程对水质的影响主要是引起河流盐化。上游引水灌溉减少了河流中含盐度较小的水量;灌溉后返回下游的回归水,不仅引水量大大减少,而且含盐度大大增加。这种过程如沿河反复出现,则越向下游,河水中的盐分含量就越高。

(3)大型调水工程的影响。

兴建调水工程的目的是将某些地区“过剩”的水资源引到另外一些缺水的地方去。这自然要使调出区河流的流量减少,调水工程越大,河中流量减少得就越多。

2. 河流对人类生活的影响

(1)水是生命之源,为人类提供了生活用水,工业、农业用水。

(2)河流有运输功能。

(3)湖泊可以调节河流水量,可以使当地的生态环境变好。

(4)河流、湖泊中有众多的生物,可以为人类提供食物。

(5)河流具有旅游价值、观赏文化价值。

(三)河流开发整治措施

(1)修建水利工程。效益有防洪、发电、供水、水产养殖、航运(水利工程使上游水深增加,水流变平缓且季节流量变化小)。

(2)加强流域内水土保持工作。可减少河流含沙量,提高防洪能力。

(3)加强流域内污染治理工作。可以保护水质、安全供水。

第五节　土壤与植被

一、土壤

(一)土壤的概念及组成

土壤是发育于地球陆地表面的、具有肥力、能够生长植物的疏松表层,是成土母质在一定水热条件和生物作用下,经过一系列生化物理作用而形成的独立的历史自然体。土壤的本质属性是土壤肥力,土壤的形成发育过程就是土壤肥力的形成变化过程。土壤的形成和发展变化是地质大循环和生物小循环过程的统一,受母质、气候、生物、地形、时间5个自然成土因素的影响。

土壤是由固、液、气三相物质构成的复杂的多相体系。土壤固相包括矿物质、有机质和土壤生物;在固相物质之间是形状和大小不同的孔隙,孔隙中存在水分和空气。土壤以固相为主,三相共存。三相物质的相对含量因土壤种类和环境条件而异。

(二)主要成土过程

1. 原始成土过程

从岩石露出地面有微生物着生开始到高等植物定居之前形成的土壤过程,称为原始成土过程。这是土壤发育的最初阶段,即原始土壤的形成。原始土壤的基本特点是土层浅薄,腐殖质积累少,无明显的腐殖层。

2. 腐殖质化过程

腐殖质化过程是指各种植物残体在微生物作用下,通过一系列的生物化学作用变为腐殖质,并且这些腐殖质能够在土体表层积累的过程。它是土壤形成过程中最为普遍的一个成土过程。腐殖质化过程使土体发生分化,往往在土体上部形成一个暗色的腐殖质层。在草原及草甸植被下,腐殖质化尤为强烈,在土壤表面积累着明显较厚的腐殖质层。

3. 泥炭化过程

泥炭化过程指有机质以不同分解程度的植物残体形式在土壤上层积聚的过程。主要发生在地表有积水、生长有湿生植物的沼泽地段。湿生植物在排水不良、过湿、嫌气环境下,不被矿化或腐殖质化,而以不同分解程度的有机残体累积于地表,形成泥炭及泥炭层。泥炭有时可保留有机体的组织原状。

4. 黏化过程

黏化过程是指一般在土体内部(20~50 厘米左右)发生较强烈的原生矿物分解和次生黏土矿物的形成(原生黏化),或表层黏粒向下机械地淋溶和淀积(次生黏化)的过程。多发生在温带和暖温带半湿润、湿润地区。

5. 钙化过程

钙化过程是指碳酸盐在土体中淋溶、淀积的过程,多发生于半干旱、半湿润季风气候区。由于季节性淋溶,易溶性盐类大部分淋失,硅、铁、铝等氧化物在土体中基本上不发生移动,而相对活跃的钙镁碳酸盐在土体中淋溶、淀积,并在土体中下层形成钙积层。钙积层广泛存在于黑钙土、栗钙土、棕钙土(温带)和灰钙土、黑垆土(暖温带)等草原土壤中。

6. 盐化过程(盐渍化过程)

盐渍化过程是指在干旱、半干旱的气候条件下,地下水中的易溶性盐类通过毛管蒸发而在表土层累积的过程。当土壤表层的含盐量达到 0.2% 以上而危害作物正常生长发育时,就形成了盐土。

7. 碱化过程

碱化过程是指土壤胶体中有较多的交换性 Na^+,使土壤呈碱性反应,并引起土壤物理性质恶化的过程。土壤物理性质恶化体现在土壤胶体大量分散,湿时膨胀泥泞,干时收缩板结。

8. 灰化过程

灰化过程是指在寒温带、寒带针叶林植被和湿润条件下,土体表层的 SiO_2 残留、R_2O_3 与腐殖质淋溶与淀积的过程。

9. 白浆化过程

白浆化过程是指在还原条件下,土壤亚表层中铁、锰的还原淋失和黏粒的机械淋溶相结合,使土体中出现一个粉沙量高,铁、锰缺乏的白色淋溶层的过程,多发生在较冷凉的湿润地区。白浆化过程的实质是潴育淋溶过程。

10. 富铁铝化过程

富铁铝化过程是指原生矿物强烈水解,盐基离子和硅酸大量淋失,铁、铝氧化物在土体中残留或富集的过程,即土体中脱硅富铁铝化过程,主要发生在热带和亚热带湿热气候条件下。红壤、黄壤、砖红壤性红壤、砖红壤中广泛存在脱硅和富铁铝化过程。

11. 潜育化过程

潜育化过程是土体在水分饱和、强烈嫌气条件下发生的还原过程,使高价铁锰被还原为低价态铁锰,是终年积水环境下发生的还原过程,主要发生在低洼积水区。在沼泽土、白浆土、红黄壤、水稻土等的形成过程中,有不同程度的潜育化作用。

12. 潴育化过程

潴育化过程是指土体处于季节性积水条件下,土体中铁、锰化合物交替发生的氧化还原过程,也称假潜育过程,主要发生在有季节水滞水的土壤中。

虽然都是发生在渍水环境中,但潴育化过程与潜育化过程不同,潜育化过程的土壤终年积水,土体始终呈还原性,以土壤呈青灰色或蓝绿色为主要特征。而潴育化过程的土壤是季节性积水,土体有一个氧化还原交替的过程,以土壤中较多的铁、锰新生体为主要特征。

13. 土壤熟化过程

土壤熟化过程是人类定向培育土壤肥力的过程。通过耕作、灌溉、施肥和改良等方法,在土壤上部形成人为表层,并不断改变原有土壤的某些过程和性状,使土壤向有利于作物高产方面发育。通常分为旱耕熟化过程(如灌淤土、绿洲土)和水耕熟化过程(如水稻土)。

实际上,在一种土壤的形成过程中,存在着一种主要的成土过程,同时还存在一种或几种次要的附加成土过程。例如,黑钙土的发生发育,不仅存在强烈的腐殖质化过程,还存在钙化过程等。自然界中的各种土壤是某种主要成土过程和某些附加成土过程共同作用的结果。

(三)我国土壤分布规律

我国幅员辽阔,自然条件复杂多样。冬季在西北气流的控制下,广大地区寒冷干燥,夏季受东南、西南季风的影响,东部和中部地区高温多雨。在自然环境条件的综合作用下,我国土壤类型呈现出明显的水平地带分布和垂直地带分布的特点。

1. 纬度地带性分布规律

由于太阳辐射和热量在地表由南到北呈现的规律变化,从而导致气候、生物等成土因素以及土壤的性质类型也按纬度方向由南到北有规律地更替,称为土壤纬度地带性分布规律。

我国东部形成了湿润海洋土壤地带谱,由南向北依次分布着:砖红壤—赤红壤—红壤、黄壤—黄棕壤—棕壤—暗棕壤—漂灰土。

2. 经度地带性分布规律

由于海陆位置差异及山脉地势的影响,造成温度和降雨量在空间分布上的差异,使水热条件在同一纬度由东至西、从沿海到内陆的土壤和土壤类型沿经度方向发生规律性更替,称为土壤经度地带性分布规律。

我国西部形成了干旱内陆性土壤地带谱,由东向西依次分布着:黑土—灰褐土—栗钙土—棕钙土—灰钙土—灰漠土。

3. 垂直地带性分布规律

土壤随着地势的增高而呈现演替分布的规律性,称为土壤垂直地带性分布规律。

我国土壤类型及其特性见表2.5.1。

表 2.5.1　我国土壤类型及其特性

地区	土壤类型	特性
东北平原	黑土	黑土是我国最肥沃的土壤之一，黑土分布区是重要的粮食基地。受温带季风气候的影响，东北地区夏季高温多雨，草甸草本植物生长繁茂，地上和地下积累了大量有机物质；在漫长寒冷的冬季，土壤冻结，微生物活动微弱，有机质缓慢分解。基本特性：养分含量丰富，土壤肥沃，土质疏松，最适于农耕
华北平原	黄棕壤、盐碱土	①黄棕壤是亚热带生物气候条件下，在温度较高、雨量较多的常绿阔叶或针阔叶混交林下形成的土壤。基本特性：含黏粒量较多的黏化层；土体内有铁锰结核 ②盐碱土：气候干旱、蒸发强烈、地势低洼、含盐地下水接近地表是盐碱土形成的主要条件。盐分累积的特点是表聚性很强，逐渐向下递减。沿海地带盐分累积的特点是整层土体均含较高盐分。盐碱土的改良：灌排、生物及耕作；种稻洗盐；施用石膏和磷石膏等
黄土高原	黄土	黄土是一种多孔隙、弱胶结的第四纪沉积物，具有颜色淡黄至褐黄、大孔隙、结构疏松、具垂直节理、常含盐类、成分均匀无层理和遇水具有湿陷性等显著特点
长江中下游平原	水稻土	水稻土是季节性淹水灌溉、耕作、施肥等耕种活动的产物，是我国很重要的农业土壤资源，主要分布在秦岭—淮河一线以南，其中长江中下游平原、珠江三角洲、四川盆地和台湾西部平原最为集中
四川盆地	紫色土	四川盆地的紫色土深受母岩影响，成土年龄较短，其母岩是中、新生代沉积的紫色页岩或砂页岩，岩体松软，极易风化破碎，自然肥力高，酸碱条件适中，矿质养分丰富，较肥沃，农业利用价值很高，是富含有机质的天然磷肥资源
东南丘陵	红壤	红壤是我国分布面积最大的土壤，形成于中亚热带气候条件下，自然植被为常绿阔叶林。这一地区由于气温高，雨量充沛，自然条件优越，是我国热带、亚热带林木、果树和粮食作物的生产基地
华南地区	砖红壤	砖红壤是热带雨林或季雨林中的土壤，在热带季风气候下发生强度富铝化作用和生物富集作用而发育成的深厚红色土壤，以土壤颜色类似红砖而得名。其土层深厚，质地黏重，呈强酸性，能发育于任何母质上。这里水热条件优越，有机物合成量最大，但分解较快，土壤肥力相对较低

二、植被

（一）世界植被分布规律

植被是覆盖地表的植物群落的总称。地球表面的热量是随着所在纬度的位置而变化的，水分则随着距离海洋的远近、大气环流和洋流等的变化而变化。水热结合导致植被呈地带性分布。

纬度地带性是指沿纬度方向成带状发生有规律的更替。在湿润的大陆东岸，因气温不同，从赤道向极地依次出现热带雨林、亚热带常绿阔叶林、温带落叶阔叶林、寒温带针叶林、寒带冻原和极地荒漠。由北向南，由针叶林为主到阔叶林为主，阔叶林中由落叶为主到常绿为主，植物群落由结构简单、种属少到结构复杂、种属多，种类成分也不断变化。

经度地带性是指从沿海向内陆方向成带状发生有规律的更替。从沿海到内陆，因水分条件的不同，在中纬度地区的植被出现森林—草原—荒漠的更替。

垂直地带性是指随海拔高度的增加，成带状发生有规律的更替。沿山地等高线分布，植被从山麓到山顶，依海拔的升高所引起的水热因素变化，有规律地排列和更迭。植被垂直分布规律一般从高纬度到低纬度，从沿海至内陆，带谱结构趋于复杂。

（二）世界陆地主要自然带及其分布

1. 热带雨林带

热带雨林是现存地球表面种类最多、结构最复杂的植被类型。它主要分布于赤道及南北纬 5°～10°的范围内，主要气候特征是全年气温高而温差小，各月平均气温在 25℃以上；降水充沛，年降水量在 2 000 毫米左右，无明显的旱季。世界上热带雨林可以分成 3 个区：美洲热带雨林区、印度－马来热带雨林区和非洲热带雨林区。这里树种繁多，乔木高大，常绿浓密，林冠排列多层，林内藤本植物纵横交错，附生植物随处可见。在林下风化壳上，发育着热带砖红壤。

2. 热带稀树草原带

热带稀树草原是介于热带雨林和荒漠之间的类型，位于热带雨林带的两侧，广泛分布在非洲和南美洲，而在澳大利亚、中美洲和亚洲的相应地带分布不广。高温和有明显的雨季、旱季是热带稀树草原气候的特点，年平均降雨量比热带雨林少。茂密的草本植物引起生草过程的发育，因此土壤中进行着腐殖质、氮和灰分养料元素的积聚，形成红棕色土。

3. 亚热带常绿阔叶林带

亚热带常绿阔叶林是分布在亚热带地区大陆东岸的植被，分布在南北纬 25°～35°之间的大陆东部，如我国长江流域、日本南部、美国东南部、澳大利亚东南部、非洲东南部以及南美洲东南部。该自然带的气候属于亚热带季风气候和亚热带湿润气候，四季分明，夏季炎热多雨，冬季低温少雨，无明显的干旱，发育着亚热带的黄壤和红壤。

4. 亚热带常绿硬叶林带

常绿硬叶林是在夏季炎热干燥、冬季温和多雨的亚热带气候条件下发育而形成的植被类型，主要分布在地中海沿岸、北美洲加利福尼亚、大洋洲东部和西南部。常绿硬叶林为常绿植物，但其叶小而硬，或变成刺状，形成与当地气候相适应的特点。

5. 温带草原带

温带草原是温带半干旱地区地带性植被，是介于落叶阔叶林和荒漠之间的植被类型。属温带大陆气候，夏热冬寒，年降水量 250～500 毫米，多集中于夏季。其气候条件比荒漠带湿润，比落叶阔叶林带干旱。在欧亚大陆，自多瑙河下游起，向东经罗马尼亚、苏联、蒙古，直至中国东北和内蒙古等地，构成世界上最宽广的草原带。此外，北美大陆的中部、南美阿根廷等地亦有分布。植被以禾本科植物为主，土壤主要是黑钙土和栗钙土。

6. 温带落叶阔叶林带

温带落叶阔叶林带，又称夏绿阔叶林带，是在温带海洋性气候条件下形成的植被类型。主要分布于北半球的北美洲东部，中、西欧以及亚洲东部地区，包括我国东北和华北、日本群岛、朝鲜半岛、苏联的堪察加半岛和萨哈林岛等地区，在南半球几乎没有分布。分布区的气候特点是一年四季分明，夏季多雨炎热，冬季干燥较冷，降水多集中于夏季。构成乔木层的全为冬季落叶的阳性阔叶树种。土壤主要为棕色森林土、灰棕壤和褐色土。

7. 亚寒带针叶林带

亚寒带针叶林带，又称泰加林带，主要分布在北半球大陆中、高纬度地区，约在北纬50°～70°之间，如欧亚大陆北部和北美大陆的北部，呈宽阔的带状东西伸展。我国的针叶林主要分布在大兴安岭北部山地、西南高山地区以及西北地区，其中以大、小兴安岭所占面积最大。属于亚寒带大陆性气候，冬季漫长严寒，夏季短促而温暖，形成了由云杉、银松、落叶松、冷杉、西伯利亚松等针叶树组成的针叶林带，发育着森林灰化土。

8. 荒漠带

荒漠是极旱生的稀疏植被，其组成者是一系列特别耐旱的极旱生植物，主要分布在南北纬15°～50°。热带荒漠带属于热带沙漠气候，位于南、北回归线到南北纬30°范围内，常年受副热带高气压带或信风带控制。而温带荒漠带属于温带大陆性气候，深居内陆，受海洋影响小，位于大陆内部，如亚欧大陆中部、南美洲中南部。

9. 苔原带

苔原带主要分布在亚欧大陆及北美大陆的最北部，以及北极圈内的许多岛屿。这里气候严寒，冬季漫长，多暴风雪，夏季短促，热量不足，土壤冻结，沼泽化现象广泛。这些环境条件不利于树木生长，因而形成以苔藓和地衣占优势的、无林的苔原带，土壤属于冰沼土。

10. 冰原带

冰原带几乎占据南极大陆的全部、格陵兰岛的大部，以及极地的许多岛屿。这里全年由冰雪覆盖，气候终年严寒，最暖月的平均温度仅在某些地区高于0℃。

三、土壤与植被的关系

植被和土壤是生态系统中相互影响、相互作用的重要组成部分。

（一）土壤为植被的存在和发展提供了必要的物质基础

土壤为植物提供根系的生长环境，为其保温、保湿，同时能够辅助根部对植株的固定作用。土壤是很好的“储藏室”，其可以储存水分、空气、矿质元素，这些是植物生长所必需的，植物可直接从土壤中摄取。

此外，土壤内含有大量其他生物，如微生物和无脊椎动物。微生物能够分解有机质，使之变成植物能够直接利用的无机物，为植物生长提供营养；无脊椎动物如蚯蚓，能够通过其生理作用达到翻土的目的，使土壤空隙加大，增大空气含量，同时，蚯蚓粪便能够为植物提供直接营养。

（二）植被的出现及其演替反过来也将影响土壤的形成和发育

植被的生长环境受到土壤的影响，同时植被的出现及其演替反过来也将影响土壤的形成和发育。

在山区、沙漠地区，植物根须可以保持水土，避免及减少土壤表层的沙化及流失。在石漠化地区，植被根系的存在可以大大提高土壤的抗侵蚀性能，从而减少及避免土壤被风化、石化。植物的活根提供分泌物,死根提供有机质,作为土壤团粒的胶结剂,同时配合须根的穿插挤压和缠绕的作用,对提高土壤的抗侵蚀性能提供了很好的保证。

植物根系分泌物对难溶磷钾及土壤硒以及重金属具有活化作用。可利用植物来改良、整治污泥,营造良好的生态环境。

总而言之,土壤和植物根系交互作用是土壤圈与生物圈之间的物质循环。土壤与植物的相互作用体现了自然环境的整体性。由于土壤和植物根系的交互作用,形成根—土界面特定的微生态环境,它直接决定着植物从土壤中吸收物质的形态、数量、迁移和转化等多种过程。同时,植物根系可以保持或改变土壤的物理结构、化学成分,对优化、改善土壤,保持地球土壤圈的天然、正常环境,有着无可替代的重要作用。

第六节 自然灾害

一、气象水文灾害

气象水文灾害是指由于气象和水文要素的数量或强度、时空分布及要素组合的异常,对人类生命财产、生产生活和生态环境等造成损害的自然灾害。气象水文灾害主要包括干旱、洪涝、台风、暴雨、大风、冰雹、雷电、低温、冰雪、高温、大雾和沙尘暴等。

(一)干旱

1. 概念

干旱是指由于长时期降水少或无降水而造成空气干旱、土壤缺水的一种气候现象。

2. 危害及防御措施

危害:造成粮食减产,对农作物(农业)造成严重的破坏;出现旱灾,对社会经济造成严重的破坏。

措施:兴修水利工程,干旱期跨流域调水;改良种植耐涝耐旱农作物;工业、农业上注意节约用水。

(二)热带气旋

1. 概念

热带气旋是指发生在热带或副热带洋面上的深厚的低气压涡旋。

2. 危害及防御措施

危害:伴有狂风暴雨,沿海地区有巨浪出现,破坏力强大,对人民群众财产及安全造成极大的威胁。

防御措施:沿岸地区植树造林;兴修水利工程和加固沿岸堤坝;加强对台风的监测和预警;加强人民群众对台风的防范意识,做好应急准备。

(三)寒潮与冻害

1. 概念

寒潮是指冬半年来自极地或寒带的寒冷空气,像潮水一样大规模地向中、低纬度的侵袭活动。

2. 危害及防御措施

危害：寒潮是一种大范围的冷空气活动，在短时间内气温骤降，并伴有大风、霜冻等现象；农作物易受到冻害的影响，致使农作物大量减产；有时还带来暴风雪、沙尘暴等天气，对民众的生活造成不利影响。

防御措施：加强监测和预报，做好防寒工作；农业上可采取搭建温室大棚等措施进行防寒。

（四）沙尘暴

1. 概念

沙尘暴是指强风从地面卷起大量沙尘，使水平能见度小于1千米，具有突发性和持续时间较短特点的、概率小、危害大的灾害性天气现象。

2. 危害及防御措施

危害：沙尘暴天气是我国西北地区和华北北部地区出现的强灾害性天气，可造成房屋倒塌、交通供电受阻或中断；污染自然环境，破坏农作物生长，给国民经济建设和人民生命、财产安全造成严重的损失和危害。

防御措施：植树造林，恢复植被；加强防止沙尘暴的工程技术措施，即房屋、建筑物的结构；加强预报、预警及通信系统的现代化，做好防范准备。

二、地质地震灾害

地质地震灾害是指由地球岩石圈的能量强烈释放剧烈运动或物质强烈迁移，或是由长期累积的地质变化，对人类生命、财产和生态环境造成损害的自然灾害。地质地震灾害主要包括地震、火山、崩塌、滑坡、泥石流、地面塌陷、地面沉降、地裂缝灾害等。常见的地质地震灾害如表2.6.1所示。

表2.6.1　常见的地质地震灾害

类型	表现	破坏性	分布地区（我国）	应对措施
地震	岩石圈内部突然破裂，内能强烈释放，引起地面震动	危害人类生命、财产安全，是危害和影响最大的灾害	板块构造的边缘地带；东部沿海地区，处在环太平洋地震带；西藏、云南，处在地中海－喜马拉雅地震带	加强地质灾害的科学研究，建立灾情监测预警系统；加强地质灾害的风险管理，建立健全防灾减灾工作的政策法规体系；积极开展防灾减灾的宣传教育，提高公众的环保和减灾意识；加强防灾减灾方面的国际合作等
火山喷发	高温的熔浆、气体、碎屑喷出地表	危害人类生命、财产安全，破坏田园和建筑，还可能诱发地震	山西大同附近（死火山群）；吉林长白山、黑龙江五大连池（休眠火山）；台湾七星山（活火山）	
滑坡	斜坡上的岩体、土体沿一定滑动面整体下滑	危害人类的生命、财产安全，堵塞江河，摧毁城镇和村庄，破坏森林、农田和道路	西部青藏高原边缘的山区，如云南、四川西部；东部低山丘陵与平原交替处也会出现	
泥石流	饱含泥沙、石块、巨大砾石的特殊洪流			

三、海洋灾害

海洋灾害是指海洋自然环境发生异常或激烈变化,导致在海上或海岸发生的灾害。海洋灾害主要包括风暴潮灾害、海浪灾害、海冰灾害、海雾灾害、海啸灾害及赤潮、海水入侵、溢油灾害等突发性的自然灾害。

(一)风暴潮

1. 概念

风暴潮是指由于剧烈的大气扰动,如强风和气压骤变导致海水异常升降,同时和天文潮叠加时的情况,是一种灾害性的自然现象。

2. 危害及防御措施

危害:风暴潮灾害居海洋灾害之首,世界上绝大多数因强风暴引起的特大海岸灾害都是由风暴潮造成的;强大风暴潮会给沿海地区人民群众的生命及财产安全造成重大损失。

防御措施:工程措施上加固沿岸堤坝、防潮海堤等;加强对风暴潮的预警、预报等,做好防御工作。

(二)赤潮

1. 概念

赤潮是指在特定环境条件下,海水中某些浮游生物、原生动物或细菌爆发性增殖或高度聚集而引起水体变色的一种有害生态现象。

2. 危害及防御措施

危害:赤潮的产生会使海洋生态环境发生改变,导致一些生物逃避或死亡,破坏原有的生态平衡;会破坏渔场的饵料基础,造成渔业减产;有些赤潮生物分泌赤潮毒素,如果鱼、贝等处于有毒赤潮区域内,人类食用这些食物就可能导致中毒,危害人体健康。

防御措施:控制海域的富营养化,应重视对城市污水和工业污水的处理,提高污水净化率;合理开发海水养殖业,提高养殖技术,减少水质和底质污染;在防范赤潮工作方面,要建立处理防治和监测监视系统,加强海洋环境保护。

四、我国的自然灾害

(一)我国自然灾害多发区

我国位于北半球中纬度环球灾害带与环太平洋灾害带交汇的区域,是世界上自然灾害发生广泛、灾种多样、灾情严重的国家之一。依据自然灾害的空间分布规律,我国的自然灾害多发区有黄淮海平原地区、东南沿海地区、黄土高原地区和川滇地区。我国常见的自然灾害见表2.6.2。

表 2.6.2　我国常见的自然灾害

灾害多发区	分布	主要灾害种类	危害
黄淮海平原地区	主要分布在黄河、淮河、海河流域等地区	洪涝、干旱、华北的地震等	对农业生产和城市建筑物的危害较大
东南沿海地区	主要在山东半岛以南的东南沿海区域	台风、风暴潮、洪涝、海水倒灌等	对沿海城市的工农业生产及海水养殖业的影响较大
黄土高原地区	主要在第二阶梯的黄土高原	暴雨、地震	对农业、交通和建筑物等造成严重的危害
川滇地区	主要在云贵高原、横断山脉等地区	地震、滑坡、泥石流	对当地交通造成严重的破坏

(二)我国自然灾害多发的原因

1. 自然原因

在气候条件上,我国东部濒临太平洋,靠近西北太平洋台风区,季风气候显著且较为典型,降水年际变化大,在时间和空间上分配不均,旱涝灾害频繁;在地质条件上,我国处于板块交界带上(亚欧板块和太平洋板块交界带),地壳构造运动活跃,且我国地形复杂多样,地形起伏较大,地质灾害多发;在生物条件上,我国地域辽阔,气候多样,土壤和植被类型众多,易繁殖多种有害生物。

2. 社会原因

在长期对自然环境高度利用的条件下,形成了我国较为脆弱的生态环境,脆弱的生态环境易于诱发各种各样的自然灾害,成为自然灾害多发的诱因;我国的社会经济对自然灾害的承受能力和防御能力较低;我国东部人口较为密集,与东部自然灾害多发区相重合,两者作用下共同加剧了自然灾害的发生。

第七节　综合自然地理学

一、综合自然地理学概述

(一)综合自然地理学的研究对象

综合自然地理学是以部门自然地理学为基础,综合研究自然地理环境的整体,阐明这个环境整体的组成与结构功能效应、发展动态、地域差异以及人与自然关系等基本问题。

综合自然地理学的研究对象是自然地理环境,自然地理环境是地球表层的大气、水、岩石、生物以及其他派生的自然物质共同组成的整体——自然综合体。

自然地理环境基本规律主要包括:整体性规律、时间演化规律、地域分异规律;其具体应用主要包括土地类型和综合自然区划。

(二)综合自然地理学的学科特点

(1)整体性(基本出发点)。

(2)综合性(初步的综合,概念模型;高级的综合,数学模型)。
(3)相关性(最重要的特点和关键性的方法)。
(4)尺度性(空间:大尺度、中尺度和小尺度)。
(5)动态性(时间:周期性与非周期性;长周期与短周期)。
(6)多样性(地球表面的复杂性与研究方法的多样性)。

(三)综合自然地理学的研究任务

(1)研究自然要素(地貌、气候、水文、生物、土壤)的相互关系,彼此之间的本质联系和作用效应。
(2)研究地理环境的动态,从整体上阐明其变化发展规律,预测其演变趋势。
(3)研究自然地理环境的空间分异规律,划分不同等级的自然综合体。
(4)确定自然综合体的特征及其开发利用方向,参与经济建设的自然条件和自然资源评价以及自然灾害防治的研究,为资源利用和环境保护服务。
(5)协调环境、资源、人口和发展的关系,探求自然环境和资源的永续利用途径。

二、自然地理环境的整体性

(一)自然地理环境整体性的含义

整体性是指自然地理环境各组成要素以及各组成部分之间内在联系的规律性。
整体性含义包括两个方面:
(1)统一含义。指构成整体和各要素不是孤立存在的,而是相互联系、相互作用、相互制约,组成一个统一的整体。
(2)特殊含义。指整体具有各孤立要素所没有的性质和功能,但整体功能并不等于各部分、各要素功能的任意组合。
自然地理环境整体性规律的实质就是自然地理环境的内部联系性。

(二)自然地理环境的内部联系

(1)在自然地理环境中存在着由各组成要素和各组成部分所建立起来的一定结构,完成一定的功能并形成一个整体效应。
(2)物质循环必然伴随着能量转换与传输。
(3)在自然地理环境中,物质循环与物质平衡是不可分割的。
(4)自然地理环境中的物质循环不是简单的往复运动,而是旋回发展的复杂过程。

三、自然地理环境的时间演化规律

(一)自然地理环境发展的方向性

1. 岩石圈发展的方向性

(1)地球的发展和它的起源有直接关系。
①地球的起源与发展。
②岩石圈岩石的发展过程为:火成岩占优势的单调圈层→种类繁多的岩石组成的

圈层。

③岩石圈发展高级阶段的标志——沉积岩层的出现 。

(2)地壳的演化具有明显的方向性。

地壳的演化阶段为:地槽区(活动区)→地台区(相对稳定区)→地洼区(新的活动区)。

(3)与大地构造的发展相联系。

海洋面积不断缩小,大陆面积日益增长(如北美大陆、我国陆地、日本列岛等)。

(4)风化壳的发育以及土壤的形成过程也具有方向性。

风化壳发育初期以物理风化为主;化学风化作用为:富钙阶段→富硅铝阶段→富铝阶段。

2. 大气圈发展的方向性

大气圈发展的方向为:原始大气→二氧化碳大气→现代大气。

3. 水圈发展的方向性

水圈发展的方向为:结晶水→水汽→液态水→原始水圈→现代水圈。

4. 生物圈发展的方向性

(1)生命的起源。

大体可以分为 4 个主要阶段:无机物→简单有机物→复杂有机物→原始生命。

(2)生物从海洋向陆地发展的方向性。

海洋→陆地→陆地和低层大气→生物圈。

(3)植物发展的方向性。

藻类→蕨类→裸子植物→被子植物。

(4)动物发展的方向性。

单细胞动物→无脊椎动物→鱼类→两栖类→爬行类→哺乳动物→人类。

5. 自然地理环境的进化发展

(1)原始自然地理系统(大约在距今 37 亿~20 亿年前)。

(2)天然生态系统(大约在距今 4 亿年前)。

(3)人类生态系统(大约在距今二三百万年前)。

(二)自然地理环境的节律性

1. 周期性节律

(1)周期性节律是指自然地理过程按严格的时间间隔重复的变化规律。

(2)发生基础是地球自转和公转及地表光、热、水的周期性变化。

(3)表现形式有:①昼夜节律;②季节节律。

2. 旋回性节律

旋回性节律是指以不等长的时间间隔为重复周期的自然演化规律,是更高一级、更为复杂的自然节律。有两种典型范例:①地质旋回;②气候旋回。

3. 阶段性节律

阶段性节律是指生物中的生命活动受生物特性作用所形成的节律制约。这种节律是生物生命活动的内在节律,是自然地理系统发展到一定阶段的产物,它的出现表明自然地理系统产生了新的组成物质,是具有特殊性质的节律。

按节律的性质可以分为两类:①生物生长节律;②生物进化节律。

四、自然地理环境的地域分异规律

(一)概述

1. 自然地理环境的地域性

(1)地域分异。自然地理环境各组成要素及其所组成的自然综合体,沿地表按确定方向有规律地发生分化所引起的差异。

(2)地域分异规律。支配自然地理环境各组成要素或自然综合体发生分化的客观规律。

(3)地域分异因素。导致地域分异差异的各种原因,称为地域分异因素。

2. 地域分异的规模

(1)英美地理学家多采用全球尺度、区域尺度和局地尺度 3 级。

(2)我国在阐述地域分异规律时将其分为大、中、小 3 种尺度。

3. 地域分异的基本因素与基本规律

(1)地带性。地球作为一个行星所具有的形状和运动特性,以及在宇宙中的位置,使太阳辐射在地表分布不均而引起的地域分异。典型表现是地球表面的热量分带。

(2)非地带性。由于地球内能作用而产生的海陆分布、地势起伏、构造活动等区域性分异。典型表现是地表的构造区域性。

(二)纬向地带性和经向地带性

1. 纬向地带性

(1)纬向地带性是指自然地理要素或自然综合体大致沿纬线方向延伸,按纬度方向发生有规律的排列,产生南北向的分化。

(2)主导分异因素为地带性分异因素。

(3)表现形式。

①气候的纬度地带性。

②植被是纬度地带性最鲜明的标志。

③土壤与植被紧密相连,也是大陆纬度地带性的重要标志之一。

④动物界的纬度地带性表现得更清楚。

⑤地貌地带性特征更多地取决于外力作用。

⑥自然带。自然综合体的地带性,使地表产生一系列纬向自然带。

(4)分布特征。

纬度地带性只在低纬度和高纬度表现得最明显,可形成横跨整个大陆、大致与纬线平行的条带状综合自然地域单位。而在中纬度,因与其他分异规律叠加,形成与纬度方向有一定偏差的地域单位。

2. 经向地带性

(1)经向地带性是指自然地理环境各要素或自然综合体大致沿经线方向延伸，按经度方向由海洋向陆地发生有规律的更替。

(2)主导分异因素。主要是海陆分异因素，还与距海远近、大陆的大小、形状有关。

(3)表现形式。沿海降水多，内陆干燥少雨，形成了从海洋到内陆的森林—草原—荒漠的景观变化。

(4)分布特征。经向地带性在中纬度表现得最明显，而在高低纬度不明显，甚至没有。

3. 水平地带分布图式

(1)水平地带性是指纬向地带性和经向地带性的结合。

(2)两种表现形式 。

①带段性。非地带性单位内的地带性分异。

②省性。地带性单位内的非地带性分异。

(3)影响因素。地带性因素和非地带性因素。

(4)水平地带分布图式。指水平地带在空间上呈现一定的分布图式，其形成取决于两者在不同地域中的表现强度和组合方式。

纬向地带性(热量分异)占优势时，沿纬线方向伸展。

经向地带性(水分分异)占优势时，沿经线方向伸展。

两者作用相当时，与纬线斜交伸展。

(三)垂直地带性

1. 垂直地带性的概念

垂直地带性是指由于地势的高度变化而引起气温、降水的变化，使各自然地理要素及自然综合体大致沿等高线方向延伸，随地势高度发生垂直更替的规律。

2. 垂直地带谱

(1)垂直带谱。山地垂直带的更替方式，反映了自然综合体在山地的空间分布格局，是地域结构的特殊形式。

(2)基带。在高大的山地区，自山麓到山顶，可分出一系列垂直自然带，最下面的一个(垂直带谱的起始带)叫基带。

(3)树线。森林上限是垂直地带谱中一条重要的生态界线，其分布高度主要取决于温度、降水和强风的影响。

(4)雪线。永久冰雪带的下界，受气温和降水的共同影响。

(5)顶带。是山地垂直地带谱中最高的垂直地带，是垂直地带谱完整程度的标志。

3. 影响垂直地带谱的基本原因

(1)不同纬度位置具有不同的垂直地带谱类型。

(2)山地距海远近不同，垂直地带谱的性质和结构也有区别。

(3)山麓的海拔高度决定了山地水热组合的初始状况，也决定基带的性质。

(4)垂直地带谱的特征取决于山地本身性质(包括山地高度、坡向、走向及局部地形)。

4. 垂直地带的特征

(1)带幅窄，递变急剧。

(2)带间联系密切。

(3)水热对比特殊。

(4)节律变化同步。

(5)微域差异显著。

5. 垂直地带性与水平地带性的相互关系

(1)相似性。

①带谱相似,但方向不同。

②垂直地带谱的基带与所在地区的水平自然地带相似。

③成因相同,都是随气温的递变而变化。

(2)差异性。

①自然带的宽度不同。

②湿度变化的成因不同。

③光照差别大。

④垂直地带的各自然地理要素及综合特征更为复杂,出现水平自然带所没有的特性。

第三章　人文地理学知识

第一节　人口的变化

一、人口增长

(一)人口自然增长

1. 人口自然增长的影响因素

人口增长包括人口的机械增长和自然增长,这里指人口的自然增长。人口增长受社会、经济、自然因素的综合影响,其中生产力发展水平是决定人口增长的重要因素。人口的机械增长由人口迁移引起。一个地区人口的自然增长是由人口的出生率和死亡率共同决定的,其增长速度取决于人口自然增长率。

2. 世界人口的增长

(1)世界人口的增长历程。

纵观世界人口的增长历程,我们发现农业革命、工业革命和新技术革命3次技术变革都促进了人口的增长,成为世界人口增长快慢的转折点。具体内容见表3.1.1。

表3.1.1　世界人口的增长历程

项目	农业革命之前	农业革命期间	工业革命开始后	新技术革命后
人类的生产活动	主要从事狩猎和采集	人们利用简单的工具从事农业活动	工业生产迅速发展,生产力水平提高	新型高技术产业的发展,使生产力水平迅速提高
人口数量及其增长情况	人口数量少,增长缓慢	人口数量增多,增长速度加快	人口数量继续增加,增长速度更加迅猛	全球人口数量以前所未有的速度增长
人口增长的原因	生产力水平十分低下,人们获取食物的能力弱,防御疾病和灾害的能力弱,人口死亡率很高	农业文明的出现,使食物供应变得稳定而可靠,为人口的增长提供了物质基础,人口死亡率有所下降	机器生产代替手工劳动,创造的财富大大增加,生活条件改善,医疗卫生条件改善,人口死亡率下降、平均寿命延长	科技不断进步,生活水平进一步提高,医疗卫生条件进一步改善,国际大环境相对稳定

(2)世界人口增长的空间差异。

世界人口增长在不同国家之间存在空间差异,具体内容见表3.1.2。

表3.1.2 世界人口增长的空间差异

项目	发达国家	发展中国家
人口增长特点	增长缓慢,甚至出现负增长	增长较快
人口增长特点的原因	经济发展水平高,社会保障好,受人们的生育观念等影响	政治上的独立,民族经济的发展,医疗卫生事业的进步
人口增长趋势	人口数量保持稳定,一些国家的人口数量还会逐渐减少	采取了控制人口的措施,人口增长速度将趋缓,但人口数量还将增加

(二)人口问题

1. 人口问题的类型

当今世界存在着较多的人口问题,其中人口增长过快、数量过多和人口年龄结构失调等问题较为突出,具体内容见表3.1.3。

表3.1.3 人口问题

国家类型	问题	影响	措施
发展中国家	人口出生率高,自然增长快	加大经济、就业、资源和环境的压力,导致社会财富积累减少、经济发展速度降低、生活水平提高缓慢甚至下降,不利于提高人口质量	实行计划生育
	少年儿童比重过大	造成巨大的人口增长惯性,不利于人口、经济、教育、就业、环境等问题的解决	
发达国家	人口增长缓慢	造成劳动力不足、国防力量不足、青壮年负担过重等社会问题	鼓励生育,接纳移民
	人口老龄化		

2. 人口老龄化

有关人口老龄化的具体内容见表3.1.4。

表3.1.4 人口老龄化

项目	具体内容
含义	一是指老年人口相对增多,在总人口中所占的比例不断上升的过程;二是指社会人口结构呈现老年状态,进入老龄化社会

续表 3.1.4

项目	具体内容
判断标准	60 岁及以上老年人口占总人口的比例为 10% 及以上,或 65 岁及以上老年人口占总人口的比例为 7% 及以上
原因	导致人口老龄化的直接原因是出生率和死亡率的下降,其中出生率下降是最主要的原因
影响	致使劳动力不足;增加社会养老负担;导致兵源稀缺;造成老年人生活困难和孤单等
措施	鼓励生育;接纳移民或加强国际劳务进口;进行贸易移民,在发展中国家投资建厂,转移劳动密集型产业;进一步完善社会保障体系和福利制度等

(三)人口增长模式及其转变

人口增长模式是由出生率、死亡率和自然增长率 3 项指标共同构成的,根据不同历史阶段人口的这 3 项指标,可将人口增长模式划分为原始型、传统型和现代型。有关人口增长模式的具体内容见表 3.1.5。

表 3.1.5 人口增长模式

项目		原始型(“高高低”模式)	传统型(“高低高”模式)	过渡型	现代型(“低低低”模式)
增长阶段		原始低增长阶段	高增长阶段	增长缓慢阶段	低增长阶段
出现时期		农业社会	工业化初期	20 世纪 50 年代前后的发达国家,目前的发展中国家	欧美等发达国家、少数发展中国家和地区
人口年龄结构		年轻型		成年型	老年型
特点	出生率	高(>3%)	高(>3%)	开始下降	进一步下降,低
	死亡率	高	迅速下降	继续降低	低
	自然增长率	低,波动较大	高	逐渐降低	低(<1%)
	人均寿命	比较短	延长	继续延长	进一步延长
	人口增长	相对静止或低速增长	急剧增长	开始减缓	增长缓慢甚至负增长
出现原因		农业丰收与和平年代,人口数量增加;灾荒、战争以及瘟疫流行年代,人口数量下降	生产发展,使食物供应稳定增长;某些疾病得到控制,人口死亡率明显下降	生活水平提高,社会和家庭观念变化,家庭规模变小,社会福利事业发展,人口政策实施,人口出生率下降	发达国家经济发展水平和社会福利水平较高,还受到教育、文化等的影响;发展中国家人口政策的实施

续表 3.1.5

项目	原始型（“高高低”模式）	传统型（“高低高”模式）	过渡型	现代型（“低低低”模式）
地区分布	极少数生产方式落后的原始群体，热带原始森林深处的土著居民	发达国家一般在18世纪末到19世纪初进入此阶段，当前的坦桑尼亚、肯尼亚等国家	欧美发达国家一般在20世纪50年代前后进入此阶段；目前大多数发展中国家	德国、英国等发达国家；中国、古巴等发展中国家

人口增长模式的空间分布见表3.1.6。

表3.1.6 人口增长模式的空间分布

代表地区	人口增长模式	原因
欧洲和北美	现代型	20世纪50年代以后，发达国家的人口出生率不断降低，到20世纪70年代中期，以欧洲和北美为代表的发达地区人口自然增长率平均不足1%，人口增长模式进入现代型
大多数发展中国家	由传统型向现代型的过渡阶段	大多数发展中国家的人口死亡率已降到和发达国家相当的水平，但人口的出生率仍较高
世界		
中国	现代型	20世纪70年代以来，由于实行计划生育政策，人口出生率降低，目前人口增长模式已为现代型

（四）我国人口的变化

有关我国人口的变化模式及原因见表3.1.7。

表3.1.7 我国人口的变化模式及原因

时间	人口变化模式	原因
1949—1957年	人口加速增长阶段	中华人民共和国成立后，经济发展，社会稳定
1957—1961年	人口负增长阶段	三年自然灾害
1961—1970年	人口高速增长阶段	经济水平提高，补偿性生育，医疗卫生事业进步
1970—1980年	人口减速增长阶段	计划生育
1980—1991年	人口波动增长阶段	人口滞后效应
1992年至今	人口低速增长阶段	计划生育

二、人口的空间变化

(一)人口迁移的基本内容

1. 人口迁移的定义

人口迁移又称人口的机械增长,是指人口居住地在国际或本国发生永久性或长期性变化。

人口迁移的三要素为:居住地变更、时间上的长期性(1 年以上)、空间位置跨越行政界线。

2. 不同时期的国际人口迁移

不同时期的国际人口迁移见表 3.1.8。

表 3.1.8　不同时期的国际人口迁移

时期	特点	迁出地区	迁入地区	原因	意义
19 世纪以前	以集团型、大批量移民为主;人口由旧大陆流向新大陆	欧洲、非洲、亚洲等旧大陆	美洲、大洋洲等新大陆	欧洲殖民主义扩张;地理大发现和新航路的开辟	在客观上开发了新大陆,传播了工业文明,也改变了人种的空间分布
第二次世界大战以后	人口从发展中国家流向发达国家;定居移民减少,外籍工人增多	拉丁美洲、亚洲、非洲发展中国家	西欧、北美发达国家及石油产区西亚	国家间生产力发展的不平衡,劳动力供求的地区差异	改善了劳动力空间分布不均的现象

3. 不同时期的国内人口迁移

不同时期的国内人口迁移见表 3.1.9。

表 3.1.9　不同时期的国内人口迁移

时期		影响因素	迁移特点	流向
古代		深受统治者及其行政力量的束缚;自给自足的农业经济脆弱;战争频繁;自然灾害;政府组织“屯垦戍边”	大批迁移	迁往自然条件较好地区
现代	中华人民共和国成立到 20 世纪 80 年代中期	受国家政策影响大,国家实行计划经济体制和严格的户籍管理制度	有计划、有组织的迁移	由东部迁往西北和东北;由沿海迁往内陆
	20 世纪 80 年代中期以来	城乡收入差距巨大(根本原因);农村劳动力多;受国家改革开放政策的影响,农民可以进城	迁移流量大	由内地迁往东部沿海城市和工矿区;由农村迁往城市

4. 现代国际人口的迁移

现代国际人口迁移主要有科技移民、劳务输出和国际难民迁移 3 种方式。科技移民多指高素质人才为寻找更好的学习、工作和生活条件,由发展中国家流向发达国家。科技移民的结果使发展中国家在人才和经济上蒙受双重损失。劳务输出可以缓解劳务输出国的就业压力,赚取外汇。国际难民往往给迁入国的政治、经济和社会带来许多问题。

(二)影响人口迁移的因素

人口迁移是推力因素和拉力因素共同作用的结果,影响人口迁移的因素见表 3.1.10。

表 3.1.10　影响人口迁移的因素

影响因素		对人口迁移的影响
自然环境因素	气候	通过影响人们的生产生活而影响人口迁移,如美国老年人向"阳光地带"迁移
	淡水	其分布和变化很大程度上决定着人口迁移的方向和规模,如早期的逐水草而居
	土地	通过影响农业发展而影响人口迁移,如农业社会人口为寻找新的土地而迁移
	矿产资源	是制造业发展的基础,伴随其早期的开发利用,而引起人口迁移,如伯明翰、大庆、攀枝花等矿业城市的形成
	自然灾害	自然灾害引起生态环境的恶化而迫使人们迁移
社会经济因素	经济因素	影响人口迁移的主要因素;多数情况下人口迁移是为了更好的就业机会、更高的经济收入和生活水平;宏观经济布局的改变也会造成大量人口迁移
	交通通信	交通和通信的发展相对缩小了地区间的距离,减少了人口迁移的困难,促进了人口迁移,如近几个世纪的人口迁移高潮
	文化教育	改变了人们的生活态度、生活期望和认识外部世界的态度,促进了人口迁移
	婚姻、家庭	青年人口因婚姻迁移,老年人和未成年人因家庭因素迁移
	其他	宗教信仰、民族和种族差异也是影响人口迁移的因素
政治因素	政治变革	政治变革和政治中心的改变常引起人口迁移,如历史上我国朝代更迭和都城变换引起的人口迁移
	战争	战争会造成人类正常生活环境和秩序的破坏,引起人口迁移,如"一战""二战"和当代局部战争冲突引起的人口迁移
	政策	政策尤其是有关人口迁移的政策对人口迁移产生影响,如中华人民共和国成立到 20 世纪 80 年代中期的人口迁移
其他因素		性别、年龄和个人动机、职业要求、价值观等因素也会对人口迁移产生影响

(三)人口迁移的影响

有关人口迁移的影响见表 3.1.11。

表 3.1.11　人口迁移的影响

分类		具体内容
对迁入地区	积极	提供廉价劳动力和消费市场
	消极	给城市公共设施、住房、交通、环境和管理等带来压力,加剧人地矛盾
对迁出地区	积极	缓解人地矛盾,改善环境,增加人们的收入(外汇);加强与经济发达地区的经济、社会和文化交流,有利于社会经济发展
	消极	导致人才外流,造成劳动力不足,影响经济发展
其他效应		改变人口分布、人口结构;促进民族、经济、文化交流;促进人口群体基因交流和融合

三、环境承载力与人口合理容量

(一)环境承载力

1. 环境承载力的概念

环境承载力是指在一定时期内,环境所能持续供养的人口数量。环境承载力的大小一般取决于最少的那种资源。环境承载力所指的人口规模应该是该地区的资源环境为维持人类生存必需的最低生活标准所能承受的最大人口数量,即人口数量的极限。

2. 影响因素

影响环境承载力的自然环境因素有阳光、空气、淡水、土地、生物等。环境承载力既可以从单一因素考察,如淡水资源、土地资源、矿产资源等,也可以从自然环境系统综合考察。

(二)环境人口容量

1. 环境人口容量的概念

一个国家或地区的环境人口容量就是在可预见的时期内,利用本地资源及其他资源、智力和技术等条件,在保证符合社会文化准则的物质生活水平条件下,该国家或地区所能持续供养的人口数量。

2. 制约因素

有关环境人口容量的制约因素见表 3.1.12。

表 3.1.12　环境人口容量的制约因素

因素	与环境人口容量的关系	
资源丰富程度	正相关	资源越丰富,环境人口容量越大
科技发展水平	正相关	科技水平越高,环境人口容量越大
经济发达程度	正相关	经济越发达,环境人口容量越大
人口受教育水平	正相关	人口受教育水平越高,环境人口容量越大
地区开放程度	正相关	地区开放程度越高,环境人口容量越大
生活消费水平	负相关	消费水平越高,环境人口容量越小

3. 对地球环境人口容量的不同看法

(1)悲观论。

这种观点着眼于人口增长和资源利用加速及由此引发的多种问题。持这种观点的学者认为世界人口已经太多,超过了地球的环境人口容量,并且依照当前的科技发展速度,我们不能解决人口发展带来的生态破坏和环境污染问题,人口进一步增长的后果不堪设想。

(2)乐观论。

这种观点着眼于尚未被开发利用的资源和未探知、未发现的领域。持这种观点的学者认为未来世界人口不会达到地球容量的极限,科技、经济的发展使人们有足够的能力遏制环境退化,推动人口与自然环境协调发展。

(3)中间论。

中间论介于悲观论和乐观论之间。部分学者认为地球的环境人口容量是100亿左右。

(三)人口合理容量

人口合理容量是指在按照合理的生活方式,保障健康的生活水平,同时又不妨碍未来人口生活质量的前提下,一个国家或地区最适宜的人口数量。它对于制定区域人口战略和人口政策有重要的意义,进而影响区域的社会经济发展战略。

人口合理容量强调的是“合理”,也就是地球上适宜生活多少人。因此,在一定的时期内,人口合理容量的数值是低于环境人口容量的。环境人口容量和人口合理容量都是会随着时间的变化而变化的。不同历史时期,由于受生产力和科技水平等条件的影响,会有不同的环境人口容量和人口合理容量。

目前,人口问题导致一系列资源、环境问题。发达国家人口虽少,但资源消耗量大;许多发展中国家人口数量多、增长快,但消费水平低。人类面临的合理控制人口与消除贫困的任务十分艰巨。各国均应该因地制宜地发展经济,保护生态并提高人们的生活质量。

第二节　聚落与城市化

一、聚落的形成与类别

(一)聚落的定义

正如我国《汉书・沟洫志》的记载:“或久无害,稍筑室宅,遂成聚落。”聚落一词在古代用来形容村落,它是人类各种形式的聚居地的总称。聚落不单是房屋建筑的集合体,还包括与居住直接有关的其他生活设施和生产设施。聚落既是人们居住、生活、休息和进行各种社会活动的场所,也是人们进行生产的场所。一般可将聚落分为乡村和城市两大类。

(二)聚落的起源与发展

聚落约起源于新石器时代中期,随着人类文明的进步逐渐演化。在原始社会,人们没有固定的居住场所,当然也不可能有城市,人类最早的聚落出现和发展与三次社会大分工存在着密切的关系。

新石器时代中期,随着生产的发展,农业与畜牧业分离,产生了第一次社会大分工,出现了从事农耕业生产的人类的固定居民点——聚落。聚落的产生为后来城市的出现奠定了基础。随着生产力的进一步发展,农业生产技术和工具的进步,在一些农业生产基础较好的地方,农产品逐渐有了剩余,部分人从土地上解脱出来,成为专门的手工业者,出现了人类社会的第二次社会大分工。从事加工工业的人们,在一些交通便利和利于交换的地点聚集,以手工业产品与农牧业产品交换,这样的聚集地就是城市的最初形态。人类进入奴隶社会后出现了专门从事交换的商人,形成了人类社会的第三次社会大分工。

由于阶级的出现以及部落之间的战争,人类开始在聚集地周围筑城,出于军事、政治等目的,兴建了城市,于是最早的城市出现了,可以说城市是聚落的高级阶段。

(三)影响聚落的因素

聚落作为人类适应、利用自然的产物,是人类文明的结晶。聚落的外部形态、组成形式无不深深打上了当代地理环境的烙印。同时,聚落是地表上重要的人文景观,其建筑用材、所占位置、发生发展的原因,反映了人类活动和自然环境之间的综合关系。

1. 地形

地形对乡村聚落的影响十分明显。平原地区聚落较为集中(多为集村),规模较大,聚落住宅排列有序,形态多为团状;山区的居民多依山建筑居民点,高矮参差,成为一种山村或山区集镇。例如,苗族的“吊脚楼”,楼房依山而建,前半部是用木柱撑在斜坡上,铺以木板,再在上面建造住宅,远远看去好像悬空一样,整个村寨显得雄伟险峻,而且山区的许多住宅多用石料建筑,就地取材形成一种特有的聚落外观。山区的村落一般规模较小,且聚落住宅排列杂乱无章(多为散村)。

2. 降水

各个地区降水量的大小会直接影响到房屋建筑的形态,这在农村中反映最为明显。一般说来，降水丰富的地区，聚落住宅房屋多为斜顶，有利于雨水下流，降水越丰富，屋顶坡度越大，而且降水较多的地区，一般也较潮湿，聚落住宅还要防潮，所以一些少数民族地区的民居建筑多采用木竹架空式，即"干栏式"结构，以利于通风、消暑、防潮。而在降水较少的地区，聚落住宅的屋顶坡度较小。在气候资源特别干旱的地区，甚至屋顶都是平的。

此外，降水较多地区，屋顶出檐较长，可以使屋顶过多的雨水下泄时"射程"远，有利于保护墙下不被雨水冲蚀；而降水较少地区，屋顶出檐较短，因为人们无雨多之忧。从屋檐口看，我国南方的屋檐口向外挑出很多，这既能避雨，又有遮阳的作用；而我国北方的屋檐口向外挑出较少，也因无多雨之患。

3. 水源

聚落一般尽量靠近水源，特别是方便、清洁的生活用水，故多沿河流两岸、湖泊四周分布，形成"小桥流水人家"的景观。在沙漠地区，聚落则分布在绿洲地区或取地下水方便的地区。即使在中国广大的湿润地区，聚落分布也明显受到用水的影响，在水源供给充足、水网稠密的地区，聚落比较集中，规模较大；在水源供给匮乏，水网稀疏的地区，聚落比较分散且规模较小。例如，在江南地区，聚落一般分布在山麓和开阔的河谷平原，这与居民用水等有关。山区的孤村或寺院也多建在泉水出露处。在长江三角洲地区，河网密布的村庄之间多靠舟楫往来，很多村庄皆沿河分布，临水建筑，真可谓"人家尽枕河"了。

4. 宗教

宗教作为一种信仰，影响着经济、政治、文化，也影响着聚落的布局和形式，特别是建筑的风格。在不同时代，受宗教的影响，城市规划也有很大的不同。

在欧洲中世纪文艺复兴时期，建筑受宗教影响最明显的特征是，在宗教和世俗建筑上重新采用古希腊罗马时期的柱式构图要素。一方面采用古典柱式；另一方面又灵活变通、大胆创新，将各个地区的建筑风格同古典柱式融合在一起。人们甚至还将文艺复兴时期的许多科学技术上的成果，如力学上的成就、绘画中的透视规律、新的施工机具等，运用到建筑创作实践中去。而在文艺复兴之前，西方被称为黑暗中世纪时期，教会把握政权，那时比较流行的教堂的建筑则是哥特式建筑，巴黎圣母院便属于这种建筑。

聚落看似是一种人为自发形成的社会行为，实则是受到周围的自然和社会条件的限制，形成的规模样式也各不相同；除了以上提及的因素，还会受到气温、政治等因素影响。

（四）聚落的类型

1. 城市

城市也叫城市聚落，是以非农业产业和非农业人口集聚形成的较大居民点，是物质、能量、信息交流与转化的场所，是复杂的经济产物，因此不同学科对城市存在着不同的理解。地理学上的城市，是指地处交通方便环境且覆盖有一定面积的人群和房屋的密集结合体。从根本上讲，城市起着"中心"的作用，它是区域生产生活与服务管理的中心，同时也是区域创新的中心。

城市类型是指按不同的标准所划分的城市类别。按人口规模划分，有超级城市、特大城市、大城市、中等城市、小城市、建制镇；按地理位置划分，有沿海城市、内陆城市、边陲城市；按功能划分，有工业城市、商业城市、港口城市、文化城市、政治城市、宗教城市、旅游城市、综合性城市；按城市作用的范围划分，有国际性城市、全国性城市和地区性城市；按空间分布特征划分,有同心型城市、放射型城市、多中心城市、带状城市等。首位度大的城镇规模分布,称为首位分布。许多发展中国家的城市首位度较高,但首位度高和发达程度之间并没有必然的联系。

2. 乡村

乡村是指乡村地区人类各种形式的居住场所,即村落或乡村聚落。乡村一般风景宜人,空气清新,民风淳朴,较适合人群居住。但是国内外对乡村的判定却不尽相同。国外一般认为乡村的人口密度低,聚居规模较小,以农业生产为主要经济基础,社会结构相对简单、类同,居民生活方式及景观上与城市有明显差别等。国内认为乡村是指县城以下的广大地区。

一般来说,按形态对乡村聚落进行分类,可以分为以下常见的几类:密集型农村聚落、分散型农村聚落和半聚集型农村聚落,此外还有一些活动型村落,这些村落大都以游牧为主,随草而生。

二、聚落的高级阶段——城市

(一)城市空间形态

城市一经产生,就占据着一定的地表空间,并在各种自然、人文因素的制约和影响下,形成一定的用地轮廓形态,这种形态被称为城市空间形态。

按照城市用地和道路骨架的形态,城市空间形态的类型有多种划分方式,具体见表3.2.1。城市空间形态的差异主要受地理环境的影响,但是政治、经济和文化因素对城市空间形态也有影响。影响城市空间形态的原因是多方面的,但有主次之分。

表 3.2.1　城市空间形态的类型

类型	团块状	组团状	条带状或放射状
形成原因	受市中心吸引作用;位于平原地区	受城市用地限制或河流、山地阻隔或规划控制等	沿交通线分布或受地形限制,如河谷地区
地域形态	各组成部分比较集中,连成一片	城市由几片组成,每片就近组织各自的生产生活,各片互不相连	城市地域沿主要交通干线或地形区延伸
主要优点	便于集中设置比较完善的基础设施。设施利用率高,方便管理,节省投资	便于城市扩大规模,有利于保护城市环境	城市各部分接近郊区,亲近自然
主要缺点	易造成城市污染	用地分散,各片联系不方便,市政建设投资大	城市交通主要集中在一个方向,且运距长
城市举例	成都	重庆	兰州

(二)城市土地利用和功能分区

1. 城市土地利用类型

城市土地利用指城市中工业、交通、商业、文化、教育、卫生、住宅和公园绿地等建设用地的状况,反映城市布局的基本形态和城市内功能区的地域差异。

城市用地一般可以划分为商业用地、工业用地、政府机关用地、住宅用地、休息及绿化用地、交通用地和农业用地等不同类型。

2. 城市功能分区

城市各项经济活动相互间发生空间竞争,导致同类活动在空间上高度集中,逐渐形成功能区。

城市功能区的类型有商业区、住宅区、工业区、市政与公共服务区、工业区、交通和仓储区、风景与城市绿地、特殊功能区等。

3. 城市的主要功能区

住宅区、商业区、工业区是城市最基本的功能区。各功能区之间并无明确的界线。一个功能区往往以某种功能为主,也可能兼有其他功能。

(1)住宅区。

住宅区是为城市居民提供生活和住宿的场所,往往也是一天中居民活动时间最长的场所,因此住宅区是城市中最广泛的土地利用方式,一般可能占据城市空间的50%。另外,有些城市的住宅区还有高级住宅区和低级住宅区之分。

高级住宅区的价格高,面积大,质量好,且远离市区,风景环境优美,基础设施完善,多为别墅;而低级住宅区则在城市中心,面积狭小,拥挤密集,价格低廉,基础设施缺乏,环境恶劣。

(2)商业区。

商业区主要是人们进行商业活动的场所,多位于市中心、交通干线的两侧或街角路口,主要呈点状或条状分布。在大城市和特大城市的市中心,还会形成一个特殊的商业区——中央商务区。

中央商务区(CBD)是一个城市现代化的象征与标志,是城市的功能核心,是城市经济、科技、文化的密集区,一般位于城市的黄金地带;集中了大量的金融、商贸、文化、服务以及大量的商务办公和酒店、公寓等设施;具有最完善的交通、通信等现代化基础设施和良好的环境,有大量的公司、金融机构、企业财团在这里开展各种商务活动。世界著名的CBD有美国的纽约曼哈顿区、日本的东京新宿区和我国的上海浦东陆家嘴地区等。

中心商务区内的经济活动最为繁忙,建筑物高大密集,人口昼夜差别很大,内部分区明显,有水平差异和垂直差异。

(3)工业区。

工业区是由城市工业相互聚集形成的,往往分布在靠近河流、铁路、公路等交通比较便捷的地带。工业区布局需考虑对环境的影响,一般分布在城市主导风向的下风向,远离水源地及河流上游,位于居民区下游地带。

(三)城市地域结构模型

城市地域结构是指构成城市的具有各种功能及其相应物质外貌的功能分区,又称城市内部空间结构，它由不同功能区的组合和分布构成。城市内部一般可分为住宅区、工业区、商业区、行政区、文化区、旅游区和绿化区等。

20 世纪以来，城市化进程加速，城市人口大大增长，用地规模不断扩展，城市内部的工业、交通、商业和住宅区等布局结构日趋复杂。为了揭示和解释城市发展规律，学者提出了 3 种地域结构模式。

(1)同心圆模式。

同心圆模式的城市形态集中，城市功能区围绕市中心呈同心圆状分布，主要分布在平原地区，城市各功能区经过不断侵入和迁移，呈同心圆状自核心向外扩展。

(2)扇形模式。

扇形模式的城市各功能区呈扇形向外扩展，各功能区沿交通线延伸。

(3)多核心模式。

多核心模式的城市并非依托单一的核心发展，而是围绕着几个核心形成中央商务区、商业区、住宅区、工业区和郊区，以及相对独立的卫星城等多功能区，并由它们共同组成城市地域。随着城市的发展，由于原有市中心地价高、交通和居住拥挤等原因，在远离市中心的郊区出现新的核心，同时也受河流、地形等因素影响。

影响城市地域结构的因素有很多，其中主要因素为经济因素，表现为各经济活动的付租能力和地租水平的高低，而地租水平的高低取决于交通通达度和距市中心的远近。其他因素包括：历史文化、建筑设计、自然条件和行政因素等。

三、城市化进程及特征

(一)城市化的基本概念

城市化也称为城镇化，是指随着一个国家或地区社会生产力的发展、科学技术的进步以及产业结构的调整，其社会由以农业为主的传统乡村型社会向以工业(第二产业)和服务业(第三产业)等非农产业为主的现代城市型社会逐渐转变的历史过程。

(二)城市化的标志

(1)城市人口占总人口的比重持续上升，是城市化最主要的标志。

(2)劳动力从第一产业向第二、三产业逐渐转移，城镇人口数量增加。

(3)城市用地规模不断扩大。

一个国家城市化水平的衡量指标通常用城市人口占总人口的比重来表示，它体现了社会经济发展的水平。

(三)城市化的进程

城市化是全球社会经济发展的必然趋势。城市化的历史进程与社会生产力发展阶段紧密联系。根据全球化历史进程和发展特征，可将城市化分为以下几个阶段。

(1)市区城市化。

市区城市化是指大量的人口向市区聚集，出现许多的产业聚集，建起了很多高楼大厦以及成片的住宅区。

(2)郊区城市化。

郊区城市化是指城市规模不断扩大,城市人口和产业向郊区扩散的过程,因为市区的人口剧增,地价不断上涨。

(3)逆城市化。

逆城市化是指人口和产业从市区迁往郊区扩散的过程,原因是人们在追求更好的生活环境。人口和产业从中心城市向中小城镇转移,可使城市化地域不断扩大,城市化向农村地域推进,并以中小城镇的分散发展为主,形成城乡一体化。

(四)当代城市化的特征及我国城市化的现状

1. 当代城市化的特征

(1)城市化进程大大加速。

1950 年,世界城市化水平为 29.2%,1980 年上升到 39.6%,增加了 10.4 个百分点。2018 年,世界上 55% 的人口居住在城市中,预计到 2050 年,全球城市化率有望达到 68%。从世界各国城市化进程的差异来看,明显地呈现出发达国家城市化水平高于发展中国家的特征。

但发展中国家近几十年来城镇化进程的速度加快,从 20 世纪 70 年代起,发展中国家城市人口数开始超过发达国家,发展中国家已经构成了当今世界城市化的主体。

(2)大城市化趋势明显,大都市带出现。

大城市化趋势的后果不仅是人口和财富进一步向大城市集聚,大城市的数量增加,而且出现了超级城市(Supercity)、巨型城市(Mega-city)、城市集聚区(City Agglomeration)和大都市带(Megalopolis)等新的城市空间组织形式。近一半的世界城市人口居住在人口不到 50 万的城市中,而全球大约 1/8 的人口居住在 33 个拥有超过 1 000 万居民的特大城市。联合国经济和社会事务部人口司编制的"2018 年世界城市化前景"指出,预计到 2050 年,世界人口的 68% 居住在城市地区。至 2030 年,全世界预计将有 43 个特大城市,拥有超过 1 000 万人口,其中大部分位于发展中国家和地区。目前东京是世界上人口最多的城市,拥有 3 700万居民,而印度新德里预计将在 2028 年左右成为世界上人口最多的城市。

(3)发达国家郊区化、逆城市化和再城市化现象出现。

第二次世界大战后,若干发达国家从乡村到城市的人口迁移逐渐退居次要地位,一个全新的规模庞大的城乡人口流动的逆过程开始出现。据统计,几乎 4 000 万的美国人(占美国人口的1/5)因变换工作及其他原因,每年至少搬家 1 次,而人口的主要流向是城市中上阶层人口移居市郊或外围地带,这就是所谓的郊区化。

以住宅郊区化为先导,引发了市区各类职能部门纷纷郊区化的连锁反应,商业服务部门、事务部门以及工厂先后向郊区迁移。20 世纪 70 年代以来,一些大都市区的人口外迁出现了新动向,不仅中心市区人口继续外迁,郊区人口也向外迁移,出现人口负增长,国外学者将这一过程称为逆城市化。

面对经济结构老化、人口减少,美国东北部一些城市在 20 世纪 80 年代积极调整产业结构,发展高科技产业和第三产业,积极开发市中心衰落区,以吸引年轻的专业人员回城居住,加上国内外移民的影响,20 世纪 80 年代前期,一些大城市又出现了市域内人口的增长,这就是所谓的再城市化。

(4)发展中国家城市化仍以农村向城市迁移为主。

当代发展中国家城市化的特点,仍然以农村人口向城市迁移为主。当前发展中国家不仅出现城市人口增长过快的趋势,而且由于大城市特别是首位城市的吸引力,导致大城市数量激增。

2. 我国城市化的现状

中华人民共和国成立以来,随着国民经济的不断发展,不仅原有的城市得到改造和提升,还新建了一批城市,使得城市数量大大增加。改革开放以来,我国经济得到快速发展,城市化发展更快,目前已经进入加速发展的阶段。我国的城市化有以下 4 个主要特征。

(1)城市化进入快速发展阶段。

我国的城市化主要开始于 20 世纪 70 年代后期,即改革开放后。我国的城市化是有步骤逐渐发展的,而且速度在加快。根据我国 6 次人口普查数据,历次人口普查城市化水平依次为:12.84%,17.58%,20.43%,25.84%,35.39%,49.68%。2019 年末,我国城镇常住人口 84 843 万人,占总人口比重为 60.60%,这是我国常住人口城镇化率首次超过 60%。由此可见,我国正在发生着世界上最大规模的城市化运动。

(2)乡村城市化现象开始凸显。

自农村实行家庭联产承包责任制以来,农村长期被掩盖起来的剩余劳动力问题逐渐显现。为了解决这一问题,国家一方面在农村大力发展乡镇企业,以消化吸收一部分剩余劳动力;另一方面放松对人口向城市转移的限制,乡村城市化开始。在一些经济较好、乡镇企业快速发展的地区,根据当地的实际情况建设了一批各具特色的小城镇,实现了人口和产业的向心集中,居民生活方式与城市相比没有明显差距,同期也有相当一部分人转入城市,这都推进了乡村城市化的进程。

(3)城市群和大城市越来越多。

中华人民共和国成立 70 多年以来,我国大城市和中小城市数量增加的速度非常快。目前,我国不仅已经形成一批巨型城市和超大城市,同时还出现了城市群。截至 2017 年末,我国户籍人口超过 500 万的城市有 14 个,300 ~ 500 万人口的城市有 16 个,50 ~ 300 万人口的城市达到 219 个,50 万人口以下的城市有 49 个。近年来,城市间的联系日益紧密,以城市群为主体的城镇化格局不断优化,京津冀、长三角和粤港澳大湾区三大城市群建设加快推进。另外,众多的小城镇也快速成长起来并遍布全国,从而构成一个规模等级结构合理、布局集中、分布有致、节能分工合作的国家城市体系。2018 年末,我国城市数量达到 672 个,其中,地级以上城市 297 个,县级市 375 个;建制镇 21 297 个。

(4)城市化的省际差异明显。

我国城市化的省际差异明显,除了几个直辖市和香港、澳门,城市化水平较高的省份都位于东北和东南沿海省份,如黑龙江、辽宁、吉林、江苏、浙江、福建、广东等。城市化水平较低的省份从西南向中部延伸,如云南、广西、贵州、四川、安徽、河南和陕西等。我国城市化水平的省际差异是自然、政治、经济等因素在较长历史发展过程中综合作用的结果。

(五)城市体系及其特点

城市体系是在一定区域范围内,以中心城市为核心,各种不同性质、规模和类型的城市相互联系、相互作用的城市群体组织,是一定地域范围内,相互关联、起各种职能作用的不同等级城镇的空间布局总况。

城市体系有以下几个特点。

(1)整体性。城市体系是由城市、联系区域、联系通道、联系流等多种要素按一定规律组合而成的有机整体。

(2)动态型。城市体系形成之后并不是固定不变的，城市体系组成要素和外界环境的变化，都会通过交互作用和反馈，使城市体系的形态、规模和结构发生变化。

(3)开放性。城市体系不是一个封闭的组织体系，而是一个频繁与外界进行物质、能量、信息交换的开放的系统。

(4)层次性。城市体系有大有小，根据所在经济区的规模和层次而定；城市体系内部的城市有大有小，大的城市成为城市体系的核心，小的城市充当城市体系的基层。

(5)重叠型。一个城市可以成为不同层级城市体系的成员，并充当不同的角色。

第三节　产业活动与地域联系

一、农业生产区位因素与地域联系

(一)主要农业地域类型

1. 季风水田农业

(1)分布位置。

季风水田农业是以种植水稻为主的农业地域类型，主要分布在东亚、东南亚、南亚季风区以及东南亚热带雨林区。我国是世界最大的水稻生产国。

(2)主要特点。

季风水田农业的特点如下。

①规模小，小农经营。

②精耕细作，单位面积产量高。

③商品率低。

④机械化和科技水平低。

⑤水利工程量大。

(3)区域条件。

季风水田农业区域条件因素见表3.3.1。

表3.3.1 季风水田农业区域条件

类型	区域条件	
自然条件	气候	热量充足，雨热同期
	土壤	土层深厚，土壤肥沃
	地形	集中分布于河流冲积平原、三角洲和盆地、丘陵等地区，地形平坦，便于耕种
	水文	河网密布，水源充足，灌溉便利
社会经济条件	劳动力	耕种复杂，劳动强度大；人口稠密，劳动力丰富
	生活习俗	传统风俗，以稻谷为主食
	生产习惯	耕种历史悠久，生产经验丰富
	人均耕地	人口稠密，人均耕地少

2. 大牧场放牧业

(1)分布区域。

大牧场放牧业是一种面向市场的农业地域类型,分布集中在面积规模较大的干旱、半干旱地区,以温带大陆性气候、热带草原气候为主的美国、澳大利亚、新西兰、阿根廷、南非等国家和地区。其中,美国、阿根廷以牧牛为主,在澳大利亚、新西兰、南非的大牧场上以养羊为主。

(2)特点。

大牧场放牧业具有的特点为:面向市场,生产经营规模大;商品率和经济效益高;专业化程度高;以人工草场放牧为主;科技含量高,注重草种和畜种的培育及改良。

(3)区域条件。

以阿根廷潘帕斯草原上的大牧场放牧业为例,区域条件见表3.3.2。

表3.3.2　大牧场放牧业区域条件

类型	区域条件	
自然条件	气候	气候温和,降水少,草类茂盛
	地形	地形较为平坦,便于放牧
社会经济条件	地广人稀	有大面积草场适合放牧,利于畜种生长
	租金低	利于规模化经营,降低生产成本
	交通便利	距离海港近,交通网发达
	科技	冷藏保鲜、良种培育及改良技术先进

3. 乳畜业

(1)分布区域。

乳畜业是一种面向城市市场的商品化、集约化的畜牧业地域类型,多分布在城市周围地区。乳畜业比较发达的地区主要是北美洲五大湖周围地区、西欧、中欧、澳大利亚、新西兰等地,以及我国北京、上海等大城市周围地区。

(2)特点。

乳畜业具有的特点为:面向市场,生产对象是奶牛,产品主要是牛奶及其制品;以人工饲养和圈养为主;机械化、自动化及集约化程度高;商品率和经济效益高。

(3)区域条件。

乳畜业的区域条件见表3.3.3。

表3.3.3　乳畜业区域条件

类型	区域条件	
自然条件	气候	气候温和湿润,便于牧草生长
	土壤	山地土壤肥沃,牧草优质

续表 3.3.3

类型	区域条件	
自然条件	地形	地形以平原、丘陵为主,耕地面积大
	水文	降水充沛,水源丰富
社会经济条件	市场	靠近城市,市场需求量大
	政策	政策支持
	交通	陆、海、空运输发达
	科技	生产、加工科技水平高,储运、保鲜技术先进

以西欧乳畜业为例,西欧发展乳畜业的区域条件见表 3.3.4。

表 3.3.4　西欧乳畜业区域条件

类型	区域条件	
自然条件	气候	为温带海洋性气候,温凉,潮湿,多雨多雾,日照少,有利于多汁牧草生长
	地形	以草原为主,地形平坦,利于牧草和饲料作物种植
社会经济条件	市场	经济发达,城市化水平高,人口稠密
	习俗	人们有饮用牛奶及食用奶制品的习惯
	交通	交通便捷
	科技	机械化程度较高

4. 商品谷物农业

(1)分布区域。

商品谷物农业是一种面向市场的农业地域类型,分布集中在美国、加拿大、阿根廷、澳大利亚、俄罗斯、乌克兰等国,在我国的东北、西北地区也有分布。美国是世界上最大的商品谷物生产国和出口国。

(2)特点。

商品谷物农业的生产经营特点有:作物主要为小麦和玉米;面向市场;多为家庭农场经营,我国多为国营;“三高一大”,即机械化水平高、专业化水平高、商品率高、生产规模大。

(3)区域条件。

商品谷物农业有关区域条件的具体内容见表 3.3.5。

表 3.3.5　商品谷物农业区域条件

类型	区域条件	
自然条件	气候温和	优越的自然条件有利于农作物的高产、稳产,品质高
	土壤肥沃	
	降水适中	
	地形平坦开阔	平坦开阔的地形为机械化生产和大规模经营创造了条件

续表 3.3.5

类型	区域条件	
社会经济条件	交通便捷	四通八达的交通运输网便于商品集散，降低运费
	市场广阔	促进商品粮的大规模生产和农业现代化
	工业	发达的工业为农业生产提供了现代化的农业机械及电力、化肥、农药等
	科技	高水平机械化为大规模经营创造条件，提高劳动生产率，降低人工成本；技术先进的农业科学改善了农产品的产量和质量
	政策	国家农业政策助力农业发展
	土地	地广人稀，利于大规模经营，降低生产成本

（4）美国的商品谷物农业。

美国的商品谷物农业主要分布在中部平原，这里有世界上最发达的商品化农业生产，商品率超过95%。

自然条件：中部平原地区地势平坦、开阔；温带大陆性气候，气候温和、降水适中、夏季温润；有五大湖及密西西比河流过，水源充足；土层深厚，土壤肥沃，为世界三大黑土区之一。

社会经济条件：

①交通。五大湖以及密西西比河航运，与发达的公路和铁路相连接，构成四通八达的交通运输网。

②人口。地广人稀，有利于大规模生产，便于机械作业，生产效率高，竞争优势大。

③工业。美国发达的工业体系为农业生产提供了现代化的农业机械，以及电力、化肥、农药等。

④技术。美国建立了一个庞大的农业科技研究和推广系统，农业科技水平高，农业科技成果推广快。

⑤市场。市场广阔，为世界最大的谷物出口国。

5. 混合农业

（1）分布区域。

混合农业是种植业和畜牧业相互结合、兼而有之的综合性农业地域类型，其典型分布区域有：欧洲、北美、南非、澳大利亚以及新西兰等地，还有我国的珠江三角洲。

（2）类型及特点。

混合农业生产有多种方式。世界上最主要的混合农业是将饲养牲畜和谷物生产有机结合起来的谷物和牲畜混合农业。这种类型的混合农业集中分布在欧洲、北美、南非、澳大利亚以及新西兰等地，种植小麦、玉米等谷物以及牧草和饲料作物，饲养的牲畜主要是牛、猪、羊等。澳大利亚是世界上最大的小麦市场供应国，还是世界最大的羊毛生产国和出口国。

我国珠江三角洲的基塘农业生产，因地制宜，将甘蔗、果树、桑蚕的生产与养鱼有机结合起来，创造了一种形式新颖的混合农业。

混合农业的特点有：形成良性的农业生态系统；农民可以有效地利用时间安排农业活

动;农业生产具有较大的灵活性和对市场的适应性。

(3)区域条件。

本书以澳大利亚东南部墨累-达令盆地的小麦-牧羊带混合农业为代表,分析澳大利亚混合农业的具体区域条件,见表3.3.6。

表3.3.6　澳大利亚混合农业的区域条件

<table>
<tr><th>类型</th><th colspan="2">区域条件</th></tr>
<tr><td>自然条件</td><td colspan="2">气候温湿,地形平坦,土壤肥沃,墨累-达令河及自流井提供了充足的灌溉水,适宜小麦和牧草的生长</td></tr>
<tr><td rowspan="5">社会经济条件</td><td>土地</td><td>地广人稀,生产规模大</td></tr>
<tr><td>交通</td><td>交通网络发达,距离海港近</td></tr>
<tr><td>科技</td><td>机械化程度高</td></tr>
<tr><td>种植制度</td><td>种植与放牧交错进行</td></tr>
<tr><td>历史及政策</td><td>殖民地时期就发展放牧业,历史悠久,经验丰富;政府出台优惠政策给予支持</td></tr>
</table>

6. 地中海农业

(1)分布区域。

地中海农业是一种以种植业和畜牧业并重的农业地域类型,主要分布在地中海沿岸地区、美国加利福尼亚州的中南部、南美洲智利的中部、南非的好望角地区以及澳大利亚的西南和东南部。

(2)特点。

①农作物。主要的粮食作物有小麦、大麦、玉米、水稻、高粱等。主要的经济作物有烟草、葡萄、橄榄、无花果、柑橘、柠檬,园艺等。

②结构模式。在地中海农业中,农业、果木和牧业的生产地域空间是彼此分离的。

7. 种植园农业

种植园农业是热带地区种植单一经济作物的大规模的密集型商品农业,广泛分布在热带季风气候、热带雨林气候以及热带草原气候区,如拉丁美洲、东南亚、南亚及撒哈拉以南的非洲,以及我国的海南、云南、广西、广东等地区。有关种植园农业的具体内容见表3.3.7。

表3.3.7　种植园农业的具体内容

项目	具体内容
分布地区	拉丁美洲、东南亚、南亚及撒哈拉以南的非洲
主要作物	天然橡胶、咖啡、可可、茶;香蕉、菠萝、杧果;油棕、剑麻、烟草、棉花和黄麻
经营方式	以大种植园和农场为主

续表 3.3.7

项目	具体内容
性质	种植单一经济作物的大规模的密集型农场
生产特点	规模大;经济作物的生产往往居于主要甚至垄断地位;面向国际市场;集约化、商品化、专业化程度高;机械化水平不高,需要大量劳动力

8. 其他农业类型

市场园艺农业是为城市提供蔬菜、水果等商业性的农业。这种农业的兴起、发展与现代世界城市化的速度加快有关,为城市提供市民必需的食物。因此,市场园艺农业分布在一些大城市的周围或交通要道附近。

迁移农业是一种比较原始的农业生产方式,如今只在南美洲、非洲和东南亚热带雨林地区中的低地与丘陵地区等地分布。迁移农业以刀耕火种的形式生产,往往导致生态平衡的破坏。

(二)农业区位因素分析

1. 主要区位因素

某一区域某种农业发展所必需的所有因素或条件称为主要区位因素。分析农业的主要区位因素,要全面、完整地分析某地农业发展的自然因素和社会经济因素。农业的主要区位因素及其影响见表 3.3.8。

表 3.3.8　农业的主要区位因素及其影响

区位因素		农业生产的因素	对农业区位选择的影响
自然因素	气候	影响农作物的种类、分布、耕种制度、产量和品质等;不同作物的生长发育要求不同的气候条件	气候条件分布具有明显的地域差异。一个地区农业的选择,应充分考虑当地的气候因素
自然因素	土壤	不同种类的土壤生长着不同的作物,影响作物的种类、产量;土壤的肥力、土层的厚度、土壤的性质等对农作物生长起重要作用	根据土壤的类型选择种植适宜的作物,例如,酸性的红壤适宜种植茶树,黑土适合种植土豆等
	地形	不同的地形区,适宜发展不同类型的农业。山地自然条件的垂直分异,使农作物分布垂直化、多样化;地形复杂的地区适合发展多种经营	地势平坦,土层深厚,适宜发展耕种农业;山地耕作不便,且不易于水土保持,适宜发展林业和畜牧业
	水文	在干旱及半干旱地区,水源成为发展农业的决定性因素	年降水量小于 250 毫米的干旱地区,除有灌溉水源,一般不能发展农业,因此农业一般都布局在河湖水、地下水、冰川融水丰富的地方,如我国河西走廊和新疆地区的绿洲农业

续表 3.3.8

<table>
<tr><th colspan="2">区位因素</th><th>农业生产的因素</th><th>对农业区位选择的影响</th></tr>
<tr><td rowspan="3">社会经济因素</td><td>市场</td><td>市场需求量最终决定农业生产的类型和规模</td><td>需要根据市场需求的变化实时调整农业生产，如市场园艺农业</td></tr>
<tr><td>交通运输</td><td>主要对商品农业产生影响，便捷的交通推动商品农业的发展，提高农业生产的商品率，扩大农产品的销售范围，促进农业生产的区域化、专业化</td><td>交通的便捷情况影响种植业、养殖业等的规模和布局。市场园艺农业、乳畜业等的产品易腐变质，应分布于交通便捷的地方</td></tr>
<tr><td>政策</td><td colspan="2">政府政策对农业的发展起指导、协调、激励、调控、约束等作用，通过指导收购价、政府补贴、技术支持等直接干预农业生产。例如，我国政府从 20 世纪 80 年代以来，积极建设商品性农业生产基地，这对我国的农业区位产生了深远的影响</td></tr>
</table>

2. 主导区位因素

主导区位因素是指对农业发展影响最大的因素或条件，没有这种因素或条件就不会存在该种农业在该区域的分布，它可能是最突出的优势因素，也可能是限制因素，见表 3.3.9。

表 3.3.9　主导区位因素

主导因素	典型的农业（作物）
热量	青藏高原的青稞，海南的橡胶，珠江三角洲的三季稻
水源	河西走廊的粮棉，南疆的棉花
地形	珠江三角洲的桑基鱼塘，横断山区的垂直农业
土壤	东南丘陵的茶树，黑龙江的大豆
市场	城郊的乳牛、花卉、蔬菜
技术	无土栽培

3. 限制性因素

农业生产需满足许多条件才能进行，如果一个地区其他条件都能满足，但因缺乏某一种条件而不能进行农业生产，那么这个缺乏的条件即为限制性因素。若这个条件（限制性因素）得到满足，则该因素便成为当地农业生产的主导因素，而不是限制性因素。限制性因素见表 3.3.10。

表 3.3.10　限制性因素

农业生产	主导因素	限制性因素
东北地区的商品粮基地	地广人稀，土壤肥沃	气温低
南疆地区的长绒棉生产	光热条件好	水源不足
青藏高原河谷农业	光照充足，昼夜温差大	气温低，热量不足

续表 3.3.10

农业生产	主导因素	限制性因素
华北平原	地势平坦，土壤肥沃，光热充足	水源不足，旱涝、盐碱、风沙灾害严重
南方地区	平原地区地势平坦、土壤肥沃，水热条件优越	水旱灾害较为严重，丘陵地区土质较差

4. 区位条件改造及变化

影响农业的区位因素不是一成不变的。自然因素比较稳定，社会经济因素变化较快。一方面，人们可以根据目前的社会经济技术条件，因地制宜，扬长避短，充分利用当地自然条件的优势；另一方面，人们可以根据社会经济条件，通过培育良种、改良耕作制度等技术改革，增大农作物的适应性，扩大其范围。改造技术及原理见表 3.3.11。

表 3.3.11　改造技术及原理

农业类型或作物	改造技术	改造原理
江南丘陵茶园	喷灌	改善水源
塑料大棚栽种蔬菜	温室大棚、滴灌	调节阳光、温度、水
云贵高原种植业	修筑梯田	改造地形
三江平原沼泽地种植业	排水	改造水分条件
南方水稻田	施用石灰	改良酸性土壤
西双版纳的林业	多层人工经济林	光照垂直变化的充分利用
阿根廷畜牧业	阿根廷肉牛	培育良种

二、工业生产区位因素与地域联系

（一）工业分类

1. 按产品的性质分类

按产品性质可分为重工业和轻工业。

（1）重工业。重工业是指为国民经济各部门提供物质技术基础的主要生产资料的工业，即生产生产资料的各工业部门的总称。按其生产性质和产品用途，重工业可以分为：

①采掘（伐）工业，是指对自然资源的开采，包括石油开采、煤炭开采、金属矿开采、非金属矿开采和木材采伐等工业。

②原材料工业，是指向国民经济各部门提供基本材料、动力和燃料的工业，包括金属冶炼及加工、炼焦及焦炭、化工原料、水泥、石油和煤炭加工等工业。

③加工工业，是指对工业原材料进行再加工制造的工业，包括机械设备制造、金属结构等工业，以及为农业提供的生产资料，如化肥、农药等。

(2)轻工业。轻工业是指主要提供生活消费品和制作手工工具的工业,即生产消费资料各工业部门的总称。按其所使用的原料不同,轻工业可以分为:

①以农产品为原料的轻工业,是指直接或间接以农产品为基本原料的轻工业,主要包括食品制造、饮料制造、烟草加工、纺织、缝纫、皮革和毛皮制作、造纸以及印刷等工业。

②以非农产品为原料的轻工业,是指以工业品为原料的轻工业,主要包括文教体育用品、化学药品制造、合成纤维制造、日用化学制品、日用玻璃制品、日用金属制品、手工工具制造、医疗器械制造、文化和办公用机械制造等工业。

2. 按投入的主要要素分类

不同的工业,各投入要素在总投入比重中存在较大差异。不同地域的工业,由于自然、社会等因素的差异,其发展方向不同。工业类型按投入的主要要素分类见表 3.3.12。

表 3.3.12　工业类型按投入的主要要素分类

工业类型	投入要素	分布	特点	具体行业
劳动密集型工业	劳动力	主要分布于经济发展水平低、劳动力丰富的地区	产品处于成熟期和衰退期,需开发优质新产品并降低生产成本	纺织、服装工业
资金密集型工业	资金	分布于经济发展水平高的地区	资金雄厚,对原料依赖性强;产品多处于成熟期,应采用新工艺	钢铁、化学工业
资源密集型工业	原料	主要分布于经济发展水平较低的地区	受资源分布的影响和制约	采掘工业、制糖工业
技术密集型工业	技术	多分布于高科技和高等教育发达的地区	产品多处于增长期和开发期,更新速度快,技术成本高	电子、航天、核工业、激光工业

3. 按工业主导因素分类

不同的工业部门,其生产过程和生产特点不同,生产投入的要素不同,生产成本的构成也就不一样。影响工业区位的成本因素较多,各项成本因素对不同行业的区位吸引力不同。根据影响成本的主导因素不同,工业区位可以分为不同的导向型,见表 3.3.13。

表 3.3.13　工业类型按工业主导因素分类

工业分类	区域选择原则	特点	具体行业
原料导向型工业	靠近原料产地	原料不便于长途运输或运输原料成本较高	水果、蔬菜、水产等加工工业
劳动力导向型工业	有大量廉价劳动力的地方	需要投入大量劳动力	普通服装加工业、制鞋业
动力导向型工业	靠近廉价的能源产地	需要消耗大量能量	化工、炼铜等重工业,电镀厂

续表 3.3.13

工业分类	区域选择原则	特点	具体行业
市场导向型工业	靠近销售市场	产品不便于长途运输或运输产品成本较高	家具厂、食品厂
技术导向型工业	接近高等教育和科技发达的地方	技术要求高	集成电路、卫星、飞机、精密仪表制造业

(二)工业主要区位因素

工业区位是指工业企业的经济地理位置,以及工业企业在生产过程中与相关事物的联系。为了获得更多的利润,决策者在选择工业区位时,往往需要考虑各方面的因素,包括土地、水源、资源等自然因素以及交通、土地价格、政策、市场、劳动力、产业基础等社会经济因素,这些构成了工业的主要区位因素,见表 3.3.14。

表 3.3.14 工业主要区位因素

区位因素		对工业区位选择的影响
自然因素	土地	土地的面积、质量和价格影响工业区位的选择
	水源	工业生产需要便利、丰富、优质的水源
	动力	工业生产必须要有充足的能源
社会经济因素	原料	原料的种类、价格、数量、质量及运输成本对工业区位影响很大
	交通	原料和燃料的运输、产品的输出都需要便捷的交通运输条件;沿江、海的港口,公路和铁路交通枢纽地区,对工业选择造成很大的影响
	政策	政府通过优惠的政策、良好的服务等方面吸引工业企业分布
	市场	接近消费市场可节省运费、降低成本并及时接收市场信息
	劳动力	劳动力的数量、质量和价格影响不同类型工业的区位选择
	乡土情怀	决策者的乡土情怀也是影响工业区域选择的重要因素
	产业基础	良好的产业基础能够吸引更多的工业企业进行分布

随着人们环保意识的增强,目前环境已经成为影响工业区位选择的一大因素。污染程度大的企业在选择区位时,应慎重地把解决环境问题也纳入选址范围,而对一些环境问题敏感的高技术工业及食品工业等企业应把优质环境作为区位选择的重要因素。工业区位选择要求见表 3.3.15。

表 3.3.15　工业区位选择要求

分类依据	工业区位选择要求	举例
环境要求	对大气环境十分敏感的工业，应建在空气比较洁净的地区，远离烟尘污染严重的工厂	电子厂、感光器材厂
	需要清洁水源的工业，应布局在市区河流的上游	自来水厂、啤酒厂
污染程度	规模小、基本无污染的工业可以有组织地设在城区	服装厂、玩具厂
	规模大、对空气有轻度污染的工业可布局在城市边缘或近郊区	机械厂、仓库
	污染严重的企业宜布局在远离城市的郊区	钢铁厂、水泥厂
污染类型	空气污染类型企业应布局在当地主导风向的下风向；或与当地盛行风向垂直的郊区；或布局在当地最小风频的地区	水泥厂、酿造厂
	水源污染类型企业的污水排放口应远离水源地及河流上游，应布局在河流下游	印染厂、造纸厂、电镀厂
	固体废弃物污染类型企业要远离农田和居民区	火电厂、钢铁厂

（三）工业地域的形成

1. 工业联系、工业聚集、工业分散

工厂之间、工厂内部的各个生产过程之间并不是孤立存在的，而是通过不同的关系彼此联系在一起，称为工业联系。

工业联系大致可分为 3 个方面，即生产工序的联系（如纺织厂与印染厂）、产品用途的联系（如汽车零配件生产厂与汽车总装厂）以及空间利用上的联系（如经济开发区）。

工业聚集是指具有工业联系的一些工厂近距离聚集在一个地区，形成工业聚集的现象。工业聚集可以充分利用基础设施，节约生产建设投资，加强彼此间的信息交流与协作，降低运输费用和能源消耗，降低生产成本，提高利润，获得可观的经济效益。但也存在一些负面影响，如加剧环境污染，加剧能源、水源等供应紧张状况，容易造成交通堵塞等。

工业分散是指工业企业、工业点等散布于一定的地域范围。工业分散能够充分利用各个地方的不同区位优势，降低生产成本，提高经济效益。

2. 工业地域

工业地域是指因工业聚集而形成的地域。

工业地域按照不同的形成过程，可分为两类：一类是由生产上的工序联系自发形成的工业地域；一类是规划建设而形成的工业地域。前者主要是以在生产上有投入—产出联系为基础，以降低生产成本为目的而自发集聚形成的工业地域；后者中既有与前者相同的类型，也有在共同的基础设施条件吸引下，不同工业集聚而形成的。

按发育程度，可将工业地域分为不同的类型，具体内容见表 3.3.16。

表 3.3.16　工业地域分类

项目	发育程度较低的工业地域	发育程度较高的工业地域
形成条件	依靠当地资源和农产品,发展初步加工工业	生产过程及内部联系较复杂
发展特点	工业联系简单,规模小,工厂少,发展潜力小	形成的工业地域面积大,协作企业多,生产规模大,可形成工业城市,发展潜力大
举例	食品加工行业	石油化工区,钢铁工业区

3. 工业联系、聚集、分散及地域之间的关系

工业联系导致了工业聚集的现象,工业聚集的必然结果就是形成工业地域。工业过度聚集后会产生工业分散的现象,其结果又形成了新的工业地域,以此往复。

(四)传统工业区与新兴工业区

1. 传统工业区

传统工业区一般是在丰富的煤、铁资源基础上,以纺织、煤炭、钢铁、机械、化工等传统工业为主,以大型工业企业为轴心,逐渐发展起来的工业地域,如德国鲁尔工业区、意大利西北部工业区。现以德国鲁尔工业区为例,分析传统工业区拥有的优势、发展过程中存在的问题以及解决的措施。鲁尔工业区的优势见表 3.3.17。

表 3.3.17　鲁尔工业区的优势

优势	具体内容
丰富的煤炭资源	鲁尔工业区煤田储量大,开采条件好
丰富的铁资源	鲁尔工业区铁矿资源较贫乏,但离铁矿区较近
充沛的水源	莱茵河、鲁尔河、利珀河等天然河流和 4 条人工运河,不仅连成一体,而且都可通航,并能直通海洋
广阔的市场	德国以及西欧发达的工业,为鲁尔工业区的生产提供了广阔的市场
地理位置	自古就是东、西欧往来的“圣路”地带,处于中、西欧和南、北欧的中心部位

鲁尔工业区发展中的瓶颈和解决措施见表 3.3.18。

表 3.3.18　鲁尔工业区的发展瓶颈和解决措施

发展中遇到的瓶颈	衰落原因	解决措施
生产结构单一	大工业部门均为传统工业,其中煤炭工业和钢铁工业是全区经济的基础	调整工业布局,发展新兴工业和第三产业;增大技术投入,发展科技,繁荣经济
生产效率低下	生产方式落后,效率低下	

续表 3.3.18

<table>
<tr><th>发展中遇到的瓶颈</th><th>衰落原因</th><th>解决措施</th></tr>
<tr><td>世界性钢铁过剩</td><td>产钢、出口钢的国家增多,钢铁市场竞争激烈;经济危机以及钢产品的替代产品的广泛应用,使世界钢材消耗量急剧减少</td><td rowspan="3">调整工业布局,发展新兴工业和第三产业;增大技术投入,发展科技,繁荣经济</td></tr>
<tr><td>煤炭的能源地位下降</td><td>随着石油和天然气的使用,煤炭消费比重已下降;新技术炼钢的耗煤量逐渐降低</td></tr>
<tr><td>新技术革命的冲击</td><td>新技术革命改变了传统的工业生产和组织方式,鲁尔工业区的企业不适应时代发展要求</td></tr>
<tr><td>环境问题突出</td><td>环境污染严重</td><td>加大环境治理力度</td></tr>
</table>

2. 新兴工业区

新兴工业区是在发达国家一些没有传统工业基础的乡村地区逐渐形成的灵活多变的、以中小型企业为主的工业地域。

新兴工业区大致分为两种类型:①没有传统工业基础而新发展起来的以传统工业为主的工业地域,如意大利的普拉托纺织工业区。该工业区的特点主要是通过专业分工和团结合作将众多中小企业紧密联系在一起。②以高新技术产业为龙头发展起来的新型工业区,如美国的“硅谷”、德国南部等,基本上没有传统工业,由于环境质量好,逐步发展成以微电子技术、宇航、生物工程为主的工业地域。

相对于传统工业区,其“新”表现在多方面:① 时间新。20 世纪 50 年代后形成,发展时间短。②形成条件新。依靠科技人才聚集而成。③生产规模新。以中小企业为主。④工业结构新。以自动化设备、微电子等新兴工业为主,主要为高技术工业和轻工业。⑤分布特点新。工业布局相对分散,多靠近机场。

意大利新兴工业区与我国温州乡镇企业的异同见表 3.3.19。

表 3.3.19 意大利新兴工业区与我国温州乡镇企业的异同

<table>
<tr><th colspan="2">工业区</th><th>意大利新兴工业区</th><th>我国温州乡镇企业</th></tr>
<tr><td colspan="2">相同点</td><td colspan="2">有大批廉价的劳动力;企业规模小,以轻工业为主;资本集中程度低;生产专业化</td></tr>
<tr><td rowspan="2">不同点</td><td>模式</td><td>以中小企业集聚的工业小区为独特的发展模式,形成了一个机构完善、功能齐全的生产—销售—服务—信息网络</td><td>同一行业或同一产品成片发展,形成一村一品、一乡一品的区域经济格局</td></tr>
<tr><td>发展条件</td><td>银行借贷体系发达;社会服务机构完善;交通便利</td><td>商品手工业发展历史悠久</td></tr>
</table>

第四章　信息地理学知识

信息地理学是应用信息技术与信息科学理论及方法认识和利用地理信息的科学。信息地理学是地理学信息革命第三个阶段的标志，是21世纪地理科学信息革命的主要工具和手段。

第一节　信息地理学概述

一、信息地理学的特征

信息地理学是以信息技术为主要手段，研究地球表层系统中自然、人文、信息的分布特征、空间分异、空间联系，以及地理空间内数据和信息的采集、传输、表达、分析、应用的地理学分支学科。

地理学信息革命是从20世纪50年代初开始的。现代地理学是信息时代的产物，地理学计量革命是地理学信息革命的序幕，地理信息系统是地理学信息革命的有力工具和手段，它的开发、完善、提高及实用化过程是地理学信息革命的第二个阶段，现在地理学信息革命正在向第三个阶段过渡，即建立和发展信息地理学，这就是信息地理学产生的时代背景。信息地理学是信息时代深入发展、地理信息系统日趋成熟并逐步进入实用化阶段的产物。

在信息时代，只要在空间地理环境中有可以利用的足够信息和地理信息系统的支持，信息地理学就能发挥它的巨大潜力。这不仅是速度和数量的提高，而且是一种质的飞跃。研究内容可以从传统的定性描述到定位、定量的分析，从静态到动态，从单要素到综合，从局部到整体，可以实现对过去无法想象的许多过程的分析、模拟及规律的探讨。概括来看，信息地理学主要有4个特征。

(1)系统特征。信息地理学研究的目标是地理环境中的大容量、多层次、综合性、完整的地理系统。利用该特征，可以实现地理学研究的系统性、综合性和完整性，以实现地理学长期以来期望的综合研究的目标。这将使地理学研究在原有基础上大大前进一步。

(2)信息特征。信息地理学的主要研究对象是地理系统中的地理信息。利用该特征，可以借助信息技术工具和信息科学理论与方法，实现地理学由定性到定量研究的转化。

(3)技术特征。信息地理学的研究工具是现代信息技术系统，即遥感技术、遥测技术和地理信息系统技术。利用遥感技术，可以实现研究人类难以到达的客观环境实体，如月球、太阳系的其他行星、银河系的其他星体等。这种研究工作，有的已经变为现实，有的正在变为现实。在研究广度上，这将大大有别于传统地理学的范畴。利用遥测信息技术(传感器和遥测技术信息系统)，可以采集地理环境中人类感官所无法感知到的各类地理要素的微观变化过程，包括物理量及化学量等。因此，信息地理学在研究深度上也将远远超过传统地理学。信息地理学利用社会化和国际化的信息网络以及地理信息系统技术，将实现地理研究的社会化，因此，必将加快信息地理学研究的进程。

(4)科学特征。信息地理学的研究理论和方法是利用信息科学原理。利用该特征,可以尽快建立地理学的理论体系及方法,特别是在地理环境的综合方面,以期实现地理学进入真正的科学研究范畴。

二、信息地理学的研究内容

信息地理学的研究内容包括4个部分:地理信息机理、地理信息技术、地理信息科学和地理信息应用。

(1)地理信息机理的研究。信息地理学的研究对象是地理信息,因此,研究地理信息的实质是信息地理学的首要任务。地理信息是信息地理学的原材料,有无地理信息源是信息地理学能否开展工作的基本条件,信息质量的好坏又是信息地理学工作成败的关键。所以,地理信息是信息地理学研究工作中重要的组成部分之一,包括地理信息的机制、定位方法、数量特征、精度评价、信息流的结构设计、编码方法、规范化及标准化等。

(2)地理信息技术系统的完善与提高。地理信息技术系统犹如信息地理学的望远镜和显微镜,它是信息地理学发展的动力和强有力的工具。一个好工具的出现,往往预示着学科的重大发展甚至突破。信息地理学目前主要依靠的是遥感技术、遥测技术和地理信息系统技术这3个技术系统。信息地理学需要技术科学的最新成就,以便不断完善和提高地理信息技术系统。地理信息技术系统既是信息地理学的主要研究工具,也是信息地理学的主要研究内容之一。因此,信息地理学的研究内容和方法应该体现在地理信息技术系统的专题化、系列化和智能化方面。地理信息技术系统要加速向实用化方向发展,以便向社会提供应用服务系统,如不同的专家系统等,来赢得社会的承认,取得经济效益;反馈研究中的问题,以便深化研究中的理论和方法。

(3)地理信息科学理论探索。信息地理学是信息科学的主要内容之一,地理信息的采集、传输、处理和应用,都与信息科学理论有关。信息科学目前正在迅速发展,信息地理学在研究地理信息的过程中,对科学理论特别是地理信息的空间特性、动态特性和综合特性的开拓,同样是对信息科学理论的贡献,因此,对地理信息三维和四维空间科学理论的探索,将大大促进一般信息科学理论的研究。

(4)地理信息应用的开拓。信息地理学研究地理环境是通过地理信息应用来实现的。由于地理信息具有量化的特性,这就为地理学由定性到定量的研究奠定了基础,特别是利用地理信息的信息特性,可以充分利用信息技术工具和信息科学理论与方法,这就为地理学利用最新的科学技术,解决面临的重大地理环境难题开辟了一条崭新的道路。

信息时代为地理学的发展提供了新机遇,技术科学为地理学的发展提供了极其丰富的信息源和强有力的信息处理工具,而信息科学为地理学提供了先进的理论和方法。信息地理学是地理学信息革命的有力工具和手段。

第二节 地图学基础

一、地球仪与经纬网

(一)地球与地球仪

1. 地球的形状与大小

地球是一个赤道略鼓、两极略扁的不规则球体。地球赤道半径约为6 378千米,极半径约为6 357千米,平均半径约为6 371千米,赤道周长大约为4万千米,表面积为5.1亿平方千米。如图4.2.1所示。

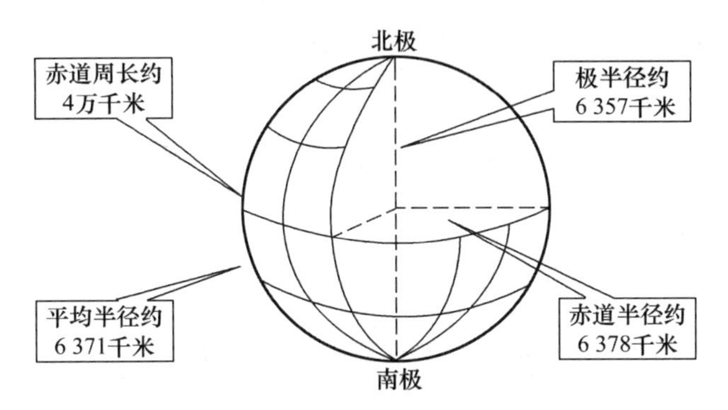

图4.2.1 地球的形状与大小

2. 地球仪

地球仪是为了便于认识地球,人们仿造地球的形状,按照一定的比例缩小,所制作的地球的模型。地球仪的主要组成要素如图4.2.2所示。

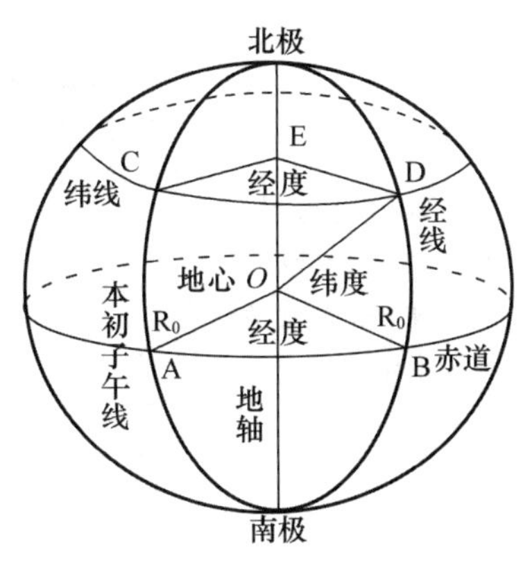

图4.2.2 地球仪的组成要素

(1)地心:地球的球心。

(2)地轴:地球自转所围绕的假想轴。

(3)南、北极点:地轴与地球表面的两个交点。

(二)经纬线与经纬度

1. 经线和纬线

经线和纬线的基本概念见表4.2.1。

表4.2.1　经线和纬线的基本概念

类型	定义	起始线	特点	作用
经线	在地球仪上,连接南、北两极并垂直于纬线的线,又称子午线	本初子午线	经线是半圆形弧线,相对的两条经线组成一个经线圈,所有经线长度都相等	指示南北方向,北极点是地球最北端,南极点是地球最南端
纬线	在地球仪上,与地轴垂直、环绕地球一周的圆圈	赤道	每条纬线都自成圆圈、相互平行,赤道是最大的纬线圈,长度自赤道向两极递减,到两极缩成一点	指示东西方向

2. 经度和纬度

经度和纬度的基本概念见表4.2.2。

表4.2.2　经度和纬度的基本概念

类型	划分	分布规律	划分半球	重要的经纬线
经度	从本初子午线向东、向西各分180°	东经的度数越向东越大,西经的度数越向西越大	以20°W、160°E经线为界,向西为西半球,向东为东半球	① 本初子午线为东西经分界线 ② 180°经线大致与国际日期变更线重合
纬度	从赤道向南北两极各分90°	北纬的度数越向北越大,南纬的度数越向南越大	以赤道为界,赤道以北为北半球,赤道以南为南半球	① 赤道是0°纬线,为南北半球分界线 ② 北回归线23°26′N,南回归线23°26′S是热带和温带的分界线 ③ 北极圈66°34′N,南极圈66°34′S是温带和寒带的分界线,是南、北半球有极昼极夜的最低界线 ④ 30°N和30°S是低纬度和中纬度的分界线,60°N和60°S是中纬度和高纬度的分界线 ⑤ 90°N是北极点,90°S是南极点

二、地图

(一)地图的基本知识

地图是运用各种符号将地理事物按照一定的比例缩小以后表示在平面上的图像。地图的三要素为:方向、比例尺、图例和注记。

1. 方向

(1)一般地图,按照上北下南,左西右东判读。

(2)有指向标的地图,根据指向标指向判读。

(3)经纬网地图,按照经线定南北,纬线定东西判读。

2. 比例尺

比例尺表示图上距离比实地距离缩小的程度,用公式表现为:比例尺 = 图上距离 ÷ 实际距离。

(1)比例尺的 3 种表示方法。

①数字式。用数字的比例式或分数式表示比例尺的大小,如 1∶50 000。

②文字式。在图上用文字直接写出图上 1 厘米代表实地距离多少千米。

③线段式。在图上用线段标出图上 1 厘米代表实地距离多少千米。

(2)比例尺的大小。

比例尺大小与范围和表示内容的关系见表 4.2.3。

表 4.2.3　比例尺大小与范围和表示内容的关系

比例尺	数值	范围	内容
大比例尺	大	范围越小	详细
小比例尺	小	范围越大	简略

大范围的地区多选用较小的比例尺地图,如世界政区图、中国政区图等。

小范围的地区多选用较大的比例尺地图,如平面图、军事图、旅游图等。

(3)比较比例尺大小的几种方法。

①图幅相同的情况下,所表示实际范围越大的地图,其比例尺越小。

②图幅和经纬度网格相同的情况下,相邻两条经线、纬线度数差值越小的地图,其比例尺越大。

③同一地理事物(如某个村庄)在图中显示得越小,该图的比例尺越小。

3. 图例和注记

(1)图例是地图上表示地理事物的符号。

(2)注记是在地图上表示地理事物的名称以及山高、水深等的文字或数字。

(二)等高线地形图

1. 基本概念

(1)海拔(绝对高度)。某地面高出海平面的垂直距离。

(2)相对高度。一个地点高出另一个地点的垂直距离。

(3)等高线的特征。同线等高;同图等距;密陡疏缓;凸低为脊;凸高为谷;重叠为崖。

2. 基本地形的等高线特征

(1)平原。海拔 200 米以下,等高线稀疏。

(2)丘陵。海拔 500 米以下,相对高度小于 100 米。

(3)山地。海拔 500 米以上,等高线海拔由四周向中心增大,中心的三角形代表山顶。

(4)盆地。等高线海拔由四周向中心减小,等高线在边缘十分密集,在内部明显稀疏。

(5)高原。海拔高,相对高度较小,等高线在边缘十分密集,在内部明显稀疏。

3. 局部地形的等高线特征

等高线从周围向中间逐渐缩小,海拔高度逐渐变高的地方是山顶或山峰;海拔高度逐渐变低的地方是盆地。山顶之间高度相对低矮的地方是鞍部,形似马鞍。

等高线向山顶地方弯曲,表示的是山谷;等高线向海拔较低方向弯曲,表示的是山脊,也叫分水岭。

等高线越密集,表示坡度越陡;等高线越稀疏,表示坡度越缓;几条不同等高线相交在一起的地方是陡崖。

常见地形的等高线示意图如图 4.2.3 所示。

图 4.2.3 常见地形的等高线示意图

4. 等高线地形图综合应用判读

①确定水库及坝址的位置。

水库区宜选在河谷、山谷地区或“口袋形”的洼地或小盆地,还要考虑民生及生态环境问题。坝址要选在峡谷处,还应避开地质断裂地带。

②港口位置选择。

港口应建在等高线稀疏、等深线密集的港湾地区,保证陆域平坦、港阔水深、风浪小。

③公路、铁路位置选择。

要求一般坡度平缓,尽量与等高线平行,线路较短,少占农田、少建桥梁,避开陡崖、陡坡、沼泽区、溶洞区等。

④确定引水线路。

首先考虑从高处向低处引水,再结合距离的远近确定。

⑤农业区位选择。

根据等高线地形图反映的地形类型、坡度陡缓合理布局。平原宜发展种植业;山区宜发展林业、畜牧业。

⑥工业区、居民区选择。

一般选在靠近水源、交通便利、等高线间距较大的平坦开阔处。

5. 等高线地形图中的相关判断

①两点间的相对高度。

$$\Delta H = H_{高} - H_{低}$$

②陡崖的相关计算。

$$H_{大} \leqslant H_{顶} < H_{大} + d$$
$$H_{小} - d < H_{底} \leqslant H_{小}$$
$$(n-1)d \leqslant \Delta H < (n+1)d$$

注:n 为两点间等高线的条数,d 为等高距。$H_{大}$ 和 $H_{小}$ 分别为重合等高线中的最大值和最小值。

$$(n-1)d < \Delta H < (n+1)d$$

③局部闭合等值线内的地点,其海拔的判断适用“大于大值,小于小值”。例如,图 4.2.4中$200 < A < 300$,$100 < B < 200$。

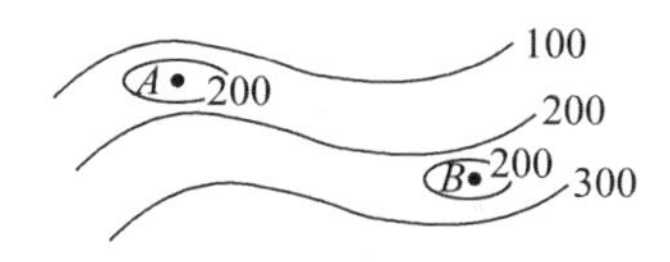

图 4.2.4　局部闭合等值线图

(三)地形剖面图与分层设色地形图

1. 基本概念

(1)地形剖面图。将等高线地形平面图转绘成地形剖面图,剖面图的垂直比例尺应大于水平比例尺,以显示地形的起伏状况。

(2)分层设色地形图。在等高线地形图的基础上,按照不同高度带,着以不同颜色,则可以绘制出色彩鲜明、地形形象直观的地图,称为分层设色地形图。

2. 地形剖面图的作图步骤

①确定剖面线。在等高线地形图中需要绘制剖面图的两点之间画一条直线。

②定比例尺。确定水平比例尺和垂直比例尺,画出横轴和纵轴。

③标刻度。横轴数值范围参照比例尺确定,纵轴最大数值为剖面线与等高线交点中的最大值加等高距,最小值为交点的最小值减等高距。

④描点。将剖面线与等高线的所有交点按其水平距离和高程转绘到坐标图中。

⑤连线。用平滑的曲线将各点顺次连接。

3. 用地形剖面图确定地形是否通视

若在地形剖面图上,两地之间的连线没有被障碍物阻挡,则两地可通视。从山顶向四周,若等高线先密后疏,则为“凹形坡”,可通视;若等高线先疏后密,则为“凸形坡”,视线被阻挡,不可通视。

(四)等压线图

1. 概念

等压线是指在同一时间气压值相同的点在平面图上连接而成的线,表示水平方向上的气压变化状况。

等压面是指气压相同的面,可用等压面表示气压的垂直变化。在垂直方向上随着高度的升高,气压变小,等压面的数值变小。如果地面的性质是均一的,大气的性质也是均一的,那么等压面就是互相平行的。实际上,由于同一高度,各地气压不相等,等压面在空间上不是平面,而是像地形一样起伏不平。某地等压面若向高处凸出,则该地气压高于周围地区;若向低处凸出,则气压低于周围地区。

2. 判读

(1)判读气压形式。

①低压中心。等压线呈闭合曲线,中心气压比四周气压低,中心为上升气流。

②高压中心。等压线呈闭合曲线,中心气压比四周气压高,中心为下沉气流。

③高压脊。高气压延伸出来的狭长区域,弯曲最大各点的连线叫脊线。

④低压槽。低气压延伸出来的狭长区域,弯曲最大各点的连线叫槽线。

(2)判断风向。

首先明确高低气压,其次确定气压梯度力的方向,最后根据南、北半球画出偏风向。

(3)判断南、北半球。

风向在水平气压梯度力的右侧,为北半球。

风向在水平气压梯度力的左侧,为南半球。

(4)判断风力大小。

等压线密集,气压梯度力大,则风力大。

等压线稀疏,气压梯度力小,则风力小。

(5)判断季节。

夏季(北半球 7 月,南半球 1 月),大陆内部一般为低压。

冬季(北半球 1 月,南半球 7 月),大陆内部一般为高压。

(6)判断天气状况。

由高纬吹向低纬的风,寒冷干燥。

由低纬吹向高纬的风,温暖湿润。

低气压过境时,多阴雨天气;高气压过境时,多晴朗天气。低压中心和低压槽控制区多阴雨天气。

第三节 地理信息系统

地理信息系统(Geographic Information System,GIS)是一种特定的十分重要的空间信息系统。它是在计算机硬、软件系统的支持下,对整个或部分地球表层(包括大气层)空间中的有关地理分布数据进行采集、储存、管理、运算、分析、显示和描述的技术系统。GIS 与全球定位系统(GPS)、遥感系统(RS)合称 3S 系统。

一、地理信息系统的组成

GIS 可以分为以下 5 个部分。

(1)人员。人员是 GIS 中最重要的组成部分。开发人员必须定义 GIS 中被执行的各种任务,开发处理程序。熟练的操作人员通常可以克服 GIS 软件功能的不足,但是相反的情况就不成立,最好的软件也无法弥补操作人员对 GIS 的一无所知所带来的副作用。

(2)数据。精确的、可用的数据可以影响到查询和分析的结果。地理数据是各种地理特征和现象间关系的符号化表示,是指表征地理环境中各要素数量、质量、分布特征及其规律的数字、文字、图像等的总和。地理数据主要包括空间位置数据、属性特征数据及时域特征数据 3 个部分。

(3)硬件。系统硬件又包括计算机主机、数据输入设备、数据存储设备、数据输出设备、数据通信传输设备。

(4)软件。地理信息系统运行所必需的各种程序通常包括计算机系统软件、地理信息系统软件和其他支持软件、应用分析程序。

(5)应用模型。GIS 应用模型的构建和选择也是系统应用成败至关重要的因素。

人们对 GIS 的理解在不断深入,内涵在不断拓展。“GIS”中“S”的含义包含 4 层意思。

第一层是系统(System),是从技术层面的角度论述地理信息系统,即面向区域、资源、环境等规划、管理和分析,是指处理地理数据的计算机技术系统,但更强调其对地理数据的管理和分析能力。

第二层是科学(Science),是广义上的地理信息系统,常称之为地理信息科学,是一个具有理论和技术的科学体系,意味着研究存在于 GIS 和其他地理信息技术后面的理论与观念(GIScience)。

第三层是服务(Service),随着遥感等信息技术、互联网技术、计算机技术等的应用和普及,GIS 已经从单纯的技术型和研究型逐步向地理信息服务层面转移,如导航的需要催生了导航 GIS,GIS 成为人们日常生活中的一部分。当同时论述 GIS 技术、GIS 科学或 GIS 服务时,为避免混淆,一般用 GIS 表示技术,GIScience 或 GISci 表示地理信息科学,GIService 或 GISer 表示地理信息服务。

第四层是研究(Studies),即 GIS = Geographic Information Studies,研究有关地理信息技术引起的社会问题,如法律问题、私人或机密问题、地理信息的经济学问题等。

二、地理信息系统的功能

GIS 包含处理空间或地理信息的各种基本的和高级的功能,其基本功能包括对数据的采集、管理、处理、分析和输出。同时,GIS 依托这些基本功能,通过利用空间分析技术、模型分析技术、网络技术和数据库集成技术等,更进一步演绎、丰富相关功能,满足社会和用户的广泛需要。从总体上看,GIS 的功能可分为:数据采集与编辑、数据处理与存储管理、图形显示、空间查询与分析以及地图制作。

(一)数据采集与编辑

数据采集与编辑是 GIS 的基本功能,主要用于获取数据,保证 GIS 数据库中的数据在内容与空间上的完整性、数值逻辑一致性与正确性等。

可用于 GIS 数据采集的方法与技术很多。大多数 GIS 的地理数据来源于纸质地图,常用的方法是数字化扫描,如手扶跟踪数字化。随着技术的发展,信息共享与自动化数据输入成为 GIS 研究的重要内容。

遥感数据集成是另外一种新型数据采集方式。遥感数据已经成为 GIS 的重要数据来源,与地图数据不同的是,遥感数据输入到 GIS 较为容易。

地理数据采集的另一项主要技术进展是 GPS 技术在测绘中的应用。

(二)数据处理与存储管理

对数据的存储管理是建立 GIS 数据库的关键步骤,涉及对空间数据和属性数据的组织。

初步的数据处理主要包括数据格式化、数据转换和制图综合。数据的格式化是指不同数据结构的数据间变换,是一项耗时、易错、需要大量计算量的工作;数据转换包括数据格式转换、数据比例尺的变换等,数据比例尺的变换涉及数据比例尺缩放、平移、旋转等方面,其中最为重要的是投影变换;制图综合包括数据平滑和特征集结等。

GIS 中的数据分为栅格数据和矢量数据两类,如何在计算机中有效存储和管理这两类数据是 GIS 的基本问题。栅格模型、矢量模型或栅格/矢量混合模型是常用的空间数据组织方法。空间数据结构的选择在一定程度上决定了系统所能执行的数据与分析功能。地理数据组织与管理的关键是如何将空间数据与属性数据融为一体。

(三)图形显示

GIS 来源于地图,也离不开地图。GIS 的一个基本功能就是能够根据用户的要求,通过对数据的提取和分析,以图形的方式表示结果。当 GIS 数据被描绘在地图上时,信息就变得容易理解和解释。GIS 不只是为了有效地存储、管理、查询和操作地理数据,更重要的是以可视化的形式将数据或经过深加工的地理信息呈现在用户面前,方便其通过图形认识地理空间实体和现象及其相互关系。

(四)空间查询与分析

对地理空间的查询与分析功能,是 GIS 得以广泛应用的重要原因之一。通过 GIS 提供的空间数据查询与分析功能,用户可以从已知的地理数据中得出隐含的重要结论,这对于许多应用领域(如商业选址、抢险救灾等)是至关重要的。

(五)地图制作

GIS 是在计算机辅助制图(CAD)基础上发展起来的一门学科,是电子地图(矢量化地图)制作的重要工具。因此,对空间数据进行各种渲染,高效、高性能、高度自动化处理是 GIS 制作地图的重要特点。采用 GIS 可以将数据矢量化,从而使与空间有关的各种数据(信息)叠加到电子地图上。

GIS 功能遍历数据采集—分析—决策应用全部过程,并能回答和解决以下 5 类问题。

(1)位置。在某个地方有什么问题。

(2)条件。符合某些条件的实体在哪里。

(3)趋势。某个地方发生某个事件,及其随时间的变化过程。

(4)模式。某个地方存在的空间实体的分布模式。

(5)模拟。某个地方如果具备某种条件会发生什么。

第四节　遥　　感

一、遥感概述

遥感(Remote Sensing)是指非接触的、远距离的探测技术。一般指运用传感器/遥感器对物体的电磁波的辐射、反射特性的探测。遥感是通过遥感器这类对电磁波敏感的仪器,在远离目标和非接触目标物体的条件下探测目标地物。

遥感是通过人造地球卫星、航空等平台上的遥测仪器把对地球表面实施感应遥测和资源管理的监视结合起来的一种新技术。

遥感技术的类型往往从以下几个方面对其进行划分。

(1)根据工作平台层面分为地面遥感、航空遥感(气球、飞机)、航天遥感(人造卫星、飞船、空间站、火箭)。

(2)根据记录方式层面分为成像遥感、非成像遥感。

(3)根据应用领域分为环境遥感、大气遥感、资源遥感、海洋遥感、地质遥感、农业遥感、林业遥感等。

(4)根据传感器的探测范围波段分为紫外遥感(探测波段在0.05～0.38微米)、可见光遥感(探测波段在0.38～0.76微米)、红外遥感(探测波段在0.76～1 000微米)、微波遥感(探测波段在1毫米～1米)、多波段遥感。

(5)根据工作方式分为主动遥感、被动遥感。

二、遥感的组成

根据遥感的定义,遥感系统主要由以下4个部分组成。

(1)信息源。

信息源是遥感需要对其进行探测的目标物。任何目标物都具有反射、吸收、透射及辐射电磁波的特性,当目标物与电磁波发生相互作用时,会形成目标物的电磁波特性,这就为遥感探测提供了获取信息的依据。

(2)信息获取。

信息获取是指运用遥感技术装备接受、记录目标物电磁波特性的探测过程。信息获取所采用的遥感技术装备主要包括遥感平台和传感器。其中,遥感平台是用来搭载传感器的运载工具,常用的有气球、飞机和人造卫星等;传感器是用来探测目标物电磁波特性的仪器设备,常用的有照相机、扫描仪和成像雷达等。

(3)信息处理。

信息处理是指运用光学仪器和计算机设备对所获取的遥感信息进行校正、分析和解译处理的技术过程。信息处理的作用是通过对遥感信息的校正、分析和解译处理,掌握或清除遥感原始信息的误差,梳理、归纳出被探测目标物的影像特征,然后依据特征从遥感信息中识别并提取所需的有用信息。

(4)信息应用。

信息应用是指专业人员根据不同的目的将遥感信息应用于各业务领域的使用过程。信息应用的基本方法是将遥感信息作为地理信息系统的数据源,供人们对其进行查询、统计和分析利用。遥感的应用领域十分广泛,最主要的应用有:军事、地质矿产勘探、自然资源调查、地图测绘、环境监测以及城市建设和管理等。

三、遥感的特点

遥感作为一门对地观测综合性技术,它的出现和发展既是人们认识和探索自然界的客观需要,更有其他技术手段与之无法比拟的特点。

(1)同步观测范围广。

遥感探测能在较短的时间内,从空中乃至宇宙空间对大范围地区进行对地观测,并从中获取有价值的遥感数据。这些数据拓展了人们的视觉空间。例如,一张陆地卫星图像,其覆盖面积可达3万多平方千米,这种展示宏观景象的图像,对地球资源和环境分析极为重要。

(2)时效性、周期性。

获取信息的速度快,周期短。由于卫星围绕地球运转,从而能及时获取所经地区的各种自然现象的最新资料,以便更新原有资料,或根据新、旧资料变化进行动态监测,这是人工实地测量和航空摄影测量无法比拟的。例如,陆地卫星4、5,每16天可覆盖地球一遍,NOAA气象卫星每天能收到两次图像;Meteosat每30分钟获得同一地区的图像。

(3)数据综合性和可比性。

能动态反映地面事物的变化。遥感探测能周期性、重复地对同一地区进行对地观测,这有助于人们通过所获取的遥感数据,发现并动态地跟踪地球上许多事物的变化,同时研究自然界的变化规律。尤其是在监视天气状况、自然灾害、环境污染甚至军事目标等方面,遥感的运用就显得格外重要。

获取的数据具有综合性。遥感探测所获取的是同一时段、覆盖大范围地区的遥感数据,这些数据综合地展现了地球上许多自然与人文现象,宏观地反映了地球上各种事物的形态与分布,真实地体现了地质、地貌、土壤、植被、水文、人工构筑物等地物的特征,全面地揭示了地理事物之间的关联性,并且这些数据在时间上具有相同的现势性。

获取信息的手段多,信息量大。根据不同的任务,遥感技术可选用不同波段和遥感仪器来获取信息。例如,可采用可见光探测物体,也可采用紫外线、红外线和微波探测物体。利用不同波段对物体不同的穿透性,还可获取地物内部信息,如地面深层、水的下层、冰层下的水体、沙漠下面的地物特性等,微波波段还可以全天候工作。

(4)更好的社会经济效益。

遥感获取信息受条件限制少,与传统的方法相比,遥感具有更高的社会经济效益。地球上很多地方的自然条件极为恶劣,人类难以到达,如沙漠、沼泽、高山峻岭等,采用不受地面条件限制的遥感技术,特别是航天遥感,可方便、及时地获取各种宝贵资料。

(5)局限性。

遥感技术所利用的电磁波还很有限,仅是其中的几个波段范围。在电磁波谱中,尚有许多谱段的资源有待进一步开发。此外,已经被利用的电磁波谱段对许多地物的某些特征还不能准确反映,还需要发展高光谱分辨率遥感以及遥感以外的其他手段相配合,特别是地面调查和验证尚不可缺少。

四、遥感的应用

遥感技术现已广泛应用于农业、林业、地质、海洋、气象、水文、军事、环保等领域。未来10年,预计遥感技术将步入一个能快速、及时提供多种对地观测数据的新阶段,遥感图像的空间分辨率、光谱分辨率和时间分辨率都会有极大的提高。其应用领域随着空间技术的发展,尤其是地理信息系统和全球定位系统技术的发展及相互渗透,将会越来越广泛。

(1)地理数据获取。

遥感影像是地球表面的"相片",真实地展现了地球表面物体的形状、大小、颜色等信息。这比传统的地图更容易被大众接受,影像地图已经成为重要的地图种类之一。

(2)获取资源信息。

遥感影像上具有丰富的信息,多光谱数据的波谱分辨率越来越高,可以获取红边波段、黄边波段等。高光谱传感器也发展迅速,我国的环境小卫星也搭载了高光谱传感器。这些地球资源信息能在农业、林业、水利、海洋、生态环境等领域发挥重要作用。

(3)自然灾害遥感。

我国已建立了重大自然灾害遥感监测评估运行系统,可以应用于台风、暴雨、洪涝、旱灾、森林大火等灾害的监测,特别是快速图像处理和评估系统的建立,具有对突发性灾害的快速应急反应能力,使该系统能在几小时内获得灾情数据,一天内做出灾情的快速评估,一周内完成翔实的评估。

(4)农业遥感监测。

在农业方面,利用遥感技术监测农作物种植面积、农作物长势信息,快速监测和评估农业干旱和病虫害等灾害信息,估算全球范围、全国和区域范围的农作物产量,为粮食供应数量分析与预测预警提供信息。

(5)水质遥感监测。

水质监测及评估遥感技术是基于水体及其污染物质的光谱特性研究而成的。国内外许多学者利用遥感的方法估算水体污染的参数,以监测水质变化情况。

第五节 全球定位系统

一、概述

全球定位系统(Global Positioning System,GPS),又称全球卫星定位系统,中文简称为"球位系",是一个中距离圆型轨道卫星导航系统,结合卫星及通讯发展的技术,利用导航卫星进行测时和测距。

GPS以全天候、高精度、自动化、高效益等特点,赢得广大测绘工作者的信赖,并成功地应用于大地测量、工程测量、航空摄影测量、运载工具导航和管制、地壳运动监测、工程变形监测、资源勘察、地球动力学等多种学科,从而给测绘领域带来一场技术革命。

GPS包括3个部分。

(1)空间部分。GPS的空间部分由24颗工作卫星组成,它位于距地表20 200平方千米的上空,均匀分布在6个轨道面上(每个轨道面4颗),轨道倾角为55°。此外,还有4颗有源备份卫星在轨运行。卫星的分布使得在全球任何地方、任何时间都可以观测到4颗以上的卫星,并能保持良好定位解算精度的几何图像。这就提供了在时间上连续的全球导航能力。

(2)地面控制部分。地面控制部分由1个主控站、5个全球监测站和3个地面控制站组成。监测站均配装有精密的铯钟和能够连续测量到所有可见卫星的接收机。监测站将取得的卫星观测数据,包括电离层和气象数据,经过初步处理后,传送到主控站。主控站从各监测站收集跟踪数据,计算出卫星的轨道和时钟参数,然后将结果送到3个地面控制站。地面控制站在每颗卫星运行至上空时,把这些导航数据及主控站指令注入卫星。这种注入对每颗GPS卫星每天进行一次,并在卫星离开注入站作用范围之前进行最后的注入。如果某地面站发生故障,那么在卫星中预存的导航信息还可以使用一段时间,但导航精度会逐渐降低。

(3)用户设备部分。用户设备部分即GPS信号接收机。其主要功能是能够捕获到按一定卫星截止角所选择的待测卫星,并跟踪这些卫星的运行。当接收机捕获到跟踪的卫星信号后,即可测量出接收天线至卫星的伪距离和距离的变化率,解调出卫星轨道参数等数据。根据这些数据,接收机中的微处理计算机就可以按照定位解算方法进行定位计算,计算出用户所在地理位置的经纬度、高度、速度、时间等信息。

二、功能及特点

(一)功能

(1)精确定时。广泛应用在天文台、通信系统基站、电视台中。

(2)工程施工。道路、桥梁、隧道的施工中大量采用GPS设备进行工程测量。

(3)勘探测绘。野外勘探及城区规划中都会用到。

(4)导航。①武器导航:精确制导导弹、巡航导弹;②车辆导航:车辆调度、监控系统;③船舶导航:远洋导航、港口/内河引水;④飞机导航:航线导航、进场着陆控制;⑤星际导航:卫星轨道定位;⑥个人导航:个人旅游及野外探险。

(5)定位。①车辆防盗系统;②手机、PDA、PPC等通信移动设备防盗,电子地图,定位系统;③儿童及特殊人群的防走失系统;④精准农业:农机具导航、自动驾驶,土地高精度平整。

(二)特点

(1)全天候,不受任何天气的影响。

(2)全球覆盖(覆盖率高达98%)。

(3)三维定点,定速、定时高精度。

(4)快速、省时、高效率。

(5)应用广泛,多功能。

(6)可移动定位。

第六节　北斗卫星导航系统

北斗卫星导航系统(BeiDou Navigation Satellite System,BDS)是我国自行研制的全球卫星导航系统,也是继GPS、GLONASS之后的第3个成熟的卫星导航系统。BDS和美国GPS、俄罗斯GLONASS、欧盟GALILEO,是联合国卫星导航委员会已认定的供应商。2020年7月31日上午,北斗三号全球卫星导航系统正式开通。

一、组成及特点

(一)组成

BDS由空间段、地面段和用户段3部分组成。

空间段由若干地球静止轨道卫星、倾斜地球同步轨道卫星和中圆地球轨道卫星组成。

地面段包括主控站、时间同步/注入站和监测站等若干地面站,以及星间链路运行管理设施。

用户段包括北斗兼容其他卫星导航系统的芯片、模块、天线等基础产品,以及终端设备、应用系统与应用服务等。

(二)特点

BDS的建设实践,实现了在区域快速形成服务能力、逐步扩展为全球服务的发展路径,丰富了世界卫星导航事业的发展模式。

BDS具有以下特点。

(1)BDS空间段采用3种轨道卫星组成的混合星座,与其他卫星导航系统相比,高轨卫星更多,抗遮挡能力更强,尤其是低纬度地区性能特点更为明显。

(2)BDS提供多个频点的导航信号,能够通过多频信号组合使用等方式提高服务精度。

(3)BDS创新融合了导航与通信能力,具备定位导航授时、星基增强、地基增强、精密单点定位、短报文通信和国际搜救等多种服务能力。

二、应用与产业化

我国积极培育BDS的应用开发,打造由基础产品、应用终端、应用系统和运营服务构成的产业链,持续加强北斗产业保障、推进和创新体系建设,不断改善产业环境,扩大应用规模,实现融合发展,提升卫星导航产业的经济和社会效益。

(1)基础产品及设施。

北斗基础产品已实现自主可控,国产北斗芯片、模块等关键技术全面突破,性能指标与国际同类产品相当。多款北斗芯片实现规模化应用,工艺水平达到28纳米。截至2018年11月,国产北斗导航型芯片、模块等基础产品销量已突破7 000万片,国产高精度板卡和天线销量分别占国内市场30%和90%的市场份额。

建设北斗地基增强系统。截至2018年12月,在中国范围内已建成2 300余个北斗地基增强系统基准站,在交通运输、地震预报、气象测报、国土测绘、国土资源、科学研究与教育等多个领域为用户提供基本服务,提供米级、分米级、厘米级的定位导航和后处理毫米级的精密定位服务。

(2)行业及区域应用。

BDS 自提供服务以来,已在交通运输、农林渔业、水文监测、气象测报、通信时统、电力调度、救灾减灾、公共安全等领域得到广泛应用,融入国家核心基础设施,产生了显著的经济效益和社会效益。

(3)大众应用。

BDS 大众服务发展前景广阔。基于北斗的导航服务已被电子商务、移动智能终端制造、位置服务等厂商采用,广泛进入中国大众消费、共享经济和民生领域,深刻改变着人们的生产生活方式。

第五章　区域地理知识

第一节　世界地理概况

一、世界的陆地和海洋

(一)世界的海陆分布情况

世界上陆地面积约占地球总面积的29%,海洋面积约占71%,即大致为三分陆地,七分海洋。陆地主要集中在北半球,并在中、高纬度几乎连成一片。在南半球,陆地只占有五分之一。

(二)大洲和大洋

1.基本概念

大洲是大陆及其周围岛屿的总称;大洋一般是地球上远离大陆,面积广阔而连续的水域,其基本概念见表5.1.1。

表5.1.1　大陆及大洋的基本概念

分类		概念
大洲	陆地	地球表面未被水体淹没的部分
	大陆	面积广大的陆地
	半岛	陆地伸进海洋或湖泊的部分
	岛屿	面积较小的陆地
	群岛	彼此距离很近的许多岛屿的合称
	地峡	两端连接大块陆地,两侧濒临海洋的狭窄陆地
	大洲	大陆及其周边岛屿的统称
大洋	海洋	地球上最广阔的水体的总称
	洋	海洋的中心地带
	海	海洋的边缘部分
	海峡	沟通两个海洋的狭窄水道
	内海	四周被大陆内部、半岛或群岛包围的海域

2.七大洲的分布及特征

北半球的陆地面积占北半球总面积的五分之二,其中亚洲是世界上最大的大洲,而亚欧大陆是世界上最大的大陆；大洋洲是世界上面积最小的大洲。欧洲和北美洲全部位于北半球，南极洲全部位于南半球，赤道穿过亚洲、南美洲、非洲；全部位于西半球的大洲是南美洲，其余大洲均跨东西两半球。

3. 四大洋的分布及其特征

四大洋的分布及其特征见表5.1.2。

表5.1.2　四大洋的分布及其特征

大洋	分布及其特征
太平洋	位于亚洲、大洋洲、南极洲和南、北美洲之间；世界上最大、最深、边缘海和岛屿最多的大洋
大西洋	位于欧洲、非洲与南、北美洲和南极洲之间；世界第二大洋，总体形状呈“S”型
印度洋	位于亚洲、大洋洲、非洲和南极洲之间；世界第三大洋，平均深度位居世界第二
北冰洋	位于地球的最北端，被亚欧大陆和北美大陆环抱着；世界上最小、最浅、最冷的大洋

4. 七大洲及四大洋的分界线

七大洲与四大洋的分界线见表5.1.3、表5.1.4。

表5.1.3　七大洲的分界线

大洲	地理分界线
亚洲与欧洲	乌拉尔山脉—乌拉尔河—大高加索山脉—土耳其海峡
亚洲与非洲	曼德海峡—红海—苏伊士运河
亚洲与北美洲	白令海峡
北美洲与南美洲	巴拿马运河
欧洲与非洲	直布罗陀海峡
南美洲与南极洲	德雷克海峡

表5.1.4　四大洋的分界线

大洋	地理分界线
太平洋与大西洋	经过南美洲南端合恩角的67°W经线
大西洋与印度洋	通过非洲南端厄加勒斯角的20°E经线
印度洋与太平洋	从马来半岛起，通过苏门答腊岛、爪哇岛等岛屿和澳大利亚的伦敦德里角，沿塔斯马尼角至南极洲
北冰洋与大西洋	丹麦海峡—冰岛—法罗群岛—设得兰群岛

5. 世界著名的海峡

世界著名的海峡见表5.1.5。

表 5.1.5　世界著名的海峡

海峡	连接的海洋	地位
马六甲海峡	南海与印度洋	位于苏门答腊岛与马来半岛之间,是沟通太平洋与印度洋的重要国际水道
霍尔木兹海峡	阿拉伯海与波斯湾	是唯一一个进入波斯湾的水道,也是中东海湾地区石油输往世界各地的唯一海上通道
白令海峡	北冰洋与太平洋	是沟通北冰洋与太平洋的唯一航道
直布罗陀海峡	地中海与大西洋	是地中海沿岸国家通往大西洋的唯一通道
土耳其海峡	黑海与地中海	是地中海通往黑海的唯一海峡
莫桑比克海峡	南、北印度洋	世界最长的海峡,是南大西洋和印度洋之间的重要通道

二、世界的地形

世界的地形主要分为陆地地形与海底地形。陆地地形主要分为 5 种,分别是山地、丘陵、高原、平原和盆地等;而海底地形从大陆边缘到大洋中心,分别为大陆架、大陆坡、海沟、洋盆和海岭等,如图 5.1.1 所示。

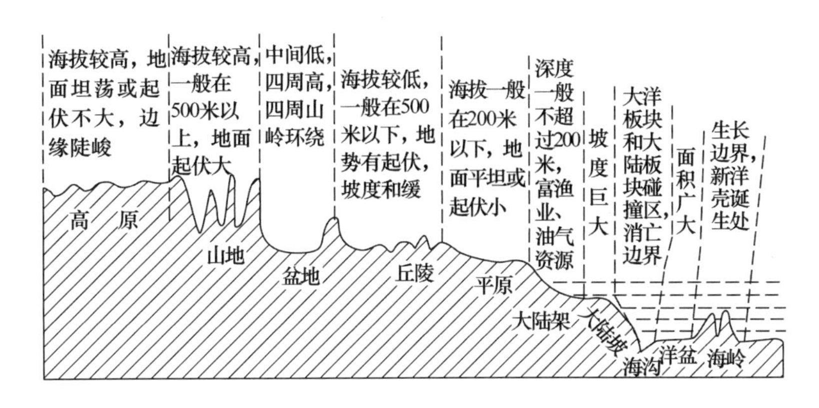

图 5.1.1　陆地地形与海底地形

(一)陆地地形的基本特点

陆地地形的基本特点见表 5.1.6。

表 5.1.6　陆地地形的基本特点

陆地地形	海拔高低	地表起伏特征	例子
高原	海拔 500 米以上	海拔较高,地面坦荡或起伏不大,边缘陡峭	青藏高原
山地	较高,海拔 500 米以上	峰峦起伏,坡度陡峭	喜马拉雅山
丘陵	较低,海拔 500 米以下	起伏不大,坡度和缓	东南丘陵

续表 5.1.6

陆地地形	海拔高低	地表起伏特征	例子
平原	一般在 200 米以下	平坦广阔,起伏小	宁夏平原
盆地	无一定标准	四周高,中间低	四川盆地

(二)七大洲的基本地形特征

七大洲的基本地形特征见表 5.1.7。

表 5.1.7　七大洲的基本地形特征

大洲	地形特征
亚洲	地形复杂,起伏大;中间高,四周低;高原、山地面积广大
欧洲	以平原为主;地势低平;平均海拔最低
北美洲	三大地形区南北纵列;西部是山地,中部是平原,东部是山地、高原
南美洲	三大地形区,西部是山地,东部平原、高原相间分布
非洲	以高原为主;起伏不大
大洋洲	三大地形区,西部是高原,中部是平原,东部是山地;地势低平,地表起伏和缓
南极洲	冰雪覆盖;海拔最高的洲,平均海拔 2 000 多米

(三)海底地形的基本特点

海底地形主要可分为 5 种,分别为大陆架、大陆坡、海沟、洋盆和洋中脊,其中洋盆是大洋底部的主要部分。海底地形的基本特点见表 5.1.8。

表 5.1.8　海底地形的基本特点

地形	大陆架	大陆坡	海沟	洋盆	洋中脊
特点	大陆向海洋延伸部分,深度不超过 200 米	大陆架外缘的巨大陡坡	海底狭长洼地、深度大	大洋底的主体部分,面积广大	一般位于大洋中部,绵延很长
板块特点	大陆板块	大陆板块	消亡边界	大洋板块	生长边界

三、世界的气候

(一)世界的气候分布规律

太阳高度角由赤道向两极地区逐渐递减,使太阳的热量分布不均,世界的平均气温从低纬向两极逐渐降低;同纬度地区,夏季陆地气温高于海洋,而冬季则相反;同纬度地区,高山、高原气温比平原、丘陵低。

（二）主要气候类型与降雨特点

1. 主要气候类型的分布规律、特点和成因

根据地球上各地太阳高度角和吸收太阳热量的不同，将地球分为热带、北温带、南温带、北寒带和南寒带。气候类型不仅受到太阳辐射的作用，还受到陆地地形的作用，所以导致地球出现了热带气候、亚热带气候、温带气候、寒带气候。主要气候类型分布规律、特点和成因见表5.1.9。

表5.1.9　主要气候类型分布规律、特点和成因

气候类型		分布规律	基本特征	主要成因
热带气候	热带雨林气候	南北纬10°之间	终年高温多雨（年降水量＞2 000毫米）	终年受赤道低压控制，盛行上升气流，多对流雨
	热带草原气候	南北纬10°～20°的中部和西部	终年高温，有明显的干、湿季（年降水量700～1 000毫米）	信风带和赤道的气压带交替控制
	热带季风气候	北纬10°～25°的大陆东岸	终年高温，有明显的雨、旱季（年降水量1 500～2 000毫米）	海陆热力差异和气压带、风带的季节移动
	热带沙漠气候	南北纬20°～30°的大陆中部和西部	终年炎热干燥	受副热带高气压带和信风带控制
亚热带气候	亚热带季风和季风性湿润气候	南北纬25°～35°的大陆东岸	夏季高温多雨，冬季温和少雨（年降水量＞800毫米）	海陆热力差异
	地中海气候	南北纬30°～40°的大陆西岸	夏季炎热干燥，冬季温和多雨（年降水量300～1 000毫米）	副热带高气压带和西风带交替控制
温带气候	温带海洋性气候	南北纬40°～60°的大陆西岸	冬季温和，夏季凉爽，全年降雨均匀（年降水量700～1 000毫米）	终年受来自海洋的西风带的控制
	温带大陆性气候	温带大陆内部	冬冷夏热，气温年较差大，降水稀少且集中于夏季	深居内陆，湿润气流难以到达
	温带季风气候	亚洲东北部	夏季高温多雨，冬季寒冷干燥（年降水量400～700毫米）	海陆热力差异
寒带气候	极地气候	南北两极地区	终年严寒，降水稀少	纬度高，接受太阳光热少

2. 各种气候的降雨规律

各种气候的降雨规律见表 5.1.10。

表 5.1.10　各种气候的降雨规律

降雨规律	典型的气候类型
全年少雨型	温带大陆性气候、热带沙漠气候、极地气候
全年多雨型	热带雨林气候
夏季多雨型	热带草原气候,热带、亚热带、温带季风气候
冬季多雨型	地中海气候

3. 降雨的主要类型、成因和特点

降雨是指在大气中冷凝的水汽以不同方式下降到地球表面的天气现象。影响大气降雨的因素包括温度、大气中水汽的含量和陆地的地形等。常见的 4 种主要降雨类型为锋面雨、对流雨、地形雨和台风雨。降雨的主要类型、成因和特点见表 5.1.11。

表 5.1.11　降雨的主要类型、成因和特点

类型	成因	特点
锋面雨	冷、暖气团相遇,暖气团被迫抬升,遇冷凝结产生降水	降雨时间长,范围广,强度小,主要分布于中纬度地区
对流雨	近地面的湿热空气受热膨胀上升,引起空气的强烈对流,空气中的水汽在高空中冷却凝结形成降水	降雨范围小,持续时间短,强度大,赤道地区以对流雨为主
地形雨	湿热空气受地形的阻挡被迫抬升,上升时水汽冷却凝结,形成降雨	强度较大,持续时间较长,一般发生在山地的迎风坡
台风雨	大量湿热空气绕台风中心辐合上升冷却后形成降雨	强度较大,多狂风、暴雨,主要发生在低纬度大陆东部沿海

4. 七大洲的气候特点

七大洲的气候特点见表 5.1.12。

表 5.1.12　七大洲的气候特点

大洲	气候特点
亚洲	亚洲气候的主要特征是气候类型复杂多样、季风气候典型和大陆性显著。东亚东南半部是湿润的温带和亚热带季风区,东南亚和南亚是湿润的热带季风区,中亚、西亚和东亚内陆为干旱地区

续表 5.1.12

大洲	气候特点
欧洲	欧洲绝大部分地区气候具有温和湿润的特征。大陆南北跨纬度35°,包括附属岛屿也只有47°,除北部沿海及北冰洋中的岛屿属寒带、南欧沿海地区属亚热带,几乎全部都在温带。欧洲是世界上温带海洋性气候分布面积最广的一洲
非洲	非洲有“热带大陆”之称,其气候特点是高温、少雨、干燥,气候带分布呈南北对称状。赤道横贯中央,气候一般从赤道随纬度增加而降低。全洲年平均气温在20℃以上的地带约占全洲面积的95%,其中一半以上的地区终年炎热,有将近一半的地区有着炎热的暖季和温暖的凉季
北美洲	北美洲地跨热带、温带、寒带,气候复杂多样。北部在北极圈内,为冰雪世界。南部加勒比海受赤道暖流之益,但有热带飓风侵袭。大陆中部广大地区位于北温带。北美洲所有山脉都是南北或近似南北走向,从太平洋来的湿润空气仅到达西部沿海地区;从北冰洋来的冷空气可以经过中部平原长驱南下;从热带大西洋吹来的湿润空气也可以经过中部平原深入到北部。因此,北美洲气候很不稳定,冬季时而寒冷,时而解冻,墨西哥湾沿岸的亚热带地区,冬季也会发生严寒和下雪的现象
南美洲	南美洲大部分地区属热带雨林和热带草原气候,特点是温暖湿润,以热带为主,大陆性不显著
大洋洲	大洋洲大部分地区处在南、北回归线之间,绝大部分地区属热带和亚热带,除澳大利亚的内陆地区属大陆性气候,其余地区均属海洋性气候
南极洲	南极洲的气候特点是酷寒、风大和干燥

四、世界的主要河流

(一)河流的基本概念

河流是指由一定区域内地表水和地下水补给,经常或间歇地沿着狭长凹地流动的水流。河流可以根据其最终去向的不同分为内流河与外流河。

(二)世界的主要河流

世界的主要河流见表5.1.13。

表 5.1.13　世界的主要河流

大洲	河流	发源地	注入地	主要特征
亚洲	鄂毕河、叶尼塞河、勒拿河	蒙古高原北部、西伯利亚西南部	北冰洋	以春季的冰雪融水为主要补给;结冰期长;常在河流下游形成凌汛

续表 5.1.13

大洲	河流	发源地	注入地	主要特征
亚洲	黑龙江、黄河、长江	亚洲中部高原和山地	太平洋	以降水补给为主，受季风的影响较大。长江河流水量丰富，径流季节变化小，含沙量小，无结冰期；而黑龙江和黄河有结冰期
	萨尔温江、恒河、底格里斯河、幼发拉底河	东南亚和南亚的河流发育于青藏高原；西亚的河流发源于亚美尼亚高原	印度洋	东南亚和南亚的河流以降水为主要的补给，受季风的影响，水位变化很大；西亚的河流以冰雪融水为主要补给，水量不大
	阿姆河、锡尔河、塔里木河	亚洲中部高山	内陆沙漠或者湖泊	以冰雪融水补给为主，夏季河流径流量最大，冬季最小
非洲	尼罗河	东非高原，青尼罗河发源于埃塞俄比亚高原	地中海	世界最长的河流，白尼罗河水量稳定，青尼罗河水量变化大。夏季河流水量大，定期泛滥
	尼日尔河	西非高原	几内亚湾	上、下游在热带雨林区，水量较大；中游在沙漠地带，水量较小
	刚果河	赞比亚北部高原	大西洋	水量大，富含水能，是世界水能资源最丰富的河流
欧洲	伏尔加河	东欧平原西部	里海	欧洲最长的河流，在俄罗斯水运中占重要地位
	莱茵河	阿尔卑斯山	大西洋	水量丰富，水位变化较小
	多瑙河	阿尔卑斯山	黑海	是欧洲流经国家最多的河流
北美洲	圣劳伦斯河	安大略湖	大西洋	五大湖的出水道，水位稳定
	密西西比河	美国北部	墨西哥湾	以冰雪融水与降雨为主要补给，航运价值大
南美洲	亚马孙河	安第斯山脉	大西洋	以降水补给为主，流域面积和流量居世界首位
大洋洲	墨累河	澳大利亚大分水岭西侧	印度洋	雨季河水暴涨，枯水期常有断流现象

五、世界的自然资源

自然资源是指自然界中人类可以直接获得，用于生产和生活的物质。自然资源可分为3类，一是不可更新资源，如各种金属和非金属矿物、化石燃料等，需要经过漫长的地质年代才能形成；二是可更新资源，指生物、水、土地资源等，能在较短时间内再生产或循环再现；三是取之不尽的资源，如风能、太阳能等，被利用后不会导致贮存量减少。

六、世界的居民与聚落

（一）世界的人口

1. 世界人口的增长

世界人口的增长在时间和空间上均存在差异。

（1）时间差异。不同时期，世界人口增长的速度不同，但总体来说世界的人口增长速度在加快。

（2）地区差异。发达国家人口增长缓慢，有些国家甚至出现负增长；发展中国家人口增长快。非洲人口增长速度最快，南美洲、亚洲次之，欧洲最慢。

2. 世界人口的分布

世界人口分布不均，有的地方人口稠密，而有的地方人口稀疏，世界人口的分布概况见表5.1.14。全球约有90%的人口分布于北半球；从世界各大洲的情况来看，人口最多的是亚洲，人口最稠密的是欧洲，欧亚大陆总人口占世界的3/4；人口最少的是南极洲，至今尚无人定居。

表5.1.14　世界人口的分布概况

类型	分布地区	分布规律	原因
人口稠密地区	亚洲东部、南部，欧洲及北美洲东北部	北半球中、低纬度近海地带	平原面积广阔、气候湿润、水资源充沛、经济发达
人口稀少地区	高纬度地区、热带雨林地区、沙漠地区、高原和山地	自然条件恶劣，开发程度低的地方	高纬度地区气温低，赤道附近气候湿热，沙漠地区干旱，山区地势崎岖

（二）人种、语言和宗教

1. 世界的人种和语言

世界有三大人种，包括白种人、黄种人、黑种人，此外还有混血人种。联合国的工作语言有汉语、英语、法语、俄语、西班牙语和阿拉伯语，其分布地区见表5.1.15。世界上使用范围最广的语言是英语，使用人数最多的是汉语。

表5.1.15　世界的六大语言分布

语言	主要分布地区
汉语	中国和东南亚等
英语	欧洲西部、北美洲、大洋洲、亚洲南部

续表 5.1.15

语言	主要分布地区
法语	法国、非洲中部和西部
俄语	俄罗斯等
西班牙语	西班牙和拉丁美洲
阿拉伯语	西亚和北非

2. 世界的三大宗教

世界三大宗教的简介见表 5.1.16。

表 5.1.16　世界三大宗教简介

三大宗教	发源地	主要分布地区	主要特点	宗教建筑
基督教	亚洲西部	欧洲、美洲、大洋洲	世界信仰人数最多	基督教堂
伊斯兰教	阿拉伯群岛	亚洲西部和东南部、非洲北部和东部	世界第二大宗教	清真寺
佛教	古印度	亚洲东部和东南部	世界第三大宗教	寺庙

（三）聚落

聚落是人类聚居和生活的场所，主要分为城市聚落和乡村聚落，其对比情况见表 5.1.17。一般来说，先有乡村聚落，后有城市聚落。

表 5.1.17　乡村聚落与城市聚落的对比

项目	乡村聚落	城市聚落
人口数量	人口较少	人口较多
人口分布	分布较散，人口密度小	分布相对集中，人口密度较大
人口构成	以农业人口居多，受教育程度低	以非农业人口为主，人口素质高
经济特点	以第一产业为主	以第二、第三产业为主，在经济发展中占主导地位
功能	功能较少，与自然条件密切相关	区域的政治、经济、文化、交通的中心
建筑及基础设施	建筑矮小，基础设施不完备	建筑密度大，基础设施完备
交通	道路较少，等级较低，人口流动较少	道路纵横交错，类型各异，网线密集，人口流动多

七、国家和地区

(一)国家与地区简介

世界上共有233个国家和地区,其中国家有195个,地区有38个。一些还没有获得独立的殖民地和属地称为地区。

(二)发达国家和发展中国家

发达国家与发展中国家的对比情况见表5.1.18。

表5.1.18　发达国家与发展中国家的对比

国家		人均GDP	人均城市道路面积	经济结构
发达国家	欧洲绝大部分国家,北美洲的美国、加拿大,亚洲的日本、韩国、新加坡、以色列,大洋洲的澳大利亚、新西兰	较高	较多	工业产值比重高,制造业比重高
发展中国家	亚洲、非洲、拉丁美洲、大洋洲绝大多数国家	较低	较少	工业产值比重低,采矿业比重大

第二节　世界地理分区

一、东亚

(一)地理概述

1. 地理位置

(1)经纬度位置。在4°N~53°N、73°E~150°E,大部分位于北温带。

(2)海陆位置。位于亚欧大陆东部、太平洋西部。

2. 国家

中国、日本、韩国、蒙古国、朝鲜。

3. 自然条件

(1)地形。

地势西高东低。

(2)气候。

东亚是世界上季风气候最典型的地区,其特点是夏季炎热多雨,冬季温和湿润,降水的季节变化和年际变化大。

由于东亚位于世界上最大的大陆东部，面临世界上最大的大洋，海陆热力差异很大，从而形成典型的季风气候。

东亚西部地处亚欧大陆内部，距离海洋遥远，海洋水汽难以到达，从而形成降水较少、年较差大的温带大陆性气候，并且这一气候区东、西部距离海洋的远近差异很大，因此东、西部气候差异也十分明显。

东亚地区地形复杂，地势起伏较大，以“世界屋脊”青藏高原最为突出，形成了独特的高原高山气候。

东部沿海地区季风气候显著，是世界上最典型的亚热带、温带季风气候区，即东亚季风区，气候湿润温和；西部内陆地区温带大陆性气候典型，属干旱、半干旱气候区；青藏高原地区为高地气候区。

(3)河流。

受地形因素影响，东亚河流大部分自西向东流，主要河流有长江、黄河、黑龙江、鸭绿江、图们江等。

4. 人口和民族

人口主要分布于东部沿海平原，人口稠密，属黄色人种。

民族主要有汉族、大和族、朝鲜族、蒙古族等。

5. 经济

东部沿海地区平原多，耕地比重大，气候温暖湿润，利于农业发展；沿海港口多，交通便利；人口众多，劳动力充足，科技文化水平高。西部内陆地区深居内陆，距海较远，交通不便；多高原，山地；气候干旱；矿产资源丰富。

(二)日本

1. 地理特征

(1)自然地理特征。

①位置。日本位于亚洲东部、太平洋西北部。

②领土组成。由北海道、本州、九州、四国 4 个大岛以及附近一些小岛组成。

③地形地势。日本是一个多山的岛国，山地丘陵约占全国面积的 3/4 以上；平原面积狭小，大多分布在沿海或较大河流的下游地区，其中关东平原是日本最大的平原；日本群岛地处环太平洋火山地震带上，火山、地震活动频繁；海岸线曲折，多优良港湾。

④气候。日本属亚热带季风气候和温带季风气候，季风气候显著，深受海洋影响；日本冬季较温暖，夏季较凉爽，绝大部分地区年降水量在 1 000 毫米以上；夏季太平洋沿岸多雨，冬季日本海沿岸多雪；夏、秋季节，西部和南部常遭受台风袭击，引发灾害。

⑤自然资源。森林、水能、地热资源丰富，矿产资源贫乏。

(2)人文地理特征。

①人口。人口稠密。

②民族。居民绝大部分为大和族。

③文化。东西方融合的文化，深受中华文化影响。

④主要城市。东京(首都)、奈良、筑波、神户、名古屋等。

2. 日本的经济

(1)经济特征。高度发达的经济。

(2)经济发展条件。丰富的人力资源,较高的科技水平,多优良港湾;国土狭小,市场饱和,资源缺乏。

(3)工业。日本工业高度发达,工业结构向技术密集型和节能节材方向发展。

主要部门有电器、汽车、精密机械、造船、钢铁、化工和医药等,工业产品在国际市场上具有很强的竞争力。

(4)农业。日本耕地面积狭小,农业劳动力不足,农业现代化重视生物技术和水利发展,以使用小型农机具为主,精耕细作,科技含量高,农业生产水平高。主要农产品有稻米、水果、蔬菜和茶叶等。

(5)渔业。海洋渔业发达,渔获量居世界前列。日本沿海大陆架面积宽广,加之寒、暖流在北海道附近海域交汇,饵料充足,鱼类资源丰富,形成了世界闻名的北海道渔场。日本是世界渔业大国,近海捕捞业、远洋捕捞业和海水养殖业都很发达。丰富的海产品为加工制作生鱼片等美味佳肴提供了优质原料。

(6)交通运输业。日本交通运输业发达,已形成以海运为主,海、陆、空密切结合的现代化交通运输体系。国际航运中,货运以海运为主,客运以航空为主。国内客运以铁路和公路为主,货运以公路和海运为主。日本拥有庞大的海洋船队,与世界各地都有航线相通。著名的海港有东京、横滨、名古屋、大阪、神户等。

二、东南亚

(一)地理概述

1. 位置和范围

(1)经纬度位置。大部分位于92°E~140°E 、10°S~23°26′N,主要位于热带。

(2)海陆位置。处于亚洲和大洋洲、太平洋和印度洋的“十字路口”,由中南半岛和马来半岛组成。

2. 国家

越南、缅甸、老挝、柬埔寨、泰国、马来西亚、新加坡、菲律宾、文莱、印度尼西亚、东帝汶。

3. 自然条件

(1)地形。

中南半岛的地势大致北高南低。北部地势高峻,与我国山水相连,高山和大河由北向南延伸,形成山河相间、纵列分布的地表形态。河流上游奔腾在崇山峻岭之中,蕴藏着丰富的水力资源。进入下游后,水流平缓,泥沙沉积,形成冲积平原,这些平原地势低平,是东南亚重要的农业地区。马来群岛是散布在太平洋和印度洋之间的两万多个大小岛屿的总称,大多数岛屿地势崎岖,山岭很多,平原较少,河流湍急。这里火山、地震活动相对频繁,印度尼西亚是世界上火山最多的国家,有“火山国”之称。

(2)气候。

中南半岛大部分为热带季风气候,气温高,因降水年内分配不均而有雨季和旱季之分。每年6月到10月盛行西南风,降水很多,为雨季;11月到次年5月盛行东北风,降水偏少,为旱季。马来群岛大部分地区属于热带雨林气候,终年高温多雨,许多地方分布着茂密的热带雨林。

(3)河流。

东南亚的主要河流见表5.2.1。

表5.2.1　东南亚的主要河流

河流	上游河流	流经国家	流经城市
红河	元江	中国、越南	河内
湄公河	澜沧江	中国、缅甸、越南、泰国、柬埔寨、老挝	金边、万象
湄南河	—	泰国	曼谷
萨尔温江	怒江	中国、缅甸	—
伊洛瓦底江	—	中国、印度、缅甸	仰光

4. 马六甲海峡

马六甲海峡位于马来半岛与苏门答腊岛之间,是沟通太平洋与印度洋的天然水道,也是联结欧洲、印度洋沿岸港口与太平洋西岸港口的重要航道。马六甲海峡全长约1 080千米,呈西北宽、东南窄的喇叭形,水深25~200米,大部分时间风平浪静,有利于航运。马六甲海峡东南端的新加坡港,是世界著名的海港。

5. 居民和宗教

人口稠密,主要为黄色人种,华人众多,是世界华人、华侨分布最集中的地区。

本区信仰佛教的人口很多,泰国将佛教视为国教。印度尼西亚人、马来西亚人多信仰伊斯兰教。菲律宾人多信仰天主教。

6. 经济

(1)经济特征。

本区经济结构比较单一,以初级产品输出为主。

(2)农业。

东南亚是世界上天然橡胶、油棕、椰子、蕉麻、金鸡纳等热带经济作物的最大产地,热带种植园较多。该地主要的粮食作物为水稻,水稻种植业发达,水稻主要分布在中南半岛平原区,如湄公河三角洲、湄南河平原。此外,马来群岛沿岸平原也产稻米。越南、柬埔寨、泰国、缅甸为稻米生产国,其中泰国出口最多。

(3)工业与矿产。

东南亚的矿产以锡和石油最著名。缅甸、泰国、马来西亚、印度尼西亚处于东南亚的锡矿带。石油主要分布在印度尼西亚、文莱,特别是印度尼西亚成为东南亚最重要的石油输出国,主要输往日本。东南亚地区,尤其是马来西亚、泰国、菲律宾,利用本区丰富的资源和廉价劳动力,引进国外资金和先进技术,大量发展工业,成效显著,经济得到高速发展。新加坡则发展为新兴工业化国家。

(4)旅游业。

东南亚以热带风光著名,尤其是热带沙滩和岛屿,此外还有众多风景名胜,如缅甸的仰光大金塔、印度尼西亚的婆罗浮屠、柬埔寨的吴哥窟等。

（二）新加坡

1. 地理位置

新加坡位于1°18′N，103°51′E，毗邻马六甲海峡南口，北隔狭窄的柔佛海峡，与马来西亚紧邻，并在北部和西部边境建有新柔长堤和第二通道相通；南隔新加坡海峡，与印度尼西亚的民丹岛和巴淡岛等岛屿都有轮渡联系。

2. 国土与资源

新加坡由新加坡岛及其附近岛屿组成，国土面积狭小，自然资源贫乏，粮食靠进口，淡水靠邻国供应。

3. 经济

（1）经济发展概况。

新加坡利用本国重要的地理位置和天然良港的优势，在转口贸易的基础上，发展对外贸易和海上航运，是东南亚各国互相贸易的集散地和转口中心。

新加坡通过对外开放，吸引外资，引进技术，进口原料，出口产品，迅速发展了造船和炼油业（最大的工业部门）、海上钻井平台制造业（世界上仅次于美国的第二大钻井平台制造中心）、电子电器业（第二大工业部门）等。

新加坡风光优美、交通便利、服务周到，旅游业发达。

新加坡重视教育和科技事业的发展，大力发展电子等新兴工业。

（2）经济发展条件分析。

①有利条件。地理位置优越；属于城市岛国，港口优良；地处物产丰富、人口众多的东南亚地域中心；实行对外开放，重视教育和科技。

②不利条件。自然资源贫乏，领土面积狭小，市场狭小，原材料、能源市场对外依赖严重，易受世界政治、经济因素的影响和冲击。

（3）发展方向。

新加坡是东南亚的新兴工业区，充分利用马六甲海峡的咽喉位置，是东南亚各国的贸易集散地和转口中心，它针对本国资源少、面积小、市场小的劣势，利用人才多、技术先进的优势，发展转口贸易，同时大力发展旅游业和服务业。

4. 花园城市

新加坡的旅游业发达，有“花园城市”之称。主要原因有：当地为热带雨林气候，适宜热带树木、花草的生长；市政规划合理，重工业集中在西部，污染工业布局在远离市区的小岛上；重视环境保护，环保工作做得深入、细致。

三、南亚

（一）地理概述

1. 地理位置

南亚指位于亚洲南部的喜马拉雅山脉中、西段以南及印度洋之间的广大地区。它东濒孟加拉湾,西濒阿拉伯海,总面积约 430 万平方千米。

2. 国家和地区

南亚地区包括印度、巴基斯坦、孟加拉国、尼泊尔、不丹以及斯里兰卡和马尔代夫两个印度洋上的岛国。

3. 自然条件

(1)地形。

三大地形:北部是喜马拉雅山地;中部是印度河 – 恒河平原,是南亚主要的农业区和人口密集区;南部为德干高原,沿海有狭窄平原,地势总体呈西高东低的态势。

(2)气候。

南亚大部分属于热带季风气候,其显著的特征是一年可分为 3 季,每年 6 月到 10 月为雨季,西南季风带来大量雨水,降水量占全国降水量的 80%~90%;11 月到次年 2 月为凉季,盛行干燥的东北季风,气候凉爽宜人;3 月到 5 月为热季,西南季风尚未来临,高温少雨。

(3)河流。

主要河流有恒河、印度河、布拉马普特拉河等。印度河发源于我国西藏,注入阿拉伯海,是巴基斯坦最重要的灌溉水源。恒河发源于喜马拉雅山,大部分在印度境内,下游流经孟加拉国,注入孟加拉湾。

4. 农业

(1)主要农作物分布。

南亚的农业以水稻种植为主,主要分布于印度东北部和西部沿海地区、孟加拉国西部;其次为小麦,主要分布在西北部干旱少雨地区;黄麻以恒河下游地区种植面积最广;棉花主要分布在德干高原西部地区。

(2)西南季风对农业的影响。

南亚热带季风气候对农业有非常重要的影响。每年西南季风带来的丰沛雨水,是农业生产的主要水源。但西南季风进退时间和强弱程度不一,因此降水的年际变化大,容易发生旱涝灾害,给农业生产造成不同程度的损害。

5. 人口、语言和宗教

南亚是世界人口分布最密集的地区之一,总人口约 15.4 亿,约占世界总人口的 1/5,以印度人口最多,以白色和黑色人种为主。英语为该地官方语言。

南亚既是世界古文明发源地之一,又是佛教、印度教等宗教的发源地。目前,佛教主要流行于斯里兰卡和不丹;印度教主要盛行于印度和尼泊尔;巴基斯坦、孟加拉国和马尔代夫等国的居民主要信奉伊斯兰教。

(二)印度

1. 自然地理特征

(1)地理位置。

位于亚洲南部,喜马拉雅山以南,三面临海,东临孟加拉湾,西临阿拉伯海,南临印度洋。

(2)地形。

三大地形区:北部为喜马拉雅山区,中部为恒河平原,南部为德干高原。

(3)气候。

以热带季风气候为主,全年高温,分为旱季和雨季,多水旱灾害。

2. 农业

(1)农业发展的条件。

印度的耕地面积占国土面积的一半以上,是亚洲耕地面积最大的国家。印度耕地面积大、热量充足、土壤肥沃,为农业发展提供了良好的基础条件;气候多样,地形差异大,利于多种作物的种植。

(2)西南季风对农业生产的影响——旱涝灾害频繁。

降水集中在雨季,旱季降水稀少,且西南季风的来去时间早晚和强弱不同,降水量年际变化大,因此印度旱涝灾害频繁发生,发展水利灌溉对农业生产特别重要。

(3)农作物分布。

印度农作物分布情况见表5.2.2。

表5.2.2　印度农作物分布情况

农作物	主要分布地区	自然条件
水稻	印度东北部和印度半岛东西两侧的沿海地区	平原地形;气候湿润,降水较多
小麦	恒河平原,印度西北部	地面起伏平缓;灌溉水源充足
棉花	德干高原西北部,恒河上游地区	气温、降水适宜;土壤肥沃;日照充足,生长后期多晴朗天气
黄麻	恒河三角洲	气候湿热;地势低平;水源充足
茶叶	印度东北部	有排水量好的低山区;降水较多,气候湿润
甘蔗	恒河平原	气候湿热,降水多,水源充足

3. 工业与矿产

(1)工业。

在英国殖民者统治期间,印度工业以纺织和采矿为主。印度独立以后,钢铁、机械、电力、化学等工业都有所发展,工业已形成完整体系。印度的纺织、食品、精密仪器、汽车、软件制造、航空和空间等工业发展迅速。

(2)矿产资源。

印度煤、铁、锰等矿产资源丰富,主要分布在德干高原东北部(印度钢铁机械工业中心)。

(3)主要工业部门及其分布。

印度主要工业部门及其分布见表5.2.3。

表 5.2.3 印度主要工业部门及其分布

工业部门	分布	原因
棉纺织工业	孟买	靠近最主要的棉花产区(德干高原西北部)
麻纺织工业	加尔各答	地处黄麻产地及恒河三角洲
钢铁工业	德干高原东北部	煤、铁、锰丰富,与矿区距离近

4. 主要城市

印度的主要城市有新德里(首都)、加尔各答(最大城市、麻纺织工业中心和重要海港)、班加罗尔(新兴工业中心)、孟买(西部沿海最大的海湾和棉纺织工业中心)。

四、中亚

(一)自然地理特征

1. 地理位置

中亚位于亚欧大陆中部,距海远,是古今重要交通要道(古代丝绸之路、第二亚欧大陆桥等)的所经之处。纬度在 35°N ~ 55°N,经度在 50°E ~ 80°E,位于温带。

2. 地形

地势东高西低,地形以平原与丘陵为主。东部为天山山脉,东南部为帕米尔高原,北部是哈萨克丘陵,中部和西部分别为图兰平原和里海沿岸平原。

3. 气候和植被

中亚地区大部分为温带大陆性气候,冬冷夏热,降水稀少,气温年较差与日较差大,植被以草原、荒漠为主。

4. 河流和湖泊

河流多为内流河(阿姆河、锡尔河等),外流河有额尔齐斯河。湖泊多为内流湖,西部濒临世界最大的内流湖——里海,中部有咸海、巴尔喀什湖、阿拉湖、伊塞克湖。

5. 自然资源

中亚的煤、铁、石油、天然气和有色金属资源丰富。

(二)人文地理特征

1. 居民

中亚地区是以白种人和黄种人为主的多民族地区,居民多信奉伊斯兰教。

2. 国家

中亚包括 6 个国家,即土库曼斯坦、哈萨克斯坦、吉尔吉斯斯坦、乌兹别克斯坦、塔吉克斯坦、阿富汗伊斯兰共和国。

3. 农业

中亚耕地面积广大,牧场辽阔,牲畜以细毛羊和羔皮羊为主;依靠灌溉种植小麦、棉花、水稻。中亚棉区是世界上仅次于中国和美国的第三大棉花产区，其中乌兹别克斯坦因棉花稳产高产、品质优良而闻名世界，被称为“白金之国”。

4. 工业

中亚的采矿、冶金、军事工业发达；木材缺乏；机械、轻工业制品等需要进口。

5. 主要城市

塔什干是乌兹别克斯坦的首都，是中亚最大的城市。阿斯塔纳是哈萨克斯坦的首都，是重要的铁路枢纽。

6. 战略位置

中亚位于亚欧大陆中部，自古以来一直是东西方的陆上交通要道，是古代“丝绸之路”（以我国长安，即现在的西安为起点，经中亚地区到达黑海、地中海沿岸国家）的重要贸易通道。第二亚欧大陆桥的建成通车使得该区的位置日益重要。第二亚欧大陆桥在我国境内由陇海—兰新—北疆铁路组成，出阿拉山口与哈萨克斯坦的铁路接轨，在中亚分为北、中、南三线，分别通往欧洲、大西洋沿岸，是目前亚欧大陆东、西最便捷的通道。

五、西亚与北非

（一）自然地理特征

1. 地理位置

西亚地处亚、非、欧三大洲的交界地带，介于阿拉伯海、红海、地中海、黑海和里海（内陆湖）之间，被称为五海三洲之地。西亚的地理位置非常重要，古代著名的陆上贸易通道“丝绸之路”就是从我国西安出发，沿河西走廊出新疆，经过中亚、西亚，到达欧洲。

2. 地形——以高原为主

本区大部分为高原地形，有阿拉伯高原、伊朗高原、小亚细亚高原等；平原狭小，主要分布在尼罗河谷地和三角洲及两河流域。在巴勒斯坦和约旦交界处，有世界陆地表面最低处——死海。

3. 气候——炎热干燥

本区大部分属热带沙漠气候，常年高温干燥、少雨，河流稀少；地中海沿岸地区属地中海气候，夏季炎热干燥，冬季温和多雨。世界上最大的沙漠——撒哈拉沙漠位于北非，该区植被稀少，地下石油资源丰富。

（二）人文地理特征

1. 居民和宗教

本区以阿拉伯人和伊斯兰教为主，居民主要为白色人种，通用阿拉伯语，半数为阿拉伯人。以阿拉伯人为主的国家，被称为阿拉伯国家。大多居民信仰伊斯兰教，麦加是伊斯兰教的圣城。本区是伊斯兰教、基督教、犹太教的发源地，耶路撒冷是这 3 个宗教的圣城。

2. 农业——以畜牧业和灌溉农业为主

畜牧业是西亚许多国家传统的经济部门。土耳其的安卡拉羊毛、阿富汗的紫羊羔皮等畜产品都很著名。用羊毛织成的地毯,是阿富汗、伊朗等国重要的出口商品。西亚降水稀少,农作物需要引水灌溉,因而农业多分布于河谷平原和沙漠中的绿洲。美索不达米亚平原也叫两河平原,是西亚主要的灌溉农业区。以色列气候干旱,淡水资源匮乏,但由于大力发展节水农业,因而在农业上取得了令世人瞩目的成就。

3. 矿产资源

(1)石油。

西亚是世界上石油储量最为丰富,石油产量和输出量最多的地区。西亚石油的探明储量约占世界石油总探明储量的一半以上,主要分布在波斯湾及沿岸地区。石油产量通常占世界总产量的1/4。沙特阿拉伯、伊朗、科威特和伊拉克是世界重要的产油国。西亚开采的石油90%供出口,出口量约占世界石油出口量总量的3/5,主要输往西欧以及美国、日本等国家。西亚的石油生产和销售原控制在西方垄断集团手中。经过长期斗争,许多西亚国家掌握了开发本国石油资源的自主权。石油带来了巨大财富,不少产油国人均国民收入位居世界前列。但是,石油资源毕竟是有限的,目前西亚的一些产油国在稳定生产的同时,努力使经济朝多元化的方向发展。

(2)磷矿。

北非摩洛哥一国的磷酸盐储量占世界的3/4,磷酸盐生产是该国的经济支柱。

4. 中东

(1)中东的范围。

中东地区是指地中海东部与南部区域,从地中海东部到波斯湾的大片地区,指西亚和北非的部分地区,包括除阿富汗的西亚与非洲的埃及。

(2)中东问题的表现。

中东是二站后世界最不安定的地区,表现为以色列和阿拉伯国家的矛盾根深蒂固,阿拉伯国家内部矛盾与冲突不断。

(3)中东问题的地理背景。

生存环境恶劣;地理位置重要,是大国争相加以控制的对象;民族、宗教矛盾突出;丰富的石油资源引来大国的争夺和控制;水资源危机导致水源之争;土地之争。

5. 主要国家和地区

(1)巴勒斯坦。

巴勒斯坦地区位于阿拉伯半岛西侧,地中海东岸,是欧、亚、非三大洲的交通枢纽,战略位置非常重要。

(2)以色列。

灌溉是以色列发展农业生产的关键。为解决水资源问题,政府修建了水渠和输水管线,还大力发展滴灌和喷灌技术,发展了发达的节水农业。

(3)埃及。

埃及位于非洲东北部,包括亚洲境内的西奈半岛。人口和城市主要集中在尼罗河沿岸平原和入海处的河口三角洲地区;开罗在尼罗河三角洲顶端,是阿拉伯国家中人口最多的城市;亚历山大是地中海沿岸的重要海港。

六、撒哈拉以南的非洲

(一)地理概述

1. 地理位置

位于非洲撒哈拉沙漠以南，大部分位于南北回归线之间，东临印度洋，西临大西洋，面积约占非洲面积的4/5。

2. 自然条件

(1)地形。

地形以高原为主，地面起伏不大，称为高原大陆。整个地势由东南向西北倾斜，主要高原有埃塞俄比亚高原、东非高原、南非高原。非洲最高峰为乞力马扎罗山，海拔5 895米。

非洲最大的盆地为刚果盆地，成因为地壳上升，河流下切，湖水外泄。

东非大裂谷(被称为地球的伤痕)南起赞比西河口，北经东非高原、红海至西亚死海。是由地壳断裂形成，并继续扩大；谷底湖泊连串。

(2)气候。

以热带雨林和热带草原气候为主。

(3)河流和湖泊。

主要河流有尼罗河、刚果河；湖泊有维多利亚湖等。

(4)自然资源。

矿产资源的特点为种类多、储量大，因此非洲又被称为富饶的大陆。

主要分布于南非——黄金、金刚石；纳米比亚——钻石、铀矿；赞比亚——铜矿；赤道几内亚——铝土；尼日利亚——石油；刚果——宝石。

热带经济作物有可可、咖啡，主要生产国是科特迪瓦。

3. 居民——黑种人的故乡

撒哈拉以南的非洲90%以上是非洲人，有“黑非洲”之称。非洲中部和南部是世界上黑种人的故乡。

4. 经济——以初级产品为主

撒哈拉以南的许多非洲国家，发挥各自在矿产、森林、畜产和热带经济作物方面的优势，生产一两种工业发达国家需要的原料、半成品等初级产品，用于出口，作为本国的经济支柱。目前，许多以出口初级产品为主的国家也在努力发展民族工业。

(二)南非共和国

南非共和国(以下简称南非)地处南半球，有“彩虹之国”的美誉，位于非洲大陆的最南端，陆地面积为1 219 090平方千米，其东、南、西3面被印度洋和大西洋环抱，陆地上与纳米比亚、博茨瓦纳、莱索托、津巴布韦、莫桑比克共和国和斯威士兰王国接壤。东面隔印度洋和澳大利亚相望，西面隔大西洋和巴西、阿根廷相望。南非拥有3个首都：行政首都(中央政府所在地)为茨瓦内，立法首都(议会所在地)为开普敦，司法首都(最高法院所在地)为布隆方丹。

南非是非洲的第二大经济体，国民拥有较高的生活水平，经济相比其他非洲国家相对稳定。南非财经、法律、通信、能源、交通业较为发达，拥有完备的硬件基础设施和股票交易市场,黄金、钻石生产量均居世界首位。深井采矿等技术居于世界领先地位。在国际事务中,南非已被确定为一个中等强国,并保持显著的地区影响力。

七、欧洲西部

(一)地理概述

1. 位置和范围

(1)北邻北冰洋,西邻大西洋,南邻地中海。

(2)纬度在35°N~70°N,经度在20°W~30°E。

2. 轮廓

海岸线曲折,多半岛、岛屿和海湾。

(1)主要半岛为北部的斯堪的那维亚半岛,南部的巴尔干半岛。

(2)主要岛屿有不列颠群岛和冰岛等。

(3)主要内海有北部的波罗的海、南部的地中海、东南部的黑海。

(4)著名港湾有比斯开湾。

3. 自然条件

(1)地形。

整体上以平原、山地为主,地势南北高、中间低;冰川地貌广布。

①主要平原有西欧平原、波德平原及北海、波罗的海沿岸平原。

②主要山地有北部的斯堪的那维亚山脉和南部的阿尔卑斯山脉。

(2)气候。

①西部和中部以温带海洋性气候为主,气候深受西风和北大西洋暖流的影响。

②东部为温带大陆性气候,因为远离海洋,气候受海洋的影响较少。

③北部是极地气候,极地气候又分为苔原气候和冰原气候。

④南部地中海沿岸为地中海气候,夏季炎热干燥,冬季温和多雨。

(3)河流和湖泊。

①水文特征:河流水量充沛,流速平稳,季节变化小,含沙量小,部分河流有结冰期,无明显汛期。

②水系特征:主要河流有多瑙河、莱茵河、伏尔加河。河流流向主要是南北流向,河网密布,流程短。

4. 人文地理特征

(1)国家和地区。

本区国家众多,面积都不大,多数为发达国家,其中面积最大的是法国,面积最小的是梵蒂冈。

(2)居民和宗教。

本区人口稠密,以白色人种为主,多信仰基督教,是世界人口自然增长率最低的地区,城市人口比重大。

(3)农业。

①农业发达。农业的机械化和集约化水平高。

②畜牧业发达。本区大多地区属于温带海洋性气候，温和湿润，降水较多，气温日较差小，有利于多汁牧草的生长，有利于发展畜牧业。

(4)工业。

①工业以制造业为主，高度发达。

②工业分布呈“十”字形，西起英国，向东到波兰，北起斯堪的纳维亚半岛南部，南到意大利境内。

③对外贸易发达，其中德国居第一位。

(5)旅游业。

①本区自然条件多样，旅游资源发达，如：北部有曲折的海岸线和幽深的峡湾；中部的阿尔卑斯山是登山和滑雪运动的好场所；南部地中海沿岸夏季阳光明媚，海滨沙滩风景优美。

②本区历史文化灿烂，历史名城众多，古建筑保存良好，如法国巴黎的凯旋门和埃菲尔铁塔、希腊雅典的帕特农神庙、意大利的罗马斗兽场等。

(二)主要国家

1. 英国

(1)英国的全称是“大不列颠及北爱尔兰联合王国”，简称“英国”。

(2)领土组成为大不列颠岛和爱尔兰岛的东北部。大不列颠岛分为英格兰、苏格兰、威尔士3部分，其中英格兰是政治经济中心地区。

(3)气候和矿产。典型的温带海洋性气候，利于牧草生长；煤、铁、石油丰富。

(4)工业与农业。英国是工业化最早的国家，工业发达；西部乳畜业发达，东南部的种植业较为集中。

(5)首都伦敦位于英格兰东南部，是全国政治、金融、工业、贸易和交通的中心，是英国最大的城市和港口。

2. 法国

(1)地理位置。西邻大西洋，南邻地中海，是欧洲西部面积最大的国家。

(2)地形。地势东南高、西北低，以平原、丘陵为主，西北部为丘陵平原，东南部为山地高原。

(3)工业与矿产。工业发达，汽车、飞机制造工业地位突出；矿产资源丰富，北部有里尔煤矿区，东北部有洛林铁矿区，煤、铁较为丰富，核电比重达70%。

(4)主要城市。首都——巴黎，重要港口——马赛，钢铁工业基地——敦刻尔克。

(5)旅游业。旅游业是法国经济的重要支柱。

3. 德国

(1)地理位置。位于欧洲中部，北邻波罗的海和北海，连接东欧和西欧、南欧和北欧，水陆交通便利，是欧洲的“十字路口”，也是欧洲邻国最多的国家。

(2)地形与河流。地势南高北低，呈阶梯状；莱茵河、易北河等沟通北海和黑海，水运发达。

(3)工业和矿产。德国现代化工业高度发达，是欧洲经济实力最强的国家。

①经济发展的有利条件。煤炭、钾盐资源丰富，水路运输条件便利，科技力量雄厚。

②经济发展的不利条件。石油、铁矿石等需要进口。

③工业布局。大分散、小集中，分布较为均衡，工业由北向南发展。

(4)农业。北部是波德平原，主要发展畜牧业，地势低平，气温较低，冬冷夏凉；中部是宽广的谷地和山地，适宜农耕和放牧；南部是山脉和高原，广布森林和草地，河谷地土壤肥沃，日照时间长，盛产葡萄、烟草、水果和啤酒花。

(5)主要城市。德国首都——柏林，造船中心——汉堡，重要铁路枢纽——法兰克福，南部工业中心——慕尼黑。

4. 意大利共和国

(1)地理位置。位于欧洲南部，背靠阿尔卑斯山，东临亚得里亚海，南濒爱奥尼亚海，南隔突尼斯海峡与非洲相望。

(2)领土组成。由地中海上的亚平宁半岛、西西里岛和撒丁岛组成。

(3)地形。以山地、丘陵为主，北有阿尔卑斯山、亚平宁山脉，两山之间为波河平原；多火山地震，其中西西里岛上的埃特纳火山是欧洲最大的活火山。

(4)河流。波河发源于阿尔卑斯山南坡，水能蕴藏量丰富，是意大利最大的河流。

(5)气候。以地中海气候为主，夏季炎热干燥，冬季温和多雨。

(6)农业。北部的波河平原是主要的种植业区；南部半岛和岛屿园艺业发达，生产柑橘、葡萄等亚热带作物。

(7)工业。工业发达，以出口加工业为主。西北部是传统工业区，是全国经济中心；以轻工业为主的新兴工业，主要分布在中部和东北部；南部发展钢铁工业；西西里岛发展炼油工业，从国外进口石油和铁矿。

(8)旅游业。意大利共和国历史悠久，文化价值高；是古罗马帝国，是东西方贸易的中心，又是文艺复兴的发源地，著名的历史文化名城多；意大利共和国是温和的地中海气候，风景秀丽。

八、欧洲东部与北亚

(一)地理概述

1. 位置和范围

(1)欧洲东部是指西起波罗的海东岸，东到乌拉尔山，北起北冰洋，南到黑海、高加索之间的欧洲部分，总面积为540万平方千米，约占欧洲陆地总面积的53.1%。

(2)北亚是亚洲北部属于俄罗斯的部分，一般称为西伯利亚，约占亚洲总面积的29%。

2. 国家

该地区包括俄罗斯、爱沙尼亚、拉脱维亚、立陶宛、白俄罗斯、乌克兰和摩尔多瓦。

3. 地理特征

(1)欧洲东部。

以东欧平原为主，自南向北的自然带有冰原、苔原、森林、草原、半荒漠、荒漠等，自然带水平分布非常典型，具有很高的农业开发潜力，且欧洲东部的煤、铁、锰、石油和天然气十分丰富。人口约占欧洲的1/4。

(2)北亚。

平原、高原、山地各约占 1/3。天然气、木材、石油、煤炭等自然资源十分丰富，被誉为“资源宝库”。北亚是世界上人口稀疏的地区之一。

(二)俄罗斯

1. 位置和概况

俄罗斯是世界上跨经度最多、领土面积最大的国家，北邻北冰洋，东临太平洋，西邻波罗的海；地跨亚欧两大洲，其政治、经济中心都位于欧洲，是传统的欧洲国家。

2. 自然条件

(1)地形。

地形平坦，以平原、高原为主。乌拉尔山以西为东欧平原，向东依次为西西伯利亚平原、中西伯利亚高原、东西伯利亚山地。

(2)气候。

以温带大陆性气候为主，北部有极地气候，西南端有地中海气候，东部有温带季风气候；总体上冬季漫长而寒冷，夏季温暖而短促，各地气候差异大。

(3)河流和湖泊。

伏尔加河是俄罗斯最主要的内河航道，是欧洲最长的河流。贝加尔湖是世界最深的湖泊，有丰富的淡水资源。大多河流结冰期长，有凌汛，不利于航运。

(4)自然资源。

①森林资源。有世界面积最大的亚寒带针叶林，分布于西伯利亚地区和东欧平原北部。

②水能资源。水能蕴藏量居世界第二。

③矿产资源。天然气储量居世界首位，是世界重要的石油生产国。

3. 人文地理特征

(1)工业。

以重工业为主，主要分布在欧洲，有四大工业区，分别是以莫斯科、圣彼得堡为中心的工业区和乌拉尔、新西伯利亚工业区。

(2)农业。

俄罗斯是世界上耕地面积最大的国家，主要农业地带位于东欧平原和顿河流域，但由于纬度较高，气温较低，农业生产不稳定。

(3)交通。

①以铁路为主，欧洲部分铁路以莫斯科为中心呈放射状，铁路网密集；亚洲部分铁路网稀疏。

②河流结冰期长，通航期短，伏尔加河是最主要的内河航道。

③海岸线长，但海洋冰冻期长，与外洋联系多经过别国领海。

(4)主要城市。

首都、重要交通枢纽——莫斯科，重要海港——圣彼得堡，主要海港——符拉迪沃斯托克，终年不冻港——摩尔曼斯克。

九、北美洲

（一）地理概述

1. 位置和范围

北美洲位于西半球北部，北临北冰洋，西临太平洋，东临大西洋，南以巴拿马运河为界与南美洲相隔。纬度在10°N～81°N，经度在167°W～20°W。

2. 自然条件

（1）地形。北美洲的地形可概括为南北纵列的三大地形区，包括西部高山区——落基山脉，中部平原——中央大平原，东部高原山地区——拉布拉多高原、阿巴拉契亚山脉。

（2）气候。北美洲的气候以温带大陆性气候为主。西部，太平洋沿岸分布有狭窄的温带海洋性气候和地中海气候；东部，降水由沿海向内陆递减。

（3）河流和湖泊。北美洲的主要河流为密西西比河和圣劳伦斯河；湖泊主要为五大淡水湖——苏必利尔湖、密歇根湖、伊利湖、休伦湖、安大略湖，由冰川侵蚀作用形成。

3. 居民和经济

北美洲外来移民汇集，主要是白种人，占80%以上。移民中英裔和法裔较多，语言以英语为主。北美洲的原住民是印第安人和因纽特人，属黄种人。加拿大与美国均为经济发达的国家。

（二）美国

1. 国土组成

美国国土由50个州和1个首都所在特区组成，包括本土48个州和2个海外州（阿拉斯加州和夏威夷州）。

2. 自然条件

（1）地理位置。美国本土三面临海，东临大西洋，西邻太平洋，南邻墨西哥湾。本土大多在温带。

（2）地形。美国以平原为主，地形分为南北走向三大纵列带，西部是落基山脉，中部是平原，东部是阿巴拉契亚山脉。

（3）河流和湖泊。密西西比河贯穿中央大平原注入墨西哥湾；五大湖通过圣劳伦斯河沟通北大西洋。密西西比河和五大湖为航运、发电和灌溉提供了便利。哥伦比亚河的水能资源最为丰富。

（4）自然资源。矿产、森林、草原等自然资源丰富，煤、石油等储量和产量均居世界前列。

3. 人口

美国是世界第三人口大国，大部分人是欧洲移民后裔。人口主要分布在沿海平原和五大湖区域，东北部人口稠密，西部高原山地人口稀疏。

4. 农业

美国是世界最大的农产品出口国。

①生产特点。现代化水平高,生产高度机械化、集约化,实现了地区生产专门化。

②农业结构及主要作物。种植业和畜牧业都十分发达。其中,主要粮食作物有玉米、小麦、水稻等,经济作物有棉花、大豆等。

③农业带的分布。主要是中部平原的玉米和小麦区,五大湖沿岸的乳畜带,密西西比河下游的棉花带和西部山区的畜牧和灌溉农业区。

5. 工业

美国是世界上最发达的工业国家,是世界高新技术产业基地,拥有完整的工业部门体系,工业产品种类多、产量大、技术含量高,注重发展知识经济,大力发展以知识密集型为主的高新技术产业。

美国东北部工业区高度发达的原因有:

①东北部资本主义发展最早。

②矿产资源丰富。

③大西洋沿岸多优良港湾。

④五大湖水运便利。

⑤平原土壤肥沃。

⑥拥有庞大的市场。

6. 主要城市

华盛顿——美国的政治中心。

芝加哥——美国最大的铁路枢纽和著名的国际金融中心;波音飞机公司总部所在地。

底特律——美国最大的汽车工业中心。

休斯敦——美国的宇航中心、石化基地

旧金山——世界电子工业中心。

洛杉矶——美国西部人口最多的城市。

十、拉丁美洲

(一)地理概述

1. 位置和范围

拉丁美洲是指美国以南的美洲国家和地区,东临大西洋,西邻太平洋,北部濒临墨西哥湾和加勒比海,南部隔德雷克海峡。拉丁美洲以巴拿马运河为界分为两部分,北部有墨西哥、中美地峡和西印度群岛,南部是南美洲。

2. 岛屿

拉丁美洲南部和北部海域多岛屿,古巴是其中最大的岛国,火地岛是最大的岛屿。

3. 自然条件

(1)地形。

拉丁美洲北部是墨西哥高原,西部是高大绵长的安第斯山脉。东部高原、平原相间排列,自北向南依次为圭亚那高原、亚马孙平原、巴西高原、拉普拉塔平原、巴塔哥尼亚高原。亚马孙平原是世界上最大的平原,而巴西高原是世界上最大的高原。

(2)气候。

气候类型主要是热带雨林和热带草原气候。热带雨林气候主要分布在亚马孙平原,热带草原气候主要分布在巴西高原。拉丁美洲的气候受地形影响显著,安第斯山脉东侧是地势较低的平原,大西洋暖湿气流能顺着信风深入大陆内部;安第斯山脉南端盛行西风,西侧迎风坡多雨;南美洲西部受山脉阻挡,气候带呈狭长形分布于沿海地带。

(3)河流。

亚马孙河是世界上流域面积最广、水量最大的河流。

巴拿马运河位于中美地峡最窄处,沟通太平洋和大西洋,是重要的国际航运水道,也是南、北美洲的分界线。

(4)热带雨林。

①亚马孙平原是世界最大的热带雨林气候区,其面积广,地势低平,常年受赤道低气压带控制,空气对流旺盛。其沿海又有暖流流经,东部来的海上湿热气流汇集内陆,并受西部山地的抬升作用,终年降水丰沛。

②亚马孙流域分布着世界上最大的热带雨林,这里有着丰富的生物资源,但由于人类的开发破坏,导致热带雨林严重破坏。热带雨林的破坏,加速了全球变暖,使沿海低地面临海水淹没的危险。

(5)自然资源。

①矿产资源。墨西哥和委内瑞拉近海的石油;巴西的铁;智利、秘鲁的铜。

②水力资源。巴西高原上的河流水力资源丰富。

③植物资源。亚马孙热带雨林是世界上最大的热带雨林;阿根廷的草原辽阔肥美。

④水产资源。秘鲁渔场世界闻名。

⑤动物资源。有哺乳动物大食蚁兽、树懒等。

4. 居民和经济

(1)人种和语言。

拉丁美洲人种复杂,混血人种占多数,原住民印第安人为黄色人种。大多数国家使用西班牙语,而巴西使用葡萄牙语。

(2)人口与城市。

人口和城市多分布在气候比较温和的高原地区,人口自然增长率高,城市人口增长快。

(3)农业。

拉丁美洲是热带经济作物的重要产区,咖啡、甘蔗、香蕉等产量多,占世界总产量的一半左右,可可、烟草、棉花的产量也较多。粮食作物以玉米为主,许多国家的粮食还不能自给。

(4)工业。

拉丁美洲经济欠发达,主要以一种或多种初级产品的出口作为本国的经济支柱。近年来,一些国家发展了现代工业,民族经济有了较大发展。

(二)巴西

1. 位置与概况

大部分位于南回归线和赤道之间,东临大西洋,是世界上占有热带面积最大的国家,也是拉丁美洲面积最大、人口最多的国家。

2. 自然概况

①地形。主要由南部的巴西高原和北部的亚马孙平原组成。

②气候。以热带草原气候和热带雨林气候为主。

③河流。主要河流是亚马孙河。

④植被。有着世界上最大的热带雨林——亚马孙热带雨林。

⑤自然资源。热带雨林资源丰富，有亚马孙热带雨林；矿产丰富，铁矿储量大，质地优良。

3. 人口

巴西人口90%分布在东部沿海，以白种人和混血人种为主，通用葡萄牙语，居民多信仰天主教。

4. 经济

巴西是拉丁美洲经济最发达的国家，是第二大农产品出口国。巴西的现代工业发展迅速，重工业分布在东南部临近铁矿和海上交通便利的圣保罗、里约热内卢地区。

5. 主要城市

首都——巴西利亚，巴西最大的城市——圣保罗，巴西最大的港口——里约热内卢。

巴西利亚成为首都的原因是：巴西利亚地处高原，气候凉爽；有河流流经；有利于开发中西部。

十一、大洋洲

（一）地理概述

1. 位置和范围

大洋洲介于亚洲和南极洲之间，西临印度洋，东临太平洋。大洋洲是亚洲、非洲与南北美洲之间船舶、飞机往来所需淡水燃料和食物的供应站，又是海底电缆的交汇处，在交通和战略上具有重要地位。大洋洲的纬度在30°N～47°S，经度范围在110°E～160°W，赤道穿过其中三大群岛，大部分位于热带，既跨南北半球，又跨东西半球，且跨东、西经度和时区。大洋洲由澳大利亚大陆和众多岛屿组成。

2. 居民和经济

大洋洲绝大部分居民是欧洲移民后裔。本区经济发达的国家有澳大利亚和新西兰等，有现代化的农牧业和工矿业。

3. 岛屿

大洋洲岛屿众多，包括大陆岛、火山岛和珊瑚岛。大陆岛有新几内亚岛、新西兰南北二岛；火山岛有夏威夷群岛；珊瑚岛有图瓦卢群岛。

（二）澳大利亚

1. 位置和范围

澳大利亚东临太平洋，西临印度洋，南回归线穿过中部，包括澳大利亚大陆、塔斯马尼亚岛等岛屿。

2. 自然条件

(1)地形。

澳大利亚有南北纵横三大地形区,分别是东部山地——大分水岭,全国最大河流墨累河发源于此;中部平原是大自流盆地,地势最低处是北艾尔湖;西部是高原。

(2)气候。

除了东南沿海地区温暖湿润,其他大部分地区炎热干燥。

气候特征及其成因:

①气温高。南回归线穿过,以热带和亚热带气候为主。

②干旱面积大。终年受副热带高气压带控制和来自内陆的东南信风影响;大分水岭阻挡了来自海洋的暖湿气流;西部印度洋沿岸盛行离岸风,沿岸又有寒流流经,降温减湿。

③气候带呈半环状分布。北部受西北季风和东南信风影响,降水季节性变化明显;东部迎风坡降水丰富,西风带控制区形成温带海洋性气候;南部受副热带高气压带与西风带交替控制,形成地中海气候;西部常年受副热带高气压带影响,降水稀少,形成沙漠气候。

(3)河流。

墨累河和达令河是澳大利亚最长的两条河流。这两个河流系统形成墨累-达令盆地,面积100多万平方千米,相当于大陆总面积的14%。

3. 特有动物

澳大利亚位置孤立,自然条件单一,缺少大型肉食动物,动物演化慢,动物古老又独特,如袋鼠,鸭嘴兽等。

4. 人口

澳大利亚地广人稀,人口主要分布在东南沿海地区。东南沿海开发早,交通便利,工农业发达。

5. 经济

澳大利亚农牧业和工矿业发达,是典型的混合农业,第三产业发展迅速,其羊毛、煤和铁矿出口在世界占重要地位,被称为“骑在羊背上的国家”和“坐在矿车上的国家”。

6. 主要城市

首都——堪培拉,澳大利亚最大的城市和港口——悉尼。

十二、两极地区

(一)南极地区

1. 位置和范围

①南极洲几乎在南极圈内,主要为陆地,包括南极大陆及其附近海域,四周被太平洋和大西洋包围。

②南极洲是世界上平均海拔最高、纬度最南、跨经度最广的大洲。

2. 气候

酷寒、干燥、烈风,气候恶劣的原因为:

①纬度高,太阳高度小,接受太阳光热少。
②地表由冰层覆盖,太阳辐射被冰雪反射。
③低温使得南极大陆形成强大的高压中心,降水少而风力强。
④南纬的西风环流造成“风壁”,阻碍着南极地区与低纬地区的热量交换。

3. 自然资源

①淡水资源丰富,冰川体积大。
②煤、铁、石油等资源丰富。
③植物以地衣、苔藓和淡水藻类为主;动物有企鹅、磷虾、鲸鱼等。

4. 南极科考

南极科考最佳时间是每年11月到次年3月,为极昼、暖季。我国南极科考站有4个:中国南极长城站、中国南极中山站、中国南极昆仑站、中国南极泰山站。

(二)北极地区

1. 位置和范围

北极位于地球的最北端,指北极圈以北的区域,主要为海洋,包括北冰洋沿岸陆地和岛屿,周边有8个环北极国家。

2. 北冰洋的特征

①世界上面积最小、最浅、最寒冷、纬度最高、跨经度最广的大洋。
②常年有冰盖广布,多浮冰和冰山。
③大陆架面积占北冰洋总面积的36%。
④海岸线曲折,岛屿众多,存在着世界最大的岛屿——格陵兰岛。

3. 战略地位

北极地区是亚洲北部、北美北部、欧洲北部3个地区之间来往的空中要道和最短航线途径地。

4. 气候

大部分地区终年严寒冰封,多大风,降水比南极多,气温高于南极,风速小于南极。

5. 自然资源

①北极地区有北极熊、北极狐、海豹等动物,其中北极熊是代表动物。
②主要的矿产资源有石油、天然气、海底中的一些矿产资源等。

6. 北极科考

中国北极黄河站是我国在北极的科考站,建立于2004年。

(三)极地的保护和利用

1. 极地的环境问题

①生物资源遭到破坏。
②全球变暖,两级冰川开始融化,固体水库流失。
③南极出现臭氧层空洞。

2. 保护措施

①世界主要国家签订《南极条约》,规定保护南极环境,和平利用南极。

②为了保护北极的环境,各国也正积极地制定相关的北极环境保护战略。

第三节　中国地理概况

一、中国的疆域和行政规划

(一)疆域

1. 地理位置

中国的位置见表5.3.1。

表5.3.1　中国的位置

位置	内容
半球位置	北半球、东半球
海陆位置	亚洲的东部、太平洋的西岸
纬度位置	4°N~53°N,73°E~135°E;南北跨纬度近50°,大部分在温带,小部分在热带,没有寒带

2. 领土

(1)面积。

中国的疆域面积广大,陆地面积约960万平方千米,仅次于俄罗斯、加拿大,是世界第三大国。此外,中国内海和边海的水域面积约470万平方千米。

(2)领土四至点。

中国的领土四至点见表5.3.2。

表5.3.2　中国的领土四至点

四至点	内容
最北端	黑龙江省漠河以北的黑龙江主航道的中心线(53°N附近)
最南端	海南省南沙群岛上的曾母暗沙(4°N附近)
最东端	黑龙江与乌苏里江主航道中心线的交汇处(135°E附近)
最西端	新疆帕米尔高原(73°E附近)

(3)半岛、岛屿和海峡。

中国的半岛、岛屿和海峡见表5.3.3。

表 5.3.3 中国的半岛、岛屿和海峡

类型	内容
半岛	中国的半岛自北向南有辽东半岛、山东半岛、雷州半岛
岛屿	中国是世界上岛屿众多的国家之一;中国 90% 的岛屿分布在东海和南海;台湾岛、海南岛、崇明岛分别是中国第一、二、三大岛;舟山群岛、庙岛群岛、澎湖列岛、南海诸岛是中国的四大群岛;浙江省是中国岛屿分布最多的省
海峡	台湾海峡、琼州海峡

3. 疆界和邻国

(1)陆界和陆上邻国。

中国陆上国界线长达 20 000 多千米,共有 14 个陆上邻国,从鸭绿江口开始到北仑河口依次为朝鲜、俄罗斯、蒙古、哈萨克斯坦、吉尔吉斯斯坦、塔吉克斯坦、阿富汗、巴基斯坦、印度、尼泊尔、不丹、缅甸、老挝、越南。

(2)海上疆界和隔海相望的国家。

中国海岸线长达 18 000 多千米,与中国隔海相望的国家有 6 个,分别为韩国、日本、菲律宾、马来西亚、文莱、印度尼西亚。

(二)行政区划

中国疆域辽阔,为了便于行政管理,促进经济发展和民族团结,中国基本分为省(自治区、直辖市、特别行政区)、县(市、自治县)、乡(镇、民族乡)级行政区划。中国拥有 34 个省级行政区,包括 23 个省、5 个自治区、4 个直辖市和 2 个特别行政区。

二、中国的地形

(一)地形特征

1. 地形特征

(1)地势西高东低,呈三级阶梯,见表 5.3.4。

表 5.3.4 中国地势的三级阶梯

阶梯	分界线	主要地形区	平均海拔
一	昆仑山—祁连山—青藏高原东缘	青藏高原、柴达木盆地	4 000 米以上
二		三大高原、三大盆地	1 000 ~ 2 000 米
三	大兴安岭—太行山—巫山—雪峰山	三大平原、三大丘陵	500 米以下

中国西部以山地、高原和盆地为主,东部以平原、丘陵为主。第三级阶梯向东是中国大陆向海洋自然延伸的部分,属于中国的近海大陆架,包括渤海、黄海的全部,东海的大部分和南海的一部分,大陆架蕴藏着丰富的矿产资源,如石油、天然气、海洋生物和化学资源等。

(2)地形多种多样,山区面积广大。

中国5种基本地形类型齐全,其中山地面积约占33%,高原约占26%,盆地约占19%,平原约占12%,丘陵约占10%,山区(包括山地、丘陵、崎岖的高原)占2/3。

2. 地形特征对中国的影响

(1)有利影响。

中国地势特征的意义可以概括为:水汽输入、水运沟通、水能丰富,即“三水”。西高东低的地势有利于海洋上湿润气流深入内地,形成降水;使中国许多大河滚滚东流,沟通东西交通,方便沿海和内地的经济联系;同时,阶梯交界处落差大,水能资源丰富。

地形多种多样,为中国因地制宜发展多种经济提供了有利条件。例如,平原具有发展种植业的优势,高原具有发展畜牧业的良好条件,山区在发展林业、副业、旅游业和采矿业等方面具有优势。

(2)不利影响。

山区多,平原少,给粮食大规模商品化生产和管理带来了困难;同时,山区由于地形崎岖、交通闭塞,经济和文化常常相对落后,耕地资源不足。

(二)主要山脉和主要地形区

1. 主要山脉

山脉构成中国的地形骨架,中国的主要山脉见表5.3.5,中国山脉与地形区的关系见表5.3.6。

表5.3.5 中国的主要山脉

走向	山脉
东北—西南走向	最西列是大兴安岭—太行山—巫山—雪峰山;中间一列是长白山—武夷山;最东列是台湾山脉,其主峰玉山是中国东南沿海最高的山峰
东西走向	最北列是天山—阴山;中间一列是昆仑山—秦岭;最南列是南岭
西北—东南走向	主要有阿尔泰山、祁连山、巴颜喀拉山等,多在中国西部
南北走向	主要有贺兰山、横断山脉等。横断山脉是由许多列南北走向的平行山脉组成的,由北向南地势逐渐降低,山高谷深、山河相间,极大地阻碍了东西交通
弧形山系	喜马拉雅山脉,其主峰珠穆朗玛峰海拔8 848.86米,为世界最高峰,位于中国与尼泊尔交界处

表5.3.6 中国山脉与地形区的关系

山脉	两侧地形区	
大兴安岭	内蒙古高原	东北平原
太行山	黄土高原	华北平原

续表 5.3.6

山脉	两侧地形区	
巫山	四川盆地	长江中下游平原
雪峰山	云贵高原	江南丘陵
横断山脉	青藏高原	云贵高原、四川盆地
天山	塔里木盆地	准噶尔盆地
昆仑山	青藏高原	塔里木盆地
阴山	黄土高原	内蒙古高原
祁连山	河西走廊	柴达木盆地
秦岭	汉水谷地	黄土高原
南岭	江南丘陵	两广丘陵

2. 主要地形区

(1)四大高原,见表 5.3.7。

表 5.3.7　四大高原

名称	位置与范围	海拔	主要特征
青藏高原	位于中国西部和西南部,介于昆仑山、祁连山、横断山脉与喜马拉雅山之间;包括青海、西藏全部,四川西部、甘肃西南部和新疆南部山区	4 000 米以上	世界上海拔最高的高原,冰川广布,雪山连绵
内蒙古高原	位于中国北部,大兴安岭以西,向西延伸到祁连山麓;包括内蒙古大部,河北、甘肃、宁夏等一部分	1 000 米左右	中国第二大高原,最平坦的高原,风力作用强烈,西部风蚀地貌显著
黄土高原	西起祁连山东端,东到太行山麓,北邻内蒙古高原且以古长城为界,南到秦岭;包括山西全部、陕甘宁一部分	1 000 ~ 2 000 米	世界上最大的黄土分布区,流水侵蚀作用强烈,千沟万壑,支离破碎
云贵高原	位于中国西南部,包括云南东部、贵州大部分、广西西北部及四川、重庆南部	1 000 ~ 2 000 米	地势西高东低,石灰岩广布,流水溶蚀作用强烈,多喀斯特地貌,地表崎岖不平,有许多“坝子”

(2)四大盆地,见表5.3.8。

表5.3.8 四大盆地

名称	位置与范围	海拔	主要特征
塔里木盆地	位于昆仑山与天山之间,新疆南部	1 000米左右	中国面积最大的盆地,有中国最大沙漠——塔克拉玛干沙漠(世界最大的流动沙丘区)和最大内流河——塔里木河;地形封闭、气候干燥
准噶尔盆地	位于阿尔泰山、天山之间,新疆北部	500米左右	中国第二大盆地;西北有缺口,相对湿润;沙漠、戈壁面积较小;北部有一条外流河——额尔齐斯河;沙丘多为固定沙丘
柴达木盆地	位于阿尔金山、昆仑山、祁连山之间,青藏高原东北部,青海省境内	3 000米左右	中国地势最高的内陆高原盆地,大部分为沙漠、戈壁,东南部多盐湖和沼泽地;有“聚宝盆”之称,石油、有色金属矿、盐矿资源丰富
四川盆地	东是巫山,西是横断山,北是大巴山,南是云贵高原,位于四川和重庆境内	500米以下	也称“紫色盆地”,是中国最湿润的外流盆地,多低山丘陵,西部盆地有面积较大的成都平原

*知识拓展

在塔里木盆地、准噶尔盆地边缘的高山山麓地带,许多地方受高山冰雪融水的滋润,形成一连串小块的绿洲,是新疆主要的农牧业区。其中塔里木盆地边缘的绿洲,处在古代“丝绸之路”上,是沟通亚欧大陆的一段“绿色通道”。

四川盆地在地质历史上是一个大湖盆,后来由于湖水外泄、下切,形成了三峡。成都平原是岷江的冲积平原,土壤肥沃,灌溉便利。四川盆地物产富饶,有“天府之国”的美誉。

(3)三大平原,见表5.3.9。

表5.3.9 三大平原

名称	范围	主要特征
东北平原	位于大、小兴安岭和长白山之间,由松嫩平原、三江平原、辽河平原3部分组成	中国面积最大、地势最高(海拔200米以下)的平原,地势平坦,黑土广布,沼泽低地;松嫩平原、三江平原是中国商品率较高的商品粮基地
华北平原	北至燕山,南到淮河,西起太行山,东至渤海、黄海	中国最完整、最平坦的平原,由黄、淮、海河冲积而成,地势低平(海拔多在50米以下);旱涝、盐碱、风沙等灾害频发
长江中下游平原	位于巫山以东到海滨,沿江分布,呈狭长条形	中国最低平的平原(平均海拔在50米以下,下游长江三角洲则在10米以下);河湖密布,为著名水乡

(4)三大丘陵,见表5.3.10。

表5.3.10　三大丘陵

名称	位置	风景旅游区
辽东丘陵	位于辽东半岛上	千山
山东丘陵	位于山东半岛上	泰山
东南丘陵	位于中国东南部,包括江南丘陵、浙闽丘陵、两广丘陵等,面积最大	黄山、庐山、武夷山、“桂林山水”

丘陵的利用:①缓坡开辟梯田果园或栽培经济林木;②发展旅游业;③发展林业、畜牧业。

三、中国的气候

(一)气温

1. 分布特点及成因

中国气温的分布特点及成因见表5.3.11。

表5.3.11　中国气温的分布特点及成因

季节	分布特点	形成原因
冬季1月	南暖北寒,南北温差大。漠河是中国冬季最冷的地方;0℃等温线大致经过青藏高原东部边缘,东至秦岭—淮河一线	中国跨纬度大,冬季太阳直射南半球,纬度越高,白昼越短,正午太阳高度越低,因而北方获得热量大大小于南方,气温较低;北方靠近冬季风源地,深受冬季风影响,加剧了北方的寒冷,冬季风受山岭的重重阻挡,到了南方势力和频度都大为减弱,使南北温差增大
夏季7月	除青藏高原、天山及大、小兴安岭,全国普遍高温,南北温差小。吐鲁番盆地是中国夏季最热的地方	①太阳直射北半球,虽然中国南方正午太阳高度大于北方,但北方的白昼比南方长,太阳照射时间和太阳光热量南北相差不大 ②受夏季风影响程度不同,北方晴天多,气温回升快,南方雨季长,阴雨天多,日照时间短 ③青藏高原等山地气温低,原因是地势高 ④吐鲁番盆地夏季最热,原因为:盆地地形,不易散热,且外边气流越过山地下沉时,增温作用强,形成焚风;沙漠广布,吸热快;空气干燥,天空少云,太阳辐射强

2. 温度带的划分

中国根据≥10℃积温自北向南划分成5个温度带,即寒温带、中温带、暖温带、亚热带和热带,同时还有一个独特的青藏高原气候区。

中国温度带的划分及其分布见表5.3.12。

表5.3.12　中国温度带的划分及其分布

温度带	范围	≥10℃积温	作物熟制	主要农作物
热带	海南全部和台湾南部、广东南部(雷州半岛)、云南南部(西双版纳)	>8 000℃	一年三熟	水稻、热带经济作物
亚热带	青藏高原以东,秦岭—淮河一线以南的大部分地区	4 500~8 000 ℃	一年两熟或一年三熟	水稻、油菜及亚热带水果、棉花
暖温带	黄河中下游大部分地区和南疆	3 400~4 500 ℃	两年三熟或一年两熟	冬小麦、玉米、谷子及温带水果(苹果、梨、葡萄等)、棉花
中温带	吉林全部和黑龙江、辽宁、内蒙古大部,北疆	1 600~3 400 ℃	一年一熟	春小麦、玉米、大豆、谷子、高粱、甜菜
寒温带	黑龙江、内蒙古北部	<1 600 ℃	一年一熟	早熟的春小麦、大麦、马铃薯
高原气候区	青海、西藏大部和四川西部	<2 000 ℃	一年一熟	青稞

(二)降水

1. 分布特点及成因

中国降水的来源见表5.3.13。

表5.3.13　中国降水的来源

水汽来源	输送途径	发生时间	输送水量	影响区域
太平洋	东南季风、台风	夏、秋季节	多	东部广大地区
印度洋	西南季风	夏季	多	西南地区、长江流域及其以南
	西风带西南气流	冬季	少	西南地区和江南丘陵
大西洋	西风带	冬季	少	西北地区
北冰洋	冷空气侵袭	冬半年	少	北方地区

2. 雨带的推移

西太平洋副热带高气压带是夏半年影响中国的重要天气系统，按与副热带高气压带的位置关系，大致可分 3 种情况：副热带高气压带中心控制区，高温晴朗；北侧阴雨；南侧形成热带气旋甚至台风。副热带高气压带的北侧阴雨区就是常说的雨带，副热带高气压带有季节性的南北推移，使雨带随之推移。雨带推移是中国东部地区特有的地理现象，其本质是北方南下冷空气和南上暖湿空气相遇形成的锋面雨。该降水带由夏季风主导，即位于西太平洋副热带高气压带脊线以北 5 ~8 个纬距，并随副热带高气压带作季节性移动。

平均而言，每年 2 ~5 月，主要雨带位于华南沿海地区，并随着季节的转暖缓慢向北移动；6 月中旬或下旬，雨带北移至长江流域，使江淮一带进入梅雨期，这种连续性的阴雨一直会持续到 7 月上旬末；到了 7 月上旬或 7 月中旬，雨带北移至黄河流域，而江淮地区则处于副热带高气压带的控制之下，进入伏旱期。如果副热带高气压带强大、持续时间长，则会出现长时间的酷热、少雨天气，造成严重干旱。副热带高气压带南侧为东风带，常有东风波、热带风暴甚至台风活动。因此，7 月中旬以后，华南地区又一次出现了雨区；7 月底至 8 月初，雨带北移至华北、东北一带，达到一年中的最北位置，如果副热带高气压带稳定，江淮地区则持续高温酷暑的伏旱天气；从 8 月底到 9 月上旬开始，雨带随着北方冷空气的活跃而开始迅速南撤，华北、东北地区雨季最早结束；到了 10 月上旬，雨带退至江南、华南地区，随后退出大陆，结束了以一年为周期的雨带推移活动。

3. 干湿地区的划分

中国根据降水量和蒸发量的关系，自东南向西北分布湿润地区、半湿润地区、半干旱地区和干旱地区。中国干湿地区的划分见表 5.3.14。

表 5.3.14　中国干湿地区的划分

干湿地区	干湿状况	主要分布地区	气候和植被
湿润区	>800 毫米 降水量 > 蒸发量	东南大部、东北的东北部	气候湿润；森林
半湿润区	400 ~800 毫米 降水量 > 蒸发量	东北平原、华北平原、黄土高原南部和青藏高原东南部	气候较湿润；草原和森林
半干旱区	200 ~400 毫米 降水量 < 蒸发量	内蒙古高原、黄土高原和青藏高原大部	气候较干燥；主要为草原
干旱区	<200 毫米 降水量 < 蒸发量	新疆、内蒙古高原西部、青藏高原西北部	气候干旱；主要为荒漠

（三）气候特征

1. 气候特征及其影响

中国气候特征及其影响见表 5.3.15。

表 5.3.15　中国气候特征及其影响

特征	内容	成因	对农业生产的影响	
			有利影响	不利影响
大陆性季风气候显著	①大多数地方冬季寒冷干燥，夏季暖热多雨；②与同纬度其他地区比，冬季温度偏低，夏季温度偏高，气温年较差大；③气温年较差、降水的季节变化和年际变化都较大	中国冬季受寒冷的冬季风影响，寒冷干燥；夏季受来自海洋的夏季风影响，暖热多雨	夏季暖热多雨，对农作物等生长十分有利	冬季寒冷干燥，对农作物等生长不利；降水过分集中在夏季，造成春旱、夏涝现象严重；降水年际变化大，水旱灾害多；寒潮带来严寒、大风、霜冻等恶劣天气；台风造成水灾、风灾
雨热同期	夏季，中国除高原、高山，高温期与多雨期一致，水热配合好	夏季，中国各地得到的太阳光热多，且受夏季风影响，带来充沛降水	夏季热是中国气候资源的一大优势，使广大北方地区都能种植棉花、水稻、玉米等喜温作物	
气候复杂多样	中国有多种多样的温度带和干湿地区	中国地域广阔，南北纬度差异大，东西距海远近不同，地形复杂多样	使中国农作物及各种动植物资源极其丰富	高原、干旱气候区不利于农业发展

2. 季风区与非季风区的划分

中国的季风区域，大致在大兴安岭—阴山山脉—贺兰山—乌鞘岭—巴颜喀拉山—唐古拉山—冈底斯山连线的东南部。

四、中国的河流与湖泊

（一）中国的河流

1. 基本特点

中国河流的基本特点见表 5.3.16。

表 5.3.16　中国河流的基本特点

基本特点	内容
河流众多	流域面积超过 1 000 平方千米以上的河流，就有 1 500 多条
水量丰富	河流年径流量达 27 000 亿立方米，仅次于巴西、俄罗斯，居世界第三位
水能蕴藏量极大	水力资源蕴藏量达 6.8 亿千瓦，居世界首位

2. 内流河与外流河

中国内、外流区域的分界线，北起大兴安岭西麓，大致沿东北—西南方向，经阴山、贺兰山、祁连山、日月山、巴颜喀拉山、念青唐古拉山和冈底斯山,直至西藏西部的国境线为止。这条线以东,除鄂尔多斯高原、松嫩平原及雅鲁藏布江南侧的羊卓雍湖一带有面积不大的内流区域,其余全是外流区域;这条线以西,除新疆北部的额尔齐斯河流域,都是内流区域。内、外流区域的分界线与中国200毫米等雨量线大致相同,因此,它实际上是一条气候和自然景观的分界线。外流区域和内流区域见表5.3.17。

表5.3.17 外流区域和内流区域

流域区域	分界线	占全国总面积	主要大河
外流区域	北段大致沿着大兴安岭—阴山—贺兰山—祁连山(东端)一线;南段沿巴颜喀拉山—冈底斯山一线(与季风区非季风区的界线大体相近)	2/3	流入太平洋:长江、黄河、珠江、松花江、海河、辽河、澜沧江(境外称湄公河) 流入印度洋:雅鲁藏布江(在印度境内称布拉马普特拉河)、怒江 流入北冰洋:额尔齐斯河
内流区域		1/3	流入沙漠或内陆湖泊:塔里木河

中国的内流河多分布在非季风区内,大致集中于4个地区:①内蒙古地区;②甘新地区;③柴达木盆地;④藏北地区。在这些内流河中,甘新地区的气候虽然干燥,但在高山冰雪融水补给下,发育了一些比较长的内流河,如中国最大的内流河塔里木河,水量最大的内流河伊犁河以及黑河、石羊河等。内流河与外流河比较,各自具有不同的特点。外流河和内流河的差异见表5.3.18。

表5.3.18 外流河和内流河的差异

河流类型	概念	河流补给	河流水量	气候影响	河网密度
外流河	直接或间接流入海洋的河流	以天然降水补给为主	河流源远流长,水量丰富;在下流途中有不少支流汇入,水量沿程增多;水量变化随降水而变化	夏季风盛行期,降水多,河流水位上涨,形成汛期;冬季风盛行期,淮河以北河流有结冰期,越北越长	较大
内流河	不能流入海洋、只能流入内陆湖泊或在内陆消失的河流	以山区降雨或高山融雪为主	河流流程短,一般水量较小;支流很少,水量沿程不断减少而且盐分增大;水量主要随气温而变化,冬天气温低时会断流	处在非季风区,降水少,有大面积无流地区,多为季节性河流	很小,或等于零

3. 主要河流

(1)长江。

长江源于青藏高原唐古拉山各拉丹冬雪峰,干流沿途流经青海、西藏、四川、云南、重庆、湖北、湖南、江西、安徽、江苏、上海 11 个省(市、区)。注入东海,为中国最长、年径流量最大、流域面积最大的河流。其中自源头到湖北宜昌为上游,主要流经了中国地势的第一、二级阶梯,接纳了大量支流,水量大增,落差大,水力资源丰富;自宜昌到江西湖口为中游,长江中游流经平原区,接纳了鄱阳湖、洞庭湖、汉江等水系,水量大增,荆江河段九曲回肠,易泛滥成灾;江西湖口以下为下游,下游流经平原地区,河流支流已不多,但由于水量大、地势低平,防洪任务艰巨。

长江的重要支流有:雅砻江、岷江、嘉陵江、乌江、湘江、汉江、赣江等,其中汉江是长江最大的支流。长江流域的大型水利工程有:长江三峡水利枢纽工程、葛洲坝(三峡的上游干流)、丹江口(汉江)、安康、二滩(雅砻江)、龚嘴(岷江支流大渡河)、隔河岩(清江)、五强溪(沅水)、乌江渡(乌江)。

①防洪与灌溉。

长江的防洪与灌溉见表 5.3.19。

表 5.3.19　长江的防洪与灌溉

水灾严重河段	水灾原因	防洪工作	灌溉事业的发展
长江中下游平原地区	长江中下游洪水有 3 个主要来源:宜昌以上的干支流;南面洞庭湖、鄱阳湖水系;北面的汉江。有些年份,流域内普降暴雨,3 股主要洪水来自同一时期,河水猛涨,就会使长江干流出现特大洪水,造成水灾。同时,上中游植被近年来遭到破坏,泥沙淤塞严重,中游许多大湖围湖造田,造成分洪能力减小	加固江防大堤,兴建了一批分洪、蓄洪工程,并重点治理荆江河段;实施了长江上中游造林和水土保持措施;长江三峡水利枢纽工程三峡大坝建成后,形成巨大的水库,滞蓄洪水	目前,流域有效灌溉面积达到 22 600 多万亩,占流域总灌溉面积的 49%

②黄金水道,见表 5.3.20。

表 5.3.20　黄金水道

运输价值	航线建设
①长江航线与铁路运输相比,具有运量大、投资少、成本低等优点 ②长江流域资源丰富,沿江平原和长江三角洲是中国主要农业生产基地之一,干流沿岸有众多的工业城市 ③干流航线与多条南北铁路和京杭运河相交,既沟通了内地和沿海,又联系了南北广大地区	①一方面疏浚长江航道,对滩多流急的川江和“九曲回肠”的荆江进行重点治理,加强沿江港口建设 ②另一方面吸取沿海开放地区经济发展的经验,扩大沿江的对外开放,大力建设沿江经济带

(2)黄河。

黄河发源于青藏高原的巴颜喀拉山北麓,流经9个省级行政区(青、甘、川、宁、内蒙古、陕、晋、豫、鲁),注入渤海,长度与流域面积均居中国第二,但水量很小。内蒙古河口镇以上为上游,黄河上游在青海省境内,流经青藏高原,水量不大,水流平缓,河水清澈;自青海龙羊峡、经甘肃刘家峡至宁夏青铜峡的峡谷段,水能资源丰富;在宁夏、内蒙古境内,黄河流经平缓的地形区,水流平缓,气候干旱,加上宁夏平原、河套平原大量引水灌溉,水量有所减少;河口镇至河南孟津为中游,流经黄土高原,接纳了汾河、渭河等支流,水量增加,特别是河水含沙量大增(90%的黄河泥沙来源于此);孟津以下为下游,流经华北平原,由于长期人工筑堤束水,黄河下游河床高于两岸地面数米,形成"地上河",所以黄河下游沿途水量渐少,支流很少,且易发生洪涝灾害。由于中上游地区用于生产、生活的引水量过大,造成下游河段在春末夏初季节几乎每年发生断流现象。

黄河主要的支流有:上游河段有洮河和湟水,中游河段有无定河、延河、汾河和渭河(其支流有泾河、洛河)等。

①黄河的作用,见表5.3.21。

表5.3.21　黄河的作用

作用	内容
冲积平原	黄河是形成华北平原的主要原因之一,使干旱的宁夏、内蒙古境内形成了具有"塞上江南"美称的宁夏平原和河套平原,这些平原是中国重要的农业地区
水能资源	黄河的上中游多在高山、高原的峡谷中穿行,蕴藏着丰富的水能资源,已陆续建成青海龙羊峡、李家峡,甘肃刘家峡,宁夏青铜峡,河南三门峡、小浪底等大型水利枢纽和水电站
灿烂文化	千百年来,黄河流域的人民在黄河的哺育下,创造了中华民族的灿烂文化

②黄河的忧患和根治,见表5.3.22。

表5.3.22　黄河的忧患和根治

忧患的原因	黄河的根治
黄河出黄土高原,流入平原地区,由于河道变宽、坡度变缓、流速缓慢,大量泥沙沉积河底,使河床逐渐抬高,成为"地上河"。河床不断升高,河水只靠人工筑堤约束,一遇暴雨,河水猛涨,两岸河堤随时随处有决口的危险	黄河之害,在于下游决口改道。究其根源,是大量泥沙入河并在下游河道沉积。所以,治理黄河的关键在于治沙。黄河的泥沙90%来自中游,加强中游黄土高原地区的水土保持是治理黄河的根本。具体措施有:①种草种树,坡耕地退耕还林、还牧,使土石不下坡,清水长流;②修筑梯田,打坝淤地,以减少入河泥沙;③上中游修建水库也是治理黄河的重要措施,修水库不仅可以发电,还可以治沙与防洪,调节黄河径流,如小浪底水利枢纽建成后,发挥了防洪、发电、灌溉、防凌、防淤、养殖、旅游等多种功能;④下游加固大堤,确保堤岸万无一失

(3)珠江。

珠江发源于云贵高原的乌蒙山区,全长2 320千米,流域面积约45万平方千米,流经贵州、广西、广东等省区,最后注入南海,主要支流有右江、左江、桂江、郁江。珠江水系包括西江、东江、北江三大江,西江为珠江的主流。整个水系河道弯曲,水量丰富,汛期长,含沙量小。西江上游红水河段,落差大,水能资源蕴藏丰富且集中。西江上游红水河段实行梯级水力资源开发,建设大型水利枢纽,积极发展航运。

4. 京杭运河

京杭运河具体内容见表5.3.23。

表5.3.23 京杭运河

起、终点	地位	长度	经过省、市	沟通水系	航运量
北京到杭州	世界开凿最早、最长的人工运河	约1 800千米	北京、天津、河北、山东、江苏、浙江	海河、黄河、淮河、长江、钱塘江	浙江、江苏境内的运河段是重要的运输线,年运输量在内河航运中仅次于长江

(二)中国的湖泊

中国的湖泊众多,分布范围广而不均匀,以青藏高原和长江中下游平原分布最为集中。

长江中下游平原湖区,全部为外流湖、淡水湖。鄱阳湖、洞庭湖、太湖、洪泽湖、巢湖为中国五大淡水湖泊,其中鄱阳湖是中国面积最大的淡水湖。

青藏高原湖区是世界上海拔最高的高原湖区,也是中国湖泊分布最为集中的区域,绝大多数属内流湖,为咸水湖和半咸水湖,其中青海湖是中国面积最大的内陆湖(属咸水湖),纳木错为世界上海拔最高的大型湖泊,察尔汗盐湖是中国最大的盐湖。

除天然湖泊,中国还有许多人工湖泊——水库。天然湖泊与水库具有调节气候、调蓄水量、灌溉、航运、养殖、发电、提取化工原料和旅游等多种功能。中国不少湖区风景秀丽,如西湖、太湖、洱海、天池等,都是著名的旅游胜地。

五、中国的自然资源

(一)基本特征

①自然资源总量大、种类齐全。中国是世界资源大国。不仅如此,中国还是世界上少数几个矿种比较齐全的国家之一。

②人均资源占有量不多。

③自然资源形势严峻。由于利用不当、管理不善,自然资源遭到破坏和浪费的现象严重。

中国自然资源在世界中的地位见表5.3.24。

表 5.3.24　中国自然资源在世界中的地位

自然资源	总量在世界的位次	人均值约占世界人均值的几分之几
土地面积	3	三分之一
矿产储量	3	五分之一
耕地面积	4	三分之一
河流年径流量	6	四分之一
森林总面积	6	五分之一

(二)土地资源

1. 特点

①中国土地资源丰富,类型多样。
②山地多,平地少,耕地比重少。
③农业用地绝对数量多,人均占有量少。
④各类土地资源分布不均,土地生产力地区差异显著。

2. 分布

从中国土地资源的空间分布看,耕地主要分布在湿润、半湿润地区的平原、盆地及低山丘陵,北方以旱地为主,南方以水田为主;林地主要分布在东北、西南的深山区和边远地区及东南山地;草地主要分布在内陆干旱、半干旱地区的高原、山地及青藏高原。

中国土地利用中的核心问题是:保护有限的土地资源。

中国土地利用中的基本原则是:因地制宜,合理布局。

3. 主要问题

滥砍滥伐森林引起的水土流失;滥垦草原或过度放牧导致的沙漠化;不合理灌溉引起的土壤次生盐碱化;因乱建设滥占耕地导致的大量农田丧失等。

4. 中国土地的基本国策

基本国策:十分珍惜、合理利用土地和切实保护耕地。

其他对策:依照政策法令管理;做好开源与节流两项工作;加强土地资源的建设与保护。

(三)水资源和水能资源

1. 水资源

(1)特点。

中国是世界上缺水严重的国家之一,人均水资源占有量仅为世界平均水平的1/4。“水”已成为制约中国社会、经济快速发展的瓶颈。造成中国水资源短缺的主要原因,不是总量不足,而是水资源时空分布的不均衡。

(2)分布。

从空间分布看,中国水资源南多北少,东多西少。若将“水资源”与人口、耕地面积结合起来看,中国水土资源配合欠佳。缺水最严重的华北地区,耕地占全国的40%,而水资源仅占全国的6%。这里年降水量在800毫米以下,河流径流量小,更重要的是人口稠密,耕地广大,工农业生产用水量大。从时间变化来看,中国水资源季节变化大,夏秋多、冬春少。

(3)主要问题和对策。

①跨流域调水,以解决水资源空间分布不均的问题,主要引水工程有:引滦入津、引黄济青、南水北调等;②兴修水库,解决水资源季节变化大的问题,如长江三峡工程和黄河小浪底水利枢纽完成后,都在防洪、灌溉及水资源调配方面发挥重大作用;③节约用水,防止水污染,水污染和浪费在一定程度上加剧了用水紧张的状况,要加大污水处理力度,发展节水农业,开展水资源的综合利用,减少或杜绝水的浪费。

2. 水能资源

水电与火电相比,具有清洁、廉价的特点;而且水力发电是可再生资源,可循环使用。

中国地势西高东低,呈阶梯状分布,许多河流在流经阶梯交界处时落差大,水流湍急,水能蕴藏巨大。中国水能资源蕴藏量达6.8亿千瓦,居世界第一位,其中长江水系、雅鲁藏布江、黄河中上游和珠江水系尤其丰富,已开发的水电站,大多分布在长江、黄河和珠江的上游。目前,发电量居前的水电站有二滩、葛洲坝、龙羊峡等,三峡水电站是世界上规模最大的水电站。

(四)矿产资源

1. 特点

(1)矿产资源总量大,种类多。

(2)分布广泛,相对集中。例如,煤、铁、石油产区以北方居多,有色金属矿则南方居多。相对集中有利于大规模开发,形成重要矿产地,但也造成不同地区间资源流通交换的运输负担。

(3)伴生矿多,某些重要矿种(如铁矿)贫矿多、富矿少,增加了开采运输和分选冶炼的难度。三大伴生矿有四川攀枝花钒钛铁矿、甘肃金昌的镍铜矿、内蒙古白云鄂博的稀土铁矿。

(4)矿产资源形势严峻。一方面,人均占有量少;另一方面,采富弃贫,滥采滥挖,破坏环境,破坏矿山,浪费严重,利用率低。

2. 分布

中国能源的储量和产量居第一位的是煤,其次为石油、天然气。

中国的煤60%分布在华北,东北、西北也不少。南方除云南、贵州等少数地区,煤炭资源较少。重要的煤田有:山西大同、阳泉、西山;河北开滦、峰峰;山东兖州;陕西神府;河南平顶山;江苏徐州;安徽淮南、淮北;内蒙古东胜、准格尔、霍林河;辽宁阜新;黑龙江鸡西、鹤岗;贵州六盘水等。

中国大陆上已开发的油田,主要分布在东北、华北。著名的油田有:黑龙江大庆油田、辽宁辽河油田、天津附近的华北油田、山东胜利油田以及中原油田、甘肃玉门油田、新疆克拉玛依油田等。

中国是世界上最早发现和利用天然气的国家之一。中国的天然气主要集中在中西部地区的蒙陕高原、塔里木盆地、柴达木盆地、四川盆地及东部浅海大陆架地区。主要的天然气田有:陕北靖边和内蒙古鄂尔多斯地区的长庆气田(以长庆气田为中心向四周辐射的输气管道);塔里木的轮南(西气东输);柴达木的涩北气田(涩宁兰输气管道);四川的泸州、自贡威远、江油、达川和重庆的涪陵、万州等地(四川盆地环形输气管道);南海的崖城13-1气田(向香港输气管道);东海的平湖气田(向上海输气管道)和春晓气田。

中国金属矿的分布:①铁矿。铁矿是重要的矿产,因为钢铁工业是衡量一个国家工业发展水平的重要特征。中国铁矿资源丰富(居世界第三),但贫矿多,优质富铁矿少。中国铁矿分布广泛,其中以河北、辽宁、四川最多。著名的铁矿有:河北迁安,内蒙古白云鄂博,辽宁鞍山、本溪,湖北大冶,四川攀枝花,安徽马鞍山,海南石碌等。②有色金属矿。中国是世界上有色金属矿产资源最丰富的国家之一,其中稀土、锡、钨、钛、锑、锂、菱镁矿居世界首位。重要的矿山有:铜矿:江西德兴、云南东川、湖北大冶(铜、铁);钨矿:江西大余;锡矿:云南个旧;锑矿:湖南锡矿山;汞矿:贵州铜仁;镍矿:甘肃金昌;稀土矿:内蒙古白云鄂博;金矿:山东招远;铝土矿:贵州修文、山东淄博、广西平果;铅锌矿:湖南水口山、青海锡铁山等。

3. 主要问题和对策

(1)问题:煤炭、石油、电力不足。对策:加强能源基地建设和能源资源的勘探、开发。

(2)问题:乱采滥挖,既破坏环境,又浪费严重。对策:依《中华人民共和国矿产资源法》护矿,综合利用,并研究利用替代性新材料。

(五)海洋资源

1. 特点和分布

(1)渔场形成有利条件。第一,宽浅大陆架,水温适宜;第二,河流注入,带来丰富有机质、营养盐类;第三,寒暖流交汇,也使营养盐类丰富。这样就有利于浮游生物生长,为鱼类提供了充足饵料。

[补充]舟山渔场是中国最大的渔场,一年有两个鱼汛:冬季的带鱼汛和夏季的墨鱼汛。舟山渔场成为中国第一大渔场的原因是:①地处台湾暖流和沿岸冷海流交汇点,鱼的种类多;②长江、钱塘江等河流排放到该海域大量有机物质和盐类,鱼的饵料丰富;③周围岛屿众多,为鱼的生活和繁殖提供了有利条件;④位置适中,地处中国南北海岸线的中心地带。

(2)中国是世界第一大海盐生产国,长芦盐场是中国最大的盐场,苏北沿海、台湾西部(布袋盐场)和海南岛西部(莺歌海盐场)等也是良好的晒盐场所。

[补充]长芦盐场形成的原因是:盐场的分布受地形和气候两方面影响。长芦盐场地处渤海湾西岸,这一带有晒盐的优越自然条件:有漫长、宽广、平坦的泥质海滩;有利于海水蒸发的天气,这里雨季短,春季气温回升快,蒸发旺盛。

(3)中国近海石油丰富,目前已在渤海、东海、南海等部分海域开采出海底石油。此外,海洋水的淡化、海洋能源资源开发、海洋空间资源开发利用的前景也十分广阔。

2. 问题和对策

问题:过度捕捞和近海石油污染。

对策:禁止过度捕捞,做到用养结合;防治海洋污染。

(六)森林资源

(1)基本特点。①宜林地区广,森林树种丰富;②森林覆盖率低(13.9%),林木蓄积量小;③森林资源地区分布不均;④森林资源破坏严重。

(2)主要分布地区。①中国最大林区——东北林区:大、小兴安岭和长白山地,以天然林为主;②中国第二大林区——西南林区:横断山区、雅鲁藏布江大拐弯地区和喜马拉雅山南坡,以天然林为主;③南方林区——台湾、福建、江西等省的山区,以次生林和人工林为主。

(3)七大林业生态工程。“三北”防护林体系、长江中上游防护林体系、沿海防护林体系、太行山绿化工程、平原绿化工程、黄土高原水土保护林工程、全国防治沙漠化工程。

(4)成就。中国人工林面积居世界首位。

(七)草场资源

(1)中国草场资源面积居世界第二位,是中国陆地上面积最大的生态系统。

(2)中国五大草原区。东北草原区,蒙、甘、宁草原区,新疆草原区,青藏草原区,南方草山区。

(3)中国四大牧区。内蒙古牧区(属温带草原,代表畜种有蒙古马、蒙古羊、三河马、三河牛等)、新疆牧区(属高山草甸,主要分布在天山、阿尔泰山区,代表畜种有新疆细毛羊、阿尔泰大尾羊、伊犁马等)、青海牧区、西藏牧区(属高原牧场、高山草甸,代表性畜种有藏山羊、藏绵羊、牦牛等)。

(4)中国草场资源利用现状。生产方式落后,靠天养畜,对草场利用多,建设少;天然草场的单位面积产草量逐年下降,草场退化面积不断扩大,草场沙化和碱化面积增加;草场载畜量越来越少,一些地区已达到饱和状态。

(5)保护措施。加强管理,合理利用天然草场;大力建设人工草场。

六、中国的人口与民族

(一)中国的人口

1. 人口数量

中国第七次人口普查资料显示,全国人口(2020 年)为 14.117 8 亿,约占世界人口的 1/5,是世界上人口最多的国家。人口密度在 147 人/平方千米左右,人口密度远大于俄罗斯、加拿大、美国、巴西等国家。

2. 人口分布

中国人口的空间分布是东南多,西北少;农村人口比重大,城镇人口比重小。中国约有 3 000 多万华侨和华人生活在国外。侨胞的原籍以广东、福建两省最多。

3. 人口特点

中国人口的突出特点是人口基数大,人口增速减缓,老龄化快速发展,劳动力供给下降,所以国家把实行计划生育作为一项长期的基本国策;其主要内容是:控制人口数量,提高人口素质。

4. 人口问题

人是生产者,也是消费者,人口发展必须与社会经济发展速度相适应,与资源利用和环境保护相协调。目前,人口已成了制约中国经济、社会发展的重要因素之一。人口问题的主要表现有:

①出生人口近年不断创历史新低，并仍将继续减少。出生人口主要由生育率和育龄妇女决定。1997 年，中国 20～35 岁主力育龄妇女规模达 1.86 亿峰值，2019 年降至 1.6 亿，2030 年将比 2019 年减少约 28%，2050 年将较 2030 年再减少约 19%。上述情况导致原本应在 2010 年前后出现的第四轮婴儿潮消失。近年出生人口不断创历史新低，2019 年仅为 1 465万，预计 2025 年将降至不到 1 100 万，2050 年、2100 年分别降至 800 万、400 万左右。

②出生人口性别比严重失衡，社会问题凸显。从 1982 年开始，出生人口性别比（女性＝100）严重偏离 103～107 的正常水平，1990 年超过 110，2000 年接近 118，之后一度超过 120，根据第七次全国人口普查数据，中国出生人口性别比为 111.3。2015 年，中国 30 岁及以上未婚男性超 2 000 万，而同龄未婚女性仅约 600 万，预计到 2040 年，30 岁及以上未婚男性将超 4 000 万。

③劳动年龄人口在 2013 年见顶后持续减少，总抚养比不断攀升。中国 15～64 岁劳动年龄人口比例及规模分别在 2010、2013 年见顶。2019 年，中国 15～64 岁人口为 9.89 亿，较 2013 年峰值减少约 1 700 万。预计 2050 年 15～64 岁人口将较 2019 年减少约 23% 至 7.5 亿，占比从 70.6% 降至 59%。并且，随着人口年龄增大，劳动参与率也将逐渐下降，这使得未来进入市场的劳动力规模将更为减少。

④老龄化速度和规模前所未有。2000 年，中国 65 岁及以上人口占比超过 7%，进入老龄化社会。根据第七次全国人口普查数据，中国 65 岁及以上人口比重达到 13.5%，人口老龄化程度已高于世界平均水平。预计中国人口老龄化程度将于 2032 年超过 20%，2050 年、2100 年将分别达 29.6%、40.7%。并且，高龄化问题也将日益突出。2019—2050 年中国 80 岁及以上高龄老人将从约 3 200 万人升至 1.3 亿，占比从 2.3% 升至 10.3%。

（二）中国的民族

1. 民族数量

中国共有 56 个民族，是一个统一的多民族社会主义国家。其中汉族人口最多，占 92%。其他 55 个民族被称为少数民族，其中壮族人口最多，有 1 500 多万人。超过 400 万人的少数民族还有：满族、回族、苗族、维吾尔族、藏族、彝族、土家族、蒙古族等。

2. 民族分布

民族分布的特点是：大杂居、小聚居。

汉族的分布遍及全国，主要集中在东部和中部；少数民族多分布在西南、西北和东北等边疆地区。云南省是中国少数民族最多的省份。

3. 民族政策

中国实行平等、团结、互助的民族政策，各民族不论大小，一律平等。国家尊重少数民族的文化、风俗习惯、宗教信仰等，在少数民族聚居的地区实行民族区域自治（如自治区、自治州、自治县、民族乡等）的政策。国家根据各少数民族的特点和需要，帮助各少数民族加快发展本地区的经济、文化和各项社会事业。

七、中国的农业

（一）种植业

农业是国民经济的基础，广义的农业包括耕作业、林业、畜牧业和渔业。在中国，种植业是农业的主体。种植业受自然条件的影响很大,它一方面要求有适宜耕作的土地,一般要求地形平坦,土壤深厚、肥沃,水源丰富,灌溉便利;另一方面要有足够的供农作物生长所需的光照、热量和水分。世界上农业发展较早、农业发达的地区多分布在降水适中的热带、温带平原地区。中国的种植业区主要分布在湿润、半湿润的东部季风区的平原、盆地和丘陵区。受气候条件的影响,中国南方和北方的农业在耕作制度、农作物种类等方面有明显的差异。

1. 分布

中国种植业的分布见表5.3.25。

表5.3.25　中国种植业的分布

分布	成因	地区差异		粮食生产的重要性	提高粮食产量的主要途径	积极发展多种经营
		北方	南方			
主要分布在半湿润和湿润的平原地区	这些平原地区位于中国季风区,温度和降水条件好,属于半湿润和湿润地区,同时平原广阔,有利于种植业的发展	秦岭—淮河一线以北,主要是旱地,灌溉多采用水浇形式。种植的农作物有小麦、棉花、花生、甜菜等。东北地区一年一熟,华北平原两年三熟或一年一熟	秦岭—淮河一线以南,主要是水田,广泛种植水稻。此外,棉花、油菜、甘蔗等农作物的种植面积也较广,大部分地区一年两熟至三熟	中国人口众多,粮食需求量大。同时,中国是一个自然灾害频繁的国家,对粮食产量影响很大	①珍惜和合理利用每一寸土地; ②采用科学方法种田,提高单位面积的产量和质量	中国的自然条件和土地资源是多种多样的,国家建设和人民生活的需要也是多方面的。因此,要积极发展多种经营。中国农业生产根据不同的自然条件,相应地建成了九大商品粮基地和商品糖、油、棉等基地,在贯彻"决不放松粮食生产"的同时,还要贯彻"积极发展多种经营"和"发展优质、高产、高效农业"的方针

2. 主要的商品性农业生产基地

中国主要商品性农业生产基地的分布见表5.3.26。

表5.3.26　中国主要商品性农业生产基地的分布

基本类型	分布地区
商品粮基地	九大基地:①生产条件和基础好的地区:太湖平原、洞庭湖平原、江汉平原、鄱阳湖平原、成都平原、珠江三角洲;②增产潜力较大的地区:江淮地区;③粮食商品率较高的地区:松嫩平原、三江平原

续表 5.3.26

基本类型		分布地区
商品棉基地		五大基地:江汉平原;冀中南、鲁西北、豫北平原;长江下游滨海、沿江平原;黄淮平原;南疆
油料作物基地	花生	重要性居于首位;主要分布在温带、亚热带的沙土和丘陵地区;山东产量最多
	油菜	是中国播种面积最大的油料作物,主要分布在长江流域。有“北移南迁”的趋向,如黄淮海平原、辽宁、黑龙江及华南地区
	芝麻	主要在河南
	胡麻	西北内陆地区
糖料作物基地	甘蔗	生长习性:喜高温,需水、肥量大,生长期长。台湾、广东、福建、四川、云南、海南是主要产区(热带、亚热带)
	甜菜	生长习性:喜温凉,耐盐碱、干旱,生长期短。主要分布在黑龙江、吉林、内蒙古、新疆4个省区(中温带)
出口商品基地		以进入国际市场为目标,主要分布在太湖平原、闽南三角洲地带、珠江三角洲,种植花卉、蔬菜、水果,发展塘鱼禽畜生产

3. 主要问题与解决途径

粮食生产是中国种植业的主体,在整个农业中占有举足轻重的地位,因为粮食是中国人民最基本的生活资料。中国有14多亿人口,粮食需求量大。目前,中国粮食产量居世界第一位,人均粮食产量达到950斤,同年全球人均粮食产量约712斤。但是,中国人口数量大,耕地面积不断减少,农业自然灾害频繁。因此,发展粮食生产,确保粮食生产的稳定,是关系中国国计民生的头等大事,也是实现农业生产合理布局的关键。

解决中国粮食问题的主要途径是:①要珍惜和合理利用每一寸土地,切实保护耕地;②要实施科学种田,通过改造中低产田提高单位面积产量和质量;③在确保粮食供求“基本平衡”的同时,积极开展多种经营,发展“优质、高产、高效农业”。

(二)牧业

中国的畜牧业可以分为牧区畜牧业和农耕区畜牧业两类。

中国的牧区主要分布在北方半干旱、干旱地区和青藏高原。内蒙古、新疆、青海、西藏是中国四大牧区,著名的优良畜种有内蒙古的三河牛、三河马,新疆细毛羊、宁夏滩羊、藏绵羊、牦牛等。

农耕区畜牧业主要是指农民家庭饲养的猪、牛、羊以及鸡、鸭、鹅等家禽。目前,中国农耕区畜牧业在畜产品生产中占主要地位,中国的猪、牛、羊肉产量居世界第一位。

牧区与农耕区的界线:大体接近400毫米等降水量线。

(三)林业

森林是重要的自然资源,它不仅为人类提供木材、多种原材料、食品、饲料,具有巨大的经济效益,而且具有重要的环境效益。历史上,中国的森林资源十分丰富。由于长期毁林开荒、滥砍滥伐、战争及自然灾害等因素,中国已成为世界上的少林国家。近年来,中国在植树造林和保护天然林方面取得了一些成绩。例如,实行“采伐与抚育更新相结合”的政策、天然林保护工程、退耕还林政策等,使中国成为世界上人工林面积最大的国家。

中国的森林资源主要分布在:

①东北的大、小兴安岭和长白山地,是中国最大的天然林区。

②西南横断山区是中国第二大天然林区。

③东南部的台湾、福建、江西等省山区,以人工林、次生林为主。

中国除了森林,还有多种多样的经济林产品。例如:温带的苹果(主要产于山东、河南、河北、陕西、新疆、辽宁等省);亚热带柑橘(主要产于浙江、福建、江西、四川等省);亚热带的茶叶(产于南方各省山区);南部沿海各省(福建、广东、广西、海南、云南)出产香蕉、荔枝、龙眼、菠萝等水果;海南出产椰子;云南南部、海南岛、雷州半岛是中国天然橡胶的生产基地。

(四)渔业

渔业包括淡水水产业和海洋水产。根据生产方式又可分天然捕捞和人工养殖两类。中国的水产品产量居世界第一位。中国发展水产的水域条件优越,陆地上河湖面积广大,养殖历史悠久;在海洋方面,自北而南,依次有渤海、黄海、东海、南海等广阔水域。水产业分布受自然条件(主要是水域面积)、人口、社会、经济技术等因素的综合影响。

影响中国东南部渔业分布的因素有:

①自然条件。东南部临海,水域宽广,大陆水域的3/4在东南部。

②人口。东南部人口稠密,居民有食鱼的爱好。

③社会经济条件。城市多,交通便利,消费市场广阔。

④技术。水产捕捞、加工的技术水平较高。

八、中国的工业

(一)中国工业概述

中国工业的主要成就有:

①增长速度快。近几十年来,中国的工业增长速度居世界首位,一些主要工业产品的产量跃居世界前列。例如:原煤、钢铁、水泥、布匹的产量居世界第一位;原油、发电量、化肥等也位列世界前茅。

②初步形成了比较完整的工业体系。轻、重工业比较协调,一些新的工业部门,如汽车、飞机、航天、核工业、电子、石油化学等从无到有、由小到大发展起来,填补了中国工业的许多空缺。

③工业布局日趋合理。一方面,沿海地区原有的工业基地得到加强;另一方面,在资源或原料丰富的内地新建了一大批工业城市或工业基地,如山西能源基地、兰州的石油化学工业、四川攀枝花钢铁工业基地、内蒙古包头(白云鄂博)钢铁工业基地、西昌和酒泉卫星发射基地等。

④工业技术水平不断提高。北京、上海已成为中国高新技术产业的核心。珠江三角洲、沪宁杭、京津唐因具备工业基础、科技力量雄厚、高层次知识性人才集聚、交通便利、对

外开放程度高等有利因素，已开始形成高新技术产业带。随着西部大开发战略的实施，中国中西部的武汉、重庆、西安、兰州等地正日益成为中西部地区的高新技术产业中心。

（二）工业分布

1. 能源工业的分布

（1）煤炭工业的分布。

①中国是世界上煤炭产量最多的国家，山西省是中国产煤最多的省。

②煤炭基地：山西大同、阳泉；河北开滦、峰峰；河南平顶山；内蒙古霍林河；黑龙江鸡西、鹤岗；贵州六盘水；江苏徐州；安徽淮北、淮南；陕北和内蒙古交界的神府—鄂尔多斯煤田。

（2）石油工业的分布。

①石油基地：黑龙江大庆是中国最大的石油工业基地；山东胜利油田；河南和山东交界的中原油田；河北华北油田；新疆克拉玛依油田。

②新疆是未来中国石油生产的龙头。

（3）潜力巨大的水能开发地区。

长江、黄河、珠江、澜沧江、松花江的上游。

（4）钢铁工业的分布。

①钢铁工业大多分布在铁矿和煤炭资源丰富的地方，如辽宁鞍山、四川攀枝花、湖北武汉；上海宝钢有靠近市场和便利的海运等条件。

②钢铁工业的分布影响因素：接近铁矿石产地；接近煤炭产地；交通便利；市场广阔。

③北京首钢搬迁到河北省唐山曹妃甸的原因：环境污染大、耗水量大、温室气体排放量大，迁出后减少了北京人口、环境压力，并且优化了北京产业结构。

（5）机械工业的分布。

基地：辽宁、上海—南京、北京—天津。

（6）纺织工业的分布。

纺织工业的门类有棉、毛、丝、麻纺织和化纤；基地有上海、天津、青岛、石家庄、郑州、西安、武汉。

2. 四大工业基地

中国四大工业基地见表 5.3.27。

表 5.3.27 中国四大工业基地

名称	地位	中心城市	有利条件	不足	类型	发展方向
辽中南工业基地	中国最大的重工业基地	以沈阳和大连为中心，包括鞍山、本溪、抚顺、辽阳等工业城市	工业开发早，基础好；丰富的煤、铁、石油等资源；便利的海陆交通运输；广阔的消费市场	淡水资源不足	资源型	发挥重工业基地优势，更新设备，提高产品质量，限制高耗能企业，将成为今后发展的新思路

续表 5.3.27

名称	地位	中心城市	有利条件	不足	类型	发展方向
京津唐工业基地	北方最大的综合性工业基地	北京、天津、唐山	煤、铁、石油、电力等能源资源丰富;海陆交通便利;科技和人才力量雄厚	淡水资源不足	资源型	今后工业发展应重点放在海洋化工、电子、高档轻纺和精细化工等方面
长江三角洲工业基地	中国最大的综合性工业基地	上海、南京、杭州等	水陆交通便利;工业基础雄厚,科技力量水平高;劳动力丰富,素质高;市场和腹地广阔	能源资源不足	市场型	工业产品应向高
珠江三角洲工业基地	以轻工业为主的工业基地	以广州、深圳、珠海为中心,包括珠江三角洲经济开放区各城镇	区位优势:位于中国东南沿海,交通便利;靠近港澳及东南亚,便于引进外资,发展本区工业 人文因素:很多地方是侨乡,便于引进侨资	能源资源不足	劳动密集型	努力开拓国际市场成为该基地今后发展的主要方向

3. 高技术产业的分布

(1)三大高技术产业带。长江三角洲、珠江三角洲、环渤海地区。

(2)四大高技术产业密集区。以中关村科技园区为中心的环渤海高技术产业密集区,以上海高新区为中心的沿长江高技术产业密集区,以深圳高新区为中心的东南沿海高技术产业密集区,以西安—杨凌为中心的沿亚欧大陆桥高技术产业密集区。

九、中国的交通

(一)铁路运输

截至2020年8月,中国铁路营业里程达14.14万千米,其中高铁3.6万千米,居世界第一。根据国家发展改革委发布的《中长期铁路网规划》,到2025年,中国将构筑以“八纵八横”主通道为骨架、区域连接线衔接、城际铁路补充的高速铁路网。其中,“八纵”通道为:沿海通道、京沪通道、京港(台)通道、京哈－京港澳通道、呼南通道、京昆通道、包(银)海通道、兰(西)广通道;“八横”通道为:绥满通道、京兰通道、青银通道、陆桥通道、沿江通道、沪昆通道、厦渝通道、广昆通道。

1. 八纵规划

(1)沿海通道。大连(丹东)—秦皇岛—天津—东营—潍坊—青岛(烟台)—连云港—盐城—南通—上海—宁波—福州—厦门—深圳—湛江—北海(防城港)高速铁路。

(2)京沪通道。北京—天津—济南—南京—上海(杭州)高速铁路,包括南京—杭州、蚌埠—合肥—杭州高速铁路。

(3)京港(台)通道。北京—衡水—菏泽—商丘—阜阳—合肥(黄冈)—九江—南昌—赣州—深圳—香港(九龙)高速铁路;另一支线为合肥—福州—台北高速铁路。

(4)京哈—京港澳通道。哈尔滨—长春—沈阳—北京—石家庄—郑州—武汉—长沙—广州—深圳—香港高速铁路,包括广州—珠海—澳门高速铁路。

(5)呼南通道。呼和浩特—大同—太原—长治—晋城—郑州—襄阳—常德—益阳—邵阳—永州—桂林—南宁高速铁路。

(6)京昆通道。北京—石家庄—太原—西安—成都(重庆)—昆明高速铁路,包括北京—张家口—大同—太原高速铁路。

(7)包(银)海通道。包头—延安—西安—重庆—遵义—贵阳—南宁—湛江—海口(三亚)高速铁路,包括银川—西安以及海南环岛高速铁路。

(8)兰(西)广通道。兰州(西宁)—成都(重庆)—贵阳—广州高速铁路。

2. 八横规划

(1)绥满通道。绥芬河—牡丹江—哈尔滨—齐齐哈尔—海拉尔—满洲里高速铁路。

(2)京兰通道。北京—呼和浩特—银川—兰州高速铁路。

(3)青银通道。青岛—济南—石家庄—太原—银川高速铁路。

(4)陆桥通道。连云港—徐州—郑州—西安—兰州—西宁—乌鲁木齐高速铁路。

(5)沿江通道。上海—南京—合肥—武汉—重庆—成都高速铁路。

(6)沪昆通道。上海—杭州—南昌—长沙—贵阳—昆明高速铁路。

(7)厦渝通道。厦门—龙岩—赣州—长沙—常德—张家界—黔江—重庆高速铁路。

(8)广昆通道。广州—南宁—昆明高速铁路。

(二)公路运输

截至2019年,中国公路总里程已达484.65万千米,高速公路达14.26万千米,居世界第一。《国家公路网规划(2013—2030年)》指出,国家公路网规划总规模40.1万千米,由普通国道和国家高速公路两个路网层次构成。

(1)普通国道网。

由12条首都放射线、47条北南纵线、60条东西横线和81条联络线组成,总规模约26.5万千米。按照“主体保留、局部优化,扩大覆盖、完善网络”的思路,调整拓展普通国道网:保留原国道网主体,优化路线走向,恢复被高速公路占用的普通国道路段;补充连接地级行政中心和县级节点、重要的交通枢纽、物流节点城市和边境口岸;增加可有效提高路网运行效率和应急保障能力的部分路线;增设沿边沿海路线,维持普通国道网相对独立。

(2)国家高速公路网。

由7条首都放射线、11条北南纵线、18条东西横线,以及地区环线、并行线、联络线等组成,约11.8万千米,另规划远期展望线约1.8万千米。按照“实现有效连接、提升通道能力、强化区际联系、优化路网衔接”的思路,补充完善国家高速公路网:保持原国家高速公路网规划总体框架基本不变,补充连接新增20万人以上城镇人口城市、地级行政中心、重要港口和重要国际运输通道;在运输繁忙的通道上布设平行路线;增设区际、省际通道和重要城际通道;适当增加有效提高路网运输效率的联络线。

①首都放射线(7条)。

北京—哈尔滨、北京—上海、北京—台北、北京—港澳、北京—昆明、北京—拉萨、北京—乌鲁木齐。

②北南纵线(11条)。

鹤岗—大连、沈阳—海口、长春—深圳、济南—广州、大庆—广州、二连浩特—广州、呼和浩特—北海、包头—茂名、银川—百色、兰州—海口、银川—昆明。

③东西横线(18条)。

绥芬河—满洲里、珲春—乌兰浩特、丹东—锡林浩特、荣成—乌海、青岛—银川、青岛—兰州、连云港—霍尔果斯、南京—洛阳、上海—西安、上海—成都、上海—重庆、杭州—瑞丽、上海—昆明、福州—银川、泉州—南宁、厦门—成都、汕头—昆明、广州—昆明。

(三) 水路运输

(1)内河航运。

内河航道有11万千米。航运比较发达的航道有长江、京杭运河、珠江、松花江。长江是中国内河航道的大动脉,被誉为“黄金水道”。重庆、武汉、南京、上海是沿岸重要港口。

(2)海洋运输。

中国海上航运分为沿海航运和远洋航运。沿海航运可以分为以大连、上海为中心的北方航区和以广州为中心的南方航区;主要通航有:秦皇岛、天津、烟台、青岛、连云港、南通、宁波、温州、福州、湛江、北海等主要海港,远洋航线可通达世界150多个国家和地区,远洋运输总载重吨位居世界第二位。

(四)航空运输

航空运输已形成以北京为中心的航空运输网,截至2019年底,中国大陆共拥有颁证(民用机场使用许可证)的民用运输机场239个。北京、上海、广州、乌鲁木齐是重要的国际航空港。根据《全国民用运输机场布局规划》,到2025年,建成覆盖广泛、分布合理、功能完善、集约环保的现代化机场体系,形成3大世界级机场群、10个国际枢纽、29个区域枢纽。京津冀、长三角、珠三角世界级机场群形成并快速发展,北京、上海、广州机场国际枢纽竞争力明显加强,成都、昆明、深圳、重庆、西安、乌鲁木齐、哈尔滨等国际枢纽作用显著增强,航空运输服务覆盖面进一步扩大。

十、中国的商业与旅游业

(一)中国的商业

1. 商业中心

商业中心的形成,应具备两个主要条件:一是在它的周围要有一个比较稳定的商品来源区及销售区,也就是服务区;二是要有便利的交通运输条件,便于商品集散。所以,中国的商业中心大多分布在经济发达、人口稠密和交通便利的东部地区。上海是中国最大的商业中心,北京次之。

2. 中国的对外贸易

中国外贸出口商品构成的变化:

①历史上,以出口丝绸、瓷器、茶叶为主。

②新中国成立初期,以出口农产品、矿产品等初级产品为主。

③现在以出口工业制成品为主(占80%以上)。

对外贸易的主要对象是:美国、日本、韩国、西欧和东南亚各国。

主要外贸口岸有:沿海的上海、广州、天津、大连等,以及边境城镇。

中国加入世界贸易组织(WTO)的主要意义:

①当前全球经济成为一个相互依赖、不可分的"地球村经济",中国要发展不能游离于这种联系之外。

②加入WTO,使中国在世界贸易组织中具有发言权,有利于改革国际经济的旧秩序,提高中国在世界贸易格局中的地位。

③可以增强中国与世界各国的经济交流,提高中国企业的现代化和管理水平,增强出口产品竞争,改善出口商品构成等。

(二)中国的旅游业

旅游业是一项综合性的服务行业,具有投资少、收效快、利润高等特点,被称为"无烟工业",成为各国重要的经济部门。旅游业不仅能增加国家和地方的财政收入和创汇,而且能带动工业、农业、建筑、商业、邮电、运输、文化等行业的发展。

中国拥有丰富的旅游资源:

(1)自然风光。长江三峡、桂林山水、安徽黄山、四川九寨沟、湖南张家界、台湾日月潭、杭州西湖、福建武夷山等。

(2)古代文化艺术宝藏。万里长城、秦始皇兵马俑、北京故宫、承德避暑山庄、洛阳龙门石窟、敦煌莫高窟、拉萨布达拉宫等。

(3)革命纪念地。湖南韶山毛泽东故居、井冈山、延安等。

(4)民族风情。壮族的火把节、傣族的泼水节等。

第四节　中国地理分区

一、中国的区域差异

(一)三大自然区的划分

中国地势西高东低,呈三级阶梯状分布;受纬度因素影响,中国年平均气温的分布由南向北递减;受海陆分布的影响,中国年降水量分布从东南向西北方向递减。在中国,气候和地貌是决定自然地理环境差异的两个基本因素,土壤和植被则是反映自然地理环境的两面"镜子"。综合地貌、气候这两大要素,可以把中国的自然地理环境分成三大类自然区,即东部季风区,西北干旱、半干旱区和青藏高寒区。西北干旱、半干旱区与东部季风区之间大致以400毫米年等降水量线为界;青藏高寒区的北部以昆仑山—阿尔金山—祁连山为界和西北干旱、半干旱地区分开,东部约以3 000米等高线与东部季风区为界。

(二)三大自然区的特点

三大自然区的特点见表5.4.1。

表 5.4.1 三大自然区的特点

项目	自然区		
	东部季风区(A)	西北干旱、半干旱区(B)	青藏高寒区(C)
主要地形单元	位于地势二、三级阶梯，主要地形单元有黄土高原、云贵高原、四川盆地、东北平原、华北平原、长江中下游平原和南方低山丘陵	主要包括第二级阶梯上的内蒙古高原、塔里木盆地、准噶尔盆地	在地势第一级阶梯上，主要有青藏高原和柴达木盆地
地形特点	海拔较低，大部分在1 000米以下，东部在500米以下，平原面积广大	海拔较高但差别显著，山地、高原、内陆盆地交错分布	海拔高，平均海拔在4 000米以上；山峰上冰川广布
气候特点	典型季风气候。夏季高温多雨，雨热同期；冬季大部分地区寒冷干燥。降水集中在夏季，湿润程度高	地处内陆且受山地阻挡，夏季风难以到达，为典型温带大陆性气候。降水少，气候干旱；气温年较差、日较差大，多大风	独特的高寒气候。海拔高，空气稀薄，太阳辐射强，冬寒夏凉(气温低)，风力大，冻土广布；高原内部水汽少，降水少
河湖特点	属于外流区，河流为外流河，以雨水补给为主。河流径流有明显季节变化；湖泊较多，为淡水湖；地下水资源丰富	大部分属于内流区，多为内流河，河流水源主要由山地冰雪融水补给为主；湖泊较多，但多为内陆湖和咸水湖	西北部多为内流区，东南部多为大河发源地，以冰雪融水补给为主；湖泊众多，湖泊的海拔高，分布密集，含盐量高
主要外力作用	以流水侵蚀和堆积作用为主，多为流水地貌	以风力侵蚀和堆积作用为主，多为风成地貌	以冻融作用和冰川作用为主，多年冻土和冰川地貌广布
植被土壤类型	植被以森林和森林草原为主；土壤多为在森林植被下发育的土壤；生物种类繁多	植被东部为草原，向西过渡到半荒漠和荒漠；土壤有机质含量低，可溶性盐分含量较高；生物种类比东部季风区少；山地有森林、草甸分布	植被主要为高寒草甸和高寒荒漠，东部和南部山地边缘有森林分布；动物具有耐寒特点；土壤发育程度低，土层薄，土壤贫瘠
主要影响因素	随纬度位置变化的气温状况是决定该区域内部自然区域差异的主导因素	随距离海洋远近而变化的干湿状况是决定该区域内部自然区域变化的主导因素	随海拔高度而变化的水热组合状况是决定该区域内部自然区域变化的主导因素
人类活动	人类对自然界影响广泛而深刻，是中国最主要的农耕区	灌溉农业和绿洲农业。制约人类生产活动的决定性因素是水，由于人类利用不合理，在灌溉农业区造成土壤盐碱化	人类对自然界影响微弱，原始自然状态保存比较完整。人口密度低，以畜牧业为主，在河谷发展河谷农业

(三)三大自然区的内部差异

(1)东部季风区的南北差异,见表5.4.2。

表5.4.2 东部季风区的南北差异

地区	范围	自然环境特征	农业生产特点
东北温带湿润、半湿润地区	南部以积温3 200 ℃等值线为界	平原广布,三面环山;以寒温带、温带季风气候为主,大陆性强;植被为针叶林和针阔叶混交林;分布有肥沃的黑土	一年一熟;以种植春小麦为主;是中国重要的商品粮基地和林业基地
华北暖温带湿润、半湿润地区	南界为秦岭—淮河一线,相当于积温4 500 ℃等值线和最冷月均温0 ℃等温线	以平原和高原为主,地势西高东低;气候为暖温带季风气候,冬季多风沙,春季降水少,形成春旱;植被以落叶阔叶林为主;黄土广布	两年三熟或一年两熟;主要种植冬小麦;作物以旱地耕作为主
华中亚热带湿润地区	南界邻近积温7 500 ℃等值线	地形结构复杂,以山地、丘陵与盆地为主;为湿热的亚热带季风气候;植被以常绿阔叶林为主;土壤肥力较低	一年两熟到三熟;水田耕作为主;水稻是主要农作物
华南热带湿润地区	范围较小,主要包括海南岛、台湾南部、云南南部等地	多为低山丘陵;属于热带季风气候;植被常年青绿	一年三熟;主要发展热带经济作物,如橡胶、可可、咖啡、椰子、油棕等

(2)西北干旱、半干旱区的东西差异。

西北干旱、半干旱地区的降水量,从东到西随距太平洋里程的增加而减少。新疆西部因受到大西洋和北冰洋水汽的影响,降水较多。在干旱气候条件下,地表景观具有明显的干旱特征。但东部和西部差异明显,大致以贺兰山为界。

①东部内蒙古温带草原地区。以高原地形为主,地表坦荡;距海较近,属于半干旱气候,年降水量在150~450毫米,夏季降水占60%。高原上多为内流区,植被以草原为主;气候条件对牧草生长有利,草场面积广,畜牧业发达。

②西北温带及暖温带荒漠地区。地形为山地、盆地相间分布;位居大陆腹地,气候干旱,年降水量在200毫米以下;云量少,光照强;气温年较差、日较差大;河流少,流程短,水量少;植被以荒漠草原及荒漠为主。在山麓地带和盆地边缘,有高山冰雪融水提供灌溉,绿洲农业发达。

(四)中国重要的地理分界线

(1)秦岭—淮河一线是中国东部季风区南、北方的分界线。

秦岭—淮河一线南北差异见表5.4.3。

表 5.4.3 秦岭—淮河一线南北差异

地理特征	秦岭—淮河以北	秦岭—淮河以南
地形	以平原为主,主要地形区有东北平原、华北平原、黄土高原	以高原和低山丘陵为主,主要地形区有四川盆地、江南丘陵、云贵高原、长江中下游平原
气候	温带季风气候。一月均温在 0 ℃以下,年降水量在 800 毫米以下,属于暖温带和中温带半湿润地区	热带和亚热带季风气候。一月均温在 0 ℃以上,年降水量在 800 毫米以上,属于湿润地区
河流	流量较小,汛期较短,流量季节变化较大,含沙量大(东北除外),有结冰期(越往北结冰期越长)	流量大,汛期长,流量季节变化小,含沙量小,无结冰期
植被、土壤	东北为黑土,华北为棕壤	以红壤为主
农业	以旱地耕作为主,耕作制度为两年三熟到一年一熟,主要农作物为:东北地区种植春小麦、玉米、大豆、甜菜;华北地区种植冬小麦、棉花、花生(山东低山丘陵)	以水田耕作为主,耕作制度为一年两熟到三熟,主要农作物为:长江流域种植水稻、油菜、棉花;南方地区种植水稻、甘蔗

(2)大兴安岭是中国北方地区重要的地理分界线。

大兴安岭东西差异见表 5.4.4。

表 5.4.4 大兴安岭东西差异

地理特征	大兴安岭以东	大兴安岭以西
地形、地势	位于中国地势第三级阶梯,为东北平原	位于中国地势第二级阶梯,为内蒙古高原
气候(类型、年降水量)	温带季风气候,季风区,年降水量在 400 毫米以上	温带大陆性气候,非季风区,年降水量在 400 毫米以下
河流水文	外流区,河流以雨水补给为主,流量大	内流区,河流以高山冰雪融水和山地降水补给为主,流量小,为季节性河流
植被与农业	森林植被,以耕作业为主	草原植被,以畜牧业为主

二、四大地区

(一)北方地区

(1)范围。大兴安岭、贺兰山脉、巴颜喀拉山脉以东,秦岭、淮河以北,即中国东部季风区的北部地区。

(2)地形特征。平原面积广大,其中东北平原是中国最大的平原,以黑土为主,多沼泽,北部冻土层厚;华北平原是中国最平坦的平原,主要由黄河、海河、淮河冲积而成,土层深厚;黄土高原是世界上最广、最厚的黄土堆积区,土质疏松,直立性强,地表植被保护差,水土流失严重,沟壑纵横,流经高原区的河流含沙量大。太行山脉两侧地形差异明显,以东为华北平原,以西为黄土高原。

(3)主要地形单元。东北平原(三江、松嫩、松辽)、华北平原、黄土高原、兴安岭山地、长白山地、山东丘陵、辽东丘陵。本区"名山"有:"东岳"泰山(山东)、"西岳"华山(陕西)、"中岳"嵩山(河南)、"北岳"恒山(山西)。

(4)气候特征。以温带大陆性季风气候为主,其中大兴安岭北部为寒温带、长城以北为中温带、黄河中下游地区为暖温带,无霜期 4 ~8 个月,热量条件南北差异大;年降水量 400 ~800 毫米,主要集中在 7 ~8 月,大部分属于半湿润、半干旱区(东北东部及北部山地为湿润区);夏季温暖多雨(东北夏季较短),冬季寒冷干燥(东北冬季漫长、严寒、多积雪,漠河为中国的"寒极");主要灾害性天气有:冬季寒潮,东北地区夏季低温、秋季早霜,华北地区春季干旱、多沙暴,夏季多暴雨。

(5)水文特征。水文特征南北差异大。水量北丰南小,汛期北长南短(东北地区有明显融雪春汛),河流含沙量北小南大,结冰期北长南短。

(6)主要河流。黑龙江及其支流松花江、乌苏里江,黄河(下游为"地上河")及其支流渭河、汾河,海河,辽河,鸭绿江,图们江。

(7)主要湖泊。白头山天池、兴凯湖。

(8)植被。东北地区以针叶林为主(长白山地区为针叶 – 落叶阔叶混交林),黄河中下游地区为落叶阔叶林。

(9)土壤。东北地区黑土分布广泛,黄河中下游地区主要为钙质土。

(10)主导因素。积温自北向南逐渐增大。

(二)南方地区

(1)范围。东部季风区南部,秦岭—淮河以南,青藏高原以东地区。

(2)地形特征。地势东西差异大,主要位于第二、三级阶梯,东部平原、丘陵面积广大,长江中下游平原是中国地势最低的平原,河汊纵横交错,湖泊星罗棋布;江南丘陵是中国最大的丘陵,大多由东北—西南走向的低山和河谷盆地相间分布,"南岳"衡山、庐山、井冈山等众多名山分布其中,南岭地区岩浆岩分布广泛,是中国有色金属矿产的集中分布区;西部以高原、盆地为主,四川盆地(西北部有成都平原)是中国四大盆地之一,素有"紫色盆地"和"天府之国"之称;云贵高原地表崎岖不平,是世界上喀斯特地貌分布最典型的地区,山间"坝子"是当地主要的耕作区;横断山脉和南岭山脉是中国重要的地理分界线,台湾的玉山主峰为中国东南沿海最高峰。

(3)主要地形区。长江中下游平原(江汉、洞庭湖、鄱阳湖、长江三角洲)、珠江三角洲平原、江南丘陵、四川盆地、云贵高原、横断山脉、南岭、武夷山脉、秦巴山地、台湾山脉。

(4)气候特征。以热带、亚热带季风气候为主,积温 4 500 ℃ ~8 000 ℃,热量条件南北差异大,一月份均温在 0 ℃以上,冬温夏热,四季分明(南部沿海和滇南地区一月均温大于 15 ℃,长夏无冬)。年降水量大于 800 毫米(台湾东北部火烧寮年均降水量 6 489 毫米,为中国"雨极"),主要集中在夏半年,雨季由南向北变短。横断山区气候垂直变化大,云贵高原为源于太平洋和印度洋的两类季风的交汇处,冬季昆明静止锋以东阴雨冷湿,以西晴朗温暖。长江中下游地区(宜昌以东,淮河以南,南岭以北)每年6~7月间受江淮静止锋影响,出现梅雨,7~8月在夏威夷高压脊控制下形成伏旱。冬季寒潮和沿海地区夏秋季台风是主要的灾害性天气。

(5)水文特征。水量丰富,汛期长,水位季节变化小(南部沿海河流有明显台风汛);江南丘陵、南部沿海、云贵高原、四川盆地河流落差大,水力资源丰富;长江水系、珠江水系、京杭运河航运价值高;河流含沙量小;无结冰期。

(6)主要湖泊。长江流域为中国淡水湖主要分布区,主要有鄱阳湖(中国最大淡水湖)、洞庭湖、太湖、洪泽湖、巢湖、日月潭等。

(7)主要河流。长江及其支流汉江、洞庭湖水系、鄱阳湖水系、四川盆地向心水系(岷江、雅砻江、乌江、嘉陵江),珠江及其支流西江、东江、北江,钱塘江,淮河,闽江,横断山区水系澜沧江、怒江,浊水溪。

(8)植被。亚热带常绿阔叶林、热带季雨林。

(9)土壤。地带性土壤为红、黄壤和砖红壤性红壤;非地带性土壤有四川盆地的紫色土和农田区的水稻土。

(10)主导因素。东部积温自北向南逐渐增加,西部降水自东向西逐渐减少。

(三)西北地区

(1)范围。大兴安岭、贺兰山以西,昆仑山脉、祁连山脉以北的非季风区。

(2)地形特征。主要位于中国地势第二级阶梯,以高原和盆地为主。内蒙古高原(包括河套平原、宁夏平原、河西走廊)平坦开阔,东部为典型温带草原,中西部多沙漠、戈壁。新疆地形"三山夹两盆",昆仑山脉、天山山脉、阿尔泰山脉都是亚洲中部重要的山脉,山顶终年积雪,山麓草场广大。其中天山山脉横亘中部,把新疆分为南、北两部分,山间多陷落盆地和谷地(吐鲁番盆地、伊犁河谷等),艾丁湖海拔-156米,是中国陆地最低点。南部是中国最大的塔里木盆地,地表景观呈环状分布,"绿洲"是当地主要的农业区。中部有中国最大的塔克拉玛干沙漠,中国最长的内流河塔里木河分布其间。天山以北是中国第二大盆地准噶尔盆地,古尔班通古特沙漠是中国的第二大沙漠。

(3)气候特征。深居内陆,属于典型的温带大陆性气候。冬冷夏热,气温日较差和年较差都很大(吐鲁番盆地是中国的"热极");降水稀少,年降水量少于400毫米,气候干燥(塔里木盆地年降水量少于50毫米,是中国的"干极")。

(4)水文特征。水量小,汛期短,河流含沙量大,多内流河,冰川融水是主要补给水源,有大片无流区。黄河上游落差大,水力资源丰富。

(5)主要河流。黄河、额尔齐斯河(中国唯一流入北冰洋的河流)、塔里木河、伊犁河。

(6)主要湖泊。罗布泊。

(7)植被。内蒙古高原东部是典型的温带草原,内蒙古高原中部以西地区为温带荒漠。

(8)土壤。以漠钙土和灰钙土为主。

(9)主导因素。降水量自东向西减少。

(四)青藏地区

(1)范围。横断山脉以西,喜马拉雅山脉以北,昆仑山脉、阿尔金山脉以南。

(2)地形特征。以高原为主,位于中国地势第一级阶梯。青藏高原是世界上最高、最年轻的大高原,雪峰连绵,冰川广布,平均海拔超过4 000米,世界上海拔超过8 000米的山峰几乎都在该地区。藏南地壳活跃,为两大板块碰撞处,雅鲁藏布大峡谷是世界上最大、最深的峡谷。藏北海拔超过4 500米,地表波状起伏。柴达木盆地是中国地势最高的内陆大盆地。农牧业主要集中在湖盆、河谷地区。

(3)气候特征。海拔高,气温低,昼夜温差大;降水少,地区差异大;太阳光照强,日照时间长。

(4)水文特征。冰川融水补给多,冈底斯山脉以南受来自印度洋季风的影响,水量较大,落差大,水力资源丰富。尤其是雅鲁藏布大峡谷地区,水能开发潜力巨大。

(5)主要河流。长江、黄河等大河的发源地,雅鲁藏布江。

(6)主要湖泊。中国内陆湖泊主要分布区之一,青海湖为中国第一大湖,还有纳木错、色林错等湖泊。

(7)植被。主要以高山草甸为主,藏北有大片寒荒漠群落分布,边缘地区垂直分带明显。

(8)土壤。主要为寒漠土和山地草甸土。

(9)主导因素。地势高。

三、港澳台地区

(一)香港

香港位于广东省珠江中东侧,毗邻广东省深圳市。它由香港岛、九龙和新界3部分及其周围200多个岛屿组成。人口约700万,其中中国血统居民占98%,大部分人祖籍是广东省。香港是重要的转口港,居国际贸易有利位置。香港是世界上进出口船舶最多的商港之一,也是世界信息和金融中心之一。香港人多地狭,工业原料、燃料、副食品、淡水、建筑材料等大部分依靠进口,工业多属加工工业。香港是一个自由港。香港的旅游业也很发达。1997年7月1日,香港回归中国,并设立了香港特别行政区。

(二)澳门

澳门位于珠江口西岸,毗邻广东省珠海市,东隔珠江口同香港相望,它由澳门半岛和氹仔、路环两岛组成。人口60多万,其中中国血统居民占95%以上,祖籍以广东省最多。旅游业是澳门的重要经济来源之一。1999年12月20日,中国对澳门恢复行使主权。

(三)台湾

(1)地理位置与范围。台湾包括台湾岛,以及附近的澎湖列岛、钓鱼岛等许多小岛,面积约3.6万平方千米。台湾岛是中国面积最大的岛屿。

(2)台湾岛约有2/3面积为山地。山地主要分布在台湾岛中部和东部,几条平行山脉作东北—西南走向,纵贯全岛。西部平原宽广。岛上多火山、地震。岛上河流短急,水能蕴藏量大。最长河流浊水溪仅186千米。最大湖泊是日月潭。

(3)丰富的自然资源和主要农产品。①森林:山地森林资源丰富,是中国重要的天然林区之一,也是亚洲有名的天然植物园,其中樟树最著名,樟脑产量居世界首位。②农产品:以水稻、甘蔗、茶叶和香蕉、菠萝驰名。台湾的海域渔产丰富,台湾海峡是优良的渔场。

③矿产资源:山区多金、铜等金属矿产;西部为煤、石油分布区;北部火山有丰富的天然硫黄;西海岸盛产海盐;浅海地区蕴藏有石油和天然气。

(4)工业和旅游业。经济以“进口—加工—出口”型为主,出口商品中纺织、电子电器、食品、石油化工产品占重要地位。旅游业是台湾重要的经济来源。

(5)人口与主要城市。台湾全省人口 2 000 多万,97% 是汉族。他们的祖先绝大部分是很早以前从福建、广东迁移过去的,少数民族主要为高山族。台湾是中国人口密度最大的省份之一,全省人口绝大多数分布在西部平原地区。台北市是台湾最大的城市,高雄是台湾最大的海港。

第六章　区域可持续发展知识

第一节　区域可持续发展概述

一、区域可持续发展的含义

(一)区域的概念

区域是地球表面的空间单位,它是人们在地理差异的基础上,按一定的指标和方法划分出来的。

(二)区域的特征

(1)区域的差异性。区域具有一定的区位特征,以及一定的面积、形状和边界。各个区域之间存在着差异性,而区域内部也存在差异。

(2)区域的可变性。区域界线是相对模糊的,有的区域具有过渡性质,如干湿地区。同一地表空间,人们研究区域的目的不同,所用的方法和指标不同,得到的划分方案就不同,如我国的三大自然区和三个经济地带。

(3)区域的整体性。区域内部的特定性质一致。

(4)区域的层次性。区域既是上一级区域的组成部分,又可以划分为下一级区域。

(三)可持续发展的基本内涵

可持续发展是一个综合的概念,生态、经济、社会的持续发展相互联系、相互制约,共同组成复合系统。可持续发展的基本内涵如图 6.1.1 所示。

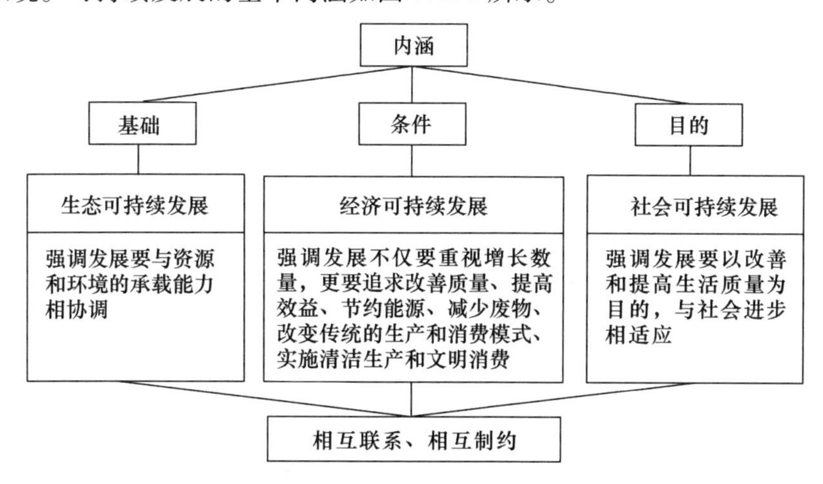

图 6.1.1　可持续发展的基本内涵

、

(四)可持续发展的原则

可持续发展的原则见表6.1.1。

表6.1.1 可持续发展的原则

原则	内容	要求
公平性	资源分配在时间和空间上都应体现公平,包括代际公平和代内公平	人类的发展不应危及其他物种的生存;各国有权根据需要开发本国资源,并保证不对其他国家的环境造成危害;人类需要和子孙后代共享资源和环境
持续性	人类的经济活动和社会发展不应超越资源和环境的承载力	人类应做到合理开发和利用自然资源,保持适度的人口规模,处理好发展经济与保护环境的关系
共同性	全球采取共同行动,建立良好的国际秩序和合作关系	解决全球性环境问题,必须进行国际合作;对于全球共有的资源,需要在尊重各国主权和利益的基础上,制定各国都可以接受的全球性目标和政策

二、地理环境差异对区域发展的影响

不同区域由于地理环境的差异,人们生产、生活的特点有许多不同,区域的发展水平、发展方向等也存在差异。

(一)长江三角洲和松嫩平原地理环境差异的表现

1. 地理位置差异

长江三角洲位于北纬30°附近,地处我国东部沿海地区的中部,长江的入海口;松嫩平原位于北纬43°~48°,地处我国东北地区的中部。

2. 气候条件差异

长江三角洲地处亚热带季风气候区,夏季高温多雨,雨热同期。松嫩平原地处温带季风气候区,虽然也是雨热同期,但大陆性稍强;东面有长白山的阻挡,降水较少;温暖季节短,生长期也较短。总的来说,松嫩平原水热条件的组合不如长江三角洲地区。

3. 土地条件差异

长江三角洲以经过人们长期耕作改造而形成的水稻土为主,松嫩平原黑土分布广泛。水稻土和黑土都是生产力较高的土壤。长江三角洲地区因河网密布,湖泊众多,耕地多为水田,较为分散,加上人口稠密,人均耕地面积低于全国平均水平。松嫩平原的耕地多为旱地,集中连片,而且人口相对较少,人均耕地面积高于全国平均水平。

4. 矿产资源条件差异

长江三角洲地区矿产资源贫乏,而松嫩平原有较丰富的石油等矿产。

(二)长江三角洲和松嫩平原地理环境差异对其区域发展的影响

1. 地理环境对农业生产活动的影响尤为明显

长江三角洲在良好的水热条件基础上,发展水田耕作业,主要种植水稻,此外还有油菜、棉花等作物,一年两熟至三熟。松嫩平原受水热条件的限制,发展旱地耕作业,主要种植玉米、春小麦、大豆等作物,一年一熟。长江三角洲河湖水面较广,水产业较为发达。松嫩平原的西部降水较少,草原分布较广,适宜发展畜牧业。

2. 地理环境也影响其他生产活动

长江三角洲位于我国沿海航线的中枢,又是长江入海的门户,对内、对外联系方便,商业贸易发达。长江三角洲还依托当地发达的农业基础发展轻工业,从国内外运入矿产资源发展重工业,成为我国重要的综合性工业基地。松嫩平原则利用当地丰富的石油资源和周围地区的煤、铁等资源发展重化工业,成为我国的重化工业基地。

三、区域不同发展阶段地理环境的影响

区域地理环境对人类活动的影响不是固定不变的,而是随着社会、经济、技术等因素的改变而改变。长江中下游平原在不同发展阶段,地理环境对农业生产活动的影响就是一个很好的例证。长江中下游平原粮食生产地位的变化见表6.1.2。

表6.1.2　长江中下游平原粮食生产地位的变化

社会阶段	总体地位	区位条件分析
开发早期	开垦困难,限制了耕作业的发展	①水系发达,交通不便;②土质黏重,开垦困难
农业社会	农业迅速发展,成为我国主要粮食产地和桑蚕、棉花生产基地	①水稻单产高;②劳动力充足,可以实现精耕细作;③水热充沛,土地经改造后土壤肥沃;④水运较为发达
工商业社会	耕地减少,粮食地位下降	①人均耕地面积远低于全国平均水平,农业生产规模小;②稠密的水网使耕地破碎,不利于机械化的推广;③粮食商品率较低

第二节　区域生态环境建设

一、荒漠化的防治(以我国西北地区为例)

(一)荒漠化与沙漠化的区别

荒漠化是指发生在干旱、半干旱地区及一些半湿润地区的土地退化,它是气候变异等自然因素与人类过度的经济活动相互作用的产物,主要表现为耕地退化、草场变化、林地退

化而引起的土地沙漠化、石质荒漠化和次生盐渍化。

土地沙漠化是指在干旱、半干旱和部分半湿润地区，由于受自然因素或人类活动的影响，脆弱的自然生态系统平衡遭到破坏，使原非沙漠的地区出现了风沙活动和类似沙漠景观的环境变化过程，以及在沙漠地区发生的沙漠的强化和扩张过程。

（二）西北地区荒漠化的自然地理背景

1. 西北地区概况

（1）位置。大兴安岭以西，昆仑山—阿尔金山—祁连山和长城以北。

（2）范围。包括内蒙古自治区、新疆维吾尔自治区、宁夏回族自治区和甘肃省的西北部。

（3）地形。东部是辽阔平坦的高原，西部是高大的山系和巨大的内陆盆地。

（4）气候。位于非季风区，属于温带大陆性气候，年平均降水量在 400 毫米以下，属于干旱、半干旱地区。

（5）景观。以草原、荒漠为主。

（6）干旱成因。深居内陆，远离海洋，加上高大地形对夏季风的阻挡，水汽难以到达。

2. 西北地区地理环境的内部差异

西北地区地理环境的内部差异（是指西北地区在贺兰山东、西两侧的差异）见表 6.2.1。

表 6.2.1　西北地区地理环境的内部差异

项目	贺兰山以东	贺兰山以西
年降水量	200 毫米以上	200 毫米以下
地区划分	半干旱地区	干旱地区
自然景观	草原、荒漠草原	荒漠、戈壁
农业特色	灌溉农业、草原畜牧业	绿洲农牧业
土地产出和载畜量	自东向西减少	

（三）西北地区荒漠化的成因

1. 自然原因

（1）干旱的自然特征本身就包含着荒漠化的潜在威胁。气候干旱导致本区地表水贫乏，河流欠发育，流水作用微弱，而物理风化和风力作用显著，形成大片戈壁和沙漠；气候干旱导致植被稀少、土壤发育差、地表物质疏松；大风日数多，集中在冬、春季节，为风沙活动提供了动力条件。

（2）气候异常可以使脆弱的生态环境失衡，是导致荒漠化的主要自然因素。西北地区气候干旱，生态脆弱。如果多年持续干旱，就会导致地表植被受损，从而加剧荒漠化现象。

2. 人为原因

(1)人口激增对生态环境的压力加大。

(2)人类活动不当,对土地资源、水资源的不合理利用。西北地区荒漠化的人为原因主要是过度樵采、过度放牧、过度开垦,还有不合理的水资源利用和工矿建设。

(四)西北地区荒漠化防治的对策和措施

1. 荒漠化的危害

荒漠化影响西北地区经济和社会的持续发展,严重威胁当地甚至其他地区人们的生存环境。绿洲地区的盲目开垦和灌溉不当,造成绿洲荒漠化和次生盐渍化。

2. 荒漠化防治的内容

预防潜在荒漠化的威胁,扭转正在发展中的荒漠化,恢复荒漠化土地的生产力。

3. 荒漠化防治的原则

(1)维护生态平衡与提高经济效益相结合。

(2)治山、治水、治碱(盐碱)、治沙相结合。

(3)在现有的经济、技术条件下,以防为主,保护并有计划地恢复荒漠植被,重点治理已遭沙丘入侵、风沙危害严重的地段,因地制宜地进行综合整治。

4. 荒漠化的治理措施

(1)合理利用水资源。在农作区改善耕作和灌溉技术,推广节水农业,避免土壤的盐碱化;在牧区草原减少水井的数量,避免牲畜的大量无序增长;在干旱的内陆地区要合理分配河流上、中、下游的水资源。

(2)利用生物措施和工程措施构筑防护体系。在绿洲外围的沙漠边缘地带进行封沙育草,积极保护、恢复和发展天然灌草植被;在绿洲前沿地带营造乔、灌木结合的防沙林带;在绿洲内部建立农田防护林网,组成一个多层防护体系。在缺乏水源的地区,可利用柴草、树枝或其他材料,在流沙地区设置沙障工程,拦截沙源、固阻流沙、阻挡沙丘前移。

(3)调节农、林、牧用地之间的关系。根据自然条件的差异,做好农、林、牧用地规划。从土地适宜性出发,宜林则林,宜牧则牧。具体做法有:保护防护林;在绿洲边缘地带植树种草,发展林业和牧业;对已经造成荒漠化的地方,应退耕还林、退耕还牧。

(4)采取综合措施,多途径解决农牧区的能源问题。可营造薪炭林,兴建沼气池,推广省柴灶等。

(5)控制人口增长。控制人口增长,提高人口素质,建立一个人口、资源、环境协调发展的生态系统。

(五)我国治理荒漠化的措施和经验

1. 措施

采用生物固沙、沙地飞播造林种草、草方格固沙、小流域综合治理等措施治理荒漠化。

2. 工程

我国政府在西北地区进行生态建设和荒漠化防治,先后实施了“三北”防护林体系建设、天然林保护、退耕还林还草、防沙治沙等多项生态环境治理工程。

二、森林的开发与保护(以亚马孙热带雨林为例)

(一)森林的作用

1. 经济效益

森林是重要的自然资源,为人类提供木材和野生动植物资源。

2. 生态环境效益

森林是不可替代的环境资源,具有调节气候、稳定大气成分、涵养水源、保持水土、繁衍物种、维护生物多样性的作用,还具有净化空气、美化环境、吸烟除尘、防风固沙等环保功效,被称为"大自然的总调度室"。

(二)世界森林现状

世界森林目前遭受严重破坏,数量急剧减少。森林的破坏导致全球气候失调、生态环境恶化、自然灾害频发、生物多样性锐减等。现有原始森林集中分布在亚寒带针叶林和热带雨林地区,其中亚马孙热带雨林是地球上现存面积最大、保存比较完整的热带原始森林。

(三)热带雨林的地位及特征

1. 热带雨林的分布

热带雨林分布在赤道南、北两侧,在大陆向风地带可以伸展到南北纬15°~25°,集中分布在东南亚地区、非洲刚果河流域和南美洲亚马孙河流域三大地区。

2. 热带雨林的地位

热带雨林具有全球环境效应,可调节全球气候,维护全球生态平衡。热带雨林的作用如下。

(1)调节全球大气中的碳氧平衡,被人们称为"地球之肺"。

(2)促进全球水循环,调节全球水平衡。

(3)热带雨林是全球最古老的植物群落,是世界生物基因宝库。

3. 热带雨林生态的特征

(1)热带雨林生态的优越性。

热带雨林地区气候条件优越,生物量巨大,生产力高。

(2)热带雨林生态的脆弱性。

热带雨林生态系统生物循环旺盛,植被生长所需养分几乎全部储存在地上的植物体内,土壤十分贫瘠。热带雨林一旦被毁,地表养分将迅速流失,土壤肥力会急剧下降,地表植物将很难恢复,被称为"长着森林的绿色沙漠"。

(四)热带雨林被毁的原因

1. 根本原因

热带雨林被毁的根本原因是:当地发展中国家的人口增长和贫困,以及由此产生的发展要求;发达国家的无限度需求及跨国投资开发。

2. 直接原因

热带雨林被毁的直接原因是人类的过度开发。具体原因如下。

(1)为获得更多的粮食,过度发展迁移农业。

(2)进行采矿、修路和城镇建设,为不断增长的人口和移民提供土地和就业机会。

(3)为偿还债务,进行商业性伐木,出口木材来换取外汇。

(4)开辟大型农牧场,以转让土地、出口肉牛和热带经济作物的方式获取经济收益。

(五)热带雨林的保护措施

(1)加强环境教育,提高公民的环保意识。

(2)设立国际基金,使当地从管理和保护中获益。

(3)加强热带雨林的管理和保护,建立自然保护区。

(4)鼓励保护性的开发方式,如发展雨林观光、生态旅游等。

(5)将森林选择性采伐与更新造林相结合。

(6)加强热带雨林缓冲区的建设,减少移民进入热带雨林区的机会。

第三节 区域自然资源综合开发利用

一、能源资源的开发(以我国山西省为例)

(一)能源

1. 能源的概念

能为人类社会生产和生活提供动力的自然资源称为能源。

2. 能源的分类

(1)可再生能源。太阳能、水能、风能、生物能、地热能、潮汐能等。

(2)非可再生能源。煤、石油、天然气、核燃料等。

(二)山西省煤炭资源的开发

1. 开发条件

(1)煤炭资源丰富,开采条件好。

(2)市场广阔。

(3)位置适中,交通比较便利。

2. 山西省煤炭开发面临的问题

(1)煤炭外运能力不足。

(2)水资源短缺。

(三)能源基地建设

为了充分发挥本省的煤炭资源优势,山西省大力进行煤炭基地的建设,且加强了煤炭的综合利用。具体措施如下。

(1)扩大煤炭开采量,形成大同、平朔、西山、沁水、霍西、河东等大型煤炭生产基地。

(2)提高煤炭外运能力,逐步形成以铁路运输为主、公路运输为辅的煤炭外运路网体系。

(3)加强煤炭的加工转换,一方面,建设坑口电站,使电力生产能力明显提高,变输出煤为输出电力;另一方面,发展炼焦业,为冶金工业发展提供能源,并向外输出焦炭。

(4)加强能源的综合利用,将以煤炭开采业为主的单一结构转变为以能源、冶金、化工、建材为主的多元结构,实现产业结构的升级,提高能源的综合利用程度和附加价值。

(四)环境的保护与治理

山西省在进行煤炭资源开发的过程中,对环境造成了不利影响。为了实现区域的可持续发展,山西省逐步注重对环境的保护和治理,具体措施如下。

(1)围绕煤田的露天开采区、居民点和主要交通线建设区,通过工程及生物措施,结合土地的复垦,充分利用厂矿的人力、财力和科技优势,建立集约经营的高效蔬菜、水果及肉蛋奶生产基地。

(2)以技术创新为先导,改变传统的煤炭资源开发利用模式,提高煤炭的综合利用技术和废弃物利用技术,治理“三废”,推进清洁能源产业的发展。

(3)调整产业结构。一方面,对原有重化工业进行调整,使其产品向深加工、高附加值方向发展;另一方面,大力发展农业、轻纺工业、高新技术产业和旅游业,降低重化工业比重。

二、流域的综合开发(以美国田纳西河流域为例)

(一)田纳西河流域开发的自然背景

1. 河流概况

田纳西河位于美国东南部,是密西西比河支流俄亥俄河的一条流程最长、水量最大的分支,发源于阿巴拉契亚山的西坡,在肯塔基市附近注入俄亥俄河。

2. 流域开发的自然背景

田纳西河流域开发的自然背景见表6.3.1。

表6.3.1 田纳西河流域开发的自然背景

自然因素	特征	对流域的影响
地形	多山,地形起伏大	陆路交通不便,需发展河流航运;蕴藏丰富的水能
气候	温暖湿润的亚热带气候	流域内光热资源、水资源较丰富,利于农业发展
	冬末春初多降水,夏、秋季降水相对较少	河流流量不稳定;降水多的季节与农作物的需水季节不同期,限制农业的发展
河流	水系发达,支流众多,水量丰富	河流大部分可通航,可通过密西西比河其他支流通往全国大部分地区
	河流落差大,水量不稳定	不利于航运的发展

续表 6.3.1

自然因素	特征	对流域的影响
矿产	矿产丰富,有煤、铁、铜、锌、云母等	利于能源工业、钢铁工业、有色冶金工业的发展

(二)流域的早期开发及其后果

自 19 世纪后期,流域内人口激增,人们开始对流域内的资源进行大规模的掠夺式开发,产生了一系列生态环境问题和发展问题。具体内容见表 6.3.2。

表 6.3.2　田纳西河流域早期开发造成的后果

问题	表现	原因及影响
生态环境问题	土地退化	长期种植棉花造成土地退化
	植被破坏	垦殖和开矿造成植被破坏、水土流失严重、生态环境恶化
	环境污染	炼铜企业大量排放高浓度的二氧化硫,形成酸雨,污染土壤和水体,使许多生物消失
社会问题	20 世纪 30 年代初,生态环境的恶化使田纳西河流域成为美国最贫困的地区之一	

(三)流域的综合治理

1933 年,美国针对早期开发所带来的问题,开始对田纳西河流域进行综合开发和治理,成立了田纳西河流域管理局(TVA)。TVA 主要负责田纳西河流域的统一开发和管理。

1. 治理的核心

田纳西河流域综合治理的核心是河流的利用与治理,即结合流域的具体特征,对资源进行综合开发和利用。

2. 综合治理措施

(1)在田纳西河的干、支流上修建水坝,进行分级开发利用,实现了防洪、发电与航运的作用。

(2)建立了一大批公园、野生动物管理区、风景区、宿营地和俱乐部,以及规模宏大的教育中心,大力发展旅游业。现在旅游收入已成为该地的重要收入来源。

(3)留出大面积土地用于生态恢复,建立自然保护区。

(4)调整农业、林业和牧业结构,实行退耕还林,退耕还牧,提高了森林覆盖率,增加了草地面积。

(5)对采矿区的土地生态进行恢复和治理。

(四)田纳西河流域综合开发和治理的经验借鉴

从田纳西河流域综合开发和治理的过程中可借鉴一些宝贵的经验,总结如下。

(1)设置专门的开发机构,健全法规,完善管理。

(2)因地制宜地选择流域开发重点,形成各具特色的开发模式。

(3)不断加大开发力度,提高流域开放度。招商引资,扩大对外贸易,加强对外交流。

(4)注重社会经济效益和生态环境效益的统一。提高环境质量,开发旅游资源。

第四节 区域发展

一、区域农业发展(以我国东北地区为例)

(一)我国区域农业的发展

1. 东北地区的范围

该地区位于我国的东北部,包括黑龙江、吉林、辽宁三省及内蒙古自治区的东部。

2. 东北地区农业发展的条件分析

(1)自然因素。

①气候条件。

大部分位于湿润、半湿润的温带季风气候区,气温冬季寒冷、夏季温暖,无霜期短;降水多集中于夏季,雨热同期。热量和水分基本可满足一年一熟作物需要,但不利条件是容易受到低温冷害的影响。

②地形条件。

山环水绕:有“三山脉”(小兴安岭、大兴安岭、长白山)和“三平原”(三江平原、松嫩平原、辽河平原),西部高原、东部和东北部平原为农业多种经营提供了条件。

③土壤条件。

沃野千里:黑土、黑钙土广泛分布,土层深厚,有机质含量高,有利于农业生产。黑土主要是在半湿润地区草原草甸植被下发育的,主要分布在松嫩平原、三江平原,一般厚度为30~70厘米。

(2)社会、经济因素。

①工业基础。

我国重要的工业基地,基础良好,农牧兴工、共促农牧。

②交通。

交通发达,对外联系方便,发展外向型农业。

③历史。

开发历史较晚,人口密度较小,有利于绿色农业和大农业的发展。

(3)科技因素。

与周边国家相比,东北地区在农产品、农业种植技术等方面具有明显优势。

3. 农业布局特点

区域的自然条件决定了适合该区域的农业类型,但最终还要根据区位条件、社会经济条件和市场需求进行农业布局。

（1）三大农业生产区域的划分依据。

气候、地貌、植被和土壤等农业生产自然条件的差异及农业生产方式的不同。

（2）主要农业生产区域。具体内容见表6.4.1。

表6.4.1　主要农业生产区域

<table>
<tr><th colspan="3">农业生产地域</th><th>主要分布区</th><th>自然条件</th></tr>
<tr><td rowspan="4">耕作农业区</td><td colspan="2">小麦区</td><td>北部，松嫩平原、三江平原北部最集中，由南向北逐渐增多</td><td rowspan="4">热量和水分条件基本上可以满足一年一熟作物的需求；平原广阔，地势平坦，土壤肥沃，有机质含量高</td></tr>
<tr><td colspan="2">水稻分布区</td><td>辽河、松花江流域的大型灌区，东部山区的河谷盆地</td></tr>
<tr><td colspan="2">玉米带</td><td>分布非常普遍，以松辽平原最为集中，由南向北种植比例逐渐减少</td></tr>
<tr><td colspan="2">大豆产区</td><td>北部，由南向北逐渐增多</td></tr>
<tr><td rowspan="5">林业和特产区</td><td colspan="2">林业区</td><td>大、小兴安岭和长白山区</td><td rowspan="5">周围山环水绕，森林资源丰富，温度低，树木成材的时间长，病虫害少</td></tr>
<tr><td rowspan="4">特产区</td><td>珍贵药材区</td><td>长白山区</td></tr>
<tr><td>苹果梨产区</td><td>延边</td></tr>
<tr><td>柞蚕茧产区</td><td>辽东低山丘陵和半岛丘陵区</td></tr>
<tr><td>苹果产区</td><td>辽南</td></tr>
<tr><td rowspan="2">畜牧业区</td><td colspan="2">放牧畜牧业区</td><td>西部高原（三河马和三河牛）、松嫩平原西部（东北红牛）、部分林区草地</td><td rowspan="2">地势平坦，降水较多，是优质草原牧场；拥有众多的优良牧畜品种；但草类干枯期长，影响畜牧业的发展</td></tr>
<tr><td colspan="2">舍饲养畜业区</td><td>广大农区</td></tr>
</table>

4. 东北商品粮基底生产特点

（1）大规模机械化生产。东北地区地形平坦，农场经营规模大，有利于推广先进技术，实现机械化生产。

（2）地区专业化生产。在地理条件内部分异的基础上，东北商品粮基地已经形成了粮食作物的地区专业化生产。

5. 东北农业的可持续发展

（1）存在的问题。

①农业生产比较粗放，耕地破坏严重（盲目开荒的后果）。

②林地和草地的比重下降，资源利用失调（主要原因有乱砍滥伐、重采轻育、开荒、火灾、虫害等）。

③开垦沼泽地（三江平原是我国最大的沼泽分布区），破坏了湿地环境。

④农产品质量和品种不适应市场要求，农业内部结构不尽合理。

⑤水土流失严重。肥沃的黑土流失，造成土地生产力下降，同时引发生态问题。

（2）应对措施。

①调整农业与农村经济结构。

②推进农业产业化进程。

③加强农业基础设施建设,改善农业生产条件。

④加快农业技术的应用和推广。

⑤改善农业生态环境,促进农业的可持续发展。

(3)东北地区不同区域的农业发展方向与重点。具体内容见表6.4.2。

表6.4.2 东北地区不同区域的农业发展方向与重点

农业区域	发展方向	发展重点
平原区	面向国内大宗农产品需求市场,继续强化商品粮、豆等大宗农产品的生产	①发展适应加工需要的优质、专用品种,提高产品质量和竞争力;②加快发展农产品加工业,促进粮食转化,延长产业链;③建设绿色食品基地
西部高原区	大力发展生态农业和舍饲畜牧业	①强化人工草地建设,发展草业经济;②推动退耕、退牧和围栏限牧工程的顺利实施,发展集约化草食性畜牧业
山区	发展特色农业和特色产品配套加工业	以特色经济作物为主,实现由原料型生产向原料及产品加工并举的转变

(二)我国商品农业的可持续发展

1. 商品农业的可持续发展方向

我国商品农业的可持续发展应着重注意以下几个方面。

(1)调整农业结构和农村经济结构。

根据当地的实际条件合理安排农、林、牧、副、渔业的比重,各产业要全面;重视发展第二、三产业,增加农民收入。

(2)推进农业产业化进程。

积极推进以农畜产品深加工为主的龙头企业建设,延长产业链,提高农畜产品附加值,加快农村经济发展。

(3)加强农业基础设施建设,改善农业生产条件。

改良不利于农业耕种和易受旱涝灾害威胁的土地,改善水源灌溉条件,建设高产、稳产的基本农田。

(4)加快农业技术的应用和推广。

依靠科技,完善农业科技推广体系,提高农民的文化素质,增加农产品的科技含量,提高农产品的市场竞争力。

(5)改善农业生态环境,促进农业的可持续发展。

通过一系列措施,治理土地污染、水土流失、土地荒漠化、盐渍化以及林木乱砍滥伐等现象,为农业的可持续发展创造优良的生态环境。

2. 我国某些区域的特色农业

我国某些区域的特色农业见表6.4.3。

表 6.4.3 我国某些区域的特色农业

区域	特色农业	形成条件	
		自然条件	社会经济条件
珠江三角洲	出口创汇农业	水热充足,自然条件优越	邻近港、澳、台地区,港口、铁路和航空等交通发达,农业生产技术水平高
南疆	我国最大的棉花生产基地	光照充足,土地资源丰富,山麓地带有高山冰雪融水可供灌溉	当地种植长绒棉历史悠久,市场对长绒棉需求大
海南岛	我国热带经济作物生产基地	地处热带,热量和降水条件可满足热带经济作物的生长	市场尤其是国内市场对橡胶等热带经济作物的需求量大
昆明	花卉种植业	四季如春	国内市场对花卉的需求量大

3. 以限制性因素看我国主要农业区的发展思路

(1)青藏地区。海拔高、气温低——热量不足——河谷农业。

(2)西北地区。深居内陆、降水少——水源不足——灌溉农业。

(3)东北地区。纬度高、气温低——热量不足——避开农业低温期。

(4)西南地区。地形崎岖、平地少——地势起伏大——坝子农业。

(5)东部季风区。季风不稳定——水旱灾害频发——修建水利工程。

(三)美国的农业布局及可持续发展的对策

1. 美国主要的农作物带及发展条件

美国主要的农作物带及发展条件见表6.4.4。

表 6.4.4 美国主要的农作物带及发展条件

农业带	分布	发展条件
乳畜带	美国东北部、沿五大湖各州	气候湿冷,土地贫瘠,不适宜谷类作物的生长;本区有美国最大的工业区,城市众多,人口多,是乳制品的巨大消费市场
小麦带	美国中部和北部	地形平坦、土壤肥沃,温带大陆性气候,降水较少,适宜小麦的生长;北部是春小麦,中部是冬小麦
玉米带	乳畜带以南地区,中央大平原中北部	地形平坦,土壤肥沃,降水适中,无霜期较长,适宜玉米的生长;玉米带也是大豆的产区
棉花带	东南部35°N以南	热量充足,光照丰富
水果和灌溉农业区	太平洋沿岸和地中海气候区	夏季高温少雨,有利于水果糖分的积累

续表 6.4.4

农业带	分布	发展条件
畜牧业和灌溉农业区	西部落基山脉和高原盆地	地广人稀，草场广阔
混合农业带	玉米带以南、棉花带以北的狭长地带	气候、地形类型多样
亚热带作物带	墨西哥湾沿岸	水热充足

2. 美国农业可持续发展的政策

美国农业可持续发展的政策见表 6.4.5。

表 6.4.5　美国农业可持续发展的政策

政策	核心内容
限耕政策	分配和限制农场主生产某些农产品的最大面积
休耕政策	对生产严重过剩的农产品所使用的耕地实行休耕
补贴政策	实行农产品价格补贴和农作物灾害保险补贴政策
农业生态环境保护政策	扩大农地、草地、湿地等保护面积，加大对耕地保护、水利设施等方面的投资，以改善土壤状况和环境保护质量

二、区域工业化和城市化(以我国珠江三角洲地区为例)

(一)区域工业化和城市化的关系

工业化是指工业(特别是其中的制造业)或第二产业产值在国民生产总值中所占比例不断上升的过程，以及工业就业人数在总就业人数中所占比重不断上升的过程。

工业化和城市化是推动区域经济社会发展的主要动力。区域工业化必然带来城市化，城市化促进工业化。

(二)珠江三角洲地区的位置和范围

(1)位置。由东江、北江、中江冲积而成，位于我国西南部，毗邻香港、澳门，靠近东南亚。

(2)范围。我国广东省提出的“珠江三角洲经济区”，包括广州、佛山、肇庆、珠海、中山、江门、深圳、东莞、惠州 9 个城市。

(三)珠江三角洲地区工业化和城市化水平提高的区位因素

(1)发达国家和地区的产业结构调整。第二产业所占比重不断下降，第三产业所占比重不断上升;工业内部,劳动密集型和资源密集型产业所占比重不断下降,技术密集型、知识密集型产业所占比重不断上升。

(2)国家的对外开放政策。国家给予许多优惠政策,使珠江三角洲地区优先于其他地区吸引外资。

(3)良好的区位条件。位于我国南部沿海,毗邻香港、澳门,靠近东南亚;发挥劳动力丰富、地价低廉的优势,就近接受港澳产业的扩散,利用港澳贸易渠道,大量出口商品。

(4)全国最大的侨乡之一。

(四)珠江三角洲地区工业化与城市化的推进

1. 工业化推进的两个阶段

珠江三角洲地区工业化推进的两个阶段见表6.4.6。

表6.4.6 珠江三角洲地区工业化推进的两个阶段

项目	第一阶段	第二阶段
时间	1979—1990年	1990年以后
优势	优惠政策、劳动力、土地	工业实力大为增加
劣势	工业基础薄弱,矿产资源贫乏	政策优势已不明显,劳动力成本低的优势逐渐丧失
背景	发达国家和地区产业结构调整	世界经济全球化、信息化蓬勃发展,发达国家和地区新一轮的产业结构调整
主导产业	劳动密集型产业	高新技术产业
发展速度	较慢	较快
在全国的地位	一些生产、生活消费品的工厂迅速成为国内同类产品的主要生产厂家	2002年,电子信息产业产值占全国的1/3,成为全国最大的电子信息产业基地
存在的问题	外商投资规模相对较小,吸引外资额增长较慢,工业增加值的增长相对较慢	对外资的吸引力下降,工业化与城市化的后劲不足,支撑产业升级的动力正在减弱

2. 城市化的推进

城市数量猛增,城市规模扩大,城市人口比重逐步提高,使珠江三角洲地区成为我国城市分布最为密集的地区之一。

(五)珠江三角洲地区和长江三角洲地区发展条件的比较

一个区域工业化、城市化的条件,一般可从国家政策、资源和能源条件、交通运输条件、区位条件、劳动力条件、技术条件等方面进行分析。20世纪90年代以来,珠江三角洲地区和长江三角洲地区工业化和城市化都得到长足发展,但发展条件明显不同。具体内容见表6.4.7。

表 6.4.7　珠江三角洲地区和长江三角洲地区发展条件的比较

项目	长江三角洲地区	珠江三角洲地区
发展历史	历史悠久、工业基础雄厚	起步晚、发展快
工业中心	上海、南京、杭州	广州、深圳、珠海
工业部门	轻型及精密机械、轻纺、电子、化工	多种加工工业和制造业
国内腹地	大	小(受南岭影响)
产业基础	强	弱
科技实力	强	弱
人才队伍	大	小

(六)不同区域工业化、城市化道路的差异

我国的城市化水平在改革开放后有了明显提高,主要表现为:城镇人口占总人口的比重上升、城市数量增多以及城市用地规模的扩大等,但城市化的主要推动力并没有差异,不同地域表现也不尽相同,大致可归纳为以下几种模式,见表 6.4.8。

表 6.4.8　不同区域工业化、城市化道路的差异

模式	主要推动力	过程
珠三角模式	工业化	对外开放→外资企业建立→工业化→城市化
温州模式	工业化	小商品经营→个体私营企业→工业化→城市化
东北模式	工业化	资源开发→国有大中型企业→工业化→城市化
苏南模式	工业化	靠近大城市→大城市扩散→乡镇企业发展→工业化→城市化
云南德宏模式	边境贸易发展	边境贸易发展→城市化

第五节　区际联系与区域协调发展

一、资源的跨区域调配(以我国西气东输为例)

(一)资源跨区域调配的背景

资源跨区域调配是在经济、社会发展必需的前提下进行的,根本原因是资源生产与消费的地区差异,而且已经对经济、社会发展产生了重大影响。因此,资源跨区域调配的背景分析往往从资源调入地区和资源调出地区的经济、社会发展条件与资源配置状况入手。具

体内容见表6.5.1。

表6.5.1　资源跨区域调配的背景

地区	经济、社会发展与资源配置	西气东输工程
调出区	①资源储量丰富；②资源产量（或潜在产量）巨大；③区内经济社会发展所需的资源消费量远小于资源生产量，能够满足输出	西部地区天然气储量巨大，但西部地区经济发展水平较低，天然气消费量小，天然气资源得不到充分开发利用，资源优势难以转化为经济优势，发展水平提高较慢
调入区	①经济发达，资源消费量大；②区内资源储量小或资源产量远远难以满足资源消费需求；③资源问题制约了经济、社会的长远发展	东部地区天然气储量小，经济发达，能源消费量大，而其他能源生产无法满足发展需要，制约经济发展。同时，以煤为主的能源消费结构造成严重的环境问题

（二）西气东输概况

1. 概况

西气东输是指将新疆塔里木盆地的天然气用管道送往能源短缺的长江三角洲地区的天然气输送工程。西起新疆轮南，东到上海，全长4 200千米，途经新疆、甘肃、宁夏、陕西、山西、河南、安徽、江苏、上海9个省（区、市），跨越塔里木盆地、内蒙古高原、黄土高原、华北平原、长江中下游平原等几个大的地形区以及黄河、淮河、京杭大运河、长江等水系。西气东输工程于2004年12月30日正式投入商业运营，设计年输气量120亿立方米。

2. 西气东输工程对东西部社会经济发展和生态环境的影响

（1）对社会经济的影响。具体内容见表6.5.2。

表6.5.2　西气东输工程对社会经济的影响

影响	西部地区	东部地区
资源开发与经济建设	将资源优势转化为经济优势，使之成为当地一个新的经济增长点	缓解能源短缺，优化能源消费结构，促进东部地区经济发展
产业结构调整	促进当地天然气产业向深加工、高附加值方向发展	推进天然气化工、发电等产业的发展
基础设施建设	推进天然气勘探开发和管道等基础设施建设，增加就业机会，并加强拉动相关产业的发展，形成一条新的经济增长带	进行西气东输工程的配套建设，将极大带动东部地区基础设施建设

(2)对生态环境的影响。具体内容见表6.5.3。

表6.5.3　西气东输工程对生态环境的影响

影响	西部地区	东部地区
有利影响	促进西部能源结构的改善,在沿线农村推广使用天然气可减少农村对薪柴的需求,缓解植被破坏带来的环境压力	改变以煤为主的能源消费结构,提高清洁能源的使用比例,有利于改善东部地区的大气质量
不利影响	输气管道线路长、规模大、施工方式多样,途径地区地貌类型复杂,植被稀疏,生态环境脆弱,容易造成破坏	

(3)西气东输二线工程。

西气东输二线工程西起新疆霍尔果斯口岸,南至广州、香港,东达上海,途经新疆、甘肃、宁夏、陕西、河南、湖北、江西、湖南、广东、广西、浙江、上海、江苏、安徽14个省(区、市),包括1条干线和8条支干线,工程总长8 704千米。主干管道西起新疆霍城县霍尔果斯首站,南达香港末站,干线霍尔果斯至广州段全长4 978千米,设计输气能力300亿立方米/年。

(4)西气东输三线工程。

西气东输三线工程,路线为从新疆通过江西抵达福建,把中亚和中国西北部的天然气输往能源需求量庞大的中部、东南地区。西气东输三线工程途经新疆、甘肃、宁夏、陕西、河南、湖北、湖南、江西、福建、广东10个省(区),总长度约为7 378千米,设计年输气量300亿立方米。西气东输三线工程是横贯我国东西两端的能源大通道,西接中亚能源,东至海上丝绸之路起点之一的泉州、郑和下西洋开洋的起点长乐。主供气源为土库曼斯坦、乌兹别克斯坦、哈萨克斯坦3国,是我国首条多国进口气源天然气管道。

二、我国其他资源跨区域调配工程

(一)南水北调

1. 概况

南水北调工程就是把长江流域的水,调往华北和西北。目前在长江下游、中游、上游规划了3个调水区,形成了东线、中线、西线3条调水线路,与长江、淮河、黄河和海河相互连接,构成“四横三纵”的总体格局。

2. 东、中、西3条调水路线对比分析

东、中、西3条调水路线对比分析见表6.5.4。

表6.5.4　东、中、西3条调水路线对比分析

调水路线	东线	中线	西线
起点	扬州	丹江口水库	通天河、雅砻江和大渡河
终点	天津、烟台、威海	北京、天津	黄河上游

续表 6.5.4

调水路线		东线	中线	西线
方案设计		从长江下游扬州附近抽引长江水,利用京杭大运河及与其平行的河道逐级提水北送,并连接起调蓄作用的洪泽湖、骆马湖、南四湖、东平湖。出东平湖后分两路输水:一路向北,在位山附近经隧洞穿过黄河;另一路向东,通过胶东地区输水干线经济南输水到烟台、威海	从加坝扩容后的丹江口水库引水,沿规划线路开挖渠道输水,经黄淮海平原西部边缘,在郑州以西穿过黄河,继续沿京广铁路西侧北上,可基本自流到北京、天津	在长江上游通天河、支流雅砻江和大渡河上游筑坝建库,开凿穿过长江与黄河的分水岭巴颜喀拉山的输水隧洞,调长江水入黄河上游
可调水量		大	较大	较小
源地水质		较差	较好	最好
地形、地势对调水线路的影响		黄河以南需动力提水,过黄河后顺地势自流	地形虽较复杂,但地势南高北低,水可自行流向北方	地形复杂,工程艰巨
评价	优势	可利用京杭大运河作为引水渠道,工程量较小,投资较少,建设成本较低	①全线可顺地势自流供水;②沿线人类活动对水环境的污染较小	①河流上游地区水质较好;②青藏高原地势高于西北、华北,可自流供水
	劣势	①黄河以南地区地势北高南低,需逐级提水北送,耗电量较大,运营成本较高;②沿线人口多,工农业比较发达,容易造成对水源的污染	需新修引水渠道,工程量大,投资较大,成本较高,工期较长	①水量有限,只能为黄河中上游的西北地区和华北部分地区供水;②需新修引水渠道,而且要穿山修隧道,工程量很大,投资大,成本高,工期长

3. 南水北调可能带来的环境问题及解决对策

南水北调可能带来的环境问题及解决对策见表 6.5.5。

表 6.5.5　南水北调可能带来的环境问题及解决对策

方案	对环境的影响	应对措施
东线方案	对引水口以下长江的水位、河道冲淤变化和长江口的拦沙都有一定的影响	枯水期加强统一调度
	黄河以北局部地区,土壤次生盐渍化加重	采取渠道防渗和灌区排水等措施
	水污染较严重,水质变差	实行综合治理和监督管理,防治水污染

续表 6.5.5

方案	对环境的影响	应对措施
中线方案	调水量较大,对汉江中下游有一定影响	加强水资源调度管理
	丹江口水库发电量减少	开发其他地区的水能
	占用土地和移民较多	妥善地调整土地和解决移民安置问题
西线方案	调水量较小	需要进一步深入研究
	调出区的金沙江、雅砻江、大渡河和长江上游干流损失部分水能	可通过黄河上游水能开发来补偿
	对漂木的影响	木材将改为公路外运
	淹没部分草场和造成少量牧民搬迁	需要做好新草场的开发规划和安置好移民

(二)西电东送

我国西部地区可开发的水电资源占全国的72%,已探明的煤炭资源保有量占全国的39%。西电东送就是把西南、西北丰富的能源转化为电能,输送到我国东部沿海工农业发达地区。

西电东送的3条通道是:

①北部通道。将黄河上中游水电和山西、内蒙古坑口火电厂的电能送往京津唐地区。

②中部通道。将三峡和金沙江干支流水电送往华东地区。

③南部通道。将贵州乌江、云南澜沧江和广西、云南、贵州交界处的南盘江、北盘江、红水河的水电以及云南、贵州两省坑口火电厂的电能开发出来输送到广东。

经济意义:给我国沿海较发达地区提供大量电力,促进其经济发展。

(三)北煤南运和西煤东运

北煤南运,宏观上指我国北方地区煤炭向南方地区大量运输。我国煤炭资源的80%分布于北方,10%分布在西南,从而使我国常年大量把煤炭从北方生产区运往南方消费区。特别是山西、陕西北部和内蒙古西部的煤炭,向华东和华南地区,主要是上海、江苏、浙江、福建、广东等省市运输。北煤南运运量大、运距长,主要采用铁路、海运和内河水路运输。京沪、京九、京广、焦枝等铁路、沿海、长江和京杭运河水路运输线都是北煤南运的主要线路。

西煤东运是将我国西部地区煤炭向东部沿海地区运送。山西、陕西、内蒙古西部是煤炭生产基地,产量大,外运量多。“三西”煤炭东运主要由铁路运输,并且集中在北、中、南三大运输通道上。

北通道有大秦、丰沙大、京原三条铁路,约承担西煤东运总运量的55%,除供应京、津、冀地区,大部分在秦皇岛港运海运。神木－黄骅铁路也是西煤东运的主要线路,煤炭在黄骅港转海运。

中通道有石太铁路,约承担西煤东运总运量的25%,大部分经石德铁路转青岛港海运。

南通道有太焦、邯长、侯月和南同蒲铁路,约承担西煤东运总运量的20%,经新菏兖日铁路从日照港转海运。

三、产业转移(以东亚为例)

1. 产业转移

产业转移是指企业将产品生产的部分或全部由原生产地转移到其他地区的现象。

2. 产业转移本质

企业生产是为了追求更高的利润。当生产要素和生产条件的变化引起生产成本提高,或扩大产品销售市场面临一些障碍时,企业为了降低成本、扩大销售市场,往往通过对外直接投资、对外设立工厂等方式,进行产业转移。

3. 产业转移的规律

(1)转移主体。先是劳动密集型产业和轻工业转移,然后是资金、技术密集型产业和重工业转移。

(2)转移方向。由发达国家或地区向发展中国家或欠发达地区转移。

国际产业转移规律见表6.5.6。

表6.5.6 国际产业转移规律

产业类型	转移原因	
	发达国家	发展中国家
劳动密集型产业、轻工业	生产成本增加,利润空间大幅度萎缩,尤其是劳动力价格高	劳动力丰富而廉价;经济发展需求迫切;国家优惠政策支持
资金密集型产业、技术密集型产业、重工业	国内市场饱和,国际市场格局变化;国家间贸易壁垒限制;原料、产品运输成本增加;国家环保政策限制	产品需求量大增;劳动力技术水平提高;原料丰富;工业化发展需要;国家优惠政策支持

4. 影响产业转移的因素

(1)劳动力因素。

劳动力在国际范围的流动性很小,且地区数量、质量、价格差异大,导致产品生产成本差异大。具有充足、高素质且价格较低廉的劳动力资源的国家和地区,往往成为产业转移的目的地。

(2)内部交易成本因素。

发达国家社会消费水平高,内部交易成本也高,导致产业转移至社会消费水平低、投资环境改善、内部交易成本较低的发展中国家。

(3)市场因素。

国内市场饱和、狭小,或为了避开政治、经济、文化、政策等方面的限制,企业直接到市场广阔的国家或地区投资建厂。

(4)其他因素。

①国际经济形势的变化。20 世纪 90 年代以前,西欧、北美是日本农产品的主要消费市场;20 世纪末,东亚和东南亚因经济增长强劲、市场需求大而成为日本产品的主要销售市场,并成为日本企业的主要投资地区。

②国家政策的调整。

③原生产地用地紧张、地价昂贵、环境污染严重等。

5. 近年来我国产业转移的主要表现

(1)沿海企业向内地的迁移。

主要原因:寻求廉价资源和低成本。

影响:促进迁入区发展,也会对生态环境造成不利影响。

(2)广东边远地区的产业集群效应。

主要原因:珠江三角洲地区生产成本上升,经济效益下降。

影响:资本、技术、劳动力等向相对落后地区扩散,缩小地区差异。

6. 产业转移对区域发展的影响

(1)产业转移的意义。

产业转移使某种产业从创新地逐渐扩散到其他地区,成为带动整个地区经济发展的重要因素。

(2)产业转移对区域发展的影响。具体内容见表 6.5.7。

表 6.5.7　产业转移对区域发展的影响

影响	发达国家	发展中国家
促进区域产业结构调整	原主导产业向国外转移,使国内生产要素集中到新的主导产业,为产业结构顺利调整创造条件	接受发达国家的产业转移,加快本国或地区经济结构调整,缩短产业升级时间,加快工业化进程
促进区域产业分工与合作	发展高新技术产业;发展处于开发期和增长期阶段的产业,注重产品设计、营销	发展劳动密集型、资源密集型产业;发展处于成熟期和衰退期阶段的产业,注重产品的深加工
改变区域地理位置	改变区域地理景观,将环境污染向外转移,环境污染状况得到改善	改变区域地理景观,接受产业转移的同时也接受了环境污染
改变劳动力就业的空间分布	就业机会向国外转移,减少国内就业机会,引起失业人口增加	大量吸引国际产业转移,有助于缓解就业压力

第二部分　地理学科教学知识

第七章　地理教学理论

第一节　地理课堂教学概述

一、地理课堂教学的特点与作用

（一）地理课堂教学的特点

（1）地理课堂教学的优势。

人们在地理教学的长期实践中，发现地理课堂教学具有许多优势。例如，地理教学按照规定的课程标准、教材等进行，教学要求相对统一；课堂教学容量大，便于普及教育；易于贯彻教师发挥主导作用的原则；易于培养学生的组织性、纪律性和互帮互学的精神。地理课堂是目前最基本的教学形式，它对教学过程的优化有很大的促进作用。

（2）地理课堂教学的不足。

地理教学课堂存在一些不足。首先，地理课堂教学不利于发展学生的个性和独创精神。由于课堂教学采用统一的教材、同等的进度和相同的教学方法，不利于照顾学生个别差异。其次，地理课堂教学不利于发展学生的实践能力。课堂教学在教室内进行，对学生接受系统的科学知识有利，但因其较封闭，不利于理论联系实际及操作技能的培养。教师应注意地理课程教学的不足，并根据学生的反馈，及时调整教学进程，积极变换教学方法，重视对学生实践能力的培养。同时，教师要改革课堂教学结构，加强课内外教学活动的结合，促进理论与实践的结合。

（二）地理课堂教学的作用

地理课堂作为一种最基本、最主要的教学形式，要承担完成地理教学主要任务的重任。它的作用表现在以下几个方面。

（1）有利于实现地理教学目的、完成教学任务。

在地理课堂教学形式下，教师可以有效地组织教学与传授知识，教学效率较高，教学过程系统、完整，有利于实现地理教学目的，完成地理教学任务。

（2）有利于教师主导作用的发挥。

地理课堂教学的教师教、学生学，主要发生在地理课堂内。课堂教学的正常进行有赖于教师对整个教学过程的设计和对具体教学活动的组织。这样教师就履行了自己的职能，发挥了应有的主导作用。

（3）为地理教学活动提供有效的时间和环境条件，有利于教学计划的实施。

地理课堂教学是按规定的时间、在有一定设备的教室中进行的教学活动，教师可以事先按时间多少和环境条件来安排教学活动，而学生可以在特定的环境中获取知识，这样有利于教学计划的实施。

(4)便于进行地理教学质量评价。

地理课堂教学是按统一的课程标准、教材、进度和要求进行的,因此可以通过有效的方法进行教学质量的测定、检查,便于对各地区、各学校的教学质量进行比较、评价,也有利于正确评价各地区、各学校的地理教学质量,促进教学水平的不断提高。同样,地理课堂教学便于对同校、同年级、不同班级或同班、不同学生的学习质量进行比较和评估。

二、地理课堂教学的主要环节

(一)组织教学

组织教学是保证地理课堂教学能够正常有序进行的基本教学环节。它的目的是稳定课堂秩序,使学生集中注意力,确保教学工作正常有序地进行。它是任何类型的教学形式特别是课堂教学必不可少的环节,是地理教师控制教学过程的必要手段。组织教学贯彻于整个教学过程中,所以常常与其他教学环节同时进行。

(二)检查和复习

检查和复习是教师在讲授新课之前,检查、复习巩固学生已学地理知识的教学环节。这一环节的目的主要是了解学生对已学地理知识的掌握情况,便于为讲授新内容做准备。同时,通过检查学生的作业完成情况和知识掌握程度,一方面,教师可督促学生按时完成作业,养成即时复习的良好学习习惯;另一方面,教师可以了解自己教学中存在的问题,以便及时纠正错误、弥补不足。检查和复习一般在课堂教学的开始阶段进行,时间不宜过长,以免影响新课教学,也可根据教学目的和任务而定,采用的方法要灵活多样。

(三)导入新课

导入新课主要是起过渡的作用。它主要有两个目的:一是引导学生从旧知识过渡到新知识,即使学生在复习旧知识的基础上,自然而然地过渡到新课内容的学习上来,从而起到承上启下的作用;二是自然的过渡能够激发学生的学习兴趣,唤起学生学习新知识的欲望,从而顺利进行新课的教学。导入新课的方法有很多,因教师、学生、学习内容的不同而不同,应用也较灵活。

(四)学习新知识

学习新知识是教师指导学生学习、掌握新的地理知识技能与发展智力的教学环节,是教学过程的重要组成部分,是课堂教学的核心。学习新知识是整个教学的主干。从整个教学过程的时间分配来看,它占用的时间最多。从各个教学环节的地位来看,其他教学环节都是以学习新知识这一环节为基础,或是为它服务的,因而它的地位最为重要。在这个过程中,教师应按照知识的内在联系,贯彻相关的教学原则;利用恰当的教学方法把地理知识传授给学生,发展其智力,同时进行思想品德教育。本环节集中了地理教学中学生学习和发展最重要的过程。

(五)巩固新知识

巩固新知识是对当堂所学内容进行复习,进一步巩固的教学环节。它的目的是使学生对新学的知识加深理解并进行系统化,通过加强记忆和整理思路最终能够掌握并应用。同时,教师还可以通过了解学生掌握知识的情况,检查教学效果,发现问题,及时补救,也便于反思自己的教学,以备进一步调整和提高。所以,本环节的实施非常必要。

巩固新知识可采用复述要点、提问、当堂作业练习等方法检查学生理解、掌握的情况。各种方法都要注意重点突出、纲目分明,切忌简单重复。

(六)布置作业

布置作业是教师向学生宣布或说明当堂或课后应完成的学习任务的教学环节。通过这一环节,学生要运用所学的知识独立完成练习题,以便加深理解、加强记忆,进一步巩固和掌握所学知识。作业要具体、明确,要有代表性,其中难度较大的作业,教师应适当予以提示。

三、地理课堂教学的类型

地理课堂教学的类型是根据地理教学的目的、任务和内容的不同而划分的地理课的种类,简称地理课型。正确划分地理课型,可以使教师对每节课在整个地理教学体系中的地位和作用有一个明确的认识,便于设计和实施有效的地理教学方法。地理课堂教学中的基本课型主要有以下几种。

1. 新授课

新授课是地理课堂教学中最常见的课型。它是以学习新地理知识为主要任务的课型,需要运用几乎整堂课的时间进行新内容教学。这类课的教学内容新,教学任务重,教学系统性强,教学难度也大。因此,教师在进行这类课型的教学时,要做到课前认真备课,课中积极贯彻启发式原则,运用多种教法,剖析重点,分解难点,抓住关键,以顺利完成教学任务。

2. 绪论课

绪论课是指专门向学生介绍地理课的体系、内容和学习方法的课型,一般放在每学期或每学年的第一堂地理课上进行。绪论课的目的是让学生在正式学习前,对地理课有一个基本的了解,对地理知识在学习、生活中的意义和作用有初步的认识,使他们对地理课产生兴趣和学习欲望。

3. 综合课

综合课是指在一堂课上,教师既有讲授新知识的任务,又有引导学生复习旧知识和进行练习的任务。地理课以综合课为主,而综合课的任务又以讲授新知识为主。在综合课上,一节课内要完成两项或几项教学任务,教学环节比较明显,一般有复习、讲授新课、当堂复习巩固等环节。教师在实际教学中,注意不要把教学环节机械化。

第二节 地理教学方法

一、地理教学方法概述

(一)地理教学方法的概念

地理教学方法是指在地理教学过程中,教师和学生为实现地理教学目的,根据特定的地理教学内容而采取的教与学相互作用的一系列活动方式、步骤、手段和技术的总和。

(二)地理教学方法的作用

(1)正确的教学方法有利于学生掌握地理知识和技能。

正确的教学方法能顺利引导学生学习地理知识,使学生在形成地理表象的基础上,掌握正确的地理概念和理解地理基本规律。例如:充分运用直观的教学方法,并采用实习的方法使学生直接感知地理事物,有利于学生积累丰富的地理表象;恰当采用比较、分析、综合的方法,有利于学生理解地理要素的相互联系、相互渗透,掌握各种自然、人文地理的规律;合理运用归纳法或演绎法,可以使学生比较顺利地掌握地理概念;而善于利用教学挂图,并与学生对照阅读地图册结合起来,对于记忆地理名词则比较有利。

教学方法也和学生掌握地理技能紧密相关。练习是学生掌握地理技能的主要途径,如阅读和运用地图技能的掌握。在教师讲清有关要点以后,主要的方法就是练习和运用,这样学生可以逐步由看懂地图,到学会分析和运用地图。一味依靠讲授的方法,学生是不可能真正掌握读图、用图技能的。

(2)有效的教学方法能促进学生智力、能力的发展。

实践证明,有效的教学方法有利于发展学生的智力,促进学生能力的提高,而不恰当的教学方法不但达不到发展学生智力的目的,甚至会阻碍学生智力、能力的发展。例如,先进的教学方法不仅是教师讲、学生听,而且要求学生更多地动脑、动手、动口,充分地思考、想象、体验和实践,这对于开发学生的智力和发展学生的能力是极有益处的。

地理教学经常采用大量的直观教具以及野外实习的方法来培养学生的观察能力;采用语言和影像、图片相结合的教学方法来丰富学生的想象能力;采用课文和地图配合运用的方法来训练学生的记忆能力;采用比较法和分析综合法来发展学生的思维能力;采用多种题型的练习和野外实习的方法来培养学生解决问题的能力等。而且,采用恰当的方法进行教学,对学生智力、能力发展的促进,往往不是单一的,而是多方面的。

(3)合适的方法有利于对学生非智力因素的培养。

合适的教学方法对于进行思想教育和道德教育也是很关键的。贴切、自然、巧妙、潜移默化的教学方法,对于建立学生正确的资源观、人口观、环境观及可持续发展观,培养爱国主义情感,树立全球观念,都是十分重要的。

恰当的教学方法能激发学生学习地理的兴趣,而兴趣唤起的学习动机是内在的、积极的、长期的和稳定的。它对于掌握知识、技能及发展智力,能起到积极的促进作用。

有效的教学方法,也促进了教师活动与学生活动的有效结合。它能促进师生相互了解、相互信任,增进教师与学生的关系。例如,有位地理特级教师由于教学方法得当,不仅在课堂上能凝聚学生的注意力，还在课外吸引了众多学生参加地理兴趣小组活动。学生常常在几天前就盼望着下一堂地理课的到来。俄罗斯著名教育家乌申斯基将教学方法视为一种“艺术”，而这种艺术是“努力创造现在还没有的东西”。确实，一种好的教学方法，将直接影响教学效果，能够产生一种艺术魅力，可以给学生一种艺术享受。

(4)地理教学方法的分类。

地理教学方法大致可分为以语言传递信息为主的方法、以学生直接感知为主的方法、以象征符号认知为主的方法、注重学生自学探究的方法、注重案例情境分析的方法、注重学生实践活动的方法、注重学生合作交流的方法七大类。具体内容见表7.2.1。

表7.2.1 地理教学方法的分类

方法	内容
以语言传递信息为主的方法	讲授法(包括讲述法、讲读法、讲解法)、谈话法、读书指导法、板书笔记法
以学生直接感知为主的方法	演示法、参观法等
以象征符号认知为主的方法	地图法、纲要信号图示法等
注重学生自学探究的方法	启发法、发现法、探究法、自学辅导法等
注重案例情境分析的方法	案例教学法、情境教学法
注重学生实践活动的方法	调查法、观测法、实验法、练习法等
注重学生合作交流的方法	合作学习法、讨论教学法、角色扮演法等

二、常见的地理教学方法

(一)以语言传递信息为主的方法

讲授法是教师通过口头语言向学生讲述、讲解、讲读地理知识，发展其智力的教学方法，是教师向学生传授知识的重要手段，对于学生而言是典型的接受性学习方式。在地理教学过程中，经常采用的讲授法主要有讲述法、讲解法、讲读法等。

1.讲述法

讲述法是教师用形象的语言，向学生叙述或描述地理事象的方法。一般在叙述地理事物、现象、特征和分布时，运用讲述法。例如，在自然地理、人文地理教学中对各种现象、景观的描述，在区域地理教学中对有关地形分布、水系分布、资源分布、生产分布及各地风土人情、城乡景观的描述等，常运用讲述法进行教学。

例如，一位教师在教学中描述水循环的复杂过程时，可以通过身边常见的事物，模拟水循环在我们身边的运行，增进学生对水循环系统的理解。

教师在运用讲述法时，除了要注意讲述内容的科学性，还应注意语言要口语化，讲述语调要抑扬顿挫，讲述的语言要生动、形象、优美、亲切，并且可以结合一些其他教学方法。例如：结合直观的方法，边指地图边讲述，边绘黑板略图和示意图边讲述；结合谈话法，用讲述作为引子，然后提出问题，或者边讲述边提问题等。

2. 讲解法

讲解法是教师用富于理性的语言向学生说明、解释或论证地理概念和地理规律的方法。讲解法和讲述法的不同在于：讲述法以叙述、描述为主，讲解法以论述和阐述为主。教师一般在说明各种自然或人文地理事象的形成原因、布局、原理、相互联系，或阐述地理区域的综合性和差异性，解释和推导天文、气候、水文等一些公式和原理时，常运用讲解法。

教师在运用讲解法时，应注意：

①语言要条理分明，措辞准确。讲解时要注重语言的科学性，措辞准确、精炼，说理时要有逻辑性。

②要注意学生的年龄心理特征。针对不同年级的学生要适当调整讲解方式和难度。

③要正确地运用地理教学经常采用的比较法、分析综合法等其他逻辑思维法。

④要尽可能采用直观的方法辅助讲解，如各类地理图表。

3. 讲读法

讲读法是将讲述、讲解和朗读结合在一起的方法。在地理教学中，朗读的运用不及语文和外语学科普遍，但是在课堂教学中常有运用。一是在讲解课本的重要内容时，采用讲读法边读边解释，这样既可以提醒学生将重要知识点标注出来，又能增强学生对知识点的理解；二是在讲述课本中的精彩片段或可读性很强的片段时，如各种宏伟景象，可以采用讲读法。

讲授法的主要优点是：教师能够同时向许多人传授知识，安全、可靠、适用；缺点是：它是一种接受性学习，在有些地理主题教学中效果并不佳。

（二）以学生直接感知为主的方法

演示法是教师展示各种实物直观教具，或者进行示范实验，使学生获得地理事物感性认识的方法。在地理教学中运用的直观演示，主要有地理挂图、图片、照片等的演示；地理实物、标本和模型的演示；幻灯、视频、电影的演示；计算机模拟演示；地理实验的演示。

（三）以象征符号认知为主的方法

地图法是指教师通过地图挂图（包括地球仪）和其他示意图，传授地理知识，培养学生读图、用图技能，发展学生记忆能力和空间思维能力的教学方法。

地图法主要包括地图挂图的运用以及指导学生阅读地图册两个方面。教师在课堂上运用地图挂图时，应选择好主图（指一节课中，自始至终展示的地图，通常有世界全图、中国全图以及某国、某地区的全图等）和辅图（指一节课中随着上课进程更换展示的地图）。

注意事项：

①挂图内容要紧扣教材，图幅数量要繁简得当。

②设计好悬放挂图的位置（注意放在光线充足的部位，高低得当）。

③安排好演示时机，及时地展示和及时地撤换（主图例外）。

④做到指图规范、正确指图、动作快慢得当。

指导学生阅读地图册时，教师需使学生看懂地图上的经纬网坐标，理解各种符号、注记的含义,掌握比例尺和实地距离之间的换算方法,理解地图上符号代表地理事物的内在关系和相互联系。

(四)注重学生自学探究的方法

1. 启发法

启发法是指教师在教学工作中依据知识的内在联系和学生的认知规律,通过由浅入深、由近及远、由表及里、由易到难地逐步提出问题等方式,引导学生思考并积极地解决问题、掌握知识的教学方法。启发,是启发学生思考,让学生能够自己思考问题的答案及解决问题的方法。这种教学方法强调教师是主导,且教学过程要由教师来组织,而学生是学习的主体。启发式教学方法有利于激发学生的积极思维,调动学生学习的积极性,培养学生独立思考和独立解决问题的习惯,发展学生的智力和能力。对于难度较大的学习内容,或者情节生动、文字精彩、需要由教师讲读、讲述的教学内容,则不需要用此方法。

启发法相对于讲授法来说,教学时间一般要长一些。在有限的教学时间内,过多采用启发法,有时可能会完不成教学任务。

2. 发现法

发现法是指教师通过提供适宜于学生进行知识“再发现”的问题情境和教材内容,引导学生积极开展独立的探索、研究和尝试活动,以发现相应原理或结论,从而培养学生创造能力的方法。

发现法的教学步骤为:①创设问题的情境,并提出要求和必须解决的问题;②学生利用教师提供的材料,对提出的问题做出解答、假设;③从理论上和实践上检验假设,持不同观点的学生可以争论;④师生对争论做出总结,得出必要的结论。

(五)注重案例情境分析的方法

地理教学中的案例就是指地理教学内容中关键性问题的典型实例。

1. 案例教学法

(1)案例教学法的步骤。

①呈现案例;②分析和讨论地理案例;③总结和评价地理案例。

(2)案例教学法的优点。

案例教学法能够为学生提供一种真实的环境,提供进行问题分析的素材和机会。大量案例学习可使学生进行更多的技巧训练,提高其分析问题、进行辩论等的技能。案例教学法还能够培养学生的分析能力和批判精神。

(3)案例教学法的局限性。

①需要教师有调控课堂的经验和能力,也需要学生有较广的知识面和一定的分析能力。

②案例教学的时间调控难度大。

③案例教学受教学内容的制约。

2. 情境教学法

情境教学法指在教学过程中,教师根据教学目标,以情感为主体,有意识地运用某种特定的场景再现教材内容,并通过直观形象的教学情境,让学生对所学的新知识由感性认识上升到理性认识，加深对知识的理解，最后得到全面发展的一种教学方法。李吉林大致把情境分成：实体情境、模拟情境、语表情境、想象情境及推理情境等。情境教学的基本步骤为：

(1)明确教学目的、研究教学内容、分析教学内容各维度教学目标的落实点。

(2)了解学生认知状况和生活经历，使用与学生生活实际经验密切相关的教学情境素材。

(3)精心设计教学情境，培养学生的综合素质。①营造问题情境，培养学生思维能力；②营造实践情境，锻炼学生意志；③营造语言情境，陶冶学生情操；④营造民主情境，激励学生思考。

三、地理教学方法的选择依据

(1)教学目标。

地理教学目标对地理教学方法的选择起着指导作用。教师要根据不同的教学目标选用合适的教学方法。

(2)教学内容。

地理教学内容是制约地理教学方法的重要因素。地理教学内容广泛，而对于不同的教学内容，应选择恰当的教学方法。例如，区域地理知识地名多、数据多，可以选择地图法、练习法和以比较为基础的讲述法、谈话法，还可以运用演示法、纲要信号图示法等。这样有利于学生建立丰富的地理表象，掌握地理事物的概念。

(3)学生特征。

学生是教学活动的主体。教师的教最终是为了学生的学，因此所选择的教学方法要适应学生的基础条件和个性特征。首先，要考虑学生的年龄特征，不同年龄段的学生心理特点不同，接受知识的方式和能力有一定的差异。其次，要考虑学生的知识掌握情况和兴趣特点等。

(4)教学条件。

我国的教育现状决定了教育资源存在明显的区域差异和校际差异。教学方法的选择需考虑本校的硬件设施及周边环境等，应选用条件许可的或经努力可以实现的教学方法。

(5)教师特点。

在地理教学中，地理教师是教学活动的组织者和引导者。教学方法随着运用它的教师的个性特点而呈现出明显的不同。任何一种教学方法，只有适应地理教师的素养条件，被教师所理解和掌握，才能发挥作用。因此，地理教师的某些特长、某些弱点和运用某种方法的实际可能性，都应成为选择教学方法的重要依据。

第三节　地理课堂教学技能

一、地理课堂教学的导入技能

(一)导入的作用

课堂导入可以吸引学生的注意,激发学生的兴趣,将学生带到课堂教学中来,同时明确学习的目的,激发学生的学习动机。

(1)集中注意。

导入的主要任务是让那些与教学无关的活动得到抑制,使学生专心于教学活动,集中注意力,为学生转入学习的兴奋状态创造条件。导入活动方式的变化和强度的差异,会引起学生的无意注意。一段视频、一幅景观图片及教师生动的语言、丰富的表情、目光的变化等都会引起学生的无意注意。而交代学习重点,提出问题,引导学生读图、做练习,会引起学生的有意注意。无论是无意注意还是有意注意,都会使学生迅速投入学习状态中,并使这个状态得到保持。

(2)引起兴趣。

兴趣是学习动机中的重要成分,是求知欲的起点。导入时,教师提供新颖的学习内容,创设新奇的、引人入胜的学习情境,容易使学生产生新奇感,引发学生强烈的学习欲望。另外,地理教师如果能够结合学生的所见所闻,结合生产生活实际,并把学生将要学习的知识、掌握的技能与将来的工作、学习需要联系起来,与家乡、国家或人类发展联系起来,就可以激发学生学习的动力,使学生对地理学习产生浓厚的兴趣。总之,导入的目的就是用各种方法把学生的内部积极性调动起来。

(3)建立知识间的联系。

导入的设计,要在充分了解学生原有地理知识与能力的基础上,对这些知识和能力加以运用,建立新知识与旧知识之间的联系,达到温故而知新的目的。

(4)进入课题。

在导入过程中,教师要给学生指明学习任务,也需要介绍学习方法和思路,使学生明确学习目的。导入的内容要与课堂教学的中心内容相联系。

(二)导入的基本要求

(1)具有较强的目的性和针对性。

一切教学活动都是为了实现教学目的。每节课都有具体的教学目标,而一节课的所有教学活动都以教学目标为出发点和最终归宿。导入要使学生明确这节课要学习的内容是什么,通过学习达到什么目标。地理教师在选择导入方式时,要紧密结合所要讲的教学内容、学生特点等实际情况。

(2)具有一定的启发性和趣味性。

富有启发性的导入,可以使学生一上课就能开动脑筋、积极思考,有利于后面知识的理解与掌握,使课堂教学进入良性循环状态。教师在设计导入时,应尽量使所提的问题能起到引起学生思考的作用,但引起学生思考是在学生有兴趣的前提下进行的。因此,导入方式要具有一定的艺术魅力,并不是简单地运用笑话、故事等,而要在内容和形式上吸引学生,引起他们的学习兴趣,从而达到导入目的。

(3)具有科学性和简洁性。

地理课堂教学的重要任务之一,是使学生掌握必要的地理知识。它的成功需要确保地理知识及课堂其他知识的科学性。进行导入时,地理教师所选择的内容必须科学合理和准确无误。同时,教师要用规范的、专业性的语言进行阐述。导入的本质就是要找到知识之间联系的紧密结合点。它的作用是使学生较自然、顺利地进入新知识的学习。导入只是一个过渡环节,不宜占用过多时间。因此,导入一定要简单明了、衔接自然,使学生尽快进入学习状态。

(4)符合学生的身心特点。

导入除了要达到吸引学生注意力、引起学生的学习兴趣、使学生较快进入主动的学习状态的目的,还必须在设计时充分考虑学生的年龄特点、心理特征、地理知识基础、生活经验以及兴趣爱好等各方面的特点。例如,对于初中生可以采用趣味性较强的导入方式。只有从学生的身心特点出发,才能设计出适用于学生的、易被他们接受且喜欢的导入方式。

(三)导入的基本类型

(1)复习导入。

复习导入是通过引导学生复习旧知识,自然而然地将学生带到新的学习活动中来的方法。在导入时,教师可以叙述性地复习旧知识,从而引出新课。

(2)情境导入。

从学生的生活实际出发,从学生身边的地理事物或地理现象出发,根据学生的心理特征和各种知识之间的内在联系,提出带有悬念性的问题,导入新课。

(3)故事导入。

选取地理学科发展过程中的动人故事导入新课,不仅有利于学生思维的培养,还能引发学生学习的兴趣。

(4)观察导入。

在学习新课之前,先引导学生观察实物、模型、景观等,引发学生学习的愿望,然后通过提出问题自然地进入到新课学习中。

(5)直接导入。

直接导入就是地理教师一上课就开门见山地把所要讲的内容介绍给学生,不做任何铺垫。直接导入有利于学生迅速了解学习内容,提高学习效率,以便顺利完成教学任务。教师简洁明快的讲述或设问是直接导入成功的关键。直接导入适合于一个比较完整的学习内容的开始,对于学习自觉性较强的学生更适合一些。教师采用这种方法时,可以对教学的内容和要求进行简洁概要的说明,以引导学生将注意力集中到新课教学中。

二、地理课堂教学的提问技能

(一)提问的基本过程与功能

1. 提问的基本过程

地理课堂教学提问的基本过程包括以下 5 个阶段。

（1）设计问题。地理教师根据教学要求，科学设计出需要学生在课堂上回答的问题。

（2）引入问题。地理教师通过创设问题情境，提醒学生将要提出的问题，让学生做好回答的心理准备。

（3）陈述问题。地理教师根据教学内容提出问题，并对问题做一定的说明。

（4）倾听问题。地理教师在学生回答问题时，要仔细、专心倾听。

（5）评价问题。地理教师对于学生的回答要给予适当评价，对正确的回答要予以肯定。

2. 提问的主要功能

（1）激发学生的学习动机和兴趣。

人们描述一个人有学问，往往用"上知天文，下知地理"来形容。这其中的"地理"虽然不完全等同于我们今天所说的"地理"，但至少可以说明地理知识所涉及的范围非常广。正是因为这样，地理教学很容易激发学生的学习兴趣，而巧妙的提问无疑是激发学生学习兴趣的催化剂。在提问时，教师围绕着学习的主题，首先提供给学生生动的地理事实材料，然后提问"这是什么？在哪里？是怎样的？为什么？"等问题，把学习的要求转化为生动具体的问题，使学生产生解决问题的欲望，并带着问题去思考和探究，让他们对地理学习保持着浓厚的兴趣，并把注意力集中到课堂上来。

（2）发挥学生的主动性，活跃课堂气氛。

科学研究表明，学生的注意力几乎不可能长时间集中。因此，在地理课堂教学中，教师如果能边讲述边提问，或者提出问题让学生讨论，甚至让学生就某个问题展开辩论，就有利于集中学生的注意力，发挥学生的主动性和能动性。

（3）增进师生的交流。

在地理课堂教学中，师生之间存在大量的知识信息和情感意向的交流。实现师生互动、双向交流的方法有很多，其中最有效的方式就是进行恰当的课堂提问。一个好的教师往往很注重和学生的互动，而不是唱"独角戏"。一个恰到好处的提问，会增进师生间的认识和情感。因此，教师应尊重学生，注意提问的态度、方法和技巧，使师生交流畅通，营造和谐的课堂气氛。

（4）获取反馈信息，随时调控教学。

通过课堂提问，教师可以从学生的回答中了解学生对地理知识的接受程度，检查学生对重点和难点内容的掌握情况，探明学生知识理解上产生错误的原因，反省自己教学中的不足和缺陷，然后及时调整，以利于以后的教学活动。例如，当学生反应活跃、发言积极、回答也很正确时，说明教学顺利；当学生普遍反应迟钝，回答问题不全面、不够准确时，就需要教师换一个角度或换一种方式去启发、引导和讲解。提问获得的教学反馈，往往是教学的最有效评价，也是下一步教学方向的最好指导。

（5）复习巩固所学的知识。

提问是复习巩固所学知识的主要教学方式。在每节课开始时，教师针对上节课所学知识提出几个问题，然后让学生作答。这样既可以巩固上节课的知识，起到承上启下的作用，又可以让学生的注意力马上回到课堂上来。在整节课结束后，教师可以提出一些与本节教学内容相关的问题，检查学生的知识掌握情况，并起到巩固的作用。

(二)提问的基本类型

提问类型有多种分类方法,本书仅从根据教学要求和根据问题的内部联系两个层面进行分类。根据教学要求可以将提问分为回忆提问、观察提问、理解提问、应用提问、评价提问5种类型。根据提问的内部联系可以将提问分为总分式提问和递进式提问两种。

1. 根据教学要求进行分类

①回忆提问。

回忆提问是指学生依靠回忆他们已经学过的知识即可解答的提问,是一种用于检查学生已学知识、培养学生记忆能力的课堂教学提问。这类提问经常用于新课的复习导入和检查性的结课中,不适宜安排在新课展开过程中。

②观察提问。

观察提问是指学生通过观察即可解答的提问,观察的对象往往是大自然、地图、直观图片等中的地理事实,问题的答案一般是确切而具体的。例如,在学习某一国家的地理知识之初,一般可以让学生在地图上观察这个国家位于什么样的纬度位置、海陆位置,查找这个国家有哪些相邻的国家,境内有哪些山脉、平原、河流,湖泊等。这样可以培养学生的观察能力和读图能力。

③理解提问。

理解提问是用来检查学生对已学的知识及技能的理解和掌握情况的提问方式,多用于某个概念、原理讲解之后,或学期课程结束之后。学生要回答这类问题,必须对已学过的知识进行回忆解释、重新组合,对学习材料进行处理,然后组织语言表达出来。因此,理解提问是较高级的提问,学生通过对事实、概念、规则等的描述、比较、解释等,究其本质特征,从而达到对学习内容更深入的理解。例如,在学生学习了“地中海气候”以后,教师可以提问地中海气候的形成原因。

④应用提问。

我们经常说学以致用,所以学习的最终目的就是能够用于指导实践,而学习的最高境界就是理论联系实际。优秀的教师经常能在平时的教学中,有意识地引导学生将所学知识应用到生活中,以解决实际问题。

⑤评价提问。

评价提问要求学生运用准则和标准对观点、方法、材料等做出价值判断。它要求学生能提出个人的见解,形成自己的价值观。这是一种最高水平的提问。

2. 根据问题的内部联系进行分类

①总分式提问。

总分式提问又称牵引式提问,它将一个大问题分解为若干个小问题,且这些小问题本身互不牵连,而分别与大问题相扣,要先回答诸多小问题,再综合探索大问题。其特点是“以小领小,从小到大”。这种提问方式符合学生从具体到抽象、从个别到一般的认识规律,不仅能使学生体会到课文内容组成部分之间的有机联系,而且锻炼了学生分析、综合的思维能力。

②递进式提问。

递进式提问又称层次式提问或台阶式提问,它是指将几个连续性的问题由易到难依次提出,前一个问题是后一个问题的基础,后一个问题是前一个问题的深化,就像攀登台阶一样,步步升高,是一种使学生思维逐步深化的提问方式。

(三)提问的注意事项

(1)提问要有启发性。

学生的学习是学生理解、记忆、深化所学知识的过程,这个过程必须经过学生的积极思维。地理教师的课堂提问如果具有启发性,就能充分调动学生的学习自觉性和积极性,引导学生进入主动学习的状态,融会贯通所学的知识,提高他们分析问题、解决问题的能力。

(2)问题要明确且难易适中。

地理教师的课堂提问,一定要针对教学内容的重点和难点,而且提问不能有知识性错误,表述要尽量直截了当、具体明确,绝不可模棱两可、含糊不清。只有这样,学生才能把握问题,明白该从哪里着手、具体如何回答。这就要求地理教师在认真研究教材内容、充分了解学生特点的基础上提问,同时要注意问题的严谨性。地理教师所提的问题一定要适合学生的知识能力水平,要难易适中。过于难的问题,会使学生感到吃力且难以理解,不能调动学生的积极性;太简单的问题,会使学生没有思考的过程,思维能力得不到锻炼,不能发展学生的地理学习能力。

(3)科学把握提问的时机和对象。

在地理课堂教学过程中,从理论上来讲,地理教师随时都可以提问,但问题是有层次的,是随着教学进程的进行而不断深入的,而学生对于问题的接受也是逐步进行的。只有在恰当的时机提出适当的问题,才能显示提问的魅力,才能发挥其应有的作用,才能有效促进地理教学活动的开展。提问一定要面向全体学生,并根据学生的个别情况,选择学生回答,要让每一个学生都有机会参与到问答的活动中来。

(4)提问形式要多样,鼓励学生发问。

地理课堂教学的提问虽然有诸多好处,但如果不能把握提问的技巧,就不会取得预期的效果。地理教师提问时,要注意形式的多样化,因为单一的提问形式,不仅会使学生感到厌烦、枯燥,激发不起学生的学习兴趣,也会使课堂教学气氛沉闷,不利于地理课堂教学的顺利进行。学生学习应该是在轻松、愉快的气氛中进行的,而地理教师多样化的提问,会使学生有一种新鲜感,能够激发学生的学习欲望,获得良好的教学效果。鼓励学生发问,可以从以下几个方面做起:尊重学生,给他们敢于提问题的胆量;激励学生,给他们勤于提问题的心态;引导学生,给他们善于提问题的积累;鼓励学生,给他们善于发现问题的眼睛。

(四)提问的主要方法

(1)激趣法。

地理课不可避免地存在一些缺乏趣味性且学生理解起来较困难的内容。这就要求教师有意识地提出问题,激发学生的学习兴趣,以创造生动愉悦的情境,从而使学生带着浓厚的兴趣去思考,以达到预期的教学目标。

(2)设置陷阱法。

设置陷阱法提问,也称作以错悟理式提问。认知心理学认为,学习是一种“刺激—反应”的联结,而教学则是安排各种情境,给学生以种种刺激并引发其联结,以使其形成正确的观念的活动。传授地理知识除了正确讲解,还应进行一些反面提问,即针对学生作业中常出现的错误进行提问，让学生从正确与谬误的对比中辨明是非，以提高学生思维的全面性、准确性、逻辑性和批判性。这种提问往往比正面提问效果会更好。

(3)铺垫法。

这是一种常用的提问方法。在讲授新知识之前，教师要提问与新知识有所联系的旧知识，为新知识的传授铺平道路，为学生学习新知识创造条件，以达到顺利完成教学任务的目的。

(4)迁移渗透法。

这类问题的设计要求教师在备课时，认真研究学生已有的知识经验，大量收集学生在日常生活中可能接触到的社会、经济、科学等各种信息，结合某节课的教学目的和要求，设计出为课堂教学服务，且能使感性的知识提高到理性知识的提问。

三、地理课堂教学的语言技能

(一)地理课堂教学语言的功能

教师的语言作为一种教育艺术，在教学尤其是课堂教学中，已不仅仅是传道授业的工具，而是具备了多种功能。地理课堂教学语言具有以下功能。

(1)实现地理教学任务的重要工具。

著名教育学家夸美纽斯曾说过："教师的嘴，就是一个源泉，从那里可以发出知识的溪流。"这句话精辟地道出了教师课堂教学语言的重要性。在地理课堂教学中，地理教师主要通过语言传递知识信息，组织各种教学活动，从而实现教学目标，完成教学任务。在地理教师的各种教学行为中，语言是核心。教师应用语言，发挥教师的主导作用，调动学生学习地理知识的积极性，从而实现教学目标。

(2)能够激发学生的地理学习动机。

好的教学语言能够激发学生的灵感、使师生关系融洽，有助于师生情感的交流，为学生创造一个宽松、和谐的学习氛围。因此，教师的语言要风趣幽默，给人以愉悦的情感体验。

地理教师在教学过程中提出有趣的问题，常常能激励学生，使学生产生学习的愿望。恰当的教学语言，能把模糊的事理变得清楚，把枯燥的道理变得生动。教师严密的逻辑论证、环环相扣的分析、精辟的概括总结，可启发学生思考，使学生的思维始终处于活跃状态，从而提高学生的学习效率。

(3)对学生情感、态度与价值观的养成具有感染力。

教学语言可以将地理教师的情感和良好的个性品质表现出来，像春雨般滋润学生的心田。教师的教学语言富于情感，会使学生产生共鸣，从而实现在地理知识的传授中对学生进行情感、态度与价值观的教育。

地理课堂可以说是和生活联系最紧密的课堂之一，地理知识在生活中处处可以体现。如果教师能通过自己的语言将地理知识和生活灵活地结合起来，天长日久、潜移默化，必将使学生养成热爱学习、热爱生活、积极乐观的良好品质。

(二)地理课堂教学对语言的要求

语言是完成教学任务的主要工具，教师的语言在很大程度上决定着学生的学习效率。地理课堂教学中对语言的要求可分为：对教学语言表达形式的要求和对教学语言表达内容的要求。

(1)语音。

中国国土辽阔,各地方言更是千差万别。地理课堂教学要求教师用准确、流畅、清晰的普通话向学生传递信息并与学生互动,清晰是指语言信号和周围背景信号的差异要大。另外,教师教学时要做到吐字清楚、完整,发音字正腔圆。一方面,教师可以通过发音器官的训练来达到;另一方面,教师还应该加强对所教内容的研究,做到"理直气壮"。

(2)音量。

在地理课堂上,教师的声音高低,不仅会直接影响教学效果,还会影响教师在学生心中的形象。适度的音量既能体现教师的威严,又不失对学生的慈爱。音量适度的标准应该是能让坐在教室最后一排的学生不费力地听清楚教师所说的每一句话。另外,教师在讲课时还要注意音量的保持,做到把每句话的每个字都要清清楚楚地送进每个学生的耳朵。

(3)语速。

课堂语言是一种专门的工作语言,有人把它称为规范化的口语,其语速要比日常说话及影视解说慢,大约每分钟200~250字。需要注意的是,课堂教学语言中每个字所占用的时间不一样,这是由课堂教学的特点决定的。课堂教学受学生、教学内容、教学环境、教学要求等多个因素的制约,因此教学语句中有一些长短不一的停顿。其中快慢不一的变化,即所谓的节奏。和谐的节奏,可以使学生听得不疲劳、不紧张,有利于教学质量的提高。另外,每节课都有重点、难点和相关的一些背景知识,有经验的教师往往在讲到本节课的重点、难点时,会适当地放慢语速,以便给学生留下充裕的思考时间;相反,在讲到背景知识时,往往会加快语速,以免引起学生的听觉疲劳。

(4)语调。

课堂教学语调分为高亢、平缓、抑制、变换性语调4类。高亢的声音,易使学生情绪烦躁或厌倦;平缓的语调易使课堂气氛沉闷,学生精神振作不起来;变换性语调最受学生欢迎。教学语调调节得当,会使课堂气氛更加有序。在变换语调的过程中,应注意做到:用高声强调重点,用平缓唤起回忆,用疑问启发思考,用重复加强语气帮助学生记忆,用突然高声引起注意等。

(三)地理课堂教学语言的分类

地理课堂教学语言按其内容可分为一般教学语言、地理专业语言,按表达形式可分为描述性语言与论述性语言。

1. 一般教学语言与地理专业语言

(1)一般教学语言。

一般教学语言是指表达所有事物通用的教学语言,而地理课堂中所用的大部分是这种语言。例如,描述地理事物的外貌、分布,说明地理现象的过程、成因,阐明地理事物的特征、原理及组织教学等,都需要大量使用一般教学语言。一般教学语言又可分为转承语、提问语、指令语、强化语和讲解语等。

①转承语出现在两个教学片段之间,起到承上启下的作用。这种语言要求连贯自然,在内容上能加强新、旧知识间的联系,增强教学的系统性和完整性。

②提问语贯穿在地理课堂教学的整个过程中。教师有时在学生学习新知识前提出一个引人入胜的问题,使学生产生新奇感;有时在讲解过程中提出问题,使学生的认识深化;

有时在课程将要结束时提出问题,以复习巩固新知识或埋下伏笔,为下节课打下基础。提问语要求明确、清晰,语速较慢,能引起学生思考。教师发问时要注意学生是否听明白了题意。

③指令语是指教师要求学生做什么的语言。这种语言要能引起学生的注意,并清晰明确。

④强化语是指教师鼓励和帮助学生的话语。这种语言要注意真诚热情、掌握分寸、变换方式、拿捏好时机。

⑤讲解语贯穿于教学活动的始终。讲解语除了要求语音、语速、语调恰当,还要求词汇丰富、用调准确、富于条理、精练生动等。

(2)地理专业语言。

地理专业语言是指地理术语,即地理学科的专门用语。这些专门用语是由地理基本概念组成的名词体系,因此每一个词都有它特定的意义和使用范围,不能随意使用。

2. 描述性语言与论述性语言

(1)描述性语言。

地理描述可以分为地理现象描述和地理景观描述。地理现象描述一般将地理现象发生、发展的过程,如事物的形态、运动变化的强度等分别讲清楚,常用科学数据加以论证,或选择具体事例进一步说明。地理景观描述则是将地理要素的种类、形态、关系、结构以及相对变化介绍清楚,不断变换观察角度,从地面及内部等进行微观、宏观描述,将学生带入地理情境中。

(2)论述性语言。

地理教师在讲述地理概念、特征、原理、规律等理性知识时,常使用论述性语言。这种语言逻辑性强,它强调简练准确、层次分明,注重把握概念的内涵和外延,以揭示地理事物的内部联系,进行科学的判断、推理、分析和概括,用理性知识统帅地理事实材料,做到有理有据。

(四)地理课堂教学语言的作用

教学语言在传递和延续人类文化和开发学生智力的教学活动中具有非常重要的作用。地理课堂教学语言的作用主要表现在以下几个方面。

(1)教学语言是构成教学活动的重要工具。

教学活动的组织和开展及师生之间信息的传递、情感的交流,都是依靠语言这个交际工具进行的。如果没有教师利用语言进行讲解、指导和启发,只有学生根据教材自学,就不可能构成教学活动。即使在远程教育被熟知的今天,教学语言仍然是不可替代的。所以说,没有教学语言就不可能有教学活动。

(2)教学语言是教师传授知识和教育学生最主要的手段。

在教学活动中,无论是知识传授还是思想教育,都离不开教学语言。从知识教学来看,任何一种教学方法,都要有教学语言的参与。在以教师活动为主的教学活动中,不可能没有教师的阐述、讲解、提示和引导;同样,在以学生活动为主的课堂,也离不开教师的指导、组织和说明。从思想教育来看,在所有的德育方法中,说服教育是最常用和最直接的方法。它不仅可以通过语言变化来烘托教育气氛,还可以通过其他手段来强化教育效果。另外,其他的德育方法也需要教学语言的参与。所以说,教学语言是教师教书育人的最主要手段。

(3)教学语言是启发学生思维和提高教学质量的关键。

语言是思维的工具。在教学过程中,教师的语言刺激是学生思维的保证,教师语言的引导使学生的思维得以运转。善于表达的教师,可以通过严密的分析、准确的表达、巧妙的设问,来调动学生的学习积极性,引导学生开动脑筋、积极探索,以促进学生思维能力的发展。同时,富于艺术性的语言表达,还可以使学生对所学知识加深记忆和理解,从而促进教学质量的提高。语言表达能力强的教师,所教的学生思维丰富,富有创造性。教学语言对学生思维和教学质量的作用已经被许多教学实践和有关的教学研究所证实。

(4)教学语言是学生学习普通话的范本。

普通话是国家大力推广和使用的官方语言。在教育活动中,普通话是合格教师的职业语言。教师语言行为有很强的示范性,是学生学习和模仿的对象,可以对学生产生潜移默化的影响。在地理课堂教学中,教师使用普通话,能够为学生学习和使用普通话树立良好的榜样,学生在耳濡目染的学习活动中,普通活水平会得到迅速提高。因此,教师要积极使用普通话,并做到语言规范。

四、地理课堂教学的结束技能

(一)地理课堂教学结束环节的功能

(1)归纳整理,使知识系统化。

一堂课的每一个阶段,都有各自的特点和任务。在课堂上,学生并不能对知识形成系统的认识和明确的框架体系。因此,在阶段性学习过程进行之后,恰当的结课可以帮助学生做一次简要的回忆和整理,理清知识脉络,便于学生把握知识重点,使学生容易从复杂的教学内容中简化提取并储存信息;还有利于学生把新的知识点“同化”到已有的“认知结构”中,使新、旧知识系统化,形成一个“点—线—面”结合、纵横交错的知识体系。

(2)巩固强化,使学生把握关键知识。

记忆是一个不断巩固的过程,而课堂结束环节其实就是一种“及时巩固和回忆”。一堂地理课中,往往涉及不止一个地理事物、地理现象或地理原理。课堂结束时,正是学生到了思维疲倦的时候,也正是防止遗忘、提高记忆效率的最佳时间。教师应该抓住这一时机,及时组织学生进行复习,巩固所学内容。这个过程要强调教学内容中的重点和关键点。因为对重点和关键点的深化与提升,是学生把握知识的关键。因此,在一节课或一个教学内容结束时,教师针对教学内容,采取有效的方式进行归纳和总结,可以帮助学生提高对知识的理解、记忆和运用。

(3)获得反馈信息,检查教学效果。

在课堂教学中,教学信息能不能被迅速、准确、全面地反馈出来,决定了教师能否灵活并及时地调整教学节奏、教学手段和教学内容,使教学更具有科学性、针对性,这也是教学成败的关键所在。在一节课或一个教学内容结束时,教师利用最后一段时间通过提问、练习、完成各种类型的作业测验、学生口头总结实践活动等方法,检测、检查教师教学的效果及学生的学习效果。这个过程就是一个强化反馈的过程,也是学生的知识与技能、过程与方法、情感态度与价值观得到升华的过程。通过反馈,教师可以全面地了解教学质量,为实现有效的课堂调控和改进下一阶段的教学提供依据。

(4)拓展延伸,促进学生思维发展。

一堂课所能涵盖的内容是有限的。在一堂课或一个教学内容结束时,教师利用设疑启发讨论探究或布置资料查阅、实践活动等,留下悬念、埋下伏笔,使学生进行深入思考,进一步激发学生持续学习的积极性,使学生产生强烈的求知欲,从而把学生引向教材之外、课堂之外、学校之外的广阔知识海洋,使学生的学习活动不因为课堂教学的结束而结束。

好的课堂结束语,可以拓展知识、延伸课堂,促进学生思维发展,培养学生解决问题的能力和创造性思维的能力。

(二)地理课堂教学结束环节的类型

课堂教学是一门艺术,教学经验丰富的地理教师,都会很注意把握好课堂的结束部分,设计一个精美的、恰到好处的结束环节,通过运用归纳总结、预设悬念、构建框架、新旧联系、对比分析、游戏巩固等丰富多样的结课方法,使课堂教学的最后环节成为“点睛之笔”,尽显结课技艺的精湛。

地理课堂结束的方法与形式多种多样,教师可以根据不同教学内容和不同的学生特点以及课堂上的实际情况灵活选用。归纳起来,地理教学中常用的课堂结束类型有以下几种。

(1)总结型。

这是一种最常见的课堂结束形式,是指教师引导学生动脑、动手、动口,用简明的评议或文字、专业用语、图示、列表等形式归纳总结所学新知识的规律结构或主线,以揭示知识内在联系或逻辑关系的结束方式。这种归纳总结绝不是简单地重复教学内容,而是在课堂教学结束前较短的时间内,由教师或学生用精练的、有条理的语言概括、总结课堂的重点、难点和关键点,并将所学内容加以梳理的过程。这种结课能理顺学生认知的思路,使学生在头脑中构成完整的知识体系,加深学生对所学内容和学法的感悟,培养其综合概括能力。总结应具有提纲挈领、全面准确、简明扼要的特点,起到巩固强化的作用。

(2)悬念型。

教学是一个不断设疑、释疑、再设疑的过程。在课堂教学中,为了设疑激趣,引导学生不断思考,对于前后有密切联系的课程,教师可在课堂尾声处紧扣主题设置一些必要的悬念,即在课堂结束时,教师故意留下悬念,使学生置身于“问题情境”中,唤起学生浓厚的学习兴趣和强烈的求知欲,使其形成“我要学”的求知心理状态,也为由教师对学生的单方面传授转向教师与学生的双向交流创造了有利条件。

很多地理知识都具有严密的逻辑体系,前面的知识往往是后面知识的基础,悬念会使学生产生想继续探究的想法。

(3)比较型。

许多地理事物和地理现象都具有相关性,又具有相异性。中学地理教材的基础知识包括大量相关的地理概念、地理事物、地理特征、地理规律及基本原理等。例如,“向斜与背斜”“气旋与反气旋”等概念相关却比较抽象、难理解;又如,“天气与气候”“地形与地势”等概念相近但含义不同;再如,温带季风气候、亚热带季风气候、热带季风气候的成因与特征相关等。在学习这些知识的过程中,学生们常常会觉得不易分辨或感到抽象,难以记忆掌握,以致在描述、解答问题时答非所问。在地理课堂教学结课时,教师若能恰当地运用比较法,将新、旧知识关联起来,进行归纳对比,将近似的概念进行分析比较,将同一类地理事物和现象进行分析比较,就能帮助学生把已有的地理知识和学习的内容进行比较,使学生获得清晰的地理概念、规律、原理，同时对旧知识也进行了巩固。

(4)趣味型。

趣味型结课是一种寓教于乐的课堂教学结束方式。大量的、枯燥的地理知识，会导致不少中学生对其缺乏兴趣，甚至产生厌学心理。而在一堂课结束之际，又正是学生们产生疲劳感、注意力易分散之时，此时教师通过设计符合学生年龄特点且与教学内容紧密联系的辩论游戏、表演等活动来结束一堂课，能帮助他们从倦怠的情绪中解放出来，缓解课堂教学的沉闷，松弛学生的紧张情绪，唤起他们主动参与的激情，使学生在轻松、愉快中巩固所学内容，达到“寓教于乐”的目的，收到事半功倍的效果。

(5)考查型。

考查型是指教师在课堂教学的最后时间段里，根据教学目标、教学重点内容，提供思考题或限时训练题，通过练习来结束课堂教学的方式。这也是一种较常见的地理课堂结束形式。一堂课中，教师过多的陈述和归纳语言，会使学生产生听觉上的倦怠。考查型结课，通过教师精心设计相应的练习题，在课堂结束前几分钟，用提问、讨论或测验等手段实施练习，重新把学生的思维拉回课堂教学的重点内容之中，既能使学生巩固所学知识，提高教学效果，又能及时掌握学生们的学习情况，反馈教学中存在的问题。教师在运用这种方法时，时间的安排必须要合理，且考查形式和训练题型要灵活多样。这种结束形式不同于课堂大量的练习形式，而是通过不多但很典型的题目考查来进行的。切不可把常规的课堂教学变成习题课或考试课，使学生产生紧张情绪。对于学生的反馈，教师要做出及时、公正的评价，不失时机地给不同层次的学生以充分的肯定、激励，以提高学生的学习积极性和综合思维能力。

(三)地理课堂教学结束环节的基本要求

依据课堂教学的客观规律，课堂教学应是由导入、展开、结束等几个密切联系的环节组成的有机统一整体。一般情况下，课堂教学的教案设计都是根据教学内容，结合学生的认知心理进行设计，最终必然服务于教学目标。教师在设计结课时，要加强前后知识的联系，保证教学结构的完整性；同时，必须使结课服务于教学目标，保证课堂教学的有效性，力求做到首尾呼应。结课技能运用一般应符合以下基本要求。

(1)紧扣课堂教学目标。

教师在实施教学的各个环节时，尽管在不同的阶段应有不同的侧重，但都是建立在总的教学目标基础之上的。无论什么形式的结课设计，最终必须紧密围绕教学中心，服务于教学目标，服务于课堂教学的有效性。

(2)高度概括，重点突出。

结课是强化重点、巩固记忆的重要环节。这就要求结课时要简明扼要，突出重点，便于记忆。如果是口头语言总结，就必须做到语言清晰精练、准确，以加深学生对所学知识的理解和记忆。如果是文字语言(板书、板图、课件等)总结，就一定要提纲挈领地揭示知识结构、展示教学重点，层次清楚，一目了然。

(3)揭示知识联系，形成知识体系。

地理课堂总结的目的之一是揭示知识之间的联系，形成知识体系。教师在总结时特别要注意把握教材整体结构，按照知识的内在联系，前后沟通、内外联系，把凌乱的知识点串联起来，经过精心加工而得出系统化、简约化、有效化的知识网络，帮助学生在大脑中形成条理清晰的知识体系和完整的认知结构。

因此,教师在总结时应做到:

①熟悉各个知识要点及知识点之间的联系。

②熟悉所授知识在整个教材中的地位和作用。

③能清晰、直观地揭示地理知识之间的内在联系。

(4)方法多变,调动学生积极参与。

课堂教学结课的方式多种多样,因而教师要根据教学内容,尤其要根据学生的身心特点和需要,对结课的方式方法加以选择,灵活运用,不断创新。有的教师习惯于用一种方式结课,即下课前利用课堂板书,让学生逐条回忆,进行当堂复习。这种方法对低年龄段的学生加强记忆是很有帮助的,但若每节课如此,不断机械地重复,那么再好的方式,也会让学生感到索然无味,也必然会使教师的劳动成为无效劳动。

课堂教学的主体是学生。结课过程应该立足于调动学生的积极性,引导、鼓励学生参与获取知识的过程,也应该充分体现学生的主体地位。

应该注意的是,课堂教学是一个有机整体,应构成整体和谐之美,课堂教学的结束也要做到自然妥帖。

(5)具有激励性和启迪性。

结课预示着课堂教学内容即将结束,教师应根据周密筹划的授课进度与内容,或设悬结课,或抒情言课,或设计多角度的变式训练,使学生将学到的地理知识应用于问题解决之中。这时,对学生在学习过程中的进步,教师要给予及时的表扬和鼓励,使学生获得成功的体验,进一步激发学生学习的积极性和主动性。同时,课堂结束时的问题设计、悬念设计要再度激发学生的学习欲望。教师要鼓励学生走出课本,去探索生活中的地理知识。在应用地理知识的过程中,学生能够加深理解并巩固、扩展知识,形成多种地理技能。

(6)首尾呼应,相对完整。

“首尾呼应,相对完整”主要表现在两个方面。

第一,在地理课堂的新授课中,很多教师会采用设置悬念的方式,引起学生兴趣,因此在结课时要将悬念揭示,避免让导课问题“悬而未决”。

第二,课堂结束时,教师对知识的整理归纳要与课题相呼应,点明课题与各知识点的关系,以使教学内容系统化,从而构成课堂知识的完整性。

(7)适时适度,紧凑合理。

中学课堂教学时间一般规定为45 分钟,这是符合中学生的年龄和认知心理特征的。因此,教师在授课过程中,既要严格按照课前设计的教学计划由前而后依次进行,又要根据课堂实际情况,及时地调整课堂教学的节奏,有意识地照顾到课堂教学的结课。教师结课时既不要费时太多,也不要潦草结尾或实施“拖堂”、打疲劳战。一般情况下,课尾结课时间安排在 3 ~5 分钟,因课而异。总之,结课要适时适度,紧凑合理。

五、地理课堂教学的组织技能

(一)地理课堂教学组织的功能

(1)维持学生的注意力。

中学生的有意注意逐渐发展,无意注意仍起主要作用,情绪易兴奋,注意力不稳定。为了有效地组织学生学习,教师必须重视随时唤起学生的注意力。上课开始时,学生的注意力往往还没有集中到课堂上,这时教师可通过提问复习上一节课的重点内容,或讲一段短而精、又与教学内容有关的趣事作为开场白,将学生的注意力转入课堂中。当讲课过程中发现学生注意力分散时,教师应当转换话题或暂停讲课,可以通过启发、引导学生围绕课题进行讨论等各种方式调节他们的注意力。在讲到重点、难点部分时,教师要放慢语速,加重语气,提高音调,对关键词句适当重复,对难懂部分举例说明,以吸引学生的注意力。可见,正确地组织教学,严格要求学生,对唤起学生的注意力具有非常重要的作用。

(2)激发学生的学习兴趣。

兴趣是认识某种事物或某种活动的心理倾向和动力,是进行教育的有利因素,对鼓舞学生获得知识、发展智能具有重要作用。在教学中,教师根据地理学科特点、知识特点和学生年龄特点,采用各种教学组织形式,能够调动学生学习的积极性,使他们兴趣盎然地参与教学活动。

(3)增强学生的自信心。

学生在过去的学习情境中越有成就,自我感觉就越良好,情绪也就越佳,持续学习的动机也就越强烈。教师在组织课堂教学时,可以从不同学生的实际出发,分层次、因人而异地提出学生经过努力后能够达到的目标和要求,为每一个学生都创造成功的机会,并及时地进行鼓励性评价,从而增强学生的自信心。

(4)营造良好的课堂气氛。

课堂气氛是整个班级在课堂上情绪和情感状态的表现。只有积极的课堂气氛才符合学生求知欲旺盛的心理特点。从教育角度看,生动活泼的教学气氛,会使学生大脑皮层处于兴奋状态,易于其全身心地投入学习。教师通过行之有效的课堂组织方式和艺术手法,引导学生沉浸在课堂所规定的情感气氛之中,使教与学的双方感情交流通畅,引导学生以满腔的热情投入学习中,提高课堂教学效果。在课堂教学中,如果教师能紧扣教学内容,穿插生动有趣的故事等,寥寥数语就能起到活跃课堂气氛的作用。

(二)地理课堂教学组织的构成要素

(1)提出要求。

在课堂教学过程中,教师要不断地对学生提出要求,一方面,可以维持课堂秩序;另一方面,可以不断集中学生的注意力,使学生了解每个教学环节和教学步骤的意义,推动课堂教学的顺利开展。提出要求不仅要告诉学生该干什么,而且要告诉学生为什么要进行这种活动,怎样进行这种活动,以及在时间和纪律等方面的要求。

(2)安排程序。

在提出要求后,教师有时还需要进一步向学生说明进行某项活动的详细程序,以便使学生大体上遵循相同的步骤去完成同一项任务。讲解和说明这些程序时,教师可以在提出要求后即做出整体说明,或在学生活动过程中逐步进行解释,也可以两方面兼顾。

(3)指导和引导。

在学生活动过程中,有时还需要教师不断地指导和引导。指导侧重于对学生操作方法和动作方式的肯定或矫正,可以保证学生及时了解该怎样行动,从而训练基本技能。因此,教师指导应多用于学生观察、自学练习等方面。引导侧重于对学生思维的启迪和注意力的转移,以保证学生思路通畅及教学过程的连续性。教师引导应多用于学生听讲、观察、讨论等方面。

(4)鼓励与纠正。

鼓励与纠正是教师对学生学习活动效果的一种反馈,是对学生期望心理的一种回应。及时的鼓励与纠正,一方面可以强化对课堂教学的组织;另一方面可以维持学生的主动性和积极性。鼓励与纠正的时机应选择在学生活动产生一定效果后,过早易使学生自满或自卑,削弱学生的积极性和进取心;而过迟又易使学生的期望落空,导致注意力的转移。因此,鼓励与纠正都要有即时性和迅捷性,而且应该密切结合。

(三)地理课堂教学组织技能训练的原则

(1)了解学生,尊重学生。

教师要根据学生不同的兴趣、爱好和个性特点,用不同的方法进行教育和管理。对不善于控制自己的学生,要多督促和指导,使他们学会管理自己;对有思想情绪的学生,要采用提醒、鼓励的方法。教师对学生进行管理时,要尊重他们的人格,坚持正面教育,以表扬为主,激发积极因素,克服消极因素。

(2)注意方式,把握时机。

组织课堂教学绝非一次性行为。围绕不同的教学内容、不同的教学环节或教学步骤,教师要多次组织课堂教学。因此,在设计教学时,地理教师应充分考虑各教学环节中组织课堂教学的恰当形式并掌握好时机,及时组织教学。

(3)明确目的,教书育人。

教书育人是课堂组织的重要任务。通过课堂组织,教师要使学生明确学习目标,热爱地理科学知识,形成良好的行为习惯。在地理教学中可渗透德育因素。在传授科学知识的同时,对学生进行情感、态度与价值观的教育对课堂教学的组织十分有利。在教学中,教师严谨的治学态度、精湛的教学技艺、高度的责任感,对学生都有言传身教、潜移默化的作用,会影响学生的学习态度和纪律行为。

(4)灵活应变,因势利导。

教师要对课堂上发生的意外情况迅速做出反应,及时采取恰当措施,因势利导,把不利于课堂教学的学生行为,引导到有益于学习或集体活动的方面上来,恰到好处地处理个别学生的问题。

六、地理课堂教学的"三板"技能

(一)地理板书技能

(1)明晰思路,突出重点。

板书能够通过一定的表达格式,记录下教学内容的逻辑顺序和教学进程,对学生的思路有指导和调节的作用,使学生定向注意和定向思考。学生利用板书指示的认知思路,可以优化理解教学内容,突破重点。板书可以帮助学生掌握教学内容的要点、脉络和体系,还可以帮助学生巩固教学内容。教师可以通过板书把重点内容用简明扼要的文字体现出来,并加以具体化。板书长时间给学生以视觉刺激,利于突出教学重点。

(2)构建框架,增强记忆。

课堂上教师所讲授的知识有其内在的逻辑层次,仅仅用口头语言表述,会使学生难以全面、准确地掌握知识体系。板书提纲挈领地反映了教材内容,且部分与部分之间、部分与整体之间的关系,都可以从板书上清晰地反映出来。板书还可以将用教学口语不足以表达的部分知识、教学内容的疑难部分及重点部分显示出来,及时补充足量的教学信息。另外,学生边听边记,眼、耳、手、脑多种感官同时调动,互相协调,有助于学生理解记忆教学内容。心理学研究早已证明,学生的视听配合,能使其注意力更持久、理解更充分,从而强化其信息记忆。

(3)激发兴趣,启发思维。

板书可以使学生通过视觉获得知识信息,从单一的听觉刺激扩大到视听刺激,并将视听刺激巧妙结合起来,从而使学生的注意力得到集中。学生视觉和听觉的交互使用,可以避免长时间单纯运用听觉的疲倦;具有直观性特点的板书,能够将复杂的教学信息浓缩成简明的、富有艺术性的符号构图。这样可以极大地引起学生的认知兴趣和其他一系列积极的心理活动,激发学生的学习兴趣。好的板书教学可以启发学生的思维。教师设计板书问题,可以集中学生注意力,让学生自觉学习。教师以板书问题为媒介,可以调动学生的主观能动性,让学生在寻找问题答案的过程中拓展思维。

(二)地理板图、板画技能

地理板图、板画技能是指地理教师在教学过程中,凭借记忆和熟练技巧,将复杂的地图、地理现象用简练的笔法绘制成速写图、示意图和黑板画等。板图和板画也是地理教学语言,是地理教学常用的手段。

1. 地理板图、板画的基本特点

(1)简便实用。

地理板图、板画以简单的笔画按需绘制,所画的内容切中要点、一目了然。板图、板画勾画简单,能够变成讲授的对象。

(2)绘制迅速。

地理板图、板画笔法简练、绘画迅速、以快取胜,利于教师边讲边绘。

(3)讲绘同步。

利用板图、板画边讲边绘,可使讲授的内容具体化、形象化,使精练的语言描述与形象的勾画协调统一,能使学生在观察中获得准确的地理分布知识、掌握具体的地理过程,收到事半功倍的效果。

(4)讲练结合。

地理板图、板画简单易学。学生模仿绘画略图,可以复习巩固知识,加深记忆,培养能力。板图、板画内容精练,可代替大量语言,有利于讲练结合。

2. 地理板图、板画的作用

(1)简化原图,突出要点。

地理板图、板画用简单的笔法简化原图,把复杂的地理事物和现象简单明了化,并使所要表现的地理内容鲜明醒目、一目了然,有助于学生直观地理解一些不易观察到的地理事物和现象,便于学生理解记忆。但要注意地理板图、板画只写意,不写实。

(2)揭示规律,化难为易。

运用地理板图、板画进行教学,有助于教师的口头讲授,也可以使学生从复杂的地理事物中抓住本质,揭示其内在联系和规律,便于学生理解记忆。同时,学生难以了解的地理现象,也可以借助板图、板画演示,实现化难为易。

(3)展示过程,变静为动。

许多地理事物都有其发生、发展的运动过程,其间存在着复杂的因果关系,仅依靠教师口述学生难以理解。但是,如果教师边口述、边有层次地借助板画展示动态过程,讲画同步进行,就有助于学生感知和理解地理事物的运动和变化。

(4)强化记忆,培养技能。

在地理课堂教学中,教师边讲边绘板图、板画,使静止的图动起来,使讲授的内容更加具体化和形象化,可以集中学生注意力,充分调动学生的视觉、听觉等感官活动,强化学生记忆。同时,板图、板画可以减少教师不必要的语言,节省时间,实现精讲多练。学生通过记笔记的形式,抄绘地理板图、板画,既强化了记忆,又培养了绘图的地理技能。

3. 地理板图、板画的基本类型

(1)地图。

简略地图是地理板图的主体,主要是各类地理事物和现象的分布图,常用类型有政区轮廓图、山河分布图、自然带分布图、气候类型分布图、各种资源分布图等,便于学生学习地理事物及现象的分布。

(2)示意图。

示意图多为展示地理现象和地理事物变化规律或过程的示意图。常见的有天气系统示意图、水循环示意图、太阳直射点的移动示意图等。

(3)模式图。

模式图是表示一些地理事物的分布的特定表现形式,大多为理想模式。它与实际地理事物的分布有所差异,主要是帮助学生掌握地理事物分布的一般规律,如世界表层洋流分布模式图,气压带、风带分布模式图,气候分布模式图,自然带分布模式图等。

(4)剖面图。

剖面图主要指剖析地理事物的水平分布规律、垂直分布规律、内部构造等地理规律的板图,如地质剖面图、地形剖面图、大气剖面图、河湖海断面图等。

(三)地理课堂教学“三板”技能的训练

1. 板书技能训练的原则

(1)处理好板书内容与形式的关系。

地理板书的设计,应做到内容重于形式,形式服务于内容。形式必须依据教材内容设计,不能一味追求形式美,而使板书内容表达不准确或有遗漏。要在保证知识的系统性和完整性的前提下,考虑最优的板书表现形式。

(2)处理好板书书写与讲解的关系。

板书作为课堂上教师的书面语言,与教师的讲解一起共同完成教学任务,因此二者相辅相成。在教学过程中,有时是边讲边写,有时是先写板书后讲解,有时是先分析讲解,后归纳成板书。教师要根据教学需要,把握书写板书的最佳时机,力求更好地服务于教学。

(3)处理好板书设计与运用的关系。

板书设计是教师在备课时,根据教学内容、教学目标事先设计好的,而在实际的课堂教学过程中可能会出现一些问题,如有时事先设计的板书较多,但板面较小不够写或时间不够来不及写。这就要求教师在实践中不断积累、总结经验,必要时还要在上课前进行试写,设计出最符合教学实际的板书。

2. 板图和板画技能训练的原则

(1)重视课前设计。

在教学过程中,采用什么样的板图、板画,既科学美观,又能收到良好的教学效果?在课堂上,什么时候呈现和怎样呈现地理板图、板画,才能与讲解协调一致,才能把板图、板画运用得恰到好处?这都需要教师在课前进行精心设计,认真考虑,达到胸有成“图”。

(2)熟悉边讲边绘。

地理板图、板画在课堂上的运用,要边讲边绘、讲绘同步,同时给予学生听觉刺激、视觉刺激和动觉刺激。

(3)正确引导示范。

在地理课堂教学过程中,地理教师在自己边讲边绘板图、板画的同时,也可以要求学生模仿绘制这些地理板图、板画。学生在自己动手绘制板图、板画的过程中,既可以加强对地理知识的理解记忆,又可以培养绘图能力。

第四节　地理教学媒体

一、地理教学媒体的含义

媒体及媒介,是存储和传递信息的工具,具有广义和狭义之分。广义的媒体包括人的语言、表情、动作等,而狭义的媒体则指人以外的储存和传递信息的各种物质载体。信息的抽象性,要求教师运用能够产生有效刺激的符号成分来表示。不同媒体所表示信息的符号不同,因此任何一种教学媒体都难以传递所有的教学信息。教师在应用教学媒体时,应进行合理选择和有机组合。地理学科研究对象的复杂性使得地理教学必须依赖一定的地理教学媒体,才能顺利完成地理教学任务,提高课堂教学质量。

二、地理教学媒体的类型

地理教学媒体的分类方法有很多,根据不同的分类标准,可以分为不同的类别。以使用的信息符号来分类,可以将地理教学媒体分为语言符号媒体(包括印刷、语言、板书媒体等)和非语言符号媒体(包括板图、板画、地图、电视、电影等);以实物媒体的角度来划分,可将地理教学媒体分为传统地理教学媒体(模型、标本等)和现代地理教学媒体(录音机、投影仪、计算机等)。下面简要介绍传统地理教学媒体和现代地理教学媒体。

1. 传统地理教学媒体

传统地理教学媒体是指在相当长时期内一直运用的,相对于现代教学媒体来说功能比较单一、设备条件较为简陋的直观教学设备,主要包括地理教科书、地球仪、地理模型、地理图片、黑板、地理标本等。

2. 现代地理教学媒体

现代地理教学媒体又叫电子技术媒体,它是指在地理教学过程中,为了实现教学目标、传递地理教学信息、完成教学任务而采用的现代科学技术、现代通信工具和现代声、光、电的综合媒体。它一般由两个要素构成:教学硬件和教学软件。现代地理教学媒体类型较多,而地理教学中常用的可分为以下几种类型。

(1)电声类。

电声类地理教学媒体包括录音、扩音机及相应的教学软件。电声类地理教学媒体的特点是,能够录制语言和声音,并能够根据需要重新播放。

(2)电光类。

电光类地理教学媒体包括幻灯机、投影仪和相应的教学软件。电光类地理教学媒体最大的特点是能将某些地理景观图片、地图、示意图等各种图像放大,有时根据需要也可以放大板书的内容。这类教学媒体软件制作简单,使用较为方便,因此在地理教学实践中得到较为广泛的使用。

(3)计算机类。

计算机类地理教学媒体最典型的是多媒体地理教学设备。它能够储存大量地理教学资料,以便随时供师生检索。更重要的是,它能够运用特定的软硬件,将文本、图形、图像、视频等多种教学信息,经过获取、制作、编辑和储存等处理后,以单独或合成的形态表现出来,因而具有快速、高效、广泛等多方面的特点,是一种现代化的、先进的、被泛运用于地理教学实践的媒体。

三、常见地理教学媒体的使用

(一)地图和图表的使用

在地理教学媒体中,地图和图表尤为重要,使用也最为普遍,其最大的特点是形象、直观。使用地图是地理教学的典型特征。地理教学中的地图主要有地理挂图、教材地图、地图册、填充图等。在新课程标准下,作为一名合格的地理教师,必须具备扎实的运用地图、图表的基本功。在地理教学中,运用地图、图表一定要做到以下几个方面。

(1)选图恰当,紧扣主题。

无论是选用地图还是图表,都要首先考虑紧扣教学主题,使它能够与教师的讲解相互照应,便于学生建构地理知识体系,利于学生地理知识的掌握与读图、用图能力的培养。同时,用图要繁简得当,总数不宜过多。

(2)挂图得当,便于教学。

运用地图、图表教学时,要事先做好挂图的准备工作。要注意教室内光线的角度、挂图位置的高低;挂图的布局要合理、美观。一般主图挂在左边,辅图挂在右边,并留出板书的位置。

(3)指图准确,语言恰当。

教师在指图讲解时,身体应直面学生,以免挡住学生的视线;正确地运用指图杆,指图必须“点、线、面”清晰分明;指图的速度要做到快慢适中,同时要注意“讲”与“指”同步进行,讲解时语速要适中,并与学生的观察、思考、记忆相结合。

(4)用图讲解方法得当。

用图讲解要注意运用地图、挂图和讲授课文的密切配合,可以是以讲解课文为主、配合用图;也可以是以观察地图为主、辅以课文讲解。要注意地图种类不同、学生年龄不同,采用的讲授方法不同。同时,要注意主图和辅图、地图挂图和学生地图册之间的配合运用。

(二)地理标本和模型的使用

(1)地理标本的使用。

地理标本是地理课堂教学中使用的最传统的媒体,但它因为能够使学生真实感受地理事物和现象的本来面目,有助于学生形成正确的地理概念而被长期使用。地理标本一般可以分为实物标本和地理标本,它们各有特点。实物标本(如农作物)的真实性比较强,但使用时容易受时间和空间等条件的限制;而地理标本(如矿石标本)虽不受时间的限制,但受空间的限制。在地理课堂教学中,标本能够帮助学生真实地了解地理事物和现象,使学生容易形成对事物的感官认识。

(2)地理模型的使用。

地理模型主要有地形地貌模型,如等高线模型、区域地貌模型、地壳构造模型等。

地理模型是地理教学中的立体教具,直观性很强,使学生既可以通过视觉,也可以通过触觉感知地理模型所传递的地理信息,对学生形成某些地理表象的作用很大。在揭示地理事物内部结构和相互关系、表现地理事物立体形象时,地理模型优于地理图像。

地理模型可以是原型的扩大,也可以是原型的缩小,还可以是原型的简化,主要分为两种类型:一类是与真实物体的形状基本一致,只是比例不同的地理模型,如地球仪、三球仪等;另一类是显示地理构造特征的模型,如背斜、向斜、断层等。

(三)地理图片的使用

地理图片主要包括景观图片和素描图片。它是较为简单、廉价的直观教具,可用来向学生展示地理景观,帮助他们形成某些地理表象。

地理图片一般与教材配套使用,针对性较强,但更新较慢,这就需要地理教师平时注意搜集与积累地理图片。地理图片的内容丰富,色彩、构图美观,便于携带,能够引起学生的兴趣。但教师一定要注意图片与地理教学主题的相关性,应选用一些地理特征明显的图片。

教师在搜集和使用地理图片时应注意以下几点。

①自行搜集的景观图片要注有地名、注记和主要信息,以保证图片的科学性。

②要把握好展示图片的恰当时机,并做必要的说明。

③在课堂上使用图片时,要选择有助于突出教学重点的适量图片,数量不宜太多。

④许多图片内容丰富,但画面比较小,使用时应采用走动展示或传看等方法,让全班学生都能看到。

(四)多媒体的使用

现代教学媒体具有传递信息量大、传播速度快、表现力丰富的特点,因而具有普遍的实用性。多媒体在地理教学中的优势主要体现在以下几个方面。

(1)增强学生对地理事物的感性认识。

由于区域差异的存在和学生生存空间的限制,学生对许多地理事物和现象缺乏直观表象,如大多数学生没有见过冰川、地热现象、热带雨林、沙漠等。多媒体的使用可以帮助学生理解各种地理事物和现象,增强其对地理事物的感性认识,使其形成地理表象。

(2)帮助学生学习地理学科理性知识。

由于地理事物的广泛性、复杂性、综合性,学生难以进行广泛的观察和深入的体验,这样不利于学生对地理概念的掌握和地理原理的理解。因此,地理教师在进行讲解时,可利用多媒体技术将地理事物的现象、内在联系表现出来,有利于学生对这些内容的理解。

(3)创设问题情境,激发学生求知欲。

利用多媒体可以通过动画演示等,创设出生动有趣的教学情境,不仅能激发学生的求知欲,还可以通过提问等方法启发他们的地理思维,同时帮助学生建立空间概念,发展其想象思维能力和立体思维能力。

(4)设计教学活动,增加学生参与度。

运用多媒体可以满足学生更多地参与教学活动的需要。多媒体可以营造出充满创造性的学习氛围,实现因材施教,使学生成为课堂的主体。

(5)提高地理课堂的教学效率。

使用多媒体等现代媒体进行教学,可以提高单位时间内信息的传递数量。同时,多媒体教学可以化难为易,大大缩短认知过程,使学生易于接受和快速掌握知识,从而大大提高教学效率。在地理课堂上运用多媒体时要注意:

①要突出实效。教学媒体是传播教学信息的桥梁,是为一定的教学目的服务的。因此,一定要注意了解其使用效果是否达到预定目标。

②内容要精简,讲解要充分。多媒体的使用以能够说明问题为目的,不一定要数量多、篇幅长。一般情况下需要教师进行充分讲解,有时也可以指定学生解说。

③要提出问题。使用多媒体前,教师应向学生提出一些问题,且设计的问题应该是与多媒体紧密相关的内容,便于引导学生抓住多媒体展示中的主要内容。

第五节　地理教学评价

一、地理教学评价的概念

一般认为,地理教学评价是通过一定的方法或手段,系统地搜集、分析、整理信息资料,根据一定的教育价值观或地理课程目标,对地理教学的要素、过程和结果进行价值判断,从而为不断完善自我和教学决策提供依据的过程。

广义的评价对象:既要评价学生学得怎样,又要评价教师教得怎样。狭义的评价对象:只是学生。

二、地理教学评价的类型

(一)按评价的标准分类

1. 相对性评价

将一个学生的地理成绩与同一群体的平均成绩或标准样组的成绩进行比较,从而确定该学生地理成绩的水平或程度,这样的评价称为相对性评价,又称为常模参照评价或相互参照评价。

相对性评价的评价标准在被评价的集体之内,通过与评价标准进行比较,可以确定被评价个体在集体中所处的位置,区分优劣,可以作为分组、编班、决定人选的标准。

2. 绝对性评价

绝对性评价的评价标准在被评价集体之外,是预先制定的。通过与评价标准相比较,可以确定被评价对象达到目标的程度,也称为目标参照性评价。这种评价主要用于合格性和达标性活动。

其特点是:评价标准是由目标所决定的绝对标准,并且是在评价之前就已确定,不受评价对象群体状况的影响。评价时,个体只与标准相比较,不进行相互比较。因此,评价结果的优劣,只与对象自身的水平有关,而和其所处群体的状态水平无关。关于评价结果,其得分的分布情况事先不做硬性规定,不要求必须分出优劣,而是希望达标者越多越好。

3. 个体内差异评价

以评价对象的自身状况为基准,对评价对象自身有关要素进行比较,从而得到结论,称为个体内差异评价。

该评价有两种情形,一种是对被评价个体的过去与现在进行比较;另一种是对被评价个体的各个侧面进行比较,考查其强项与弱项。

这种评价的突出特点是:其参照标准从总体上说是不一致的,各个个体有各自的标准。但从个体角度分析,又是相对固定的,总是在与自身做比较。

个体内差异评价体现了尊重个性、因材施教的教学原则。在学生地理学业评价中,个体内差异评价可以作为改变学习困难学生的有效措施。

(二)按评价的功能分类

1. 诊断性评价

诊断性评价是在新的课程或某一个学习单元开始之前,为了使教学内容适合于学生的需要和背景以实现因材施教,对学生所具有的认知、情感和技能方面的条件进行的评价。

在教学开始前进行的诊断性评价,主要作用是将学生置于最有益的教学程序中;在教学过程中进行的诊断性评价,主要作用是为学生学习上的困难和错误寻找原因,并以此为依据设计"对症下药"的措施。

诊断性评价体现了现代教学观的一大转变,即从挑选学生去适合既定的教学方式,转变为开创适合学生特点的灵活教学方式,从而最大限度地开发每个学生的聪明才智。

2. 形成性评价

形成性评价是在地理教学方案实施、课程单元教学进程中进行的评价,其目的在于及时获取反馈信息,发现存在的问题与缺陷,并以此为依据修改、完善教学方案或帮助学生改进学习。在日常的地理教学活动中,形成性评价总是伴随着教学过程进行的。

形成性评价的结果,最好用于衡量每个学生是否达到了教学目标的要求,而不是单纯用于判断某个学生在班级集体中的优劣地位。

3. 终结性评价

终结性评价是指为了对已制定好的地理教学方案、计划、课程等的整体效益做全面鉴定所进行的评价。

三、地理学习过程的评价

(一)成长记录袋评价

成长记录袋评价,又称“档案袋”评价,是20世纪80年代在西方中小学评价改革运动中形成和发展起来的一种新的质性评价方式。

成长记录袋评价是指教师和学生有意识地将各种有关学生表现的材料收集起来,进行合理的分析与解释,以反映学生在学习与发展过程中努力、进步的状况或成就。

“档案袋”收集的材料是多种多样的,但它并不是材料的简单堆砌。“地理档案袋”的设计步骤为:

第一步,明确目的与用途。

第二步,确定评价主体、评价对象及评价内容。

第三步,确定要收集的东西。

(二)表现性评价

表现性评价是一类不同于传统纸笔测验评价方法的总称,又称为“基于表现的评价”“真实评价”“另类评价”。

表现性评价就是让学生运用自己的知识和技能,完成一个复杂的综合性任务,然后依据学生的各种表现进行评价。

表现可以是文字表现,可以是口头陈述的表现,可以是认知活动的表现,可以是社会活动的表现,也可以是学生所制作的各种实物产品,如图画、照片、手工作品、模型等。

表现性评价呈现问题的形式更加多样,除了文字形式,还可以用口头陈述、实际场景等形式。表现性评价的核心在于,被评价者所执行的表现任务与评价目标高度一致,因此能够促进教学。

表现性评价的核心和基础是要让学生完成一个表现任务,教师一方面要观察学生在完成任务过程中的各种行为表现(直接观察法);另一方面要观察学生所完成、创造的各种物质产品(间接观察法),然后对学生的行为表现和产品都做出评价。

(三)学生自评

重视自我评价是现代教育评价的主要特征。积极的自我评价,对于发挥地理学习评价的改进功能、促进学生的健康发展有着重要的意义。

进行自我评价,关键是要明确标准和尺度(自我评价表现出明显的主观个性色彩)。

自我评价是一种由学生自己主导的评价活动,但教师及时的引导和要求是必不可少的。教师要做到:

(1)重视学生自我评价意识的培养。

(2)给学生提供评价的参照标准。

(3)保存学生自我评价的记录。

第八章　地理教学设计

第一节　地理教学设计概述

一、地理教学设计的概念与基本特征

1. 概念

地理教学设计是指在课堂教学之前所做的教学准备。没有充分的教学准备,难以达到理想的教学效果。地理教学设计是运用现代教学设计理论和方法,系统规划地理教学活动的过程。它是以地理新课程理念为内核,以促进学生的有效学习为目的,以解决地理教学问题为宗旨,针对不同的教学环境进行分析,选择不同教学策略和媒体等的过程。

2. 基本特征

(1)地理性。

地理学是研究地理环境以及人类活动与地理环境相互关系的科学,具有综合性和区域性两个显著的特征。因此,地理教学设计要把探寻地理事物的发展变化规律、用可持续发展思想来指导和阐明人地关系作为地理教学设计的灵魂,充分体现"地理性"的特征。

(2)继承性。

地理教学设计的继承性,主要表现为对传统优秀教学设计的传承保留,对国外先进教学设计的引用、吸收,对其他学科教学设计的借鉴、渗透。地理教学设计正是在继承的基础上,不断地完善和丰富起来的。

(3)创新性。

随着社会的发展和时代的进步,地理教学也在不断变化和进步,这就要求地理教学设计需要不断创新。

(4)实践性。

地理教学具有很强的实践性。地理课程标准将区域地理和乡土地理作为地理学习的综合载体,强调了地理学习的实践性。新课程标准旨在让学生学习对生活有用的地理,注重联系实际生活,关注地理问题,培养学生解决实际问题的能力。因此,地理教学设计需要体现出地理的实践性特点。

(5)多样性。

地理教学设计受到地理教学活动各个要素的制约和影响。地理教学活动的诸多要素情况复杂,无论是教学目的、教学内容,还是教学方法等都是丰富多样的,因此地理教学设计也是灵活、多样的。

二、地理教学设计的要素

完整的地理教学设计主要包括 5 个要素,即背景分析(包括课标要求与分析、教材分

析、学情分析、设计理念4个方面)、教学目标设计、教学方法设计、教学媒体设计、教学过程设计。其中背景分析是十分重要的环节,是定位设计教学目标、确定教学实施方案等的前提。

1. 课标要求与分析

课标要求与分析需要对课程标准中的课程理念、课程目标、内容标准(包括教学标准和活动建议)等内容进行分析。

2. 教材分析

教材分析包括教学内容体系分析、重点与难点分析等内容。其中,教学内容体系分析较为重要,它说明了教材内容是如何组织安排的,以及这样安排的原因和好处。

3. 学情分析

学情分析是指分析学生现有的学习水平、学习能力、已有经验、心理特点等。学情分析既是教学设计的基础,也是教学实施的依据。

4. 设计理念

设计理念需指出教学设计所遵循的基本理念。设计理念指教学设计者所追求的教学信念,即对教学的基本观点和看法。

5. 教学目标设计

教学目标设计是在课标要求与分析的基础上,进一步将课程目标细化,转化为具体的、具有更强可操作性的教学目标。

6. 教学方法设计

根据教学内容、学情等,教学设计需要设计合适的教学方法,以取得较好的教学效果。

7. 教学媒体设计

根据教学内容需要、学校教学条件和学生特点等选择教学媒体,以更好地辅助教学。

8. 教学过程设计

教学过程是教学设计的主体,其主要内容是教学的实施过程。

三、地理教学设计的模式与流程

1. 地理教学设计的模式

以学生为中心,突出学生的主体地位。

2. 地理教学设计的一般流程

地理教学设计是个系统工程,其一般流程为分析、设计、评价和修改4个基本阶段。

第二节　地理教学设计的构成要素

一、地理教材分析

(一)地理教材的基本认识

1. 地理教材的基本含义

地理教材有广义和狭义之分。广义的地理教材是指在地理教学中,学生获得的全部知识内容及其载体(或一切教学材料),包括教科书、地图册、各种地理直观教具等及它们所提供的地理知识和其他方面的补充知识。狭义的地理教材专指地理教科书,它是广义地理教材中的核心与基础。因此,通常所说的地理教材主要指地理教科书,它是根据课程标准编写的、具有多种教育功能的知识体系。

2. 地理教材内容的选择

地理教材是地理教师进行教学活动、学生学习的主要工具和依据,所以有必要了解教材内容的选择。地理教材内容的选择,除了依据地理课程标准,还需符合教材内容选择的一般标准。

①所选内容的科学性。

地理教材要选择那些在当今地理学术界普遍公认的地理事实、概念、原理和规律,对那些尚有争议的内容,应持慎重态度。选材要反映本学科的新成果,包括新事实、新理论、新数据和新方法。

②所选内容的基础性。

地理教材要注意选择那些学生在今后生产和生活中迫切需要和确实有用的内容,而且内容不宜过深。

③所选内容的思想教育性。

地理教材对那些既属于地理基础知识,又能提高学生基本技能,同时还具有较强思想教育性的内容,应特别重视。例如,人类开发利用自然过程中普遍存在的一些问题,人类遵循自然规律、实现经济效益和生态效益的经验等,均具有较好的思想教育意义,在教学中应受到重视。

④所选内容的地理性。

教材所选内容应在地理教学范围之内。地理学与其他一些学科知识交融渗透,在教材中会涉及其他学科知识,这是正常现象,但地理教材不宜过多引入其他学科内容。例如,教材呈现有关矿物结构和特点的内容时,可以简明扼要地介绍有关分子结构的知识,但不宜系统介绍原子、分子理论。

⑤所选内容的现实性。

地理教材所选内容的现实性强,与我国和世界各种自然、人文现象密切联系,有利于学生理论联系实际,并利用所学知识理解当今人类面临的各种环境、资源、人口等问题。反之,如果所选内容是学生在现实生活中很少接触到的,会由于其在以后的地理学习中没有得到必要的强化而被遗忘。

⑥所选内容的智力价值。

所谓智力价值,是指知识本身所具有的对人智力发展的促进作用。例如,单纯罗列一大堆地名、地物而不考虑它们的相互联系,这种知识只是学生用来记忆的对象,如果教学得当,会对学生记忆能力的发展有一定的促进作用。又如,“板块学说的形成、发展”这类内容,不仅对学生有一定的记忆要求,还能通过对这些知识的学习,使学生懂得如何提出假说、进行论证并形成科学的思维方法。因此,在选材时,要根据学生的知识水平和心理发展水平,尽可能多选一些智力价值较高的内容。

⑦所选内容的比例适合性。

教学内容比例的适合性,主要是指侧重记忆的内容和侧重理解的内容均须兼顾,从而形成合理的知识结构。从地理学科的课程目标来看,地理课程既需要学生对地理事实有一定的了解,也需要学生了解各种各样的地理事物和现象的成因,以及人类合理利用自然、进行可持续发展的途径。

⑧所选内容的数量合适性。

地理学科是学生了解世界的一个窗口,地理知识的学习对学生正确世界观的形成有重要影响。因此,地理教材所选内容要丰富,要使学生对当今我国和世界的各种地理现象有较多的了解,可以比较形象地反映我国各地区和世界不同国家人们生产生活的不同面貌及社会经济发展的不同特点。但地理课课时有限,教师一方面要坚持选材观点与实际内容的统一;另一方面要选用合适数量的教学内容。

3. 地理教材的主要作用

(1)学生学习发展的依据。

地理课程标准是根据社会经济的发展对人才的要求而制定的,它所规定的地理教学目的主要是通过地理教材来实现的。因此,地理教材有很强的思想性和科学性。学生的一切学习活动,如预习、练习、复习与记忆都以教材为依据。

(2)教师教学活动的保障。

教师总想把自己知道的知识教给学生,但会受到教学目的、课时、学生的认知规律等方面的限制,所以精心编排的教材就成为教师进行教学的主要依据。教师在课前分析教材,根据教材来确定课堂教学过程的具体实施计划。

(二)地理教材分析的条件与方法

1. 地理教材运用的基本步骤

一是分析教材,主要是了解教材的知识内容。分析结构体系,找出知识的内在联系;分析教材在知识和技能教育、智能培养、思想品德教育 3 方面的具体要求,这是地理教学活动的基本与关键。

二是运用教材进行教学,即在分析教材的基础上,教师形成教学结构,设计教学方法,开展教学活动的过程。

2. 地理教材分析具备的基本条件

①有较高的专业知识水平。

地理教师只有掌握一定的地理专业知识和相关学科的知识,才能深刻理解地理教材的内容,才能正确把握知识之间的内在联系,从而透彻地分析教材。

②有正确的理论做指导。

地理教材的分析，必须在教育学和学科教学理论的指导下进行。同时，教材分析还必须依据地理学科教学理论。只有这样，教师才能了解教材的结构、组成、知识联系，分析出教材的多种教育功能，设计出合理的教学方法，从而达到教书育人的目的。这就要求教师要不断学习教育学与教学论的相关理论，并用于实践，达到灵活运用的程度。

③有正确的教材分析方法。

正确的教材分析方法有纵向分析与横向分析。纵向分析是从整体到局部，从概括到具体的过程。先从宏观入手，了解教材的整体结构、特点和功能，再步步深入，直到剖析到章节知识点的内容。横向分析是指同一层次知识内容的横向比较和联系。

3. 地理教材分析的主要方法

地理教师在进行教材分析时，能否正确使用整体分析法和局部分析法，将直接影响课堂教学设计，从而关系到课堂教学效果的好坏。

(1)整体分析法。

①背景分析。

课程标准是时代背景的浓缩，因此教材也自然而然具有一定的时代背景。教师要根据国家的法律、政策、文件、社会经济发展情况、地理学与教育学的发展情况来分析教材。

②教材知识结构的分析。

教材知识结构的分析是指各组成部分的排列顺序与组织形式，这种顺序和形式反映了教材内容之间的逻辑联系。对教材知识结构的分析，有利于把握知识的脉络，掌握各部分之间的关系，确定每部分教材在整体教材中的地位和作用。

③教材的整体教育功能分析。

教材的整体教育功能分析是指要分析教材的结构，根据课程标准中的教学目的和各部分内容的教学要求，确定教材基础知识智能教育和智能培养、思想政治教育等方面的内容。

(2)局部分析法。

①分析局部教材知识的内在联系。

地理事物是相互联系的。在分析地理教材时，教师要把握地理知识之间的联系，使学生能把握并灵活运用这些知识，从而培养学生的能力。

②分析局部教材知识的横向联系与纵向联系。

横向联系是指与教学内容相关的各局部教材和有关知识的整体联系，包括与教材以外、以内知识的联系。纵向联系是局部教材与其他学段的知识联系，这是教材分析不可缺少的关键一环。

③分析局部教材的教育功能。

分析局部教材的教育功能，要求教师在课前认真钻研课程标准和教材，分析、了解学生的实际情况，尽量使教材和学生的实际情况与教学要求协调起来。最后，局部教材分析的结果就形成了一个与其他章节及总体教学目的联系的、为自己所使用的教学目标系统。

(三)教学重难点

教学的重点是指与教学目标关系密切的教学内容，往往是教材内容中最基本、最核心的概念性知识和原理性、成因性、规律性知识，具有理论性和概括性强的特点，能帮助学生举一反三，促进知识迁移，是学习其他地理知识的基础。

教学的难点是指学生在学习中感到困难的教材内容。教材中的难点有的是知识难点，还有的是练习难点，对于学习水平、学习能力不同的学生，教学难点可能不同；教学设施不同，教学难点也不同。教学难点具有相对性，确定教学难点既要根据教材的难易程度，又要考虑学生、学校的实际情况。

1. 教学重点的确定

（1）认真研读地理课程标准。

地理课程标准中规定的课程内容是学生学习地理课程必须达到的基本要求，其往往也是教学的重点。

（2）分析教材内容的影响范围。

内容影响范围广泛、与其他知识有广泛联系、迁移性较强的知识，多为教材的重点。

2. 教学难点的确定

教学难点的确定可以从以下几个方面去考虑。

①内容庞杂、需要大量记忆的地理知识。

这类知识多为地理事物的名称、地理分布、地理数据等知识，这些知识主要集中在区域地理中。

②内容抽象、学生无法亲自感知的理性知识。

这类知识有地球公转的重要特征和地球公转的地理意义（正午太阳高度的周年变化、昼夜长短的变化和四季的更替等）等。

③知识层次较深、学习时需要更多知识铺垫的知识。

有些地理知识涉及层次较深，需要较多相关知识的铺垫，如气压带、风带的分布涉及较多的物理知识，所以这节内容为教材的难点。

鉴于地理教学中重点、难点的多样性，教师一定要在掌握地理课程标准的要求、深入钻研教材和深入了解学生实际情况的条件下，正确确定教材和教学的重点和难点。

二、学情分析

（一）基本内容

学情分析要从学生的知识情况、心理特点与生理特点3方面进行。

（1）学生的知识情况。

学生已有的地理知识，是其进一步学习的基础。只有了解学生已经懂得了哪些知识、其知识掌握的程度如何，才能帮助学生有效掌握新知识，才能设计出更适合学生的教学方案。

（2）学生的心理特点。

学生的心理特点是指学生在学习过程中的学习兴趣、学习动机、学习态度等心理因素。这些心理因素对学生的学习活动具有重要影响。

学习兴趣是学生对学习活动或学习内容的一种力求认知或趋近的倾向，是实现有效地理学习的最重要因素。学习动机是推动学生学习活动的内部动力，是影响学生学习的直接因素。尽管学生的学习离不开兴趣，但只有当学习兴趣转化为学习动机时，才会体现出一种持久的“内驱力”，才会长期对学习产生影响。由于学生的知识背景、生理因素、生活经历和社会环境不同,同龄的学生学习态度也是有差异的,这就需要教师充分关注学生学习态度的差异,以便于因材施教。

(3)学生的生理特点。

不同年龄的学生,学习地理的能力是不同的,因此教师需要掌握学生这些能力的差异,针对学生的实际情况采取相应的策略。例如,在对学生进行思维训练时,对初中生应以分析为主,而对高中生应进一步加强其思维的深刻性和综合性。

不同年龄的学生,学习地理的兴趣也是不一样的。例如,初中生学习兴趣的可塑性、波动性都比较大,对于“新、奇、乐”的材料感兴趣;而高中生学习地理的兴趣具有一定的稳定性和持久性,对一些深刻的、具有现实意义的问题感兴趣,如人口、资源、环境问题等。在地理教学中,地理教师要充分重视以上情况,选择恰当的教学方法。

(二)方法和要求

明确了学情分析的基本内容,还需要掌握学情分析的基本方法。教师分析学生,可以是分析全班学生的总体状况,也可以是分析个别学生的特殊状况。学情分析的基本方法主要有自然观察法和谈话法。

(1)自然观察法。

自然观察法是分析、了解学生最常用、最基本的方法。它是指教师在自然状态下,有目的地观察与分析学生的行为表现,从而了解学生基本情况的方法。教师可以使用多种方法对学生实施自然观察,可以在课堂教学中观察学生,也可以在课外活动中观察学生,还可以通过与学生的接触或与学生共同参与一些活动,来深入观察、了解学生的基本情况。

在使用自然观察法时,要求教师通过对学生的日常行为活动的观察,得出学生学习方面的知识素养和心理特点,并能从突发事件中分析出学生固有的个性特征。

(2)谈话法。

谈话法是教师通过有目的地与学生交谈,来了解学生内在知识水平和心理特点的方法。谈话法包括以下一些类型。

①接触性谈话,即比较随便地聊天,主要是寻求心理接近。

②询问性谈话,是一种具有针对性的谈话,即就某人或某事了解其详细情况,弄清前因后果,以便了解全貌,做出正确的判断。

③教育性谈话,即对正确、积极的行为进行表扬鼓励,对错误、落后的行为进行批评指正。具体使用谈话法时可以是一对一地个别谈话,也可以是一对多地集体谈话。

教师使用谈话法时应注意以下几个方面:以平等的态度对待每一个学生;谈话方式要因人而异,根据不同学生的性格、心理等特点采用不同的方式;选择恰当的谈话时机与内容,即要根据问题的性质、学生的具体情况、现场气氛等确定话题。

三、地理教学目标的设计

地理教学目标的设计是地理教学设计中必不可少的一个环节。根据地理教学目标的层次性要求,在进行地理教学目标设计之前,教师必须首先明确地理课程目标。此外,教师还需要了解关于地理教学目标的一些基本内容。

(一)地理教学目标

地理课程目标是对地理课程所培养的未来合格公民素质的要求。它是地理课程标准的核心内容,是地理课程内容选择的依据,也是地理课程实施与评价的基本出发点。

新一轮地理课程改革的目标是以“关注人的发展”为基础来设计的。地理课程目标从总体上规定了学生通过地理课程的学习要达到的预期结果,而要最终实现地理课程目标,必须将其转化为具体的地理教学目标。

(二)地理教学目标的功能

(1)导向功能。

地理教学目标具有导向功能。教师根据教学目标对教学活动进行设计并实施教学。教学目标制约着教学设计的方向,决定着教学的具体步骤、方法和组织形式,帮助教师自觉控制教学活动的全过程,具有“导学、导教、导测评”的导向功能。

(2)控制功能。

地理教学目标预先就规定了教学活动的大致进程,对教学活动起着控制作用。教学活动展开的过程也就是教学目标落实的过程。一切教的活动和学的活动都要紧紧围绕教学目标的实现来进行。同时,高层次的教学目标对低层次的教学目标具有约束力。

(3)激励功能。

地理教学目标为学生提供了自己的学习目标,对学生的学习具有激励作用,能够激发学生对新学习任务的期望和达到学习目标的欲望,从而调动学生学习的积极性和主动性。

(4)评价功能。

地理教学目标要全面、具体、可操作性和可测量性强,不仅有助于控制教学过程,而且能够为教学评价提供依据,保证教学评价的效度和信度。

(三)地理教学目标的设计理念

(1)体现系统性。

地理教学目标设计是一个系统,要从整体上把握目标设计要求。一方面,应从“地理新课程目标→地理学段目标→单元教学目标→课堂教学目标”一线进行纵向衔接分析;另一方面,要对课程标准、学习内容、学习者等进行前后关联的发展分析。

(2)坚持全面性。

坚持全面性包括三重含义:一是地理教学目标要面向全体学生,确保每一个学生达到课程标准的要求;二是地理教学目标要促进学生的全面发展,涵盖认知情感和方法等多个方面;三是地理教学目标内容要全面,涉及课程目标 3 个维度的各个方面。“知识与技能”是首要目标;“过程与方法”是组织教学过程的载体,是关键目标;“情感、态度与价值观”是终极目标。“知识与技能”目标是实施其他两类目标的基础,三者协同作用,相辅相成。

(3)反映差异性。

教学需要设计具有不同要求、不同层次的教学目标,以促进不同智力结构的学生发展。其中,较低目标层次为课程标准的基本要求。

(4)具有可操作性。

可操作性是地理教学目标设计的关键,应具备两方面的要求。一方面,教学目标能表明可观察到的学生的学习过程与结果；另一方面，教学目标能表明学生学习行为、结果的衡量条件与标准。

（四）地理教学目标的分类

在我国，地理教学中常用的教学目标分类理论大多参照布鲁姆的分类方法，即把课堂教学目标分为认知、动作技能和情感3个领域。

（1）地理教学认知领域的教学目标。

地理教学认知领域的教学目标是以学习地理知识和开发学生智力为主要任务的教学目标。该目标按学习水平，从低到高可以分为认识、理解和应用3个层次，每个层次与具体的行为和一定的行为动词相对应。地理教学认知领域的教学目标见表8.2.1。

表8.2.1　地理教学认知领域的教学目标

学习水平	具体行为	行为动词
认识	学生能够记住以前学过的地理知识，如能说出世界六大板块的名称	说出、描述、举例、列举、识别、知道、了解、指认、确定等
理解	学生能够运用语言、文字、图像等说明和解释重要的地理概念、原理、模式，如归纳自然资源的基本特征	解释、说明、比较、理解、归纳、判断、区别、预测、收集、整理等
应用	学生能够运用已经知道和理解的地理概念、地理原理等，说明同类地理事物和现象，分析和解决地理问题，如运用准静止锋的概念分析长江中下游梅雨形成的原因	应用、运用、计算、设计、撰写、总结、评价等

（2）地理教学动作技能领域的教学目标。

通常一个人的动作技能是从最初的模仿开始的，经过不断试验，逐步能够独立完成一个连贯的动作，最后达到创新动作的水平。因此，地理教学动作技能领域的教学目标可以分为引导下的反应、机械化和创新3个层次。每个层次同样对应具体的行为和一定的行为动词。地理教学动作技能领域的教学目标见表8.2.2。

表8.2.2　地理教学动作技能领域的教学目标

学习水平	具体行为	行为动词
引导下的反应	学生在教师的指导下，通过模仿和尝试表现有关行为，这时的动作是不连贯的和不熟练的，如在教师指导下，利用等高线地形图绘制地形剖面图	制作、使用、复制等
机械化	学生能够独立完成一个完整的动作，而且表现得连贯娴熟，如学生能够熟练运用温度计观测和记录气温	操作、观测、固定等

续表 8.2.2

学习水平	具体行为	行为动词
创新	学生根据动作完成中形成的悟性、迁移力和创新力，创造出新的动作行为或处理材料的方式，如学生用乒乓球自己制作地球仪	设计、发展、制造等

(3)地理教学情感领域的教学目标。

情感就是个体对外界刺激做出的肯定或否定的心理反应，会直接或间接影响人的行为。学生的情感、态度与价值观是学生心理发展的基本内容，而促进学生的心理发展是地理教学的基本目标。根据地理学科的特点，可以将地理教学情感领域的教学目标分为接受、评价和性格化 3 个层次。地理教学情感领域的教学目标见表 8.2.3。

表 8.2.3　地理教学情感领域的教学目标

学习水平	具体行为	行为动词
接受	学生愿意接受或注意某一现象，如学生能认识到环境保护的重要性	描述、指明、找出、把握、选择等
评价	学生在接受的过程中，通过自己的判断，形成对某个现象的价值观，并表现出一定的坚定性，如学生坚信自己不使用一次性木制筷子是为节约森林资源、保护环境做贡献	说明、比较、归纳、坚持、改变等
性格化	经过内化，学生把对事物的价值观纳入自己的世界观、人生观中，从而转化成自己的性格特征，进而约束自己今后的行为，如学生树立了可持续发展的观念，形成了正确的环境伦理观，并能自觉参加保护环境的实践活动	建议、表现、实践、提议、应用、解决等

(五)地理教学目标的陈述技术

地理教学目标的陈述技术有行为目标陈述法、内外结合法、表现性目标陈述法 3 种。

(1)行为目标陈述法。

行为目标陈述法的特点是用可观察、可测量的行为动词来陈述目标。我国目前地理新课程标准中对各章节目标的陈述就是以行为目标方式规定基本要求的。行为目标陈述的"标准"构成包括 4 个部分：前置限定、行为动词、主题内容、后置限定。例如，"运用示意图初步(前置限定)说明(行为动词)地壳内部物质循环(主题内容)的过程(后置限定)"。

行为目标陈述法的优点是可观测、可测量、可操作性强；缺点是注重可观测的外部行为，而忽视了反映内心活动的心理过程。

(2)内外结合法。

内外结合法是内在心理和外显行为相结合的描述方法，避免了用内部心理特征表述目标的抽象性、模糊性，使内隐的心理过程外显化，便于观察和测量。其局限性是陈述太过烦琐，大大增加了教师的工作量。

(3)表现性目标陈述法。

表现性目标陈述法明确规定学生应参加的活动，但不明确规定每个学生应从这种活动中习得什么，这种陈述方法对地理新课程“情感、态度与价值观”目标的陈述具有参考作用。

四、地理教学内容的设计

(一)地理教学内容分析

地理教学内容分析的主要依据是地理教材和地理课程标准，其中以地理教材为主，地理课程标准作为内容分析的切入点。例如，在《普通高中地理课程标准(2017 年版)》中，其基本理念中有培养学生必备的地理学科核心素养，这就要求教师在讲解利于地理学科核心素养的课程内容时(如人地关系、可持续发展等)，力求做到科学性、实践性和时代性的统一，以达成课程目标。

(二)地理教学内容组织

地理教学内容组织得好坏会影响地理课堂教学的效果，因此教师要做到以下几点。

①所选内容的基础性、科学性。

地理教学的内容要注意对其深浅的把握，不宜过深、过专，要以基础知识为主；选择、组织的内容也应是科学的、被地理学术界普遍公认的地理事实，能够反映地理学科的新成果。

②所选内容要根据条件而调整。

不同学校的设施不同，不同学生对知识的接受能力也不同，因此，教师在组织内容时，要根据学校的条件和学生的情况做出调整，提高教学效果。

③地理课堂教学内容的充实。

教师在上课前，要充分备课，设计课堂的步骤，让课堂的内容充实。如果一节课还未结束，但准备的内容已经讲完，就会让学生与老师陷入尴尬的境地。因此，教师要对备课和组织有高度的重视。

(三)开发利用开放性地理课程资源

地理学科知识不局限于课本，相反，它涉及人们生活的方方面面。因此，教师可以根据当地条件，开展开放性课程。例如，如果学校当地有很多的喀斯特地貌，教师就可以组织学生实地考察，增加学生对知识点的理解和兴趣。

五、地理教学方法的设计

(一)地理教学方法的选择

为了使教师、学生和教材等教学因素更有效地结合起来，地理教师必须依据教学目标和教学内容的要求精心选择教学方法，并将各种教学方法灵活运用于地理教学。地理教师在选择教学方法时，要从许多方面加以考虑，但主要需考虑以下几个方面。

①地理教学目的和任务。

教学方法是为实现一定的教学目的和完成一定的教学任务服务的。因此，地理教学的目的和任务不仅是确定教学内容、考虑教材配置的主要依据，也是选择地理教学方法的重要依据。例如，某节课以训练地理绘图技能为教学目的，其教学方法就可先选用讲解、演示的方法说明基本要求，然后再选用练习法、实践法让学生训练，以达到掌握绘图技能的目的。

②地理教学内容的特点。

地理教学内容是制约地理教学方法的重要因素。地理教学内容广泛，而对于不同的教学内容，应选择恰当的教学方法。例如，区域地理知识地名多、数据多，因此可以选择地图法、练习法和以比较为基础的讲述法、谈话法，还可以运用演示法、纲要信号图示法等。这样有利于学生建立丰富的地理表象，掌握地理事物的概念。

③学生的实际情况。

学生是教学活动的主体，教师的教学最终是为了学生的学习。因此，教师选择的教学方法要适应学生的基础条件和个性特征。首先，要考虑学生的年龄特征。不同年龄段的学生心理特点不同，接受知识的方式和能力有一定差异。其次，要考虑学生的知识掌握情况和兴趣特点等。

④地理教师的自身修养。

在地理教学中，地理教师是教学活动的组织者和引导者。任何一种教学方法，只有适应地理教师的素养条件，能被教师所理解和掌握，才能发挥作用。因此，地理教师的某些特长、某些弱点和运用某种方法的实际可能性，都应成为选择教学方法的重要依据。例如，有的教师语言表达能力较强，形象思维水平较高，可以用生动形象的语言把地理事物和现象描述得生动具体，然后从所讲的事实出发，由浅入深地讲清地理原理或规律。总之，地理教师选择教学方法时，只有根据自己的实际能力，扬长避短，采用与自己条件相适应的教学方法，才能达到理想的教学效果。

（二）地理教学方法的运用

地理教学方法有很多，但方法再多，最重要的是教师要结合自身的特点和优势，考虑学生和学校的情况与条件，选择最优的方法组合并灵活运用。地理教学方法组合的形式很多，要达到优化组合，必须满足以下基本要求。

（1）明确地理教学方法的选择依据。

明确地理教学方法的选择依据，是进行教学方法选择与组合的最基本要求。只有全面把握选择依据，才能综合考虑、全面权衡，选择恰当的教学方法并进行合理的组合。

（2）适当扩大教学方法的选择范围。

地理教学方法的优化组合，首先是在众多地理教学方法中进行挑选，因而可供选择的教学方法越多，就越有利于教师进行选择与组合。地理教师要不断努力提高自身素质，还应注意平时多搜集、学习借鉴各学科的教学方法，并且在地理教学实践中勇于创新。

（3）深入钻研教材，充分了解学生。

教学内容不同决定了教学方法选择的不同。教师在进行教学方法选择与组合之前，必须深入细致地钻研教材，认真分析教学内容的特点，明确重点和难点，只有这样才能针对教学内容选择出恰当的教学方法。同时，还要根据学生的年龄特征和班级特点来选择和组合教学方法。

（4）多角度、全方位比较和筛选。

在地理教学中，教师面对众多的地理教学方法，要从不同角度进行全面比较，以便能够筛选出最优的教学方法及其组合形式。教师在根据课堂教学及课外活动实践教学的实际情况,对既定教学目标、教学内容和教学时间条件下的整个教学过程进行精心设计时,需要为每一个环节、每一个知识点的教学拟定相应的教学方法。因此,教师要比较不同教学方法的教学效率和教学效果,从中选出最优的教学方法组合形式。

六、地理教学媒体的设计

教学媒体的选择已成为改进教学的有效手段,媒体的选择和利用成为整个教学设计中不可缺少的组成部分。地理教学媒体选择的依据如下。

1. 教学媒体功能

每一种教学媒体都有区别于其他媒体的优势。语言是最古老的听觉媒体,是教师教学最具有生命力的媒体;黑板价格便宜、使用方便、受控性强、重点突出等优势使其经久不衰;地图反映地理事物的空间分布,是地理的第二语言;投影、幻灯片能增加学生的感性认识,使学生形成地理表象,利于创设问题情境,引起学生的学习兴趣;影视是视觉与听觉的结合,为学生提供了近似身临其境的、感性的“替代经验”;计算机多媒体具有多种优势,利用前景广阔。

2. 教学目标

教学媒体的选择与设计,应以教学目标为导向。例如,在教学中需要帮助学生加强理解、建立逻辑联系和空间关系时,宜采用动画、录像、电视、电影、多媒体等教学媒体。

3. 教学内容

教学媒体的选择与设计和相应的教学内容、教学方法有着直接联系。教学内容与方法在一定程度上影响着教学媒体的选择。

4. 教学设施

教学设施既是教学方法选择的依据,也是教学媒体选择的依据。地理教学媒体的数量、质量等存在区域、校际差异。

5. 学生认知水平

地理教学媒体的选择与设计,应始终以学生为中心,考虑学生的认知水平。

6. 教师能力

地理教师使用媒体的能力是不同的。例如,有的教师地理语言表达能力强;有的教师善于运用地图;有的教师具有速绘、设计和运用地理板图及图表的能力等。

七、地理教学过程的设计

1. 常用的地理教学过程模式

(1)讲解—接受式地理教学过程模式。

讲解—接受式地理教学过程模式是以教师为主导,有目的、有计划地组织和实施地理教学的过程模式。

教学程序为:①复习旧课;②引入新课;③讲解新课;④巩固新课;⑤检查反馈。

该模式的突出优点是传授知识的效率高,是最经济的教学模式之一;缺点是过分强调教师的主导作用,忽视学生的主体地位和主动性,不利于调动学生地理学习的积极性,也不利于学生能力的全面培养。

(2)自学—辅导式地理教学过程模式。

自学—辅导式地理教学过程模式是以学生自学为主,即在教师的指导下学生依据地理教材,先单独自学,再讨论交流并由教师答疑解惑,然后深入探讨,最后练习巩固的过程模式。

教学程序为:①提出要求;②独立自学;③讨论交流;④启发指导;⑤练习总结。

该模式对教师的主导作用要求较高,教学实施要灵活多变、有的放矢,有利于培养学生的自学能力和自学习惯,需要学生有较高的自觉性和自学能力,需要教师有一套相应的组织管理措施,否则学生自学可能流于形式。

2. 新课标倡导的地理教学过程设计

(1)讨论式地理教学过程模式。

教学程序为:①提出议题;②组内讨论;③观点辨析;④师生评价;⑤归纳总结。

该模式有利于培养学生的能力、情感和价值观;有利于学生形成科学的观点与态度;有利于学生对知识进行深入思考与分析,培养其表达能力和合作能力等。其缺点是较费时间,效率不高。

(2)探究式地理教学过程模式。

探究式地理教学过程模式是教师帮助学生通过自主探究获得知识的一种教学过程模式。

教学程序为:①确定主题;②制订方案;③收集资料;④提出假设;⑤得出结论;⑥迁移运用。

该模式适应性广泛,需要准确把握教学目标和任务,需要教师正确引导,需要有足够的时间保证学生进行充分的自主探究活动。

(3)参与活动式地理教学过程模式。

参与活动式地理教学过程模式充分体现了以学生活动为中心的理念,是学生自由度最大的一种教学过程模式。

教学程序为:①提出问题;②设计活动;③收集材料;④研究课题;⑤总结评论。

该模式充分体现了学生的自主性,能够使学生学会学习,利于发展学生的个性和特长,有利于学生创造性思维的培养,但对教师的要求高。

(4)角色扮演式地理教学过程模式。

教学程序为:①确定问题;②角色分配;③表演;④讨论和评价表演;⑤总结。

该模式适合不同层次的学生同时学习,有助于学生提高认知水平和发现自己的才能,有助于培养学生的团队精神,有利于培养学生良好的情感、态度与价值观以及表现力。该模式适用于主题鲜明的实践活动,但较费时间,不宜过多使用。

附　　录

附录一　《义务教育地理课程标准(2011年版)》(节选)

第一部分　前　　言

一、课程性质

义务教育地理课程是一门兼有自然学科和社会学科性质的基础课程,具有以下几个特征。

(一)区域性

义务教育地理课程内容以区域地理为主,展现各区域的自然与人文特点,阐明不同区域的地理概况、发展差异及区际联系。

(二)综合性

地理环境是地球表层各种自然和人文要素相互联系、相互作用而成的复杂系统。义务教育地理课程初步揭示自然环境各要素之间、自然环境与人类活动之间的复杂关系,从不同角度反映地理环境的综合性。

(三)思想性

地理课程突出当今社会面临的人口、资源、环境和发展问题,阐明科学的人口观、资源观、环境观和可持续发展的观念,富含热爱家乡、热爱祖国、关注全球以及可持续发展思想的教育内容。

(四)生活性

地理课程内容紧密联系生活实际,突出反映学生生活中经常遇到的地理现象和可能遇到的地理问题,有助于提升学生的生活质量和生存能力。

(五)实践性

地理课程含有丰富的实践内容,包括图表绘制、学具制作、实验、演示、野外观察、社会调查和乡土地理考察等,是一门实践性很强的课程。

二、课程基本理念

1. 学习对生活有用的地理。地理课程选择与生活密切相关的地球与地图、世界地理、中国地理和乡土地理等基础知识,引导学生在生活中发现地理问题,理解其形成的地理背景,提升学生的生活品位,增强学生的生存能力。

2. 学习对终身发展有用的地理。地理课程引导学生从地理的视角思考问题,关注自然与社会,使学生逐步形成人地协调与可持续发展的观念,为培养具有地理素养的公民打下基础。

3. 构建开放的地理课程。地理课程着眼于学生创新意识和实践能力的培养,充分重视校内外课程资源的开发利用,着力拓宽学习空间,倡导多样的地理学习方式,鼓励学生自主学习、合作交流、积极探究。

三、课程设计思路

义务教育地理课程分为四大部分:地球与地图、世界地理、中国地理、乡土地理。其中,"地球与地图"是学习区域地理的基础。

1. 义务教育地理课程原则上不涉及较深层次的地理成因问题。

2. 地理要素采用单独列出和与区域地理结合两种方式。例如,世界地理的自然部分只列出气候要素,其他自然地理要素归入"认识区域"的相关内容之中。

3. 世界地理和中国地理的"认识区域"部分,除本标准规定的少量区域外,其他区域均由教材编写者和教师选择。本标准只列出区域的基本地理要素和学习区域地理必须掌握的基础知识与基本技能,以及必选区域的数量。

4. 乡土地理既可作为独立学习的内容,也可作为综合性学习的载体。学生可以通过收集身边的资料,运用掌握的地理知识和技能,开展以环境与发展问题为中心的探究式实践活动。

义务教育地理课程内容的基本结构如下图所示。

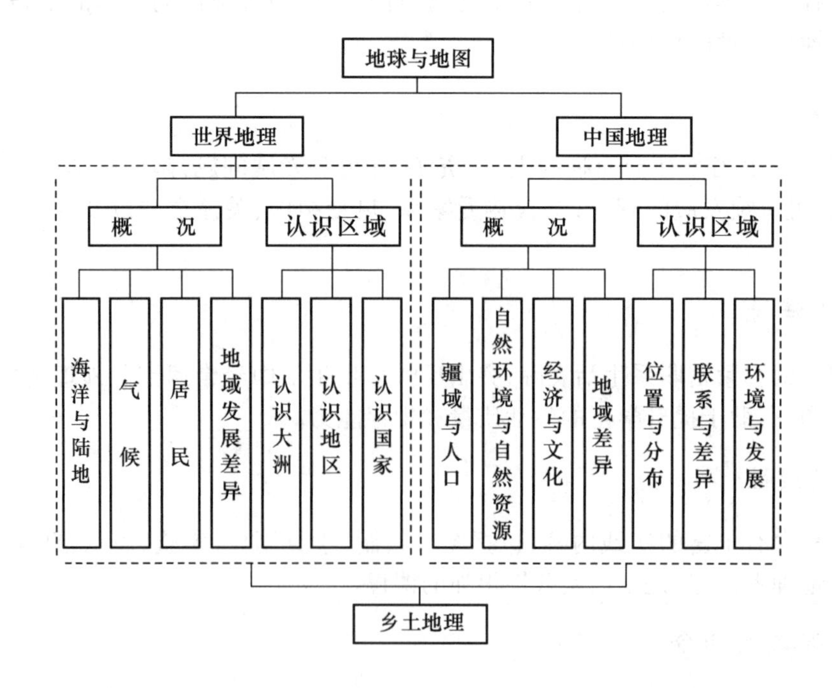

第二部分 课 程 目 标

义务教育地理课程的总目标是:掌握基础的地理知识,获得基本的地理技能和方法,了解环境与发展问题,增强爱国主义情感,初步形成全球意识和可持续发展观念。

下面从知识与技能、过程与方法、情感态度与价值观三个方面来表述,这三个方面在实施过程中是一个有机的整体。

(一)知识与技能

1. 掌握地球与地图的基础知识,能初步说明地形、气候等自然地理要素在地理环境形成中的作用以及对人类活动的影响;初步认识人口、经济和文化发展的区域差异。

2. 了解家乡、中国和世界的地理概貌,了解家乡与祖国、中国与世界的联系。

3. 了解人类所面临的人口、资源、环境和发展等重大问题,初步认识环境与人类活动的相互关系。

4. 掌握阅读和使用地球仪、地图的基本技能;掌握获取地理信息并利用文字、图像等形式表达地理信息的基本技能;掌握简单的地理观测、地理实验、地理调查等技能。

(二)过程与方法

1. 通过各种途径感知身边的地理事物和现象,积累丰富的地理表象;初步学会根据收集到的地理信息,通过比较、分析、归纳等思维过程,形成地理概念,归纳地理特征,理解地理规律。

2. 运用已获得的地理基本概念和地理基本原理,对地理事物和现象进行分析,作出判断。

3. 具有创新意识和实践能力,善于发现地理问题,收集相关信息,运用有关知识和方法,提出解决问题的设想。

4. 运用适当的方式、方法,表达、交流学习地理的体会、想法和成果。

(三)情感·态度·价值观

1. 增强对地理事物和现象的好奇心,提高学习地理的兴趣以及对地理环境的审美情趣。

2. 关心家乡的环境与发展,关心我国的基本地理国情,增强热爱家乡、热爱祖国的情感。

3. 尊重世界不同国家的文化和传统,增强民族自尊心、自信心和自豪感,理解国际合作的意义,初步形成全球意识。

4. 初步形成尊重自然、与自然和谐相处、因地制宜的意识及可持续发展的观念,增强防范自然灾害、保护环境与资源和遵守相关法律法规的意识,养成关心和爱护地理环境的行为习惯。

第三部分　课 程 内 容

一、地球与地图

(一)地球和地球仪

标准	活动建议
1. 地球的形状、大小与运动 了解人类认识地球形状的过程。 用平均半径、赤道周长和表面积描述地球的大小。 用简单的方法演示地球自转和公转。 用地理现象说明地球的自转和公转。 2. 地球仪 运用地球仪,说出经线与纬线、经度与纬度的划分。 在地球仪上确定某地点的经纬度。	开展地理观测、动手制作等活动。例如,观察不同季节(或一天内)太阳光下物体影子方向和长度的变化;用乒乓球或其他材料制作简易地球仪模型。

(二)地图

标准	活动建议
在地图上辨别方向,判读经纬度,量算距离。 在等高线地形图上,识别山峰、山脊、山谷,判读坡的陡缓,估算海拔与相对高度。 在地形图上识别五种主要的地形类型。 根据需要选择常用地图,查找所需要的地理信息,养成在日常生活中使用地图的习惯。 列举电子地图、遥感图像等在生产、生活中应用的实例。	开展运用地图、动手制作等活动。例如,在地图上查找地名并选择到达该地点的最佳交通路线,使用地图、手持定位仪等进行"定向越野"活动;利用泡沫塑料、沙土等制作地形模型。

二、世界地理

(一)海洋和陆地

标准	活动建议
1. 海陆分布 运用地图和数据,说出地球表面海、陆所占比例,描述海陆分布特点。 运用世界地图说出七大洲、四大洋的分布。 2. 海陆变迁 举例说明地球表面海洋和陆地处在不断的运动和变化之中。 知道板块构造学说的基本观点,说出世界著名山系及火山、地震分布与板块运动的关系。	开展拼图游戏、模拟演示等活动。例如,开展七大洲、四大洋拼图游戏;自选实验材料或使用计算机,模拟海底扩张、大陆漂移。

(二)气候

标准	活动建议
1. 天气 区分“天气”和“气候”的概念,并能正确运用。 识别常用的天气符号,能看懂简单的天气图。 用实例说明人类活动对空气质量的影响。 2. 气温与降水的分布 阅读世界年平均和1月、7月平均气温分布图,归纳世界气温分布特点。 阅读世界年降水量分布图,归纳世界降水分布特点。 运用气温、降水量资料,绘制气温曲线图和降水量柱状图,说出气温与降水量随时间的变化特点。 3. 主要气候类型 运用世界气候类型分布图说出主要气候类型的分布。 举例说明纬度位置、海陆分布、地形等因素对气候的影响。 举例说明气候对生产和生活的影响。	开展参观、观测、体验等活动。例如,参观当地的气象台(站)或大气环境监测站;使用测量仪器,观测气温、降水和风向;收看(听)和记录天气预报内容,模拟预报天气。

说明:“常用的天气符号”和“简单的天气图”,是指电视等媒体天气预报中经常出现的天气符号和天气图。

(三)居民

标准	活动建议
1. 人口与人种 运用地图和其他资料归纳世界人口增长和分布的特点。 举例说明人口数量过多对环境及社会、经济的影响。 说出世界三大人种的特点,并在地图上指出三大人种的主要分布地区。 2. 语言和宗教 运用地图说出汉语、英语、法语、俄语、西班牙语、阿拉伯语的主要分布地区。 说出世界三大宗教及其主要分布地区。 3. 聚落 运用图片描述城市景观和乡村景观的差别。 举例说出聚落与自然环境的关系。 懂得保护世界文化遗产的意义。	开展辩论活动。例如,围绕“人口多好,还是人口少好”“住乡村好,还是住城市好”等辩题组织辩论。

（四）地域发展差异

标准	活动建议
通过实例，认识不同地域发展水平存在差异。 运用地图归纳发展中国家与发达国家的分布特点。 用实例说明加强国际经济合作的重要性。	开展讨论活动。例如，收集两个不同发展水平地域的资料，进行比较并开展讨论。

（五）认识区域

标准	活动建议
1. 认识大洲 运用地图等资料简述某大洲的纬度位置、海陆位置。 运用地图和其他资料，归纳某大洲地形、气候、水系的特点，简要分析其相互关系。 2. 认识地区 在地图上找出某地区的位置、范围、主要国家及其首都，读图说出该地区地理位置的特点。 运用地形图和地形剖面图，归纳某地区地势及地形特点，解释地形与当地人类活动的关系。 运用图表说出某地区气候的特点以及气候对当地农业生产和生活的影响。 运用地形图说明某地区河流对城市分布的影响。 运用地图和其他资料，指出某地区对当地或世界经济发展影响较大的一种或几种自然资源，说出其分布、生产、出口等情况。 举例说出某地区发展旅游业的优势。 运用资料描述某地区富有地理特色的文化习俗。 说出南、北极地区自然环境的特殊性，认识开展极地科学考察和保护极地环境的重要性。 3. 认识国家 在地图上指出某国家地理位置、领土组成和首都。 根据地图和其他资料概括某国家自然环境的基本特点。 运用地图和其他资料，联系某国家自然条件特点，简要分析该国因地制宜发展经济的实例。 用实例说明高新技术产业对某国家经济发展的作用。 举例说出某国家在自然资源开发和环境保护方面的经验、教训。 根据地图归纳某国家交通运输线路分布的特点。 根据地图和其他资料说出某国家的种族和人口（或民族、宗教、语言）等人文地理要素的特点。 用实例说明某国家自然环境对民俗的影响。 举例说出某国家与其他国家在经济、贸易、文化等方面的联系。	开展学习交流、角色扮演等活动。例如，选择一个教科书没有介绍过的区域，收集、整理资料，归纳该区域地理特征，以适当方式（如墙报、图片展等）予以展示，并回答同学的质疑；就热带雨林开发与保护问题，分别扮演地理学家、政府官员、热带雨林区土著居民、世界环保组织成员、开发商等角色，从各自角度提出见解

说明:本单元规定从世界范围内选学部分大洲、地区、国家,旨在使学生通过认识所学区域自然地理和人文地理的主要特征,初步掌握学习和探究区域地理的基本方法。

南、北极地区是必学区域。此外,教材编写者和教师还必须从世界范围内选择至少一个大洲、四个地区(例如南亚)和五个国家编写教材和组织教学。

在编写教材和组织教学中,所选择的“大洲—地区—国家”组合应涉及所有大洲,其内容必须涵盖本单元全部“标准”。就某一区域而言,可以选择若干条“标准”,合理组织材料。

三、中国地理

(一)疆域与人口

标准	活动建议
1. 疆域与行政区划 运用地图说出我国的地理位置及其特点。 记住我国的领土面积,在地图上指出我国的邻国和濒临的海洋,认识我国既是陆地大国,也是海洋大国。 在我国政区图上准确找出34个省级行政区域单位,记住它们的简称和行政中心。 2. 人口与民族 运用有关数据说明我国人口增长趋势,理解我国的人口国策。 运用中国人口分布图描述我国人口的分布特点。 运用中国民族分布图说出我国民族分布特征。	开展拼图游戏、学习交流等活动。例如,开展我国省级行政区域单位拼图游戏;收集并交流反映我国一些民族的风俗、服饰图片和文字资料,描述、讲解这些民族的风土人情。

(二)自然环境与自然资源

标准	活动建议
1. 自然环境 运用中国地形图概括我国地形、地势的主要特征。 运用资料说出我国气候的主要特征以及影响我国气候的主要因素。 在地图上找出我国主要的河流,归纳我国外流河、内流河的分布特征。 运用地图和资料,说出长江、黄河的主要水文特征以及对社会经济发展的影响。 了解我国是一个自然灾害频繁发生的国家。 2. 自然资源 举例说明可再生资源和非可再生资源的区别。 运用资料说出我国土地资源的主要特点,理解我国的土地国策。 运用资料说出我国水资源时空分布的特点及其对于社会经济发展的影响。 结合实例说出我国跨流域调水的必要性。	开展野外地理观察、讨论等活动。例如,实地观察家乡某条河流,描述该河流的特征;收集资料,讨论“我国为什么要实行最严厉的耕地保护制度”。

说明:“标准”没有面面俱到地列出各种类型的自然资源,教学中应以水、土资源为案例,引导学生了解我国自然资源总量大、人均少、时空分布不均等特点,进一步认清我国国

情,并进行保护与节约资源的教育。

(三)经济与文化

标准	活动建议
1. 经济发展 运用资料说出我国农业分布特点,举例说明因地制宜发展农业的必要性和科学技术在发展农业中的重要性。 运用资料说出我国工业分布特点,了解我国高新技术产业的发展状况。 比较不同交通运输方式的特点,初步学会选择恰当的交通运输方式。 运用地图说出我国铁路干线的分布格局。 2. 文化特色 举例说明自然环境对我国具有地方特色的服饰、饮食、民居等的影响。 结合有关资料说明我国地方文化特色对旅游业发展的影响。	开展辩论活动。例如,围绕“高速铁路(公路)建设利大于弊,还是弊大于利”等辩题组织辩论。

(四)地域差异

标准	活动建议
在地图上找出秦岭、淮河,说明“秦岭—淮河”一线的地理意义。 在地图上指出北方地区、南方地区、西北地区、青藏地区四大地理单元的范围,比较它们的自然地理差异。 用事例说明四大地理单元自然地理环境对生产、生活的影响。	开展地理知识竞赛活动。例如:围绕“秦岭—淮河”一线南北两侧的地理差异,进行专题知识竞赛。

说明:为方便教学,并使学生更好地认识我国的地域差异,这里将我国划分为四大地理单元。四大地理单元是根据自然和人文地理特征而划分的综合地理区,应该注意,这是一种宏观尺度的地域划分,即使在同一地理单元内也存在着很大的差异。

(五)认识区域

标准	活动建议
1. 位置与分布 运用地图简要评价某区域的地理位置。 在地形图上识别某区域的主要地形类型,并描述区域的地形特征。	

续表

标准	活动建议
运用地图与气候统计图表归纳某区域的气候特征。 运用地图和其他资料说出某区域的产业结构与产业布局特点。 运用地图和其他资料归纳某区域人口、城市的分布特点。 2. 联系与差异 举例说明某区域内自然地理要素的相互作用和相互影响。 举例说出河流在区域发展中的作用。 运用资料比较区域内的主要地理差异。 举例说出区际联系对区域经济发展的意义。 根据有关资料，说出主导产业或支柱产业对区域经济发展的带动作用。 举例说明祖国内地与香港、澳门经济发展的相互促进作用。 运用有关资料分析说明外向型经济对某区域发展的影响。 3. 环境与发展 根据资料，分析某区域内存在的自然灾害与环境问题，了解区域环境保护与资源开发利用的成功经验。 以某区域为例，说明区域发展对生活方式和生活质量的影响。 运用资料说出首都北京的自然地理特点、历史文化传统和城市职能，并举例说明其城市建设成就。 认识台湾省自古以来一直是祖国不可分割的神圣领土；在地图上指出台湾省的位置和范围，分析其自然地理环境和经济发展特色。 以某区域为例，说明我国西部开发的地理条件以及保护生态环境的重要性。	开展学习交流、撰写小论文等活动。例如，选择一个教科书没有介绍过的区域，收集、整理资料，归纳该区域地理特征，以适当方式（如墙报、图片展等）予以展示，并回答同学的质疑；围绕某区域自然资源开发利用、自然灾害防治、节能减排、低碳生活等主题，自拟题目，撰写小论文。

说明：本单元规定选学我国部分区域，旨在使学生通过认识所学区域的自然地理和人文地理的主要特征，进一步掌握学习区域地理的一般方法。学习内容要体现区域地理的地域性、综合性特点，注重自然地理和人文地理的内在联系，具体的学习内容要从所选区域的实际出发，不要求面面俱到。

北京、台湾、香港、澳门为必学区域。此外，教材编写者和教师还必须从全国范围内选择至少五个不同空间尺度的区域编写教材和组织教学。就某一具体区域而言，可以选择若干条“标准”，合理组织材料，但所选区域组合，必须涵盖本单元所有“标准”。

在学习区域时，要引导学生用科学的发展观理解不同区域的差异，认识区域发展及其存在的问题。

四、乡土地理

标准	活动建议
运用地图,描述家乡的地理位置,分析其特点。 利用图文材料说明家乡主要地理事物的变迁及其原因。 举例分析自然资源、自然灾害对家乡社会、经济等方面的影响。 运用家乡的人口资料与全国人口情况进行比较,说出家乡人口数量和人口变化的特点。 了解家乡的对外联系现状,认识家乡进一步改革开放的重要性。 了解家乡的发展规划,关注家乡的未来发展,树立建设家乡的志向。	开展乡土地理调查、为家乡建设献计献策等活动。例如,提出一个自己感兴趣的乡土地理课题,开展调查,交流调查结果;开展为实现家乡的绿色生活献计献策活动

说明:乡土地理是必学内容。乡土地理帮助学生认识学校所在地区的生活环境,引导学生主动参与、学以致用,培养学生的实践能力,使学生树立可持续发展的观念,增强爱祖国、爱家乡的情感。

这里的"乡土"范围一般是指县一级行政区域。根据各地的实际情况,乡土地理的教学也可以讲授本地区(省辖市)地理,或者本省(直辖市、自治区)地理。

乡土地理教材的编写应纳入地方课程开发计划,并切实加以落实。提倡积极开发小尺度区域(乡、镇以下)的乡土地理校本课程。

在乡土地理教学中,至少应安排一次野外(校外)考察或社会调查。

第四部分　实 施 建 议

一、教学建议

地理课程的实施,关键在于教师的教学。在地理教学中,地理教师需要领悟本标准的课程基本理念,了解课程设计思路,按照课程目标和课程内容标准设计具体的教学目标。教学时尤其要注意突出地理学科特点,灵活运用多种教学方式方法,充分重视地理信息资源和信息技术的利用,关注培养学生的学习兴趣、学习能力、创新意识和实践能力。

(一)突出地理事物的空间差异和空间联系

地理教学要强调地理各因素之间的相互作用,特别是自然因素和人文因素对地理现象和地理过程的综合影响,引导学生理解地理事物的空间差异和空间联系,从地理的视角看待地理现象和地理问题。例如,在以一个国家为例学习区域地理时,需要引导学生从该国的地理位置、地形、气候、水文、植被、矿产等多方面认识自然地理要素对该国地理特征的综合影响。

(二)选择多种多样的地理教学方式方法

要根据教学目标、教学内容的特点、学生的年龄特征、学校条件以及教师自身特质选择合适的地理教学方式,注意运用多样化的教学方法,帮助学生学会学习。

应坚持启发式教学原则，提倡探究式学习，培养学生的探究意识，引导和鼓励学生独立思考、自主学习，体验解决地理问题的过程，逐步掌握分析和解决地理问题的方法。例如，可以用问题解决的方式进行经纬网内容的教学，将学习内容转化为类似“设计出行路线进行救援”的任务，提出完成任务过程中可能遇到的“问题”，通过理解、分析，解决这些“问题”。

（三）重视地理信息载体的运用

地理图像以及地理视频、计算机网络都承载了大量的地理信息，教师要充分利用这些地理信息载体，丰富地理课程内容，优化教学活动。

教师要重视地理图像的利用，通过阅读、使用地理图像和绘制简易地图，帮助学生掌握阅读、观察地理图像的基本方法，逐步发展学生从地理图像中获取地理信息的能力以及利用图像说明地理问题的能力。例如，可以引导学生对比不同地理景观图片来观察不同地区某一方面的地理特征，也可指导学生用地理语言描述或解释地理图像所反映的地理现象。

教师要积极利用地理信息资源和信息技术手段，优化和丰富地理教学活动，促进学生学习方式的转变。例如，有条件的学校，可以利用计算机网络资源进行有关地域文化、区域旅游业发展等方面内容的教学，指导学生确定学习的主题，在网络上搜集相关的数据、文字、地图、图片、音乐、视频等资料，并进行取舍、整理、归纳，按照学生自己喜爱的方式制作成以多媒体为载体的作品，并在班级内展示、交流。

（四）关注培养创新意识和实践能力

地理教学要重视培养学生的创新意识，激发学生的学习兴趣，培养学生独立思考的习惯，鼓励学生大胆质疑并提出自己的观点、看法，为学生自主学习营造宽松的学习环境。

应积极开展地理实践活动，增强学生的地理实践能力。一方面，立足校园开展地理实践活动。例如，利用学生已学习过的地图知识，以“我帮学校做规划”为主题，开展地理实践活动，从而达到构建开放的地理课堂、拓宽学习空间、培养学生热爱学校和保护环境责任感的目的。另一方面，应提倡开展野外（校外）考察和社会调查，鼓励学生走进大自然、进入社会，使学生亲身体验地理知识产生的过程。

二、评价建议

地理学习的评价应注重多途径收集信息，准确反映学生地理学习的结果及过程，激励学生有效地学习，帮助教师改进教学。评价时，既要关注学生的学习结果，更要关注学生的学习过程，强化评价的诊断和发展功能，弱化评价的甄别和选拔功能。评价应以本标准中的课程目标和课程内容标准为依据，体现课程基本理念，全面评价学生在知识与技能、过程与方法、情感态度与价值观等方面的发展与变化。评价应注重评价目标全面性、评价手段多样化，实现形成性评价和终结性评价相结合、定性评价和定量评价相结合。

（一）根据地理课程目标和课程内容标准确定评价标准

1. 对“知识与技能”的评价

对地理知识的评价，要依据课程内容标准的行为动词来确定评价的层次要求。例如，对于要求描述、说出的内容，评价标准应定位在评价学生的表述状况；对于要求学会、运用、举例、用实例说明、用图说明的内容，重在评价学生对地理知识的理解与运用的水平和进步状况，即评价学生对地理概念、原理、规律的理解程度以及能否将相关地理知识迁移到具体情境之中。

对地理技能的评价，主要考查学生对地理技能的方法和要领的了解程度，选择应用地理技能的合理程度，运用地理技能的熟练程度。例如，若评价“运用地形图和地形剖面图，归纳某地区地势及地形特点”这一标准要求的地理技能，可以采取布置学生读地形图、完成读图分析题等方式加以评价。评价可围绕以下方面展开：一是考查学生能否利用和激活下图所示的认知结构，评价的重点在于，学生头脑中有无这样的认知结构，如有，则要判断其是否完整和准确；二是评估学生是否有条理、有顺序并能熟练地从地势、地形类型构成和地形分布状况等方面获取信息；三是评估学生能否合理运用从地形图和地形剖面图中获取的信息得出相关结论。

认识某区域地势、地形
- 地势
  - 海拔
  - 倾斜状况（海拔变化趋势）
  - 起伏状况
- 地形类型构成
- 地形分布状况

2. 对“过程与方法”的评价

过程与方法的评价，应以评价学生参与地理学习活动过程的表现以及地理方法掌握与运用的情况为基本目标。

在评价学生参与探究性活动过程的表现时，应重点评价学生：

（1）能否提出地理问题；

（2）能否通过阅读地图、图表等以及通过实地观测与调查等方式收集资料、获得资料；

（3）能否将地理信息资料恰当归类和将地理信息资料绘制成地理图表以及简单的地图；

（4）能否通过分析地理信息资料得出结论并进行检验；

（5）参与地理观察与观测、调查、实验、讨论等活动的质量。

在评价学生地理方法的掌握与运用情况时，应注重对学生地理观察、区域分析与综合、地理比较、地理实验等常用地理方法的领悟、掌握状况和运用水平进行评价。例如，要检测学生“通过实例，认识不同地域发展水平存在差异”的达成度，教师可先提出探究活动要求，让学生根据地图选出几个代表性的区域并举出实例，说明不同地域发展水平的差异。具体让学生围绕以下几个问题开展探究：

（1）如何选择代表性区域；

（2）从哪些方面对所选区域进行比较；

（3）从比较中得出什么结论。

以上探究活动可以评价学生“地理比较方法”运用是否合理。为此应当观察学生是否能有效利用地图，是否有条理、有步骤、认真细致地观察地图；要判断学生所选择的比较地域和确定的比较项目是否合理，得出的结论是否正确。通过上述的观察与判断，可以对学生地理观察、比较、区域综合分析等方法的领悟和运用水平作出相应的评价。

3. 对“情感 · 态度 · 价值观”的评价

评价学生在情感态度与价值观方面的真实表现和发展状况，应着重评价学生：

（1）是否具有浓厚的地理学习兴趣，是否对地理事物、地理现象具有好奇心；

（2）是否积极主动地与同伴配合参与探究活动，是否在探究过程中有发现问题的意识并能大胆质疑；

（3）是否善于提出自己的意见，乐于听取同伴的建议，修正、发展自己的观点；

（4）是否关注地理学与现实生活的密切联系和地理学的应用价值；

（5）是否形成初步的人地协调、因地制宜等地理观点；

（6）是否关心家乡的环境与发展，关心我国的基本地理国情；

（7）是否形成有关环境、资源的保护意识和法制意识以及关心和爱护地理环境的行为习惯。

（二）评价方法的选择与使用

评价方法的选择与使用要符合诊断学生的学习质量和促进学生发展的基本目的。知识与技能、过程与方法、情感态度与价值观目标的达成度要选用不同的评价方法予以考查和评价，因此要发挥不同评价方法的特点，规避其不足。

丰富而准确的评价信息是评价的基础。获取评价信息的方法主要有纸笔测验法、档案袋法、观察法等；相应的评价方法有纸笔测验评价方法、档案袋评价方法、观察评价方法等。

1. 纸笔测验评价方法

纸笔测验评价方法是通过学生的书面回答，了解学生学习情况的一种评价方法。运用纸笔测验评价方法评价学生的地理学习状况，试题的质量至为关键，命制纸笔测验试题时应注意以下几点。

（1）注重地理基础知识和基本技能的考查，主要包括学生对地理位置、地理概念、地理特征、地理空间分布、地域差异等方面的理解，以及学生能否在具体情境中合理应用地理知识。应淡化特殊的解题技巧，不出偏题、怪题。

（2）突出地理科学的综合性和地域性特点，关注学生整体观念、空间观念、地理视角、地理学科能力等的形成状况，并进行考查。

（3）有效地发挥各种类型题目的功能。例如，考查学生对于地理事物的记忆能力，可以设计填图、填充、选择类试题；考查学生从具体情境中获取地理信息的能力，可以设计读图、阅读分析类试题；考查学生解决问题的能力，可以设计具有实际背景的试题；考查学生的探究、创造能力，可以设计开放性试题。

2. 档案袋评价方法

档案袋评价方法是有目的地收集有关学生学习情况的材料，体现学生在较长时间内在课程的一个或多个领域中所作出的努力、获得的进步和学业成绩的一种评价方法。对于评价学生进步程度、努力程度、自我反思能力及其最终发展水平方面具有重要意义。

地理学习档案袋可包括以下内容：学生绘制的地图、制作的模型、收集的地理图片和资料；地理探究活动的过程记录、疑难问题及其解答；学习方法和策略的总结、自我评价和他人评价的结果等。在建立档案袋的过程中，地理教师可以更多地将其作为“反映学生进步”和“展示学生作品”的工具。应十分注重在评价过程中学生的参与，学生与教师一样是最重要的评价主体。此外,家长、管理者等也可以参与档案袋的评价。

3. 观察评价方法

观察评价方法是评价者根据学生在地理学习中行为表现等的观察记录,对照事前制订的标准进行评价的方法。观察评价方法适用于评价学生:

(1)参与一般地理学习活动的表现,如在口头表达、描绘地图、绘制地理图表、读图分析等一般地理活动中的表现;

(2)在提出地理问题、收集地理信息、讨论、实地观察与观测、真实性情景的问题解决等地理探究活动中的表现;

(3)地理方法掌握与运用的状况,如区域比较、区域综合分析等方法的掌握与运用;

(4)在情感态度与价值观方面的真实表现和发展状况;

(三)评价的实施

评价应注重过程性评价,把评价渗透到地理教学过程的各个环节之中,克服“一张考卷定终身”的弊端。建议对学生的答问、演讲、演示、绘图、读图与分析、观察与观测、调查、制作等各种活动都进行评价,使评价过程变为教育过程。

由于学生学习的心理特征、学习形式和学习特点的差异以及各种评价方法存在的不足,因而评价应采取多种方法。

要重视多元评价,调动学生自评和互评的积极性,鼓励学生主动参与评价;要对学生学习的全过程进行综合评价,而不是一次性的、部分内容或部分项目的评价。地理学习评价建议采用评语和等级、评分相结合的方式。

(四)评价结果的解释

评价结果的解释就是通过对利用评价工具所获得的信息和数据进行分析处理,作出评价结论。评价结果的解释重点应放在学生在学习过程中的变化上,在于“发现闪光点、激励自信心”。评价结果解释须对学生在学习过程中的变化作出多角度和较为全面的评价。要随时关注学生在学习活动中的表现与反应,给予必要的、及时的、适当的鼓励性、指导性评价。评语既要简练、中肯、有针对性,又要富于感情、有重点、不求全责备,使学生准确了解自己的学习结果,知道以后的努力方向。

给学生作出评价结论的最终目的是为学生的成功学习创造良好的心理环境,使学生从评价中得到成功的体验,从而激发学生的学习动力,使他们积极参与学习活动,以达到促进学生发展,提高教育质量的目的。

三、教材编写建议

(一)建立合理的内容结构

地理教科书的编写应对课程内容标准进行合理组合,建立有利于学生学习的内容结构体系,而不必拘泥于区域地理的学科体系。

世界地理和中国地理的“认识区域”部分,教科书编写者选择区域时,既要注意区域的典型性、独特性,也要注意区域知识组合的覆盖面,适当分散难点,注意知识再现。

(二)选择联系学生实际、反映时代特征的素材

地理教科书教学内容的选择与组织,应联系生产和生活实际,尤其是发生在学生身边的地理事物、地理现象和地理问题,体现“学习对生活有用的地理”和“学习对终身发展有用的地理”的课程基本理念。地理教科书的编写应反映时代特征,体现社会主义核心价值观,密切关注地理科学和教育科学的发展、国家和社会的发展以及学生群体的发展,不断积累素材,及时加以修订。

(三)设计有一定弹性的教学内容

地理教科书的编写应注意我国各个地区在自然、社会、经济、文化、教育等方面的差异,充分考虑地理教科书的地区适应性。

地理教科书教学内容的选择与组织也应具有不同层次和一定的弹性。例如,可适当安排一定数量的选学、自学和阅读内容,以满足不同学生的学习需要。

(四)突出能力培养,发挥教科书的学习引导功能

地理教科书的编写要注重对学生地理学习能力的培养,发挥地理教学方法的指导作用,体现课程基本理念所提倡的探究学习方式。采取的形式可以有多种,例如,可以设计探究式的学习活动,引导学生在探究活动中学习新内容;可以将有些内容设计成开放式的,不直接提供结论。

(五)采用符合学生身心特点和接受能力的内容呈现方式

地理教科书的编写应从学生身边的或熟悉的地理事物入手,课文要简明、通俗、科学、直观、生动、亲切,活动的设计要密切联系学生现实生活的经历和体验,难易程度恰当;提倡多使用地图以及剖面图、景观图、示意图、遥感图等图像;采用一些能激发学生思索、富于启发性和趣味性的问题导入;设计一些学生感兴趣、易于操作、有创意的活动和练习;安排一些引人入胜、拓展知识的地理小故事。

四、课程资源开发与利用建议

充分开发、利用地理课程资源,对于丰富地理课程内容、增强地理教学活力具有重要的意义。

(一)建设学校地理课程基本资源库

通过调查,掌握学校地理课程资源的情况,分门别类建立地理课程资源档案,并逐步建立基本的地理课程资源库。

教科书以及教学所需的地图集、地理挂图、地理模型、地理标本、实验器材、图书资料、电教器材、教学软件、教学实践场所等,都是学校重要的地理课程资源。其中必备的教具、设备和教学用图有:地球仪、三球仪、等高线地形模型、幻灯机、投影机、岩石和矿物标本、东西两半球图、世界政治地图、世界地形图、世界与中国气候分布图、中国政区与交通图、中国地形图、本省(自治区、直辖市)地图、本县(市)地图、世界地理景观图片、中国地理景观图片。

应注意地理课程资源的积累和更新。除添置必要的地理教学图书、设备、软件，还可自制各种地理教具、学具，开发各种地理教学软件，不断扩大地理课程资源库的容量，提高地理课程资源库的质量。有条件的学校可以配置地理专用教室、地理园等，以适应社会发展、科技进步和地理教学自身发展的需要。

（二）利用学生学习经验资源

教师要结合学校的实际和学生的学习需求，充分利用学生自身的经历和体验。

教师应鼓励和指导学生组织地理兴趣小组，开展野外观察、社会调查等活动；指导学生编辑地理小报、墙报，布置地理橱窗；引导学生利用学校广播站或有线电视网、校园网传播自编的地理节目。教师应尽力在课堂教学中充分运用学生的这些学习和实践成果。

（三）开发社会地理课程资源

校外地理课程资源丰富多样，学校所在地区的各种自然和人文地理事物，都是学校地理课程资源库的重要组成部分，包括青少年活动中心、图书馆、科技馆、气象台、天文馆、博物馆、展览馆和主题公园；科研单位、大专院校和政府部门；广播、电视、报刊等信息媒体；区域自然景观和人文景观等。要加强与社会各界的沟通与联系，寻求多种支持，合理开发利用校外地理课程资源。

要创造条件组织学生走进大自然，参与社会实践，开展参观、调查、考察、旅行、夏令营、冬令营等活动；也可邀请有关人士到学校进行演讲和座谈；有条件的地区可创建地理实习基地。

（四）利用计算机网络资源

有条件的教师可以从计算机网络上获取各种适用于地理教学的电子资源，如地理文字资料、地理图像、地理视频、地理动画、地理书刊、电子教案等。网络资源的特点是形式多样、数量巨大、获取方便、内容新颖、成本较低，是地理教学极为重要的资源库。教师还可以借助网络资源丰富教学方式方法，引导学生主动利用网络资源学习地理。

教师在开发、利用地理课程资源时，要注意所选资源的科学性、思想性、适宜性，充分、合理、有效地利用现有课程资源，积极开发新的课程资源，提倡校际地理课程资源的共建和共享，为创造生动、丰富、有效的地理教学活动服务。

附录二 《普通高中地理课程标准(2017年版2020年修订)》(节选)

一、课程性质与基本理念

(一)课程性质

地理学是研究地理环境以及人类活动与地理环境关系的科学,具有综合性和区域性等特点。地理学兼有自然科学和社会科学的性质,在现代科学体系中占有重要地位,对于解决当代人口、资源、环境和发展问题,建设美丽中国,维护全球生态安全具有重要作用。

高中地理课程是与义务教育地理课程相衔接的一门基础学科课程,其内容反映地理学的本质,体现地理学的基本思想和方法。地理课程旨在使学生具备人地协调观、综合思维、区域认知、地理实践力等地理学科核心素养,学会从地理视角认识和欣赏自然与人文环境,懂得人与自然和谐共生的道理,提高生活品位和精神境界,为培养德智体美劳全面发展的社会主义建设者和接班人奠定基础。

(二)基本理念

1. 培养学生必备的地理学科核心素养

通过高中地理学习,使学生强化人类与环境协调发展的理念,提升地理学科方面的品格和关键能力;具备家国情怀和世界眼光,形成关注地方、国家和全球地理问题及可持续发展问题的意识。

2. 构建以地理核心素养为主导的地理课程

围绕地理学科核心素养培养的要求,构建科学合理、功能互补的课程体系,坚持基础性、多样性、选择性并重,满足不同学生自身发展的需要;精选利于地理学科核心素养形成的课程内容,力求科学性、实践性、时代性的统一,满足学生现在和未来学习、工作、生活的需求。

3. 创新培育地理学科核心素养的学习方式

根据学生地理学科核心素养形成过程的特点,科学设计地理教学过程,引导学生通过自主、合作、探究等学习方式,在自然、社会等真实情境中开展丰富多样的地理实践活动;充分利用地理信息技术,营造直观、实时、生动的地理教学环境。

4. 建立基于地理学科核心素养发展的学习评价体系

准确把握地理学科核心素养的水平划分,以学业质量标准为依据,形成过程性评价与终结性评价相结合的学习评价体系,科学测评学生的认知水平,以及价值判断能力、思维能力、实践能力等的水平,全面反映学生地理学科核心素养的发展状况。

二、学科核心素养与课程目标

(一)学科核心素养

学科核心素养是学科育人价值的集中体现,是学生通过学科学习而逐步形成的正确价值观、必备品格和关键能力。地理学科核心素养主要包括人地协调观、综合思维、区域认知和地理实践力,它们是相互联系的有机整体。

1. 人地协调观

指人们对人类与地理环境之间关系秉持的正确的价值观。人地关系是地理学研究的核心主题。面对不断出现的人口、资源、环境和发展问题,人们越来越深刻地认识到,人类社会要更好地发展,必须尊重自然规律,协调好人类活动与地理环境的关系。“人地协调观”素养有助于人们更好地分析、认识和解决人地关系问题,成为和谐世界的建设者。

2. 综合思维

指人们运用综合的观点认识地理环境的思维方式和能力。人类生存的地理环境是一个综合体,在不同时空组合条件下,地理要素相互作用,综合决定着地理环境的形成和发展。“综合思维”素养有助于人们从整体的角度,全面、系统、动态地分析和认识地理环境,以及它与人类活动的关系。

3. 区域认知

指人们运用空间—区域的观点认识地理环境的思维方式和能力。人类生存的地理环境多种多样,将其划分成不同尺度、不同类型的区域加以认识,是人们认识地理环境复杂性的基本方法。“区域认知”素养有助于人们从区域的角度,分析和认识地理环境,以及它与人类活动的关系。

4. 地理实践力

指人们在考察、实验和调查等地理实践活动中所具备的意志品质和行动能力。考察、实验、调查等是地理学重要的研究方法,也是地理课程重要的学习方式。“地理实践力”素养有助于提升人们的行动意识和行动能力,更好地在真实情境中观察和感悟地理环境及其与人类活动的关系,增强社会责任感。

地理学科核心素养的内涵与表现

素养名称	内涵	表现
素养1: 人地协调观	人地协调观指人们对人类与地理环境之间关系秉持的正确的价值观。	(1)能够理解自然环境是人类生存、发展的基础,并能够辩证看待自然环境对人类活动的各种影响。 (2)能够理解人类活动影响地理环境有不同的方式、强度和后果,懂得尊重自然规律的重要性和必要性。 (3)能够分析评价现实人地关系问题,理解协调人地关系的措施与政策。

续表

素养名称	内涵	表现
素养 2:综合思维	综合思维指人们运用综合的观点认识地理环境的思维方式和能力。	(1)能够从地理要素综合的角度认识地理事物的整体性,地理要素相互作用、相互影响的关系。 (2)能够从空间和时间综合的角度分析地理事象的发生、发展和演化。 (3)能够从地方或区域综合的角度分析地方或区域自然和人文要素对区域特征形成的影响,以及区域人地关系问题。
素养 3:区域认知	区域认知指人们运用空间—区域的观点认识地理环境的思维方式和能力。	(1)具有从区域的视角认识地理事象的意识与习惯。 (2)能够采用正确的方法与工具认识区域。 (3)能够正确解释、评析区域开发利用决策的得失。
素养 4:地理实践力	地理实践力指人们在考察、实验和调查等地理实践活动中所具备的意志品质和行动能力。	(1)能够用观察、调查等方法收集和处理地理信息,有发现问题、探索问题的兴趣。 (2)能够与他人合作设计地理实践活动的方案,独立思考并选择适当的地理工具。 (3)能够实施活动方案,主动从体验和反思中学习,实事求是,有克服困难的勇气和方法。

(二)课程目标

高中地理课程的总目标是通过地理学科核心素养的培养,从地理教育的角度落实立德树人根本任务。具体目标如下。

1. 学生能够正确看待地理环境与人类活动的相互影响,深入认识两者相互影响的不同方式、强度和后果,理解人们对人地关系认识的阶段性表现及其原因,认同人地协调对可持续发展具有重要意义,形成尊重自然、和谐发展的态度。

2. 学生能够形成从综合的视角认识地理事物和现象的意识,对地理各要素之间的相互作用关系有较强的分析能力,并在一定程度上解释地理事物和现象发生、发展的过程,从而较全面地观察、分析和认识不同地方的地理环境特点,辩证地看待地理问题。

3. 学生能够形成从空间—区域视角认识地理事物和现象的意识,对地理事物和现象的空间格局有较强的观察力,并运用区域综合分析、区域比较、区域关联等方法认识区域,简要评价区域现状和发展。

4. 学生能够运用所学知识和地理工具,在室内、野外和社会的真实环境下,通过考察、实验、调查等方式获取地理信息,探索和尝试解决实际问题,具备活动策划、实施等行动能力。

三、课程结构

(一)设计依据

1. 立德树人根本任务

切实将地理学科核心素养的培养贯穿在地理课程的设计和实施中。在地理学科内容方面，要充分体现地理学科的本质和价值，展示其核心思想和独特视角；在社会需求方面，要响应党和国家提出的“创新、协调、绿色、开放、共享”的发展理念，展示地理学与社会的关联；在学生发展方面，要密切联系学生的生活经验，让学生在自然和社会的大课堂中学习对其终身发展有用的地理。

2. 地理学的学科体系

地理学的学科体系中有自然地理学、人文地理学和区域地理学等。随着时代和科技的发展，地理学不断形成新的知识领域和新的分支学科。鉴于高中阶段的地理课程是基础性的课程，本课程在义务教育阶段区域地理的基础上，采用自然地理、人文地理和区域地理的基本框架。同时，在确定课程名称和内容时，综合考虑融入科学发展观教育、国家安全教育、海洋意识教育等，注重地理学科与其他学科的融合，做好地理课程的顶层设计。

3. 学生发展的多元需求

按照普通高中课程方案的规定，必修课程的内容应精选学生终身发展必备的地理基础知识和基本技能，以满足全体学生基本的地理学习需求。选择性必修课程内容应在必修课程的基础上加深或拓展，以满足部分学生升学考试或就业的需要。选修课程应提供多样化的课程清单，以满足不同学生出于兴趣爱好、学业发展或职业倾向等进行选课的需要。

（二）结构

高中地理课程分为必修、选择性必修和选修三类课程。必修课程包括两个模块，即地理 1、地理 2。选择性必修课程包括 3 个模块，即自然地理基础，区域发展，资源、环境与国家安全；选修课程包括 9 个模块，即天文学基础，海洋地理，自然灾害与防治，环境保护，旅游地理，城乡规划，政治地理，地理信息技术应用，地理野外实习（参见下图）。

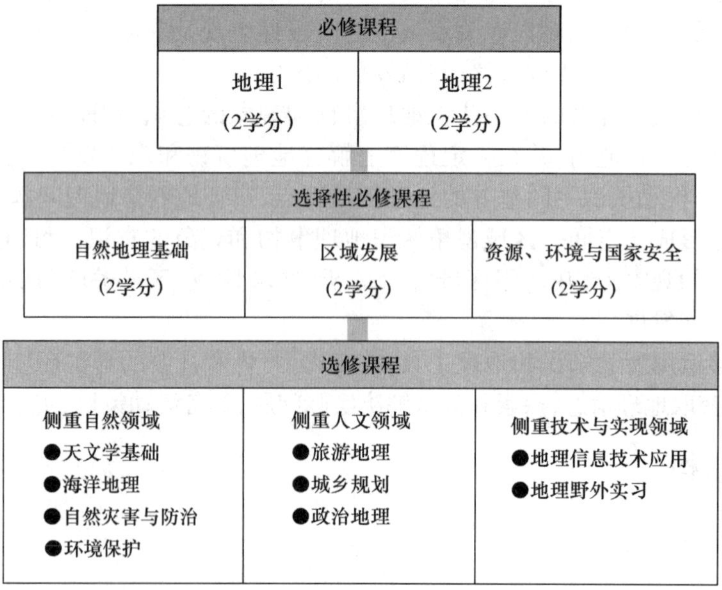

必修课程	
地理1 （2学分）	地理2 （2学分）

选择性必修课程		
自然地理基础 （2学分）	区域发展 （2学分）	资源、环境与国家安全 （2学分）

选修课程		
侧重自然领域 ●天文学基础 ●海洋地理 ●自然灾害与防治 ●环境保护	侧重人文领域 ●旅游地理 ●城乡规划 ●政治地理	侧重技术与实现领域 ●地理信息技术应用 ●地理野外实习

（三）学分与选课

必修课程全体高中学生必须学习，每个模块2学分，2个模块共计4学分。学业水平合格性考试以必修课程内容的要求为准。

选择性必修课程共设3个模块，学生可以结合其未来高等教育学业与职业方向进行选择。选择将地理学业水平等级性考试成绩计入高校招生录取总成绩的学生，需要修习选择性必修全部3个模块的内容，获得6学分。

选修课程共设9个模块，学生可以根据个人兴趣进行选择。

四、课程内容

（一）必修课程

1. 地理1

本模块主要包括三方面内容：地球科学基础，自然地理实践，自然环境与人类活动的关系。

本模块旨在帮助学生了解基本的地球科学知识，理解一些自然地理现象的过程与原理，增强对生活中的自然地理现象进行观察、识别、描述、解释、欣赏的意识与能力，树立尊重自然、顺应自然、保护自然的观念。

【内容要求】

1.1 运用资料，描述地球所处的宇宙环境，说明太阳对地球的影响。

1.2 运用示意图，说明地球的圈层结构。

1.3 运用地质年代表等资料，简要描述地球的演化过程。

1.4 通过野外观察或运用视频、图像，识别3~4种地貌，描述其景观的主要特点。

1.5 运用图表等资料，说明大气的组成和垂直分层，及其与生产和生活的联系。

1.6 运用示意图等，说明大气受热过程与热力环流原理，并解释相关现象。

1.7 运用示意图，说明水循环的过程及其地理意义。

1.8 运用图表等资料，说明海水性质和运动对人类活动的影响。

1.9 通过野外观察或运用土壤标本，说明土壤的主要形成因素。

1.10 通过野外观察或运用视频、图像，识别主要植被，说明其与自然环境的关系。

1.11 运用资料，说明常见自然灾害的成因，了解避灾、防灾的措施。

1.12 通过探究有关自然地理问题，了解地理信息技术的应用。

【教学提示】

以认识自然地理要素及其与人类活动的关系为线索组织教学。充分利用地图、景观图像、地理视频、虚拟技术、地理信息技术和周边自然与社会资源支持教学。指导学生运用体验、观察、观测、实验、野外考察等方式开展地理实践活动。帮助学生理解自然环境是人类生存、发展的基础，辩证看待自然环境对人类活动的各种影响。

【学业要求】

学习本模块之后，学生能够运用地理信息技术或其他地理工具，观察、识别、描述与地貌、大气、水、土壤、植被等有关的自然现象；具备一定的运用考察、实验、调查等方式进行科学探究的意识和能力（地理实践力）。能够运用地球科学的基础知识，说明一些自然现象之间的关系和变化过程(综合思维)。能够在一定程度上合理描述和解释特定区域的自然现象,并说明其对人类的影响(区域认知、人地协调观)。

2. 地理 2

本模块主要包括四方面内容;人口,城镇和乡村,产业区位选择,环境与发展。

本模块旨在帮助学生了解基本社会经济活动的空间特点,树立绿色发展、共同发展、人地协调发展的观念。

【内容要求】

2.1 运用资料,描述人口分布、迁移的特点及其影响因素,并结合实例,解释区域资源环境承载力、人口合理容量。

2.2 结合实例,解释城镇和乡村内部的空间结构,说明合理利用城乡空间的意义。

2.3 结合实例,说明地域文化在城乡景观上的体现。

2.4 运用资料,说明不同地区城镇化的过程和特点,以及城镇化的利弊。

2.5 结合实例,说明工业、农业和服务业的区位因素。

2.6 结合实例,说明运输方式和交通布局与区域发展的关系。

2.7 以国家某项重大发展战略为例,运用不同类型的专题地图,说明其地理背景。

2.8 结合实例,说明国家海洋权益、海洋发展战略及其重要意义。

2.9 运用资料,说明南海诸岛是中国领土的组成部分,钓鱼岛及其附属岛屿是中国固有领土,中国对其拥有无可争辩的主权。

2.10 运用资料,归纳人类面临的主要环境问题,说明协调人地关系和可持续发展的主要途径及其缘由。

2.11 通过探究有关人文地理问题,了解地理信息技术的应用。

【教学提示】

以基本社会经济活动的空间特点为线索组织教学内容。采用案例学习的方法,具体分析体现人类活动与自然环境关系的典型实例,帮助学生理解党和国家提出的新的发展理念,掌握分析人文地理问题的思路和方法,实现知识迁移和能力提升。注重社会调查等方法,联系生活实际,解决现实问题。帮助学生形成人文地理空间思维习惯,强化人文地理信息的运用。

【学业要求】

学习本模块之后,学生能够运用地理信息技术或其他地理工具,收集和呈现人口、城镇、产业活动等人文地理数据、图表和地图(地理实践力)。能够描述人文地理事物的空间现象及其变化,解释不同地方的人们对产业活动进行区位选择的依据(综合思维、区域认知)。能够形成判断人类活动与资源环境问题关系的初步意识(人地协调观)。

(二)选择性必修课程

1. 选择性必修 1　自然地理基础

本模块主要包括三方面内容:地球运动,自然环境中的物质运动与能量交换,自然环境的整体性和差异性。

本模块旨在帮助学生了解人类生存的自然环境特征,理解自然环境及其演变过程对人类活动的影响,提升认识自然环境的能力与意识水平,树立人与自然是生命共同体的观念。

【内容要求】

1.1 结合实例,说明地球运动的地理意义。

1.2 运用示意图,说明岩石圈物质循环过程。

1.3 结合实例,解释内力和外力对地表形态变化的影响,并说明人类活动与地表形态的关系。

1.4 运用示意图,分析锋、低压(气旋)、高压(反气旋)等天气系统,并运用简易天气图,解释常见天气现象的成因。

1.5 运用示意图,说明气压带、风带的分布,并分析气压带、风带对气候形成的作用,以及气候对自然地理景观形成的影响。

1.6 绘制示意图,解释各类陆地水体之间的相互关系。

1.7 运用世界洋流分布图,说明世界洋流的分布规律,并举例说明洋流对地理环境和人类活动的影响。

1.8 运用图表,分析海—气相互作用对全球水热平衡的影响,解释厄尔尼诺、拉尼娜现象对全球气候和人类活动的影响。

1.9 运用图表并结合实例,分析自然环境的整体性和地域分异规律。

【教学提示】

以自然环境系统及其要素发展、演变过程对人类活动的影响为线索组织教学。提倡用“任务驱动”“案例分析”“专题研讨”等方法,设计特定的学习情境,引导学生关注自然环境各要素的特征、演变过程及自然环境的整体性和差异性。注重运用现代地理信息技术、模拟实验、野外考察等方法,提高学生解释地理事物和现象与认识自然环境的能力。引导学生从生态文明建设的角度,理解人与自然的关系。

【学业要求】

学习本模块之后,学生能够运用地理信息技术或其他地理工具,结合地球运动、自然环境要素的物质运动和能量交换,以及自然地理基本过程,分析现实世界的一些自然现象、过程及其对人类活动的影响(综合思维、地理实践力)。能够运用地球运动、自然环境的整体性等知识,说明自然环境与人类活动之间的关系,以及尊重自然规律的重要性(人地协调观)。能够运用自然环境的整体性和地域分异规律,认识区域的自然环境,掌握因地制宜等基本地理思想方法(区域认知)。

2. 选择性必修 2　区域发展

本模块主要包括三方面内容:区域的概念和类型,区域发展,区域协调。

本模块旨在帮助学生了解区域特征及发展路径,理解区域创新发展和转型发展的重要意义,树立因地制宜、人地和谐的区域协调发展现。

【内容要求】

2.1 结合实例,说明区域的含义及类型。

2.2 结合实例,从地理环境整体性和区域关联的角度,比较不同区域发展的异同,说明因地制宜对于区域发展的重要意义。

2.3 以某大都市为例,从区域空间组织的视角出发,说明大都市辐射功能。

2.4 以某地区为例,分析地区产业结构变化过程及原因。

2.5 以某资源枯竭型城市为例,分析该类城市发展的方向。

2.6 以某生态脆弱区为例,说明该类地区存在的环境与发展问题,以及综合治理措施。

2.7 以某区域为例，说明产业转移和资源跨区域调配对区域发展的影响。

2.8 以某流域为例，说明流域内部协作开发水资源、保护环境的意义。

2.9 结合“一带一路”建设，说明国际合作的重要意义。

【教学提示】

以认识区域地理条件、区域特征和发展方向为线索组织教学内容。通过典型的或身边的案例，让学生了解区域及其发展的多样性，以及人地协调是区域可持续发展的必然选择。给学生提供基本的区域数据来源，让学生了解这些数据对分析社会经济和人地协调问题的支撑作用。依据调查资料，探究区域部分与整体、区域动态变化等地理问题。

【学业要求】

学习本模块之后，学生能够运用地理信息技术或其他地理工具，通过案例分析、数据采集、实地调查等方式，比较、归纳不同区域发展的异同（地理实践力）。能够根据不同类型区域的发展条件和现状，分类思考和分析区域发展问题及原因（综合思维、区域认知）。能够从人地协调的角度，对不同类型区域的发展路径作出简要解释（人地协调观）。

3. 选择性必修 3　资源、环境与国家安全

本模块主要包括三方面内容：自然资源开发利用，环境保护，资源、环境对国家安全的重要意义。

本模块旨在帮助学生了解资源、环境与国家安全的关系，增强保护资源与环境的意识，树立维护国家安全、发展利益的观念。

【内容要求】

3.1 结合实例，说明自然资源的数量、质量、空间分布与人类活动的关系。

3.2 以某种战略性矿产资源为例，分析其分布特点及开发利用现状。

3.3 运用图表，解释中国耕地资源的分布，说明其开发利用现状，以及耕地保护与粮食安全的关系。

3.4 结合实例，说明海洋空间资源开发对国家安全的影响。

3.5 运用碳循环和温室效应原理，分析碳排放对环境的影响，说明碳减排国际合作的重要性。

3.6 结合实例，说明设立自然保护区对生态安全的意义。

3.7 结合实例，说明污染物跨境转移对环境安全的影响。

3.8 举例说明环境保护政策、措施与国家安全的关系。

【教学提示】

以资源、环境与国家安全的关系为线索组织教学内容。提倡采用图表判读、综合分析等方法，帮助学生理解资源、环境问题的基本内涵，并能站在国家安全、国际合作的高度，认识资源和环境的现状、问题及对策措施，了解资源、环境问题对于国家安全的重要性。组织学生开展社会调查和专题探究。创设多种教学情境，诸如资源短缺、环境恶化的模拟情境，调查家乡的资源、环境问题，讨论节约资源和保护环境的重要意义，树立“绿水青山就是金山银山”的理念。

【学业要求】

学习本模块之后，学生能够运用地理信息技术或其他地理工具，或实地调查身边的资源、环境状况，分析问题及成因，有理有据提出可行性对策（地理实践力）。能够综合分析各种区域性或全球性资源和环境问题对国家安全的影响，了解国家资源利用现状及政策和法规对维护国家安全的意义(综合思维、区域认知)。能够树立和谐的人地关系是国家安全的重要保障的意识(人地协调观)。

(三)选修课程

1. 选修1　天文学基础

本模块主要包括四部分内容:天体观测,太阳系和地月系,太阳与恒星世界,银河系与宇宙。

本模块旨在帮助学生形成对天文现象的正确认识,激发探索宇宙奥秘的兴趣,逐步建立科学的宇宙观。

【内容要求】

1.1 在星图、天球仪上认识主要星座,辨认四季星空的主要星座,说出一些星座的地理导向意义。

1.2 了解现代天文学工具。

1.3 简述太阳系的发现和起源。

1.4 运用太阳系模式图和其他资料,描述太阳系的结构和行星运动特征。

1.5 运用图表、软件等资料,简述地月系的组成及其运动特征。

1.6 观察并描述月相、月食、日食、潮汐等现象,并运用图表等资料解释其成因。

1.7 绘制太阳大气的圈层结构图,说明太阳活动及其对地球的影响。

1.8 运用图表等资料,描述恒星概况,说明其演化过程。

1.9 观察并运用图表等资料,描述银河系的外貌和结构,说明其演化过程。

1.10 说明"宇宙大爆炸"假说的主要观点,描述宇宙的基本组分。

【教学提示】

帮助学生形成对天文现象的正确认识,逐步建立科学的宇宙观。组织学生观测星空,指导学生阅读星图,通过参观天文馆、天文台和请科学家做讲座等方式,提高学生对天文学的兴趣,激发探索宇宙的愿望。组织阅读、辩论、撰写天文学小论文等活动,让学生表达对天体形成、宇宙演化的看法。让学生掌握天象拍摄的基本方法,制作简单的天文模型,如月相变化模型。在课堂上讲述"星云、星系鉴赏"等内容,增强学生对宇宙天体的欣赏能力。

2. 选修2　海洋地理

本模块主要包括四方面内容:海岸与海洋,海洋资源与开发,海洋灾害与污染,海洋权益。

本模块旨在帮助学生感知海洋的浩瀚,认识不同海洋区域的共性和差异性,理解海洋对人类的重要意义,以及人类对海洋的巨大影响。

【内容要求】

2.1 运用图片资料,说明海岸的主要类型以及从海岸到海洋的地形变化特点。

2.2 观察海底地形图,运用大陆漂移学说、海底扩张理论与板块构造学说原理,分析海底地形的特点和形成过程。

2.3 说明从近海到大洋海水水文特征以及海水运动形式。

2.4 解释海洋与大气的相互作用关系,运用图表说明其对全球水循环和水热平衡的影响。

2.5 说明主要海洋资源的基本特点和应用前景。

2.6 举例说明当前海洋资源开发重大技术的应用。

2.7 举例说明主要的海洋灾害及其成因,以及相应的减灾举措。

2.8 说明海洋污染的形成及其对海洋环境的危害,简述保护海洋环境的主要对策。

2.9 结合实例,说明沿海地区的开发对于国家经济发展的重要作用。

2.10 根据《联合国海洋法公约》,解释内水、领海、毗连区、专属经济区、大陆架、公海和国际海底区域等概念。

2.11 结合近些年发生的海洋争端事件,了解钓鱼岛及其附属岛屿、南海诸岛属于中国的立场和依据,说明维护国家领土主权和海洋权益的重要性。

【教学提示】

帮助学生从海岸到海洋、海表面到海底两大空间维度,认识海洋、理解海洋和热爱海洋,在学习过程中增强海洋意识,理解坚持陆海统筹、建设海洋强国的意义。运用综合分析的方法,理解人类与海洋长期以来的相互关系,关注海洋自然特征、海洋资源、海洋保护、海洋权益等问题。引导学生感知不同海洋区域的差异性。有条件的学校尽可能在海洋自然环境或与海洋事件有关的真实情境下教学,或者在假设性和模拟性的海洋环境下进行教学。

3. 选修 3　自然灾害与防治

本模块主要包括四方面内容:自然灾害的构成要素,主要自然灾害的成因、特点与危害,自然灾害的地域差异与空间分布,防灾减灾的策略与措施。

本模块旨在帮助学生认识自然灾害发生与分布的规律,树立科学的灾害观与减灾意识,提高其生存能力。

【内容要求】

3.1 说明自然灾害的类型及其对人类社会的影响。

3.2 解释地震、泥石流、滑坡等地质灾害的成因与危害。

3.3 分析台风、寒潮、干旱、洪涝、风暴潮等气象灾害的成因与危害。

3.4 举例说明虫灾、鼠灾等生物灾害的危害。

3.5 举例说明人类活动对自然灾害的影响。

3.6 运用图表资料,说明世界主要自然灾害的空间分布,比较同一自然灾害危害程度的地域差异。

3.7 结合实例,说明我国自然灾害多发区的环境特点。

3.8 结合实例,说明某些自然灾害爆发的先兆及预报方法。

3.9 以地震等一两种自然灾害为例,列举适当的应对方法或应急措施。

3.10 说明地理信息技术在自然灾害预测、灾情监测和评估中的运用。

【教学提示】

帮助学生认识自然灾害的形成机制和危害,增强防灾减灾意识。创设假设性自然灾害情境,引导学生综合分析自然灾害的成因与特征,帮助学生理解针对性预防、自救、互救措施的重要性。创设自然灾害危害的模拟性情境,引导学生树立科学的灾害观与减灾意识,探讨针对某一灾害发生前、发生时和发生后应采取的防灾减灾措施。

4. 选修 4　环境保护

本模块主要包括四方面内容:环境问题与环境过程,水环境,大气环境,土壤环境。

本模块旨在帮助学生认识环境状况，了解环境问题的形成，以及环境保护的方法与措施，理解建设生态文明是中华民族永续发展千年大计的道理。

【内容要求】

4.1 简要说明地球上碳、氮、氧等元素循环的过程及其对环境的影响。

4.2 运用资料，说明全球环境的基本问题，以及主要的环境修复原理。

4.3 运用资料，说明我国水资源概况和水环境污染的严峻性。

4.4 学会水质采样方法及方案设计，学会用简易方法检测水质。

4.5 针对某一具体区域，设计水资源保护方案。

4.6 结合实例，说明全球变暖对生态环境的影响。

4.7 解释形成大气污染的基本机理，举例说明大气污染的危害。

4.8 结合资料，分析我国重污染天气的时空分布特征、污染形成机理及治理措施。

4.9 运用资料，分析我国固体废弃物污染的状况。

4.10 解释土壤污染的形成机理，说明常见的土壤污染类型。

4.11 学会土壤采集方法和方案设计，了解土壤污染的检测方法，以及常见污染土壤的修复方法和技术。

4.12 结合实例，说明环境管理的基本内容和主要手段。

【教学提示】

帮助学生了解环境问题、环境保护与修复措施等，懂得全民共治、源头防治的重要性。除课堂讲授外，鼓励学生主动探究身边的环境问题，提出相应的解决措施。鼓励学生走访调研，如调查学校附近农田农药、地膜、化肥的使用，以及垃圾分类情况。采集农田土样，分析土壤污染情况。采集河流水样，测试水污染状况，提出水资源保护方案。建议学校配备地图或遥感影像，采集水样、土样的基本设备，以及测试水、土、气样本的试剂、试纸、称量工具等。

5. 选修 5　旅游地理

本模块主要包括三方面内容：旅游资源及其空间分布，旅游产业活动及其空间分布，旅游资源和旅游地的保护。

本模块旨在帮助学生形成发现区域旅游资源的意识，学会欣赏区域环境差异带来的美感，成为尊崇自然、尊重文化的人。

【内容要求】

5.1 描述旅游资源的分类和内涵。

5.2 举例说明某种旅游资源的成因和价值。

5.3 区别自然遗产和文化遗产基本概念，结合实例说明保护世界遗产的意义和方式。

5.4 结合实例，评价旅游资源的开发条件。

5.5 结合实例，分析旅游目的地和旅游客源地之间的关系。

5.6 结合实例，分析旅游业对区域经济、社会、文化发展的带动作用。

5.7 举例说明旅游开发过程中的环境保护措施。

5.8 结合实例，设计旅游出行的时间、线路以及景区内部线路。

5.9 举例说明自然地理条件与旅游安全的关系，以及对应的安全措施。

【教学提示】

帮助学生初步掌握发掘区域自然和人文旅游资源的基本方法，以及旅游资源评价和分级的简单方法。注重创设情境，帮助学生了解旅游资源的开发条件，以及旅游开发对社会、环境的影响；尝试设计旅游活动的时间和路线。利用角色扮演，了解游客、旅游地居民、开发商等对待旅游地开发与保护的立场，思考旅游地可持续发展的问题。观看相关的影视资料或进行实地考察，提升学生的欣赏能力和品位。

6. 选修 6　城乡规划

本模块主要包括三方面内容：城镇和乡村，城镇化，城乡布局和规划。

本模块旨在帮助学生形成城乡融合发展观念，以及在城乡规划中保护环境和传统文化的意识。

【内容要求】

6.1 举例说明城市的形成和发展，归纳城市在不同阶段的基本特征。

6.2 举例说明不同地理环境中乡村聚落的特点，并分析其成因。

6.3 结合实例，分析城镇与乡村的空间形态和景观特色。

6.4 运用资料，阐述新型城镇化的内涵和意义。

6.5 举例说明促进城镇合理布局和协调发展的途径。

6.6 举例说明交通运输对城市分布和空间形态的影响。

6.7 运用资料，说明城乡规划的主要作用和重要意义，了解城乡总体规划的基本方法。

6.8 结合实例，说明城乡规划中工业、农业、交通运输业、商业的布局原理。

6.9 结合实例，评价居住小区的区位与环境特点。

6.10 运用资料，说明保护传统文化和特色景观应采取的对策。

【教学提示】

帮助学生正确认识城乡规划的基本内涵，了解城乡规划的原理和方法。除课堂讲授外，注重组织学生收集资料，进行案例分析，开展专题探究等，培养学生的学习兴趣。可以运用有关资料，开展城乡规划的模拟活动，让学生以规划者的身份，提交规划方案，开展比较评价。还可以组织学生开展关于社区公共服设施布局或乡村振兴规划的问卷调查，撰写调查报告。

7. 选修 7　政治地理

本模块主要包括三方面内容：国家领土观念，综合国力，世界政治地理格局。

本模块旨在帮助学生从国家领土观念、综合国力、世界政治地理格局等方面，认识当今世界政治地理的基本问题和背景，理解国际政治、经济发展的变化和趋势，认识我国周边地缘政治的主要问题和背景，懂得和平发展、互利共赢的重要性。

【内容要求】

7.1 解释国家领土的概念，从领土的角度说明国家的基本特征。

7.2 说明我国国家版图的空间构成，认识国家版图统一、完整的重要意义。

7.3 结合首都选址实例，说明首都的职能与影响。

7.4 结合实例，了解边界纠纷与解决途径。

7.5 解释综合国力的概念，并举例说明综合国力的基本要素。

7.6 结合实例，说明分析综合国力的方法，以及提高综合国力的途径。

7.7 描述当代国际政治格局及世界政治多极化形势，认识共建人类命运共同体的重要意义。

7.8 结合实例和热点地区，说明国际合作与冲突的背景、表现形式和前景。

7.9 结合实例，说明目前世界经济全球化趋势及变化。

7.10 结合实例，说明国际组织、区域组织、跨国组织在国际政治、经济中的作用。

【教学提示】

帮助学生获得对政治地理现象的感知，提示学生经常观看、阅读国际新闻，创设以问题解决为中心的国际政治地理学习情境。采用角色扮演、时事分析、社会调查等方法，使学生增强对特定政治地理现象的体验和感受，进行判断和决策，并尝试进行评价。结合线上和线下学习，关注世界和平、全球发展、国际秩序等问题。

8. 选修 8　地理信息技术应用

本模块主要包括四方面内容：地理信息系统（GIS），遥感（RS），全球卫星导航系统（GNSS），数字化生存。

本模块旨在帮助学生掌握初步的数字化生存技能，在生活或工作中学会用电子地图、遥感、定位系统等解决问题，并会使用地理信息技术分析地理问题。

【内容要求】

8.1 描述地理信息技术的基本内容。

8.2 解释数字地球、数字城市等概念，说明其对人们生产、生活的影响。

8.3 了解数字地图的概念，说出常见的地理信息系统软件名称和基本特点。

8.4 解释地图数字化的过程，学会建立地理信息系统数据表。

8.5 学会在地理信息系统软件中进行简单的条件查询，分析地理要素的分布规律。

8.6 学会使用地理信息系统软件制作人口、资源分布等相关专题地图。

8.7 解释遥感的基本原理，并结合遥感图像说明遥感的基本类型。

8.8 说明遥感图像判读的基本原理和方法，判读某地的遥感图像。

8.9 解释全球卫星导航系统的基本原理，说出主要的卫星导航系统。

8.10 学会运用全球定位系统（GPS）或北斗等卫星导航系统进行定位、路径查询等操作。

【教学提示】

帮助学生将理论与实践相结合，提倡上机操作。使用任务驱动教学法、小组合作学习法、探究学习法等，通过地理信息系统实验、全球定位系统手持机的使用、遥感图像判读，来学习和掌握相关知识。建议学校配备基本的软硬件设备，购买或收集相关数据、遥感图像、全球定位系统设备等。

9. 选修 9　地理野外实习

本模块主要包括四方面内容：考察工具的应用，野外观察、发现与欣赏，野外地理信息获取与样品采集，考察报告撰写与交流。

本模块旨在通过实践训练，提升学生使用各种工具获取野外地理信息，观察、发现、提出并获取证据，分析论证地理科学问题的能力，培养欣赏大自然的情趣。

【内容要求】

9.1 学会运用多种手段收集和提取地理信息，设计野外实习方案，了解野外生存常识。

9.2 运用地理工具在野外进行定向、定位并获取野外地理信息。

9.3 阅读地形图、地质构造图以及遥感图像等，识别主要地形区、基本地质构造和地貌特点。

9.4 观察某地区地质、地貌、植被、土地利用方式等景观要素，绘制示意图及剖面图，分析影响景观形成的主要因素，以及景观要素间的相互关系。

9.5 学会在野外观察、测量和分析地质、地貌基本形态的方法，并采集样品。

9.6 识别主要造岩矿物和常见岩石，认识不同性质岩石对地貌发育的影响。

9.7 在野外观察某种地貌，推断其形成过程。

9.8 学会收集并理解天气谚语，在室外观云识天气。

9.9 学会社会调查的基本方法，并进行城乡实地调查，识别不同土地利用方式及特点。

9.10 学会撰写野外考察报告并进行汇报交流。

【教学提示】

帮助学生在实践体验中学习地理知识和技能，了解野外生存的常识，提高防避各种灾害的本领。在校园周边和野外环境中，指导学生阅读各种地理图像，运用不同地理工具，观察描述地理现象，提出地理问题，获取地理信息，取证、分析并论证形成过程。引导学生客观地认识自然界及人类活动与自然界的相互作用，提升学生认识自然的能力和自我生存能力，科学认识地理环境。

五、学业质量

（一）学业质量内涵

学业质量是学生在完成本学科课程学习后的学业成就表现，学业质量标准是以本学科核心素养及其表现水平为主要维度（见下表），结合课程内容，对学生学业成就表现的总体刻画。依据不同水平学业成就表现的关键特征，学业质量标准明确将学业质量划分为不同水平，并描述了不同水平学习结果的具体表现。高中地理学业质量标准从问题情境、知识和技能、思维方式、实践活动和价值观念等维度进行描述。

地理学科核心素养水平划分

1. 人地协调观

水平	人地协调观
水平 1	能够结合简单、熟悉的地理事象，认识人类活动要在一定的地理环境中开展；能够简单辨识人们生产活动和生活习惯与地理环境之间的联系，说明人类对环境施加影响的方式及其带来的影响。
水平 2	能够结合给定的简单地理事象，理解人类影响地理环境的主要方式，阐述人类活动对地理环境的积极与消极影响；认识人类活动要遵循自然规律，与自然和谐相处，理解人地协调发展的重要性。
水平 3	能够结合给定的复杂地理事象，认识地理环境对人类活动的影响以及人类活动影响环境的方式和强度；理解自然资源和地理环境满足人类需要的潜力及有限性。
水平 4	能够通过对现实中人地关系地域系统的简要分析，理解区域中人口、资源、环境、发展之间的相互关系，理解人地关系是对立统一的；评价分析人地关系中存在的问题。

2. 综合思维

水平	综合思维
水平 1	能够说出简单、熟悉的地理事象所包含的相关要素，并能从两个地理要素相互作用的角度进行分析。
水平 2	能够对给定的简单地理事象，从多个地理要素相互影响、相互制约的角度进行分析；能够结合时空变化，对其发生、发展进行分析，给出简要的地域性解释。
水平 3	能够结合给定的复杂地理事象，综合各要素，系统分析其相互影响、相互制约的关系，从时空综合维度对其发生、发展和演化进行分析，给出合理的地域性解释。
水平 4	能够对现实中地理事象，如自然环境的变化、区域发展、资源环境与国家安全问题等，运用要素综合、时空综合、地方综合的分析思路，对其进行系统性、地域性的解释。

3. 区域认知

水平	区域认知
水平 1	能够根据提示，将简单、熟悉的地理事象置于特定区域中加以认识；能够认识和归纳区域特征。
水平 2	能够从区域的视角认识给定简单地理事象，收集整理区域重要的信息；能够简单解释区域开发利用方面决策的得失。
水平 3	能够结合给定的复杂地理事象，从空间—区域尺度、区域特征、区域联系等认识区域；能够为赞同或质疑某一区域决策提出相关论据。
水平 4	能够对现实中的区域地理问题，运用认识区域的方法和工具进行分析；能够较全面地评析某一区域决策的得失，提出较为可行的改进建议。

4. 地理实践力

水平	地理实践力
水平 1	能够进行初步的观察和调查，获取和处理简单信息，有探索问题的兴趣；能够借助他人的帮助使用地理工具，设计和实施地理实践活动，从体验和反思中学习；能够理解和接受不同的想法，有克服困难的勇气并寻找方法。
水平 2	能够进行细微观察和调查，获取和处理信息，有探索问题的兴趣；能够与他人合作使用地理工具，设计和实施较复杂的地理实践活动，主动从体验和反思中学习；能够有自己的想法，有克服困难的勇气和方法。
水平 3	能够进行分类观察和调查，获取和处理较复杂的信息，主动发现和探索问题；能够与他人合作设计和实施较复杂的地理实践活动，主动从体验和反思中学习；能够有自己的想法，有克服困难的勇气和方法。

续表

水平	地理实践力
水平 4	能够进行较系统的观察和调查，获取和处理复杂的信息，主动发现和探索问题；能够独立设计和实施地理实践活动，主动从体验和反思中学习；能够提出有创造性的想法，有克服困难的勇气和方法。

（二）学业质量水平

地理学业质量水平分为四级。每一级水平主要表现为学生整合不同的地理学科核心素养，在不同复杂程度的情境中运用各种重要概念、思维、方法和观念解决问题的关键特征。水平 1 至水平 4 具有由低到高逐渐递进的关系。

水平	质量描述
1	1－1 在简单、熟悉的情境中，能够辨识地貌、大气、水、土壤、植被等自然地理要素，简单分析其中少数几个要素的相互作用，及其与人类活动的相互影响；能够辨识人口、城乡、产业、文化等人文地理事象的地理特点，简单分析其中两者之间的相互作用，及其与自然环境的相互影响。（人地协调观、综合思维） 1－2 根据提示，能够辨识日常生活区域的某些自然地理要素特征；能够简单辨析日常生活区域内某产业的部分区位因素和特点。（区域认知） 1－3 借助他人的帮助，能够使用遥感影像等地理信息技术手段和其他地理工具，对地貌、土壤、植被等自然要素和相关自然现象进行初步观察，并设计简单的实验；能够收集人口、城乡、产业、文化等方面的人文地理信息，开展社会调查；能够在地理实践中理解和接受不同的想法，表现出合作的意识、求真的态度与应用知识的能力。（地理实践力）
2	2－1 对于给定的简单地理事象，能够简单分析地貌、大气、水、土壤、植被等自然地理要素中多个要素之间的关系，解释地球演化、热力环流、水循环等的时空变化过程，辨识某些自然地理要素与人类活动相互作用的主要方式和结果；能够简单分析人口、城乡、产业、文化等人文地理事象之间，以及它们与自然要素之间的关系，解释人口分布、城乡内部空间结构、城镇化、产业区位等的时空变化过程，结合某国家发展战略，简单分析其地理背景，辨识人类活动影响地理环境的主要方式，以及出现的人地关系问题，说明人地协调发展和走可持续发展之路的重要性。（人地协调观、综合思维） 2－2 能够归纳某些自然地理要素的空间分布特征，自主辨识给定区域的某些自然要素特征；能够自主辨识给定区域内某产业的区位因素。（区域认知） 2－3 与他人合作，能够使用遥感图像等地理信息技术手段和其他地理工具，对地貌、土壤、植被等自然要素和相关自然现象进行深入观察，并设计实验，作出简要解释；能够对人口、城乡、产业、文化等方面的人文地理事象，设计和实施社会调查，作出简要的解释；能够在地理实践中表现出独立思考的意识、求真求实的科学态度，以及灵活运用知识的能力。（地理实践力）

续表

水平	质量描述
3	3－1 对于给定的复杂地理事象，能够说明自然环境对人类活动的影响，分析人类活动对自然环境影响的强度与方式，具备尊重自然规律、科学适应和利用自然的意识；对于给定的区域发展案例，能够说明自然资源、环境满足人们需要的潜力及有限性，分析区域环境治理和保护措施；能够说明资源和环境是影响国家安全的重要因素，理解个人、社会和国家在保护自然资源和环境中应担当的责任。（人地协调观） 3－2 能够说明地球运动与昼夜更替、四季变化等自然现象的关系，说明岩石、地貌、大气、水的运动与变化规律；能够分析不同区域发展中出现问题的原因，并对解决问题的对策作出解释；能够分析战略性矿产资源、耕地资源、海洋空间资源等与国家安全的关系，说明生态破坏、环境污染等问题产生的原因，并构想解决这些问题的主要途径。（综合思维） 3－3 能够从空间格局的角度，解释自然环境的整体性与差异性；能够根据不同类型区域的发展条件和现状，分类思考和分析区域发展问题及原因；能够筛选恰当资料，对某区域资源开发和环境保护决策是否合理进行论证。（区域认知） 3－4 能够与他人合作，设计和实施较复杂的地理模拟实验和考察方案，并独立、熟练地运用地理信息技术分析相关自然地理事象；能够搜寻不同类型区域的统计信息，收集相关区域发展规划，参与区域发展问题的调查；能够查阅相关政策法规文献，尝试运用所学知识，对某区域的资源合理化利用和生态环境保护提出构想；能够在地理实践中主动发现问题、探索问题，保持求真、求实的科学态度。（地理实践力）
4	4－1 结合现实中的自然环境问题，能够从人地关系系统的角度，分析自然环境对人类活动的影响和作用，归纳人类活动遵循自然规律、与自然和谐相处的必要性和路径；结合现实中的区域发展情境，能够说明区域在开放的条件下，该地自然资源、环境满足人们需要的潜力变化，归纳该类区域不同发展阶段可能遇到的人地关系问题，分析区域特有的环境治理和保护措施；结合区域自然资源开发和环境保护实例，能够从国家安全的高度，理解资源和环境安全对于人地协调发展的重要性，增强国际合作意识，建立和谐发展的观念。（人地协调观） 4－2 能够运用地球运动规律，解释昼夜更替、四季变化等自然现象产生的原因，从自然环境各要素的物质运动和能量交换的角度，分析岩石、地貌、大气、水的运动与变化规律，以及各要素之间的相互影响；能够在认识某类区域特征的基础上，从促进区域科学发展的角度，对其发展的条件、过程、问题及决策等进行系统的综合分析、评价；能够从全球化的视角，综合分析人类开发利用矿产资源、耕地资源、海洋空间资源等的条件、方式及潜力，以及产生的资源、环境问题对国家安全的影响，并从国际合作的视角理解解决全球性环境问题的重要性。（综合思维） 4－3 能够运用空间分析方法，解释自然环境的整体性与差异性，并能够分析特定区域的自然地理特征与环境演变过程，评估其发展问题，提出科学决策的依据；能够比较全面地评价区域决策的得与失，并提出较为可行的改进建议；能够收集世界、全国或区域的资源、环境信息，并利用信息解释资源、环境问题及其成因，从维护国家安全的高度尝试提出解决问题的建议。（区域认知） 4－4 能够独立设计科学的地理模拟实验和考察方案，利用地理信息技术及相关工具、材料，分析与处理相关数据与信息，对地理事象进行科学解释与评价；能够搜寻不同类型区域的统计信息，收集相关区域发展规划，设计区域发展问题的调查方案；能够有针对性地开展野外资源、环境调查，描述某区域存在的资源和环境问题，并结合已有资料，对解决区域资源和环境问题提出建议；能够在地理实践中表现出较强的行动能力。（地理实践力）

(三)学业质量水平与考试评价的关系

高中学业质量标准是学业水平考试命题的依据。学业水平考试分为合格性考试和等级性考试。学业质量水平 2 是高中毕业生在本学科应该达到的合格要求,在学业水平合格性考试命题中要重点理解和把握;学业质量水平 4 是选择地理作为学业水平等级性考试科目的学生应该达到的要求,在学业水平等级性考试命题中要重点理解和把握。学业质量水平 1 和水平 3 可作为教学过程中阶段性评价的依据。

六、实施建议

(一)教学与评价建议

为了培养学生地理学科核心素养,教师要了解高中地理课程的设计思路,明确知识、技能教学与核心素养培养的关系,注意教学各方面的一致性,建立基于核心素养培养的整体教学观念;要秉承多样化观念,灵活使用教材,积极使用多种资源,了解、理解、驾驭不同的教学思路和教学模式,使教学具有开放性;要鼓励学生独立思考和相互探讨,发现并提出问题;要以学生的基础和需求为出发点,把握教学内容,设计教学过程,丰富教学活动,积极创造条件开展地理实践教学;要辅以必要的直观手段和生活经验,在地理情境中,强化学生的思维训练;要将过程性评价与终结性评价相结合,用评价引导学生在地理学习中学会认知、学会思考、学会行动。

地理学科核心素养的提出,需要教师反思日常教学和评价的方式和方法,建议在继承传统教学优点的基础上,尝试更多地运用问题式教学、实践教学、信息技术支持下的教学等;尝试更多地运用学生思维结构评价、表现性评价等。

1. 重视问题式教学

问题式教学是用“问题”整合相关学习内容的教学方式。问题式教学以“问题发现”和“问题解决”为要旨,在解决问题的教学过程中,教师应引导学生运用地理的思维方式,建立与“问题”相关的知识结构,并能够由表及里、层次清晰地分析问题,合理表达自己的观点。教师要特别关注开放性的没有标准答案的问题。

关注问题式课堂教学,设计问题是基础。问题的确定应考虑与实际情境相关联,可以覆盖若干条内容要求或教科书的若干章节,围绕问题,使教学内容的结构化与关联性更加突出。“问题”的呈现,要利于学生发现未知,激发学生学习和探究的兴趣,利于学生创造性地解决问题。“问题”的设计,需要依托情境,建议在选择情境时考虑以下几个方面:贴近学生知识水平、生活实际和社会现实,使学生理解情境;蕴含问题,给学生提供探究的空间;体现关联性,让学生在一个贯穿全过程情境中经历地理思维发展的过程;与课程标准和地理教科书内容联系,便于学生找到基本的依据和资源。

课堂教学设计建议关注以下六个方面。

(1)以学生的认知水平和知识基础为起点设计教学。

(2)围绕问题设计不同层次的问题链条,注重地理知识间的内在关联性,并将所学内容有逻辑地整合成可操作的学习链条。同时也要注意学习链条的设计只是预设,实际学习过程的展开要以学生的思维发展为线索,避免教师用问题链过度“牵引”学生的现象。此外,还要关注课堂生成问题,促进、激发学生发现问题、提出问题。

(3)将完整呈现问题和相应情境作为学生学习的基础和背景，避免将情境仅作为“导入”的做法，要引导学生在充分理解情境的前提下展开学习。

(4)让所有学生参与问题解决的整个过程，即使在分组学习时，也避免每个小组仅负责解决问题的某个方面或某个环节的现象，以保证对地理问题的全面认识和综合思维训练。

(5)不论是演绎学习还是归纳学习，都要使学生能形成一定的地理知识结构框架，并综合地理解、解释和解决地理问题。

(6)要提倡和鼓励学生呈现开放性思维，具有创新性表现。

实例1 “浙江青田县稻田养鱼为何持续至今”问题式教学

目标：围绕“浙江青田县稻田养鱼为何持续至今”这个问题，综合学习“地域文化、文化景观、人地关系、可持续发展”等相关知识，发展地理综合思维、区域认知、人地协调观等地理学科核心素养。

问题的设计：

(1)该问题的核心内容为“地域文化景观”，可以对应地理2“结合实例，说明地域文化在城乡景观上的体现”和“说明协调人地关系和可持续发展的主要途径及其缘由”内容要求的学习。围绕该核心内容，涉及的内容还包括乡村景观、可持续发展等。

(2)“青田县上千年稻田养鱼农业文化为何延续至今”是一个真实问题，可以引导学生从区域文化价值角度入手，感悟、欣赏这个独特的地域文化景观，分析其中存在的文化现象和区域可持续发展应采取的对策。

情境创设：取“浙江青田县稻田养鱼”的真实情景，经加工整理，形成如下情境的描述。浙江青田县稻田养鱼距今已有1 200多年历史，最早是由农民利用溪水灌溉稻田，鱼在稻田里自然生长，经过长期驯化而形成的天然稻鱼共生系统。古青田县志中记载：“田鱼，有红、黑、驳数色，土人在稻田及圩池中养之。”田鱼，是淡水鱼的一种，由鲤科鱼类演化而来，有红、黑、花、白、青、粉等颜色，由于自古在稻田中养殖，故俗称“田鱼”。田鱼虽然出自稻田而无泥腥味，肉质细嫩，味道鲜美，鳞片柔软可食，营养丰富，深受人们的喜爱。然而，这种延续至今的生产方式出现了令人担忧的局面：当地掌握这一技术而又专心养鱼的人正在迅速减少，因为要靠种田养鱼发家致富很难，稻田养鱼处于濒危状态已是一个不争的事实。那么这里的农业生产能否持续发展下去呢?

教学设计：

(1)了解学生对这类地理事物的认知基础，并针对学生可能存在的理解困难做相应的准备。例如，介绍稻田养鱼的真实情景，以及当地人们的生活方式等。

(2)设计问题链条，用地理环境整体性的思路引导学生分析浙江青田县的自然环境及人类活动方式和特点。例如，怎样认识青田县的气候特征？青田县丰富的溪水资源从何而来？稻田养鱼对水稻生产有什么好处？青田县人们长期以来的生产和生活方式是怎样的？这里积淀了怎样的地域文化？为什么今天的青田县稻田养鱼处于濒危状态？青田县的农业生产怎样才能持续发展下去呢?

(3)探究浙江青田县“稻田养鱼”模式的形成过程及人地相互作用表现。

(4)2005年6月，青田县的稻田养鱼被联合国粮农组织评为“全球重要农业文化遗产保护试点”，成为中国第一个世界农业文化遗产。从可持续发展视角认识浙江青田县稻田养鱼的文化价值。

教师在教学中,可以结合此类案例,辅助搞一些社会调查活动,或借助信息技术整合相关地理信息,引导学生综合地认识“自然—社会经济—文化”之间的相互作用与协调关系,体验自主思考探究的过程。

“问题式”在某种程度上也可看作是一个上位概念,凡是基于真实问题、开放式问题、尚无现成答案问题的教学,都可视为问题式教学,单元式、项目式、主题式等教学方式,都可用于问题式教学。

2. 加强地理实践

地理实践是支持学生地理学科核心素养发展的重要手段。地理教学应将实践活动作为教学的重要方式之一。地理实践活动的设计和实施,要以地理学科核心素养的培养为宗旨,与地理理论知识的学习和应用相结合,引导学生用地理视角去观察、行动和思考,并在对真实世界的感受和体验中进一步提升理性认识,逐步建立起地理知识之间的关联。例如,在野外考察时,发给学生该地区的地图及相关资料,引导学生经常注意观察对象所在区域位置,提升学生区域认知素养;在考察某个特定的地质或地貌现象时,也注意引导学生关注它与周围其他事物的关系,了解其演化的历史,特别是该事物与人类活动的关系,提升学生综合思维和人地协调观素养。

地理实践活动因其特殊性,还会在客观上强化学生与真实世界的联系,引发其感悟、欣赏、价值判断等方面的变化。同时,也会出现跨学科的教育机会。教师应有意识地发掘地理实践活动的价值和意义,并努力付诸实施。设计户外实践活动,要考虑实践内容的适宜性和可行性,选择具有典型性的实践基地开展教学活动。同时要考虑学生、学校以及所在地区的条件和特点,结合学生、学校和当地的情况设计活动。

在户外考察活动过程中,教师要充分调动学生参与的积极性,关注学生观察、发现、质疑、探究问题的表现,引导学生乐于行动、独立思考、自主认知。在需要动手操作和设计方案的时候,在保证安全的情况下,尽量由学生自己操作和自主设计;还可引导学生拍照、绘图(画)、录像等,培养学生获取地理信息的意识和能力。在设计和实施过程中,教师一方面要合理设计时间、流程,保证实践活动顺利进行;另一方面也要顺应实践活动的特点,给学生的生成性表现留下空间。

设计模拟实验活动,要引导学生经历相对完整、规范的科学研究过程,从实验方案设计到实验过程的观察、记录、操作实施、数据处理分析,最后撰写实验报告及汇报交流,培养动手实践能力及求真求实的科学态度。

实例2　认识地表径流的地理模拟实验

真实的自然地理过程很难观察到,但是如果有地理实验室条件,可以在某些环节上设计“定性+定量”的模拟实验,使学生理解其中的科学道理,体验科学探究的过程,并通过动手、合作、探讨等实践体验,促进认知、情感等的综合提升。

主题:比较不同地面状况对地表径流、地下径流及下渗的影响

目标:认识地表径流、下渗、地下径流的运动过程

实验设计:

(1)选取实验材料——草被、硬质地面、沙子、碎石、枯叶等;

(2)控制变量——保持地表以下物质结构条件相同,保证降水量大小、降水强度、地表坡度等条件相同;

(3)改变地表物质条件(根据实验材料设计五种地表状况,见下表);

(4)进行数据分析;

(5)获得对结果的认识并结合实际进行相关思考(如对涵养水源、水土保持的认识等)。

操作过程:

(1)教师提供演示操作指南,提供相关助学资料;

(2)学生分组按照操作指南完成实验一,完成后各小组或自行改变条件完成实验二,或在老师的帮助下完成实验二,并做好实验记录;

(3)处理实验数据,分析实验结果;

(4)学生自主设计新的变量条件,完成实验三(可以继续完成实验四、实验五);

(5)对实验结果进行理性思考,体验科学探究过程,训练多种素养。

实验结果探究:可以设计实验记录表格进行定性定量记录,并对记录结果进行分析讨论,体验一个分层次、仿真的科研过程。

此外,还可以采用其他条件不变,只改变地面坡度的方法来进行模拟实验。

实验结果记录

模拟实验	实测记录			
	地表径流水量/ml	地下径流水量/ml	泥沙量描述(多、少)	下渗情况分析(快、慢)
实验一:干沙地面				
实验二:固化地面				
实验三:草被地面				
实验四:砾石地面				
实验五:枯叶地面				

设计社会调查活动,选题要注重贴近社会、生活,方案要引导学生通过独立思考、合作交流完成,实施过程要有切实的行动、体验,并通过观察进行过程性评价,活动结束后,要有撰写与交流调查报告的结果性评价。

3. 深化信息技术应用

信息技术的发展和应用是地理教学改革的助推器,对改变学生学习方式和教师教学方式,帮助学生享有公平而有质量的地理教育具有重要作用。借助大数据、人工智能、“互联网+”等信息技术的学习,是面向未来的学习方式之一,为学生提供自主学习、探究学习和合作学习的开放空间,促进地理学习的拓展和深入。具体方式可以有基于网络的项目学习,基于全媒体资源的探究学习,基于大数据的模拟学习,基于即时反馈的互动学习,基于虚拟现实技术(VR)、增强现实技术(AR)的学习等。借助信息技术,教师还可以改变评价方式,使评价更有针对性、即时性、互动性,更好地发挥评价对学生个体指导的作用。

若有专业力量的支持,教师可以利用计算机模拟软件进行水循环、河流侵蚀等自然地理过程的学习以及解决城市问题、选择工农业区位等人文地理的模拟学习;有网络条件的地方,教师可以利用实时的天气云图和风场图引导学生感知和理解真实的大气状况;虚拟现实技术可以提供近似真实的环境,为不能外出的学生提供地理实践的替代性体验;计算机软件可以应用大数据提供复杂的情境和多样化的选择,并能及时反馈,使得地理模拟决策学习更接近真实世界,为学生提供接受式学习之外的补充学习方式。若暂时缺少专业力量的支持,教师也可以利用互联网的资源共享和交互功能,帮助学生体验基于互联网的开放式地理学习,避免形成过度依赖教师和教科书的学习心态。结合智慧校园和智慧课堂的应用,突出“处处可学、人人皆学”的“线上线下”泛在学习理念。

在有条件进行基于信息技术和虚拟现实技术的教学时,建议考虑以下四个方面。

(1)充分体现互联网学习的特点:异步、异地、互动、个性、开放、共享、资源丰富。

(2)尽量发挥移动设备和云平台的优势,体现“因材施教”。教师可以利用平板电脑等移动设备和网络即时交流工具及时了解学生学习情况和存在问题,再开展针对性教学。

(3)有意识体现互联网的开放性。教师可以根据互联网的开放性进行教学,设计活动使学生有机会学习辨识信息、评价信息、训练逻辑思维和批判性思维,也可设计活动引导学生关注更多大范围的地理事物、现象和问题,拓展他们的视野。

(4)恰当运用虚拟现实技术。在利用虚拟现实技术教学时,注意协调技术支持的教学与在真实环境下教学的关系。虚拟现实技术可以在一定程度上弥补无法外出实践教学的缺憾,但无法完全代替真实环境下的实践活动。

实例3　利用平板电脑进行水循环内容的交互式学习

主题:有关水循环的内容

(1)教师从学生熟悉的降水等现象入手,进入自然界中水体概念和类型的学习。教师启发学生注意各种水体在自然界中的分布,要求学生在平板电脑上用象形符号和线条绘制出各种水体在空间的大致分布以及相互之间的关系,初步形成水循环过程的概念。教师利用平板电脑追踪学生的绘制过程,并与提问的学生当面交流。

(2)教师选择有代表性的作品呈现在大屏幕上和学生交流看法,解决共性的问题。

(3)教师进一步要求学生将形象示意图进行简化,删去象形符号,只用箭头线条和关键词表达,学习用简洁的图示表达地理概念,并强化水循环概念。

(4)重复(2)的指导过程,将有较大问题的作品推送给全体学生共同修改,或者把带有不同问题的作品推送到不同小组,分别修改。

(5)学生3~4人一组,操作平板电脑中的水循环模型,根据假设,改变其中的某个要素状态,运行模型,观察结果,验证假设,强化对水循环过程的理解。

(6)教师组织全班讨论各组的学习结果。

这是在地理课程经典内容学习和常规课堂概念中使用移动设备和网络平台的例子,其方法可以用在其他类似的地理学习中。关注点主要在以下两个方面:一是学生通过自己动手绘图,在“失误”中学习地理知识,这是地理教学中可以普遍使用的方法;二是利用信息技术和设备强化教师和学生之间、学生和学生之间的互动,使教师尽可能充分获取学生学习的信息,使自己的教学更能指向学生在学习过程中产生的问题、困惑和需要,以此深化教学。

4. 开展思维结构评价

地理学科核心素养的培养需要重视学生地理学习过程中的思维发展。学生的思维表现可以从不同角度评价,其中之一是对思维结构的评价。对思维结构的评价可以参考基于"可观察的学习成果结构"分类理论。该理论将学生学习结果表现出来的思维状况分为无结构(思维混乱)、单点结构(只能涉及单一的要点或要素)、多点结构(可涉及多个要点或要素,但无法建立相互之间的关系)、关联结构(能够涉及多个要点或要素,而且能够建立合理的联系)和拓展抽象结构(能够更进一步抽象认识或给出教师预想之外的答案)。

思维结构评价关注学生地理学习中表现出来的思维结构的个体差异,有助于教师把握不同学生的学习状态,使后续的教学设计能够更有针对性地促进学生地理学科核心素养的形成。思维结构评价可避免以往开放式测试中单纯以"知识点"为评判标准的不足,从而关注学生的思维结构。

思维结构评价操作的关键点有:

(1)提供给学生开放式问题,让学生回答问题的思维过程可见,形成学习结果;

(2)使用结构化的评价方案,通过对学习结果的分层来判断学生思维发展状态;

(3)教师可在后续的教学中针对存在的问题给予有针对性的、个性化的指导。

对思维结构评价的具体操作有如下建议:

(1)要明确经过一段教学后,希望学生形成什么样的思维结构;

(2)每学期安排开学时、期中、期末三次测试,每次在常规测试题中有意识安排一两道思维结构测试题,这样做并不增加学生额外时间;

(3)设计能够反映学生思维结构的题目,而且题目具有开放性;

(4)确定各种结构表现的指标;

(5)前两次测试获得每个学生的思维结构现状后,教师可设计有针对性的教学方法,帮助学生不断完善思维结构。

实例4　在城市地理学习中评价学生思维结构

(1)设计需要学生回答的题目。例如,用"手"作为比喻,教师设问:"哥本哈根由老城区(手掌)和五个向外延伸的新城区(手指)构成。为什么哥本哈根新城区会形成这种空同格局?"要在学生学习的基础上命题或提供必需的资料背景(略)。

(2)参考思维结构评价相关理论,制定评价标准。

(3)对学生的回答进行评价(见下表)。

学生回答	学习结果反映的思维结构
学生1:太难了!!! 思维跟不上……无法理解,对哥本哈根城市情况也不了解。	无结构:基本上无法回答问题。
学生2:有人口因素、经济发展因素、环境因素。工业区与绿植区相间布置,在发展的同时也保证了环境良好。经济发展得不好,资金又不能全部都投入发展,只能像斑马线似的交替着。	多点结构:提到了人口、经济发展、环境、交通等因素,但不能论述因素之间的联系。

续表

学生回答	学习结果反映的思维结构
学生3:该地河流流向会导致城市延伸。河水旁的土地富饶,环境好,适宜居住。该地常年风向的通风口,新城区建设工厂,科学园区都有一定污染排放。线路交通线导致城市延伸,交通方便,有利于经济发展,减少运费。	介于多点和关联结构之间:提到河流、环境、气候、交通等因素,并说出河流与居住环境,进而与城市延伸的关系。但对其他因素或是独立阐述,或是阐述有误。
学生4:因素有人口和公共交通。人口需要城市居住和工作。公共交通有效连接城市。 学生5:因素有人口数量和交通。交通便利的地区容易建设新城区,而人口数量决定了新城区的大小。	关联结构:提到人口和交通两个因素。虽然说出的要素较少,但能说出两个因素之间怎样联系影响了城市空间结构的延伸。

若将这五名学生视为一个小集体的话,学生大部分处在多点结构的思维状态,但每个学生的具体表现不同。

对于学生思维结构的评价,教师可以根据教学的实际情况进一步探索和调整,甚至发展出本土化的思维结构划分指标和操作方法。思维结构评价方法对改善日常教学也有意义,可以避免过度使用“填空”和选择题的测试方式而导致的教学“碎片化”观象,进而将教学的重点从只关注孤立“知识点”或单一的“正确”结论,拓展到关注学生对地理问题的完整认识过程。这就需要教师在日常教学中给学生更多表达看法的机会,以使学生地理思维过程和真实状态外显。

5. 关注表现性评价

表现性评价是指对学生在真实情境中完成某项任务或任务群时所表现出的语言、文字、创造和实践能力的评定,也指对学生在具体的学习过程中,所表现出的学习态度、努力程度以及问题解决能力等的评定。表现性评价比较适合于评定学生应用知识、整合学科内容,以及决策、交流、合作等能力,是一种适合评价学生核心素养发展的方法。

表现性评价的方法通常包括:

(1)对开放式问题的笔试评价;

(2)对成果的实际操作过程及展示的评价;

(3)对日常谈话和观察开展的评价;

(4)对高层次学力状况的“思考能力、判断能力、表现能力”的评价;

(5)对日常环境中的不同习惯的表现评价。

要准确评价学生在整个学习过程中的表现,教师应该了解“表现性课题”的必要条件和制作程序,才能设法创新表现性评价方法,让表现性评价变得有意义。必要条件是指课题必须具备“真实性”“效度”和“评分准则”所要求的制约条件。制作程序包括:课题的“目的”是什么?学生在课题中扮演的“角色”是什么?课题面向什么样的“听众”?设定什么样的“情境”?形成怎样的“表现”和“成果”?“评价”的内容和标准怎样设定?等等。

实例5 “德国鲁尔区的探索”的表现性评价

评价思路:借用历史模拟、生活模拟等多样化的活动情境,让学生在角色扮演以及对社会的体验和观察中,完成对重点知识的理解,提升地理学科核心素养。

评价内容:能否在真实的世界中确定该主题要求的“地区”;能否选择不同的资料作为证据,说明该地区“某资源枯竭”状况;能否根据该地区的特点和发生的问题,提出合理可行的“发展方案”。通过这些行为表现,检测学生是否搭建起了“解决此类问题”的思维路径。依据评价内容设置任务群(见下图)。

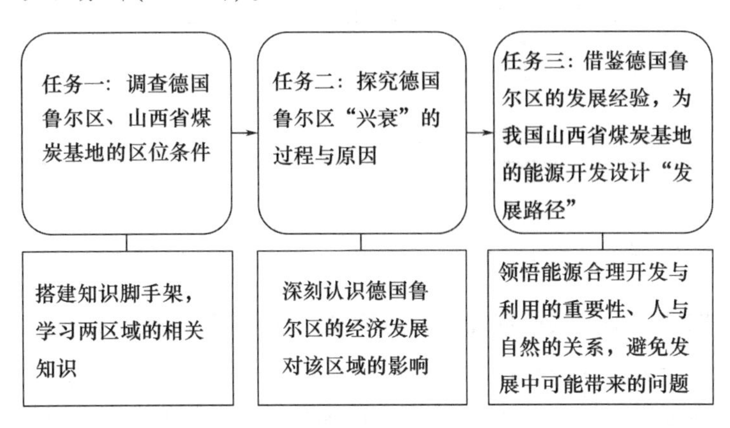

评价量规:以任务一为例,说明表现性评价量规的开发和应用。

让学生收集德国鲁尔区和我国山西省煤炭基地的相关资料,通过这样的设计让学生挑战能否从复杂的信息中选出和主题相关的信息,判断学生对本问题的理解水平。相应的评价标准如下表。

收集信息表现性评价量规

分值	表现
1分	能收集与德国、我国山西省相关的信息。
2分	能收集到和资源问题相关的信息,但存在信息不足问题。
3分	能收集到与德国鲁尔区、我国山西省煤炭基地资源问题相关的信息(含地图信息),但存在信息过剩的问题。
4分	能收集到与德国鲁尔区、我国山西省煤炭基地区位条件相关的信息(含地图信息)。

“分组活动”在“表现性课题”实施过程中是一个不可或缺的学习环节,它不仅可以反映学生的学习态度、协作的意识、交流的成效,还可以反映出学生在探究路径中的学习困难和问题。因此将学生在活动中的表现真实地记录下来,是评价学生表现的重要依据。

在开展表现性评价的过程中还应建立学生成长档案袋,详细记录学生能力培养和素养形成的路径轨迹,记录的资料要全面、完整和真实。在建立档案袋的过程中要充分发挥学生的作用,让学生参与设计制定评价量规和档案袋的内容及形式,让表现性评价成为一种能真实反映学生“在实践中解决问题、合作交流和批判性思考等多种复杂能力”方面的最佳评价(见下表)。

档案袋评价

项目	说明
评价环境	在日常教学情境下进行评价。
评价目的	不仅让学生发现自己的不足,也为他们提供表现自己长处的机会。
关注点	关注现实的有意义的行为表现。
评价结果	引导学生自我反思。
家校合作	给家长创造了解学生的机会和平台。

(二)学业水平考试命题建议

1. 理解和把握地理学科核心素养与学业质量标准,制定明确的评价目标

学业水平考试命题的评价目标,应定位在"地理学科核心素养"形成状况的测试与考查上。理解和把握地理学科核心素养与学业质量标准,制定明确的评价目标,是能否有效测试学生地理学科核心素养预期表现的关键。

在研制学业水平考试的试题时,要将课程标准中的学业质量标准细化为测试的目标。具体路径是:第一,以学业质量标准为依据,根据所要考查的核心素养表现,选择测试内容,确定具体评价任务;第二,描述学生在特定情境中应达到的具体状态、水平表现,并将其叙写为评价目标。

2. 构建能够科学测评地理学科核心素养发展水平的框架

构建能够科学测评地理学科核心素养发展水平的框架,核心是确定测评地理学科核心素养及其表现水平。除地理学科核心素养这一关键维度外,还应从测试内容、具体任务、试题情境三个方面考虑测试的具体设计。

(1)测试内容

学业水平合格性考试以必修地理 1 和地理 2 要求为准,学业水平等级性考试以选择性必修要求为准。要从整体上把握地理学科内容的结构性和关联性,避免从孤立的、过细的知识点角度选择测试内容。

(2)具体任务

确定具体任务时要突出地理思想方法和探究技能的运用。例如,对"地理特征与差异"一类内容的考查,要突出对地理事物和现象特征的分析与综合、抽象与概括,以及对地理空间格局的观察、概括、归纳等学科思维模式、探究方法与技能的运用;对"地理过程与变化"一类内容的考查,要突出对地理空间动态过程的观察、规律概括与趋势预测等学科思维模式、探究方法与技能的运用。在设计表现水平的具体任务时,要以学业质量标准为依据,以考查学生思维能力、探究方法与技能运用水平为目的,设计具体任务(见下表)。

具体任务设计举例

具体任务构成	具体任务的描述	影响任务难度的因素
空间格局的观察、概括、归纳	运用地图、图表等工具,对地理事物空间分布的位置关系、空间形态、空间排列方式和空间制约关系、依存关系等的观察、有条理的概括与归纳。	对情境是否熟悉,具体任务的难度,地图等材料承载信息的复杂性。
空间动态过程的观察、规律概括与趋势预测	观察描述某个地理事件的空间动态过程并归纳其规律,依据其规律预测地理空间过程的发展、变化。	对情境是否熟悉,约束条件的多少,影响空间动态过程关联因素的外显程度。
地理特征的分析、综合比较	将地理现象分解成若干要素、方面、类型或地理区域,分析与比较它们的属性、特点;从综合的角度认识地理事象之间的联系。	对情境是否熟悉,情境的不确定程度,地图等材料承载信息的复杂性等。
地理联系的分析、推理	运用空间推理的方法,由原因、条件探寻结果或由结果追究原因、条件。包括运用因素分析方法探寻地理联系和运用推理的方法探寻地理联系两个具体任务。	对情境是否熟悉,情境的不确定程度,地图等材料承载信息的复杂性。
绘图与图解	选取资料绘制地图或图表、表格、模式图等;运用地图等手段进行推理和得出结论;从地图以外信息源中选择地理信息进行分析、综合、评价、预测等活动。	对情境是否熟悉,情境的不确定程度,材料和数据的类型,对读图方法的掌握程度等。

(3)试题情境

核心素养应通过学生在应对复杂现实情境时的外在表现加以推断。

在各类“情境”中,包括联系学生日常生活的情境,地理与生产联系的情境以及地理学术情境。为了评价学生的核心素养,要高度重视复杂、开放性真实问题情境的创设,即把具体任务尽可能放在真实、复杂性的现实情境之中。

复杂、开放性真实问题情境的创设,要拓宽素材来源渠道,而不只局限于学科渠道;材料加工注重“鲜活”,淡化“专业”痕迹;对于学术性情境,注意表达的通俗性,使之向生活化情境转化,既隐含内在学科逻辑,又贴近学生生活;要在分析地理学科核心素养水平表现的基础上创设情境,注意给予必要、充足信息,据此设计明确具体的问题,用于测量不同素养水平学生的表现。

选择学科内容—确定要完成的具体任务—对具体任务的完成水平进行描述,是把握测试内容、具体任务和情境的基本路径。当需要考查的测试内容选定之后,要具体说清楚学生在何种复杂程度的问题情境中,运用哪些学科化的思维模式、探究方法与技能,其行为分别能够达到什么样的程度与水平。

3. 提供标准参照的、具有实质内容的结果反馈

提供及时的评价结果反馈,对于激发学生的学习动机,提高学习效果,有显著的影响。

地理学业水平合格性考试,应以地理学业质量水平 2 为依据,结合具体任务和学科内容,制定等级化的、描述性的评分标准,明确地理教育目标和表现期型,引领学习和教学。

地理学业水平等级性考试,应注意以学业质量水平 4 为依据,结合具体测评任务所构建的等级化的、描述性的评分标准,提供能够反映学生地理学科核心素养表现关键特征的信息,对学生在具体测评任务中展示出的表现与不足之处,下一步的发展方向等予以解释和反馈。

(三)教材编写建议

高中地理教材包括地理教科书、地理教师用书、地理图册等。地理教科书是学校地理教学中最重要、最基本的教材。高中地理教科书的编写,应该以本标准为依据。为了充分体现高中地理课程的基本理念,使教科书成为教师创造性教学和学生主动学习的重要资源,建议教科书编者重点把握以下四个方面。

1. 以地理学科核心素养为指引,彰显地理教科书的育人功能

要将地理学科核心素养的培养贯穿教科书的始终,突出地理学科的育人价值。在教材中,要将人地协调观作为一条重要的线索,串联起内容广泛的地理知识,使其“形散神聚”;要立足综合思维、区域认知和地理实践力的培养,展现地理学科在解决相关的科学和社会问题时的思想、方法、过程和效果。地理学科核心素养是地理教科书谋篇布局的纲领。据此,教科书内容的选择应该围绕有助于地理学科核心素养培养的主要概念和关键能力展开。在选择具体的地理学习内容时,还应注意联系学生熟悉的地理事物、现象和问题,并适当引入地理学科最新的研究成果,注重学习内容的基础性、经典性、鲜活性,以及与初中地理课程内容和高中相关学科的关联,避免不必要的重复。

2. 以学生认知规律为路径,优化地理教科书的框架结构

地理科学具有严谨的学科体系,而将其转化为地理课程时,必须考量学生身心发展水平和认知规律,以及具体的地理学习需求。因此,教科书的结构在体现学科性的同时,更应体现教学性和开放性。教科书中知识结构的设计应以地理学科框架为基础,而逻辑结构的设计则应以学生认知规律为路径,展现地理学习的进阶过程,这是培养学生地理学科核心素养的重要途径。教科书的结构设计,还应为师生依据本地区、本学校的实际充实教材内容留有余地。教科书的结构设计应不拘一格,关键在于科学合理,便教利学。

3. 以学生能力培养为重点,创新地理教科书的呈现方式

教科书的设计、编写等环节都应服务于地理学科核心素养的培养。要创新内容编排方式,可以采用问题、情境、案例等多种思路组织教学内容,使学习内容与生产和生活实际密切联系,并且将学生“放”到情境中,增强他们分析和解决问题的能力。要创设多种表达方式,可以采用文字、地图、图像、图表、模型等方式呈现教学内容,为学生提供生动、直观、富有启发性的学习材料,丰富他们说明和分析地理问题的手段。要注重中国版图的专业表达,以及中国版图知识和案例的渗透,加强国家版图意识教育。要设计多种课内外的学习活动,可以设计自主学习、合作学习、探究学习等,还可以适当设计户外考察活动,突出地理学科实践性强的特色,使学生在自然和社会的大课堂中学习地理。

4. 以地理信息技术为支撑,构建纸电互补的新型教科书系统

教科书的编写应重视与现代信息技术的整合。信息技术的发展,为地理课堂教学带来了新的变化。一方面，重视将地理信息技术的应用作为重要内容，让学生感受到地理信息技术的发展给人们认识自然和社会的思维方式，以及人们的生活方式等带来了巨大变化；另一方面，配合传统纸质教材，充分利用信息技术手段，为学生学习提供丰富多样的数字化地图、音频和视频资源，实现纸电联动，使地理教学更直观、生动，学习更有效。鼓励建设基于网络的数字平台，为学生地理学习提供一站式问题解决方案。

（四）地方和学校实施本课程的建议

地方与学校在实施本课程时，应按照本标准的要求，创建课程实施的各种必要条件，保质保量地完成国家地理课程的教学任务。

1. 地理课程资源的建设

地理课程资源是实现高中地理课程目标的重要保障，学校应该高度重视校内外地理课程资源的开发。

（1）校内地理教学的环境条件建设

注重地理图书、地图、挂图等图书资源建设，收集国内外地理教科书、地理图册、挂图、地理填充图、地理教学参考书、地理练习册等。注重地理教具、学具的开发，包括地理教学图件、地理教学标本（如土壤、矿物与岩石标本）、地球仪、等高线地形等模型、天文望远镜、天球仪等地理教学器材等的配备建设。加强地理园、气象观测站、天象馆、天文台、地理橱窗、地理实验室等的建设。根据学生选课、走班教学等要求，逐步建设地理专用教室，研制相关地理课程的地理实践手册，如地理户外活动设计、地理模拟实验手册、社会调查方案等，从软硬件两个方面完善地理教学条件与环境。

（2）地理实践活动装备的配置

要逐步配备专门适用于中学的“水、土、气、岩、化石”标（样）本的采集、测试工具、实验资源包（箱）。要建设相关采集、记录、测试的实验手册、使用说明、课程案例、数据等文本或数字资源。有条件的学校要专门建设校园气象等环境数据的监测站点或专门实验室。

要逐步配备野外实践的基本工具，如测绘定位工具设备、传统罗盘、望远镜等；用于野外采挖、收集、储存、保存的工具；野外安全工具、设施装备等；相关区域的等高线地形图、遥感图像等。

（3）数字化课程资源的开发

加强数字化地理课程资源建设，逐步建设专门的地理学科数字化课程资源，如地理信息系统（GIS）、全球卫星导航系统（GNSS）（北斗或 GPS）、遥感（RS）辅助教学系统，数字气象站平台系统，天文望远镜遥控观测平台系统，野外实践（水、土、气、岩）采集分析与显示系统等。研发地理课程情景资源库、课程实例或案例。

（4）地理实践基地的建设

建立各种校外地理实践基地。通过挂牌、共建、共同开发等措施进行实践基地的建设。校外实践基地包括地理野外实习基地、公共图书馆、气象台、天文馆、地质馆、海洋馆、科技馆、展览馆、少年宫、博物馆、植物园、动物园、主题公园以及有关政府部门、科研单位、大专院校、工厂、农村等。

各地可以根据实际情况，制定本地区高中地理课程资源配备标准，推动地方课程资源建设。

2. 地理师资队伍的建设

(1)地理教师的培训

提高地理教师对课程的理解与认识水平,以保证课程实施的方向与质量。在深化课程改革,落实立德树人根本任务的大背景下,对地理教师的师德、专业素养、教学能力提出了更高的要求。以地理学科核心素养为纲,并将其贯彻落实到地理教学的各个环节,是高中地理课程改革的重点,而要准确理解地理学科核心素养的内涵,及以地理学科核心素养为中心设计的地理课程结构、内容要求、学业质量标准等,必须加强对地理教师的培训力度,这对于他们正确执行课程、开展有效的地理教学具有重要意义。

以地方或学校为组织单位,为地理教师设计培训课程,重点应在以下三个方面:一是站在我国和世界教育改革发展的高度,对我国高中地理课程改革的方向进行解读,使教师具有开阔的视野;二是对本标准文本进行解读,尤其对“地理学科核心素养”“学业质量”等内容进行重点解读,使教师理解高中地理课程改革的要求;三是提升高中地理教师的专业能力,如课程开发能力、活动设计能力、教学实施能力等。

(2)地理教研组的建设

积极建设地理教研组,逐步形成民主、互助、进取、分享的教研文化。地理教研组也是教师成长的共同体,具备以下功能。一是地理专业互助功能。本次高中地理课程改革,对课程结构和内容进行了比较大的调整,增加了一些新的内容,如国家发展战略、资源环境与国家安全等,需要地理教师进一步提升自己的专业素养。二是地理教学互助功能。高中地理课程改革非常关注学生学习方式的变革,强调自主、合作、探究,需要地理教师不断通过多种研修方式,切磋地理教学方法。三是地理教学资源共享功能。地理教学需要大量鲜活的、直观的教学资源,教师在准备教学资源时往往需要耗费很多时间,因此,在教研组内,大家分工合作,资源共享,可以提高教师备课效率。

(3)地理实验员的配置

根据课程实施需求和具体课程资源的规模,建议配备地理实验员,以满足选课走班教学、开设校本课程、课程资源的管理(维护和使用)、地理实验等的需要。

3. 地方和校本课程的开设

鼓励地方和学校结合当地实际情况,开设与地理相关的地方课程和校本课程,以满足学生兴趣和个体发展等需要。地方课程和校本课程的开设,既要纳入整个学校的课程体系中,又要与国家设置的选修课程体系相衔接,做到目标明确,内容充实。

附录三 《地理学科知识与教学能力》考试大纲(高级中学)节选

一、考试目标

(一)地理科学知识与运用能力

1. 了解地理科学的特点。
2. 掌握地理科学的基础知识、基本技能、基本方法和基础理论。
3. 运用空间思维等地理科学的方法观察、分析和解决地理问题。

(二)地理教学知识与运用能力

1. 了解初中和高中地理课程的性质、地位、理念、设计思路和主要内容。
2. 掌握地理教学的基础知识、基本技能和常用方法。
3. 会初步运用地理教学的基本理论分析、解决地理教学的实际问题。

(三)地理教学设计能力

1. 了解高中学生地理学习需求和已有学习经验。
2. 掌握地理教学设计的基本环节。
3. 能够结合具体的课题进行地理教学设计。

二、考试内容模块与要求

(一)地理科学知识与运用

1. 理解地理科学的基本概念;熟悉主要的地理过程;掌握组成地理环境的基本要素以及相互之间的关系;熟悉中国和世界的地理概况。

2. 掌握运用地图和其他地理图像、绘制地理图表等基本技能;熟悉地理实验和野外观察、社会调查等地理实践活动的过程和方法。

3. 掌握地理科学的基本思想和学科特点;了解人地关系的发展历程、现状与趋势;会运用地理科学一般方法解释、分析和解决地理问题。

(二)教学知识与运用

1. 熟悉高中地理课程在学校课程体系中的地位和特点;熟悉高中地理课程设置和设计思路;掌握高中地理课程的基本理念和培养目标;了解高中地理课程设置、教学内容和教学基本方法。

2. 掌握地理教学的基本特点;熟悉地理教材的结构和使用方法;掌握地理教学方法的特点和使用条件;掌握地理教学基本技能的作用和要求;掌握地球仪、地理图册、投影仪、多媒体、网络等多种媒体的基本用途和使用方法;掌握形成性评价、终结性评价等教学评价的基本方式和作用。

3. 熟悉地理教学的基本理论；能够结合具体的教学内容和教学条件，分析和解决教学目标设计、地理教材使用、地理教学方法优化、地理教学媒体选用、地理教学评价等方面的实际问题。

（三）教学设计

1. 确定教学目标

（1）了解一般高中学生的地理学习基础和需求。

（2）依据普通高中地理课程标准。

（3）完整、规范、具体地表述课时目标。

2. 分析教学内容

（1）确立适切的教学重点。

（2）恰当分析教学内容的知识结构。

3. 选择教学方法和教学媒体

（1）关注优化教学方法。

（2）合理组合教学方法。

（3）恰当选择教学媒体。

4. 设计教学过程

（1）设计明确的教师活动。

（2）设计合理的学生活动。

（3）设计恰当的测评题目。

5. 形成完整的教案

（1）掌握教案的基本形式。

（2）掌握教案必备的组成要素。

三、试卷结构

模　块	比　例	题　型
地理科学知识与运用	44%	单项选择题 材料分析题
教学知识与运用	21%	简答题 材料分析题
教学设计	35%	简答题 材料分析题 教学设计题
合　计	100%	单项选择题：约 33% 非选择题：约 67%

四、题型示例

1. 单项选择题

(1)读图,完成下题。

图中反映反气旋过境时气压变化的曲线是

A. ①　　B. ②　　C. ③　　D. ④

(2)一般来说,表示城市规模的指标是

A. 人口比重　　B. 人口数量　　C. 城市占地规模　　D. 城市国民生产总值

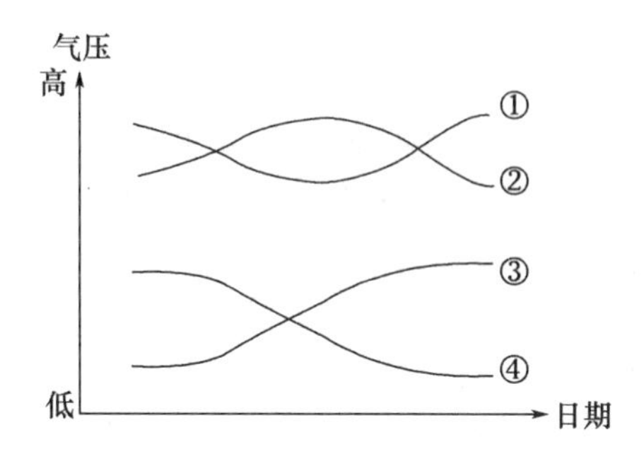

2. 简答题

(1)以人口增长曲线为例,说明如何利用曲线图培养学生的读图能力。

(2)有人说"高中地理课堂教学应以讲授法为主"你是否赞成这种说法,为什么?

3. 材料分析题

(1)阅读文字资料,回答问题。

麻涌镇地处珠江入海口,广州市与东莞市的交界处,以麻涌为中心,一小时即可到达珠江三角洲各大城市。麻涌人口约11万,其中外来人口3万多。20世纪90年代以来,依托港口,引进外资企业近200家,经济建设取得飞速发展。目前,东莞2 000多平方千米的土地,能够开发利用的所剩不多;东莞的1 200万人口中1 000多万是流动人口,社会管理难度很大;东莞的产值很高,污染也很厉害。

问题:

①比较说明广州、东莞、麻涌三个城镇的等级与服务范围的大小。

②简述麻涌建设外向型工业新城的优势条件。

③简述大量人口流入东莞对当地经济和社会发展产生的影响。

(2)阅读下面关于"地球的公转"的教学片段,回答问题。

教师:同学们,我们通过对地球自转运动的学习,知道了地球像陀螺一样不停地围绕地轴旋转,那么,地球除了自转外还有没有别的运动方式呢?

学生:(集体回答)还有公转运动。

教师:那么地球的公转是怎样进行的呢?我们大家能不能通过合作,演示一下地球的公转呢?现在全班分组开展这项活动,每个小组4－6名同学分工协作,由每组组长负责,先查询有关资料,如课本、地图册、参考图书、电脑上网等,(教师指着为学生准备的电脑和参考图书)大家可以各取所需,通过仔细学习、充分了解之后,小组成员互相合作,老师不提供用具,你们自己想办法演示地球公转是如何进行的,然后表演给大家看,看哪组合作得最好,演示表演最正确!

学生在组长的带领下,开始找合适的资料学习了解地球是怎样公转的,有几个组的同学代表在电脑里找资料。教师指导学生上学校局域网,找地理学科栏目内的自然地理部分“地球运动”中公转的一段模拟动态片。

教师:现在小组演示开始!请其他同学在观看时要仔细,看演示是否正确?应该怎样纠正?

学生开始分组进行演示。有的使用文具;有的使用课桌椅;有的则采用人体进行相互配合;还有小组的学生自己画了一个圆盘表示地球进行地球公转的演示。

教师鼓励方式上有创意的小组。引导其他学生对演示中的正确和错误进行评价,手把手地纠正,直到正确为止。

教师:(针对学生在演示过程中发生的问题进行归纳总结)地球没有在一个平面上公转;公转同时地球没有自转;公转的时候没有倾斜;公转时地轴与公转轨道平面没有形成66.5°的夹角;公转时地轴没有始终指向北极星的方向都属于同学们在演示地球公转过程中容易犯的错误。

教师用地球仪再正确地演示一遍。打开电脑资料展示,引导学生归纳地球公转的方向、周期、轨道、公转特点:地球公转轨道平面与地轴总是保持约66.5°的夹角,而且北极总是指向北极星附近。

问题:

①教师在教学过程中,使用了哪些教学方法?

②选择该教师所采用的一种方法,就其使用是否得当进行简要评述。

4. 教学设计题

阅读关于“工业的影响因素”的图文资料,回答问题。

材料一:高中地理课程标准的内容要求是:“分析工业区位因素”。

材料二:工业生产主要在工厂里进行。在工厂里,劳动力(工人、技术人员)等利用动力(燃料、电力)和机械设备,将原材料制成产品。

工厂建在什么地方,在什么地方将设工业区和工业城市,需要企业和政府进行思考和决策。在决策时需要考虑很多因素。例如,要考虑从哪里获得原料、燃料和劳动力,市场在哪里,交通是否方便。从经济利益看,工厂应该选择在具有明显优势条件的地方,以花费最低的生产成本获得最高利润。

不同的工业部门,其生产过程和生产特点不同,生产投入的要素不同,生产成本的构成也就不一样。因此,根据影响成本的主导因素不同,工业区位选择可以分为不同的导向型。

原料导向型工业:原料不便于长途运输或运输原料成本较高的工业,例如制糖工业、水产品加工业、水果罐头加工业等,应接近原料产地。

市场导向型工业:产品不便于长途运输或运输产品成本较高的工业,例如啤酒、家具制造业等,应接近市场。

动力导向型工业:需要消耗大量能量的工业,例如电解铝工业,应接近火电厂或水电厂。

劳动力导向型工业:需要投入大量劳动力的工业,例如服装工业、电子装配工业等,应接近具有大量廉价劳动力的地方。

技术导向型工业:技术要求高的工业。例如飞机、集成电路、精密仪表等工业,应接近高等教育和科学技术发达地区。

材料三:“工业的主要区位因素”图:

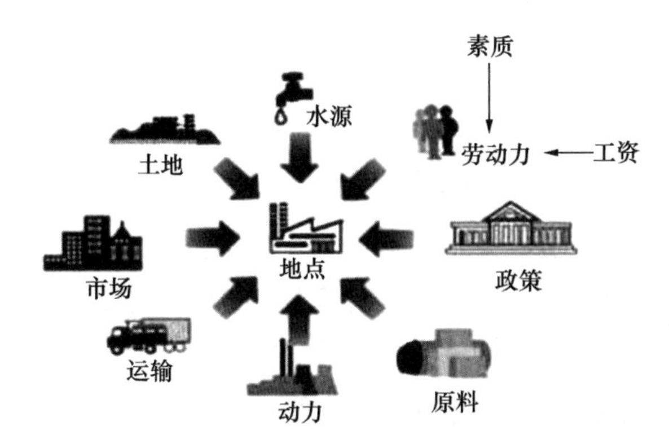

问题:

(1)根据材料一、材料二和材料三,写出“工业的影响因素”教学设计中的教学目标、教学方法和主要教学环节。

(2)说明设计意图。

附录四 《地理学科知识与教学能力》考试大纲(初级中学)节选

一、考试目标

(一)地理科学知识与运用能力

1. 了解地理科学的特点。
2. 掌握地理科学的基础知识、基本技能、基本方法和基础理论。
3. 运用空间思维等地理科学的方法观察、分析和解决地理问题。

(二)地理教学知识与运用能力

1. 了解初中地理课程的性质、地位、理念、设计思路和主要内容。
2. 掌握地理教学的基础知识、基本技能和常用方法。
3. 会初步运用地理教学的基本理论分析、解决地理教学的实际问题。

(三)地理教学设计能力

1. 了解初中学生地理学习需求和已有学习经验。
2. 掌握地理教学设计的基本环节。
3. 能够结合具体的课题进行地理教学设计。

二、考试内容模块与要求

(一)地理科学知识与运用

1. 理解地理科学的基本概念;熟悉主要的地理过程;掌握组成地理环境的基本要素以及相互之间的关系;熟悉中国和世界的地理概况。

2. 掌握运用地图和其他地理图像、绘制地理图表等基本技能;熟悉地理实验和野外观察、社会调查等地理实践活动的过程和方法。

3. 掌握地理科学的基本思想和学科特点;了解人地关系的发展历程、现状与趋势;会运用地理科学一般方法解释、分析和解决地理问题。

(二)教学知识与运用

1. 熟悉初中地理课程在学校课程体系中的地位和特点;熟悉初中地理课程设置和设计思路;掌握初中地理课程的基本理念和培养目标。

2. 掌握地理教学的基本特点;熟悉地理教材的结构和使用方法;掌握地理教学方法的特点和使用条件;掌握地理教学基本技能的作用和要求;掌握地球仪、地理图册、投影仪、多媒体、网络等多种媒体的基本用途和使用方法;掌握形成性评价、终结性评价等教学评价的基本方式和作用。

3. 熟悉地理教学的基本理论;能够结合具体的教学内容和教学条件,分析和解决教学目标设计、地理教材使用、地理教学方法优化、地理教学媒体选用、地理教学评价等方面的实际问题。

4. 熟悉《义务教育地理课程标准(2011 年版)》。

(三)教学设计

1. 确定教学目标

(1)了解一般初中学生的地理学习基础和需求。
(2)依据义务教育阶段地理课程标准。
(3)完整、规范、具体地表述课时目标。

2. 分析教学内容

(1)确立适切的教学重点。
(2)恰当分析教学内容的知识结构。

3. 选择教学方法和教学媒体

(1)关注优化教学方法。
(2)合理组合教学方法。
(3)恰当选择教学媒体。

4. 设计教学过程

(1)设计明确的教师活动。
(2)设计合理的学生活动。
(3)设计恰当的测评题目。

5. 形成完整的教案

(1)掌握教案的基本形式。
(2)掌握教案必备的组成要素。

三、试卷结构

模　块	比　例	题　型
地理科学知识与运用	44%	单项选择题 材料分析题
教学知识与运用	21%	简答题 材料分析题
教学设计	35%	简答题 材料分析题 教学设计题
合　计	100%	单项选择题:约 33% 非选择题:约 67%

四、题型示例

1. 单项选择题

形成我国东部地区冬季气温分布特点的主要成因是

A. 太阳辐射差异　　B. 距海远近不同　　C. 地势高低差异　　D. 下垫面性质差异

2. 简答题

(1)举例说出地图在初中地理教学中的作用。

(2)有人说“初中区域地理教学应该要求学生多记地名。”你是否赞成这种说法？为什么？

3. 材料分析题

(1)阅读下面初中课堂教学导入片段,回答问题。

某地理教师在讲述地球上的五带时,这样导入新课:

“同学们,上节课,我介绍了不同经度地点上的时刻不同,各个时区的区时不同。这一节课要讲不同纬度地带的气候不同。通过本课的学习,将使我们了解地球上有哪五带、五带是怎么划分的、为什么这样划分、五带各有什么特点、为什么有这些特点,为以后学习世界的气候打好基础”。

问题:

①请就这堂课的导入方式予以评述。

②地理课的导入应该注意哪些方面?

(2)阅读下面图文资料,回答问题。

材料一:我国西北地区示意图(图略)。

材料二:新疆沙漠边缘的一些农场,由于植被遭到破坏,已有 1 万多平方千米的固定、半固定沙丘变为流动沙丘。塔里木河沿岸的天然胡杨林,近 20 年来,林地面积已缩小一半,18 万公顷的林地受到荒漠化的威胁。

材料三:位于内蒙古巴丹吉林沙漠古日乃湖附近的灌木梭林,近几十年已缩小了约 30 平方千米,导致 1.2 万公顷固定沙丘变为流动沙丘。

问题:

①描述图中自然景观的变化规律并解释原因。

②分析该地区面临的主要问题并提出解决途径。

4. 教学设计题

阅读下面图文资料,回答问题。

材料一:义务教育阶段地理课程标准的内容要求是:“运用地图指出北方地区、南方地区、西北地区、青藏地区四大地理单元的范围,比较它们的自然地理差异”。

材料二:“北方地区与南方地区的比较”图(图略)。

问题:

(1)写出“北方地区和南方地区在地形、气候、植被类型等方面的自然地理差异”教学设计中的教学目标、教学方法和教学过程。

(2)说明教学目标设计意图。

参 考 文 献

[1] 白光润. 地理科学导论[M]. 北京:高等教育出版社,2006.

[2] 潘玉君,武友德. 地理科学导论[M]. 北京:科学出版社,2009.

[3] 金祖孟. 地球概论[M]. 3 版. 北京:高等教育出版社,1997.

[4] 伍光和,王乃昂,胡双熙,等. 自然地理学[M]. 4 版. 北京:高等教育出版社,2008.

[5] 赵荣. 人文地理学[M]. 北京:高等教育出版社,2006.

[6] 李小建. 经济地理学[M]. 3 版. 北京:高等教育出版社,2018.

[7] 杨青山,韩杰,丁四保. 世界地理[M]. 北京:高等教育出版社,2004.

[8] 赵济,陈传康. 中国地理[M]. 北京:高等教育出版社,1999.

[9] 黄杏元,马劲松. 地理信息系统概论[M]. 3 版. 北京:高等教育出版社,2008.

[10] 熊巨华,王佳,史云飞,等. 国家自然科学基金地理科学申请代码的调整优化[J]. 地理学报,2020,75(11):2283-2297.

[11] 陈澄. 新编地理教学论[M]. 上海:华东师范大学出版社,2007.

[12] 段玉山. 中学地理课程与教学[M]. 上海:华东师范大学出版社,2018.

[13] 韦志榕,朱翔. 普通高中地理课程标准(2017 年版)解读[M]. 北京:高等教育出版社,2018.

[14] 仲小敏,王丽. 地理学科知识与教学能力. 高中[M]. 北京:北京师范大学出版社,2018.

[15] 山香教师资格考试命题研究中心. 地理学科知识与教学能力. 初级中学[M]. 北京:首都师范大学出版社,2020.

[16] 山香教师资格考试命题研究中心. 地理学科知识与教学能力. 高级中学[M]. 北京:首都师范大学出版社,2020.

[17] 中公教育教师资格考试研究院. 地理学科知识与教学能力. 初级中学[M]. 北京:世界图书出版公司北京公司,2019.

[18] 中公教育教师资格考试研究院. 地理学科知识与教学能力. 高级中学[M]. 北京:世界图书出版公司北京公司,2019.

参考文献